ERNST FUCHS
Phantastisches Leben

ERNST FUCHS

Phantastisches Leben Erinnerungen

verlegt bei KINDLER

1. Auflage Juli 2001
Copyright 2001 by Kindler Verlag GmbH, Berlin
Alle deutschen Rechte vorbehalten
Lektorat Stephan Reimertz
Umschlaggestaltung any.way, C. Günther/W. Hellmann
Foto: © Stefan Wagner
Satz aus der Sabon (PageOne) Dörlemann Satz, Lemförde
Druck und Bindung von Clausen & Bosse, Leck
Printed in Germany
ISBN 3 463 40401 x

Inhalt

Eine autobiographische Bibliothek 9

ERSTER TEIL
1 — Grenzenlose Erwartungen und Enttäuschungen 15
2 — Der Versucher tritt in mein Leben 22
3 — Einen Anfang zu beschreiben ist schwierig 26
4 — Gelegentliche Halluzinationen 30
5 — Einäuglein, Zweiäuglein, Dreiäuglein 32
6 — Adept und Mystagoge in Selbsterkenntnis 40
7 — Sie protzen mit ihren Muskeln 45
8 — Wir sind einander Kindheit 49
9 — Er hatte viele Gesichter 54
10 — Hinter der Bühne 57
11 — Das Rollenbuch des Lebens 65
12 — Ich schaue aus der Dachluke 68
13 — Unter den Trümmern des Krieges 78

ZWEITER TEIL
1 — Bin ich ein Wunderkind? 89
2 — Mit den Augen meiner Mutter 93
3 — Was ist aus ihm geworden? 100
4 — Nach und nach fallen mir die Melodien der Schlager wieder ein 103
5 — Das Symbol ist nicht untergegangen 106
6 — Ein Blick in den Behälter des Weltalls 109
7 — Ein nie dagewesener Neubeginn 112
8 — Das Spiel wird zur Kunst 114
9 — «Kunst ist keine Ware» 119

10 — Das Heer der Giftzwerge 125
11 — Erinnerung an Else Stowasser 127
12 — «Warum bin ich, der ich bin?» 131
13 — Machtlos über das Chaos meines wilden Lebens 137
14 — La belle et la bête 141
15 — So wird das Einst zum Jetzt 147
16 — Déjà vu 151
17 — Das sind die Tage von Turin 158
18 — Kleine Erfolge, enorm aufgebauscht 162
19 — Über Jahre hin suchst du die perfekte Form 165
20 — Wir bettelten an den Eingängen der Métro 166
21 — Das Vergessen ist natürlich, das Erinnern ist Kunst 169
22 — Verliebt in Kirche und Verwesung 171
23 — Der Durchbruch 173
24 — La bohème, Elias Canetti, Paul Celan 177
25 — Eine Beziehung ohne Gespräche 184
26 — Schmerz, ein Zeichen der göttlichen Herkunft 187
27 — Das Aus-sich-Gehen 193
28 — Der starken Strömung entgegensteuern 194
29 — Die schlecht vernarbten Spuren des Krieges 196
30 — Ein Fürst der Demut 202
31 — Sie hatten beide recht, lebten aneinander vorbei 205
32 — Rauschhaft, ohne Grenzen, wollte ich leben 206
33 — Das Déjà vu ist eine Umkehrung der Zeit 211
34 — Allmählich hatten einige von uns Erfolg 220

DRITTER TEIL
1 — Meine ersten starken Kunsteindrücke 225
2 — Trauma eines immerwährenden Krieges 229
3 — Das graue Gespinst des Gespenstes 234
4 — Herr Lechner, der Portier vom Sacher 237
5 — Auch das Erträumte, Ersehnte ist eine Wirklichkeit 240
6 — Ich war Rubens 242
7 — Zwei Arten von Befreiern 244

8 — Die Akademie im verborgenen Dämmer   246
9 — Hintergründigkeit des Gewöhnlichen   252
10 — Tag und Nacht ein immer wiederkehrender Traum von Einsamkeit   256
11 — Die Sommer in Jerusalem und auf Deya   258
12 — Strategische Zusammenarbeit   261
13 — Die dreidimensionale Patronanz des Papageno-Tores   266

VIERTER TEIL

1 — Das Kaffeehaus ist ein Leichenhaus   271
2 — Man mußte Schwein haben   273
3 — Ich erinnere mich an die Akademie hinter den Kulissen   275
4 — Die Wendung vom alchimistischen, archetypischen zum heiligen Bild   279
5 — Die Flucht nach Amerika   283
6 — Die Ahnung vom Überschreiten einer Grenze   286
7 — Ein Tummelplatz wahrer und gefallener Engel   294
8 — Mein Leben in diesen Jahren war ein einziges Suchen nach Geri   300
9 — Mein Freundeskreis wuchs zu einer Fangemeinde heran   304
10 — Mystiker der schwarzen Art   307
11 — Vergesset nicht   308
12 — Eine Erfahrung der Wahrheit   309
13 — Bewahre es auf, du könntest es vergessen   316
14 — Mein chaotisches Leben nahm allmählich ruhigere Formen an   319
15 — Die Welt, eine einzige Schlangengrube   322
16 — Träume und prophetische Eingebungen   326
17 — Amerika war ein Wendepunkt geworden   328
18 — Es jubelt himmelwärts   332
19 — Traum-Erscheinungen auf der «Arosa Star»   335
20 — Kein Opfergang in meiner Enthaltsamkeit   337

21 — Eine Farce jagte die andere   338
22 — Der göttliche Funke   342
23 — Dem Sog des Wiener Sumpfes entgehen   346
24 — Die Reise in das «wahre» heilige Land   348
25 — Jeckes und Höllenhunde   360
26 — Ein ganz vernünftiger Weg in die Zukunft   368
27 — Neomi ist sehr schön, sie wird die Mutter deiner Kinder sein   374

FÜNFTER TEIL

1 — Ihnen war ein Surrealist, ein Meister des Grauens, verlorengegangen   379
2 — Einsiedler in einem dichten Menschenwald   382
3 — Die schwarzen Briefe   393
4 — Als wären es die zeitlosen Engel   398
5 — Mein Festhalten an der mystischen Kunst des Judao-Christlichen   400
6 — Das Konterfei meines Lebens durch Samson   407
7 — In memoriam Arnold Böcklin   410
8 — Ideen und Vorhaben endlich entfalten   415
9 — Die Villa Wagner wird zur Villa Fuchs   417
10 — Das Kunst-Zerreden ist kein Werk   424
11 — Erinnerungen an Arno Breker   427
12 — Die Neidgenossenschaft nicht auf der Pelle   431
13 — Der Obsession ausschließlich phantastischer Bildinhalte entkommen   433
14 — Zum «Triumph des Einhorns»   436

ANHANG
Zeittafel   438
Namenregister   441
Abbildungsnachweis   448

Eine autobiographische Bibliothek

Das Bedürfnis, meine Erinnerungen zu schreiben, hat mich immer wieder bedrängt. Jedenfalls immer dann, wenn Veröffentlichungen von Kunstbänden ein begleitendes Wort erforderten. So ist im Laufe der Zeit eine autobiographische Bibliothek von nicht geringem Umfang entstanden. Manche dieser Texte habe ich vor Jahrzehnten geschrieben. Jeder Kunstband enthält einen solchen Text. Jetzt habe ich sie alle wieder gelesen, als ich begann, diese «Memoiren» als ein abschließendes Werk zu verfassen.
Ich bin im 71. Jahr meines Lebens. Zurückblickend wird das autobiographische Material zum Fragment, denn in den vielen Jahren, die seit diesen Veröffentlichungen vergangen sind, hat sich eine Unzahl von Ereignissen in mein Dasein gedrängt, so daß ich den Eindruck habe, die verschiedenen Lebensabschnitte seien das Schicksal zahlreicher Personen, die nicht einmal miteinander verwandt sind. Mitte der sechziger Jahre, als ich an den Texten zum verschollenen Stil (in *Architectura Cælestis*) arbeitete, wurde mir bewußt, daß es so etwas wie Standard-Erinnerungen gibt – immer wiederkehrende Erinnerungen, die schließlich gleichsam als in Stein gehauene Figuren anzusehen sind. Sie stellen den persönlichen Mythos dar. Aber auch diese Standbilder verändern sich, und schließlich verwittern sie. Sie erscheinen mit jedem Tag, der uns in die Zukunft trägt, in anderem Licht; mit jedem Werk, das wir schaffen, mit jedem Menschen, den wir kennenlernen und der uns begleitet, durch jeden Abschied, den wir nehmen.
Manchmal, ja gar nicht so selten, werde ich gefragt, wann und wie ich so viele verschiedene Werke in einem einzigen Leben habe schaffen können. Dann kommt es mir vor, als sei ich wie ein

Baum, der die verschiedensten Früchte hervorbringen kann: Äpfel, Birnen, Kirschen, Pflaumen, Nüsse, Kastanien. Unter seinem Geäst ist das Laubwerk vieler Jahre zum Humus geworden, verschiedene Bäume und Pflanzen aller Art sind um ihn herum gewachsen. Der Wechsel der Jahreszeiten hat ihn immer wieder stark gemacht. Und nichts konnte seinen Wuchs hemmen.

Der Grund, warum ich meine Memoiren schreibe, liegt darin, daß die Fülle des Erlebten und Geschaffenen mir in seiner Menge und seinem Gehalt unfaßbar zu werden droht. Und diesen Umstand fürchte ich, denn ich will erkennen und begreifen, will hervorheben und betrachten, was mir bedeutend erscheint.

Aber auch Erkenntnisse über meine Existenz will ich sammeln; Erkenntnisse, wie sie mir aus den Erzählungen jener Menschen zugetragen wurden, die mich einst kannten und die nach vielen Jahren mit einem «Es war einmal ...» wieder in mein Leben treten. Dann wird der «Herr Professor» mir vollends unbegreiflich. Und so geschieht es dann häufiger, daß mir ein Bild, ein Vers, eine Photographie, eine Zeichnung, eine Zeitungskritik, Briefe und Widmungen vorgelegt werden, und längst Vergessenes taucht auf.

«Wer bin ich gewesen?» frage ich mich dann. «Wo ist dieser Mensch geblieben, dessen Zeugnis und Erzeugnisse mir vorkommen, als seien es die eines anderen, eines Unbekannten?»

Es kommt auch vor, daß ein solcher Augenblick, in dem ich mir selbst wieder begegne, in dem ich plötzlich vor meinem verloren geglaubten Selbst stehe, spontan alle Erinnerungen wiederbringt an den, der ich einst gewesen bin. Ein solches Wiedersehen ist ein Blick in das grenzenlose Sein des Selbst, das uns nur als eine Portion des ewigen Schicksals in kleinen Segmenten zugeteilt wird.

So habe ich beschlossen, das Labyrinth der Vergangenheit zu erforschen, in der Hoffnung, den Ariadnefaden zu finden, der mich aus dem Dunkel des Vergangenen und der Vergänglichkeit zum Lichte der Erlösung, Vollendung und Auferstehung führt.

Als Vorbereitung zu diesen Memoiren habe ich alles ordnen lassen, was ich in 65 Jahren an Dokumenten in meinen Archiven gesammelt habe. Auf diese Art wurden sechzig Kartons gefüllt.

Bei der Durchsicht dieser Zeitzeugnisse wurde mir immer deutlicher, daß meine Memoiren einen zeitgeschichtlichen Bericht enthalten, der weit über die Person des Autors hinausreicht.

Den Fluß der Niederschrift wollte ich durch Dokumente und Briefe so wenig als möglich unterbrechen. So sehr sie den Historiker in mir anziehen, so sehr könnten sie den Erzähler behindern.

Ein Schnittmusterbogen aus einer Modezeitschrift, der von einer verwirrenden Fülle von Linien bedeckt ist, wäre ein einfaches Muster im Vergleich zu jenem Lebensnetz unentwirrbarer Linien, in dem ich bei dieser Arbeit gefangen war.

Es gibt sie tatsächlich, jene Muster; Erkennungszeichen für einen Typus, einen Charakter und für das Schicksal im allgemeinen: Für denjenigen, den es unmittelbar betrifft, ein unlesbares Zeichen.

Eine autobiographische Bibliothek — 11

ERSTER TEIL

1 — Grenzenlose Erwartungen und Enttäuschungen

Fast jeder hat einmal erfahren, daß das Erlebnis der ersten Liebe eine Art von Selbstoffenbarung ist, in der man sich entäußert und sich selbst zum Fremden wird. Man entdeckt sich neu; mit neuen Höhen und Tiefen, mit grenzenlosen Erwartungen und Enttäuschungen.

Depression und Euphorie sind die Pole, die das Spannungsfeld der Psyche des Künstlers bezeichnen. Daher soll die Beschreibung der größten Euphorie und der größten Enttäuschung in meinem Verhältnis zu Eros und Sexus den Erinnerungen an mein Leben als Initiale vorangestellt sein.

Inge Pace war fünfundzwanzig Jahre alt und ich fünfzehn Jahre jung. Ich hatte keine Ahnung von dem, was halbwegs erwachsene Menschen wissen. Zwar hatte ich viel gelesen, zwar nährte ich Erwartungen und Vorstellungen kühnster und begierigster Art, doch war ich, trotz aller Phantasmen, in jeder Hinsicht ein jungfräulicher Grünschnabel – dem angeborene Weisheit und prophetischer Pulsschlag nichts nützen.

Denn in dieser Sphäre herrschte ja das, was ich in Inge Pace gar nicht entdecken wollte, nämlich der Geist von Dantes *Vita Nuova*. Ich war nicht darauf aus, eine Beatrice zu erobern, sondern ich wollte mit der Frau, die ich über alles liebte, endlich das erleben, wovon alle sprachen. Was alle zu besitzen vorgaben, wollte auch ich besitzen. Und mit diesen Erwartungen warb ich um Inge. Doch mußte ich genau das erleben, was Heinrich Heine in der *Dichterliebe* beschrieben hat:

Ich grolle nicht, und wenn das Herz auch bricht,
Ewig verlor'nes Lieb! ich grolle nicht.
Wie du auch strahlst in Diamantenpracht,
Es fällt kein Strahl in deines Herzens Nacht.
Das weiß ich längst.

Ich grolle nicht, und wenn das Herz auch bricht,
Ich sah dich ja im Traume,
Und sah die Nacht in deines Herzens Raume,
Und sah die Schlang', die dir am Herzen frißt –
Ich sah, mein Lieb, wie sehr du elend bist.
Ich grolle nicht.

Nur kannte ich Heines Gedichte damals noch nicht, sonst hätte ich eigentlich schon ahnen müssen, daß mich ein vernichtender Zyklon in seinen Bann zog.

Es fing ja alles so harmlos an.

Es war 1945, die Nacht des Krampusfestes* an der Akademie. Im Aktsaal wurde gefeiert, wo sonst? Professor Herbert Boeckl hatte die Wände mit Packpapier bespannen lassen, und darauf wurden in Kohle dämonische weibliche Akte gezeichnet. Und damals schon bemerkte ich hier die Abwesenheit jenes Sinnes für Erotik, die ich bei Klimt und Schiele so grenzenlos bewundere. Jene Erotik war wohl auch der Grund dafür, daß Boeckl die Kunst dieser beiden Maler als Kitsch verdammte.

Der unerotischen Atmosphäre des Festes zum Trotz ging es dann doch sehr deftig zu.

Inge Pace, die während des zweiten Semesters an die Akademie gekommen war und neben ihrem außerordentlichen Talent eine bei Rudolf Szyszkowitz in Graz absolvierte Ausbildung vorweisen konnte, war neben dem Studienkollegen Kurt Steinwendner mein

---

* Krampus: Brauchtum in Österreich. Am 5. Dezember besucht eine Teufelsgestalt mit Reisigrute und rasselnden Ketten die Kinder; oft in Begleitung des heiligen Nikolaus (6. Dezember)

Vorbild. Nach meiner Meinung ist sie bis heute als Künstlerin das überragende Talent geblieben, das ich damals in ihr erkannte. Vieles von dem, was bis heute Merkmal meiner Kunst ist, verdanke ich ihr.

Im Verlauf dieses Festes, das mit wenig Essen, aber viel Wein gefeiert wurde, zog Inge Pace mich hinter die rotweißrote Fahne der Republik, die voll Respekt links neben dem Durchgang zum Professorenzimmer befestigt worden war, und küßte mich. Das war mein erster Kuß, der erste wirkliche. In ihm offenbarte sich mir der ganze Körper des geliebten Wesens und legte mir in diesem Augenblick jene Fesseln an, die ich mich ein Leben lang vergeblich bemüht habe abzuschütteln.

Ich ging aufs Ganze. Doch rasch entdeckte ich, daß ich es mit einer fünfundzwanzigjährigen Jungfrau zu tun hatte. Diese Jungfrau war zwar genauso begierig wie ich, alles zu erfahren und alles zu genießen – aber sie war unfähig, den sogenannten letzten Schritt zu tun. Denn ihr Herz war von Gott befangen. Ich mußte also zum erstenmal die Wirklichkeit ihres Gottes darin erkennen, daß es eine größere Liebe und eine tiefere Treue gab als jene, die zwei Menschen in Liebe, in der Umarmung von Mars und Venus finden können.

Die beiden Götter standen machtlos neben unserem Bett. Ein eiserner Riegel, ein Keuschheitsgürtel war da, der selbst einem eisernen Glied widerstanden hätte, aber ein solches hatte ich nicht. Vielleicht war es auch diese Erfahrung, die alle anderen Formen meiner Liebesbezeugung gegenüber Inge so bedeutsam und genußreich machte. Doch je mehr ich mein absolutes sexuelles Verlangen sublimierte, desto mehr führte es zu einem Liebesschmerz, der mich zur Verzweiflung trieb.

Das Weihnachtsfest kam näher, die Gestalt des Jesu von Nazareth trat aus der klirrenden Kälte in mein erhitztes Gemüt. Fast jeden Abend besuchten Inge und ich die heilige Messe und hörten einen berühmten Prediger, deren es damals in Wien noch viele gab. Wir versuchten einander aus sehr verschiedenen Positionen zu verstehen. Ich akzeptierte den Widerstand, den sie mir auf allen Ebenen leistete. Dabei war ich auch dankbar dafür, daß das Außergewöhnliche unserer Beziehung eine gewöhnliche Liebesgeschichte verhinderte. Wir besuchten einen Geistlichen in der Schottenkirche, wohl einen Beichtvater von Inge, saßen betreten vor seinem hilflos gen Himmel gerichteten Augenpaar und erwarteten, daß er uns trauen werde. In einer geheimen Zeremonie wollten wir Mann und Frau werden – der reine Wahnsinn.

Der Geistliche sagte, er würde es ja gerne tun, denn er sähe wohl die Aufrichtigkeit unseres Gelöbnisses, in ewiger Liebe zusammenzuleben. Aber angesichts meiner Jugend müsse er doch die Zustimmung der Familien haben.

Wir mußten diesen Plan also fallenlassen. Doch trafen wir uns jede Nacht und erlebten das, was Amerikaner Petting nannten; Liebe allein auf Küsse und Umarmungen beschränkt. Unser geradezu unschuldiges Verhältnis blieb indes nicht unentdeckt.

Die Familie Pace bewohnte das Obergeschoß eines kleinen einstöckigen Hauses in der Reindorfgasse im XV. Bezirk, links von der Reindorfkirche, in der übrigens wunderschöne Bilder des Barockmalers Maulpertsch hingen und die wir oft besuchten. Sobald Inges Eltern zu Bett gegangen waren, erschien sie am Fenster, um mir zu bedeuten, daß sie nun das Haustor aufschließen würde, um mich einzulassen. Über eine schmale knarrende Holztreppe schlichen wir uns an die Eingangstür der Wohnung. Lautlos wie routinierte Einbrecher bewegten wir uns durch Vorzimmer und Schlafzimmer der Eltern, die schnarchend in ihrem Doppelbett lagen. In einem Erkerzimmer genossen wir stundenlang das Vergnügen innigster Küsse.

Auch ein Anker-Weckerl mit Butter und Marmelade war schon vorbereitet. Ich hätte nie gedacht, daß dieses Glück zu Ende gehen könnte. Als unser Verhältnis, das ja keines war, entdeckt wurde, geriet Inges Vater in maßlosen Zorn. Er verbot seiner Tochter den Besuch der Akademie und stellte entschlossen fest, daß er mich die knarrende Holztreppe hinunterwerfen werde, sollte ich es noch einmal wagen, sein Haus zu betreten. Diese durchaus ernst gemeinte Drohung beendete die übrigens einzige Begegnung und Aussprache mit Inges Vater.

Ich hatte nämlich die Frechheit besessen, ganz offiziell um Inges Hand anzuhalten. Es war die Antwort des Herrn Baron – Inge wurde von ihm «Komtesserl» genannt – auf diese meine Frechheit. Inge sollte keinen unbemittelten und unbekannten Künstler heiraten – noch dazu aus jüdischer Familie, die sicher in betrügerische Machinationen verwickelt war. «Ein Fuchs, sicher ein Verwandter von Ihnen, hat mich vor Jahrzehnten betrogen», sagte der Baron.

Der Vater behandelte die fünfundzwanzigjährige Tochter wie ein unmündiges Kind. Er ordnete Hausarrest an. Der Bruch war vollzogen, ohne daß Inge oder ich es wahrhaben wollten. Sie schrieb mir Liebesbriefe, die sie an einem Bindfaden herunterließ, aber selbst das blieb nicht unentdeckt.

Genau am Schnittpunkt des Schnittmusterbogens, der die Form des Kragens umreißt, ist dieses Geschehen abzulesen, denn es ging um Kopf und Kragen. In jenen Tagen versuchte ich alles, um die Katastrophe abzuwenden.

Da unser Versuch, den Segen der Geistlichkeit zu erhalten, erfolglos geblieben war, versuchte ich es bei einem Wahrsager. Charly Kraupa, der damalige Freund meiner Mutter, Erzschleichhändler und späterer Portier – Türlschnapper im Hotel Imperial –, gab meiner Mutter die Adresse eines garantiert immer sicher die Zukunft voraussagenden Wahrsagers. Der Mann übte sein dubioses Gewerbe in einer Zimmer-Küche-Wohnung nahe dem Amalienbad im X. Bezirk aus.

Ich erinnere mich an einen düsteren Wintermorgen. Schnee war noch nicht gefallen, als ich den Wahrsager aufsuchte. Noch brannten die Straßenlaternen, im Hause war auf den Gängen das

Licht an, als ich an die Tür seiner Wohnung klopfte. Das Wort «Herein!» hatte den Klang, mit dem ein Gerichtsdiener zur Verhandlung aufruft. Ich betrat den Gerichtssaal. Es war eine kleine Küche, die unserer Zimmer-Küche-Wohnung in der Kulmgasse in Ottakring fast aufs Haar glich. Der Wahrsager lehnte an den Küchenherd und sah mich kurz an. Über dem Herd waren einige schwarzpelzige Krampusse befestigt, die wohl von einem Krampusfest übriggeblieben waren. Ihre langen roten Zungen reckten sich der Herdplatte entgegen.

«Sie kommen von dorther», sagte er und deutete auf die Krampusse. Dann erläuterte er, daß es sich bei diesen kleinen Teufelchen um gefallene Engel handele.

«Was Sie betrifft, ist alles ein großes Unglück.»

Mit diesem Ausspruch jagte er mir einen derartigen Schrecken ein, daß der letzte Rest von Hoffnung aus mir schwand. Der Blick in die Zukunft wurde zum Panorama der Hölle. Ich zeigte ihm einen Liebesbrief von Inge, den ich bei mir trug. Mit einer angewiderten Miene und wegwerfenden Handbewegung tat er ihn ab, ohne eine Zeile gelesen zu haben, und sagte kurz und bündig: «Daraus wird nichts!»

Und das war's.

Ich lief die Treppen hinunter auf die Straße und landete auf einem Planeten, der jener Kugel glich, deren erdrückende Last nur meine Mutter tragen konnte.

Nun rollte sie aus den Fieberträumen meiner frühen Kindheit auf mich zu. Ich fühlte ihre Schwere, ihren vernichtenden Druck. Und wie so oft in jenen frühen Kinderjahren war ich nicht imstande, dieses auf mich zurollende, immer größer werdende planetarische Wesen aufzuhalten oder sein Eintreffen zu verhindern, das die totale Vernichtung meines Selbst bewirken würde.

Die Kugel: Wenn sie in meiner Kinderhand lag, was einige Male geschah, fühlte ich ihr unhaltbares Gewicht. Heute würde ich sagen: Ein Planet zog mir unaufhaltsam entgegen. Oder zog er mich an? Es war eine graue, glänzende metallene Kugel. Ich sollte sie halten. Es zog mich in unendliche Tiefe. Ich schrie in meiner Angst nach meiner Mutter! Nur sie konnte diese Bedrohung von mir abwenden. Sie sprach beruhigend auf mich ein: «Na komm, gib mir die Kugel, ich schmeiß sie weg – sie ist schon verschwunden. Ist ja gar nichts geschehen. Fürchte dich nicht, ich bin ja bei dir.» Das ging, soweit ich mich zurückerinnern kann, immer gut aus, und beruhigt schlief ich wieder ein. Doch vor dem Einschlafen beschlich mich oft die Angst vor der Kugel: Sie wird wiederkommen, und ihre Schwere wird mich vernichten.

Ein tiefes Erleben der Gravitation? So denke ich heute, und schon in Jünglingsjahren, wenn ich daran dachte, gingen meine Erklärungsversuche in diese Richtung. Ich sah die Bahn dieser unermeßlich schweren Kugel wie eine Planetenspur, die aus einem unendlich schwarzen Raum auf mich zuschwebte. Das war die große Bedrohung meiner frühen Kindheit gewesen! Solche Erlebnisse hatte ich bis zu meinem zwölften Lebensjahr gehabt. Heute noch, wenn ich Bilder aus dem Weltraum sehe, die scharfgestochenen Photographien von den Planeten unseres Sonnensystems, erinnern sie mich an den Urschrecken meiner Kindheit: die Kugel, die Kugel! Saturnisches Bleigewicht. Das Feuer- und das Kugelerlebnis, sie sind die gravierenden Initiationen meiner Kindertage. Sie haben ihren Ausdruck in Zeichnungen wie «Der Behälter des Weltalls» (aus dem Sommer 1946) und ähnlichen Darstellungen des Schrecklichen gefunden. Dieses «Thema» wurde von mir mit Bleistift zur Anschauung gebracht. Graphit, bleigrau – Blei – die Kugel. Zeichnungen wie «Die Geste ohne Ende» oder «Beweinung von Zwiespältigem» etc. konnten diese Angst zum Ausdruck bringen, die ich damals empfand. In ihnen kommt zum Ausdruck, was Worte nicht beschreiben können. Das Bild ist pränatales Wort. In Bildern kann man, jenseits aller Sprache, vieles «beschreiben», und jedes dieser Bilder ist unendlich beschreibbar, ohne je gedeutet zu sein.

Und wie so oft vorher, suchte ich auch in der Liebesgeschichte mit Inge Pace Hilfe und Trost bei meiner Mutter, die mich mit dem Hinweis, daß andere Mütter auch schöne Töchter hätten, zu trösten versuchte. Nachdem das Liebesbrief-Verhältnis sich noch über Wochen hinzog und ein außerordentlich kalter Winter das Szenario bot des um fünf Uhr früh Aufstehens, von der Johann-Strauß-Gasse in die Reindorfgasse marschierend, mich zu meinem Liebesbrief führend, der an einem Bindfaden aus dem Fenster gelassen wurde, geschah noch einiges, was ich der Erzählung meines Lebens als Künstler hinzufügen muß.

2 — Der Versucher tritt in mein Leben

Stilistisch pendelte ich zwischen den Einflüssen von Kurt Steinwendner und Inge Pace. Ich fing an, wie ein Rasender zu zeichnen und zu malen. So entstanden meine ersten visionären Bilder und Bildzyklen. In jener Silvesternacht, in der ich mein erstes großes Ölbild malte, «Kreuzigung», mit Inge und einem Selbstporträt unter dem Kreuz, trat der Versucher in mein Leben – in Gestalt der Ehegattin meines Studienkollegen Kurt Steinwendner.

Es trug sich gegen Mitternacht zu. Kurt Steinwendner war nicht zugegen, als die attraktive Dame das Zimmer betrat, in dem wir meistens malten oder nach Modell Naturstudien anfertigten. Ich saß auf einem einfachen Küchenstuhl und dachte an Inge, deren Gesicht ich zum wiederholten Male zu fassen versuchte, aber nicht ins Bild bringen konnte.

In Gedanken an die Unfaßbare vertieft, fühlte ich plötzlich, wie die Arme der Frau meines Freundes mich umfaßten. Sie war, ohne daß ich es merkte, hinter mich getreten. Sie tat, als wolle sie mich trösten, denn sie kannte den Grund meines Leidens. Sie strich durch mein Haar, und ihre Zärtlichkeit berührte mich höchst unangenehm. Ich dachte noch: Was will die da? Flugs aber setzte sie sich auf meinen Schoß, zog mich, jeden Widerstand brechend, an sich und küßte mich. Dabei fühlte ich ihre Zunge wie ein Reptil in meinem Rachen. Ich stieß sie von mir und sprang auf, fand das Ganze absurd, lächerlich und widerlich. Sie aber ergriff meine Hände und zog mich zu einem Diwan, der in einem Nebenraum stand.

Dieses Kabinett war das sogenannte Schlafzimmer des Ehepaars Steinwendner. «Komm, schlaf mit mir», hauchte sie, «der Kurt kommt ohnehin nicht gleich.» Diese Worte hörten sich an, als hätte Mephisto Frauengestalt angenommen, um mir jenes Geheimnis zu entblößen, das Inge für sich behalten hatte. Die Szene machte mir klar, daß mein Verhältnis zu Inge ein unlösbares war und daß auch in Zukunft nichts imstande sein würde, mich aus meinem Verlöbnis mit ihr zu entbinden. Kurt kam, wie ich es geahnt hatte, in dem Moment nach Hause, als ich die Wohnung verlassen wollte.

Die «Kreuzigung» war vollendet. Bis heute ist sie das schönste Jugendwerk in meinem Besitz. Mein bester Freund fühlte, daß seine Frau ihn gehört hatte, obwohl dies keineswegs der Fall gewesen war. Aber die Absicht seiner Frau ahnte er wohl. In den folgenden Tagen beteuerte ich ihm meine Unschuld, indem ich die wahre Sachlage schilderte. Aber er wollte mir nicht glauben. Vielmehr nahm er an, daß ich seine Frau hatte vergewaltigen wollen. Denn so stellte sie das Ereignis dar.

In meinen Augen war ich Joseph, von den Intrigen der Frau des Potiphar zum Opfer gemacht. In seinen Augen war ich ein schändlicher Verräter. Da er aber Dreck am Stecken hatte – ich wußte ja, wo er seine Nächte verbrachte –, bekam das freundschaftliche Verhältnis zwar einen Riß, aber unsere Künstlergemeinschaft blieb noch über Jahre hin aufrecht. Das hinterfotzige Weib jedoch hat er bald nach diesem Ereignis verlassen. Er hat wohl letztlich doch mehr mir als ihr geglaubt.

Das Gesicht der Inge und das Geschlecht des Gekreuzigten blieben auf meinem Gemälde unvollendet. Der Versucher aber zerrte mich weiterhin in die Richtung des Diwans – auch wenn dieser einige Monate später im Atelier der Künstlerin Maria Bilger stand.

Kurz vor diesem Ereignis war ich nach Graz gereist. Dort versteckten Inges Eltern ihre Tochter vor mir. Wie es mir gelang, ihren Wohnort ausfindig zu machen, weiß ich nicht mehr. Jedenfalls trafen wir uns auf einem der vielen grünen Hügel nahe der Stadt zu einer letzten Aussprache. Wir lagen im Gras, mein Kopf auf ihrem Schoß. Sie strich mir durch das Haar und weinte und sagte die Worte:

«Wir dürfen uns nie wiedersehen.»

Bis heute hat sie dieses Wort gehalten. Ich habe sie nie wiedergesehen. Außer ein einziges Mal, als sie alle Geschenke von mir zurückforderte und ich die Rückgabe verweigerte. Alle ihre Liebesbriefe, Bilder und Zeichnungen besitze ich noch heute.

Auf dem Heimweg nach Wien wurde ich als Spion verhaftet. Ich hatte den Mühlbach auf einem schmalen Holzsteg überquert und befand mich scheinbar auf einem «geschützten» Grund und Boden. Vom Aufsichtspersonal ertappt, wurde ich gefangengenommen und eingesperrt. Da aber eine offenbar verrückte Privatperson sich einen lustigen Spaß mit mir erlaubt hatte, kam ich sehr bald wieder in den Genuß der Freiheit. Die Freiheit führte von nun an von einem Diwan zum anderen.

Maria Bilger war die gefeierte, allgemein begehrte Schönheit des Künstler-Milieus.

«Die könnte ja deine Mutter sein», sagte meine Mutter zu mir. Denn Maria war nicht zehn Jahre älter als ich, sondern zwanzig und von jener Schönheit, von der wissende Männer träumen; ein Vollblutweib: schulterlanges schwarzes Haar, einen vollen roten Mund. Der Mund hielt einen Speichelfluß im Zaume, der, wenn Maria erregt war, über ihre Lippen trat und schaumig wurde. Sie schäumte im wahrsten Sinne des Wortes vor Sinnlichkeit und war für ihr verzehrendes Liebesfeuer stadtbekannt.

Durch sie lernte ich all das kennen, was landläufig als Liebe bezeichnet wird – das Gegenteil jener ersten Liebe zu Inge. Die Grobheit, das ungestüme, gierige Wesen der in Liebesdingen erfahrenen Frau versetzte mir einen Schock. Sie hatte mich in ihr Atelier in der Karlsgasse im IV. Bezirk zu einem Abendessen eingeladen. Sie setzte sich neben mich und gebot mir, einen Fisch zu entschuppen. Ich versuchte mich mit dem Messer, es fehlte mir jedoch die Übung, so daß sie, als alles nach Fisch zu stinken begann, den Karpfen auf ein Holzbrett warf und mich auf den Diwan. Sie riß mir das Hemd vom Leib, von dem alle Knöpfe wie erschreckte Frösche aus den Löchern sprangen.

Und dann sollte der Liebesakt beginnen.

Ich war derart erschrocken, daß ich jede Liebeslust verlor und verlegen das zu verteidigen suchte, was ich unter Liebe verstand. Wenn ich heute meiner ersten beiden so unterschiedlichen Liebeserfahrungen gedenke, kann ich mich eines Lächelns nicht erwehren. Meinen ersten Schritten in das weite Land der Liebe fehlte es nicht an unfreiwilliger Komik. Und darum, weil diese beiden Liebesgeschichten einen so gegensätzlichen Charakter haben, sehe ich sie als Muster an, die immer wieder meine Verhältnisse zu Frauen in ähnlicher Weise bestimmt haben.

Lust und Ekel, beides hat mich in die Flucht geschlagen; nicht aber entmannt.

Wenn ich heute allein auf dem Diwan liege und all mein Unglück in Liebesdingen bedenke, muß ich mir sagen, daß kein Unglück groß genug sein kann, um solches Glück der ersten Lieben zu entkräften.

3 — Einen Anfang zu beschreiben ist schwierig

Die Frage nach dem Beginn ist eine Frage nach dem Wesen der Zeit. Wenn wir sagen, daß sie fließe, sagen wir auch schon, daß wir sie in keine Form fassen können.
Einen Anfang zu beschreiben ist schwierig. Sich zu besinnen, einen «Punkt» zu finden, den Ausgangspunkt, der mit jener Stunde identisch ist, die man allgemein Geburtsstunde nennt, bleibt ein nahezu aussichtsloses Bemühen. Der vermeintlich gefundene Anfang schwindet, weicht zurück, entzieht sich in immer fernere Kindheit, je näher man ihm in der Erinnerung zu kommen meint. Jede Stunde, jede Situation, derer man sich erinnern kann, knüpft sich flugs an die vorausgegangene, ehe man sie zur ersten erklären kann.

Rätselhaft und mangelhaft wie unsere Erinnerung bleiben auch die Gründe unseres Erinnerns und Nichterinnerns. Die ersten Eindrücke, die ich heute – erinnere ich mich recht – auf eine direkte und verständige Beziehung zu Bildwelt und Druckgraphik, auf eine Begabung zum Zeichner und Graphiker beziehen muß, hatte ich, als ich etwa vier bis fünf Jahre alt war.

Sicher haben um diese Zeit die damals üblichen Bilderbücher und illustrierten Märchenbücher großen Eindruck auf mich gemacht, besonders der Struwwelpeter, der mich erschreckend – heute würde ich «dämonisch» sagen – ansprach und den ich trotzdem allen anderen Kinderbüchern vorzog.

Auf dem Altwaren-Lagerplatz meines Vaters (Altmetall, Hadern, Papier) lagen wohlsortiert die schönsten Bücher und Kunstdrucke – meist Heliogravüren, Bild- und Jubiläumsbände des neunzehnten Jahrhunderts in herrlichen goldgeprägten Einbänden. In einem Magazin war diese phantastische Bilderwelt zu hohen Stößen aufgestapelt. Viele Stunden meiner Kindheit habe ich mit diesen Büchern und Blättern verbracht. Vor allem war es die

Welt der Kaiser, die mich faszinierte. Fast auf jeder Seite stieß ich auf einen Kaiser. Franz Joseph I., Kaiser Wilhelm oder Napoleon – sie beeindruckten mich aufs tiefste. Diese Bücher mit kunstvoll ausgeführten Xylographien und Heliogravüren gefielen mir über die Maßen.

Besonders aber wurde mir eine in meergrüner Farbe gedruckte Gravur des an den Fels geschmiedeten Prometheus zum Inbegriff der Kunst.

Ein Kind hat immer einen oder mehrere Fetische. Es liebt Gegenstände und Örtlichkeiten, deren Bedeutung ein Erwachsener nicht begreifen oder nachempfinden kann. Ich hatte in meiner Kindheit sehr viele solcher Fetische, die ich entweder immer bei mir trug oder oft ansehen mußte.

Ein Ort dieser entzückten Verehrung aller möglichen Dinge war der Lagerschuppen. Er befand sich auf dem Lagerplatz meines Vaters in Liesing am südlichen Stadtrand von Wien, dem XXIII. Bezirk – dem letzten. Ich war damals etwa vier bis fünf Jahre alt und spielte den ganzen Tag auf diesem von rostrotem Staub, gestreuter Schlacke, Disteln und «Krätzenblumen» übersäten Lagerplatz, wo hohe Stapel Traversen, von Unkraut umwuchert, Betteinsätze, Zahnräder aller Art und Maschinenteile aufgeschichtet waren.

Zwei Schuppen standen auf diesem Platz. Ein größerer, mit Teerpappe dicht umspannt, an die Bahnseite der Umzäunung gelehnt, der andere weiß getüncht. In ihm wurde das Altpapier gelagert. Im Innern konnte man die rohen, ungehobelten Balken und Bretter sehen, braun und von Tausenden Spinnweben verhängt.

Ein schwerer Geruch von Kupfer, Zink, Messingoxyd und Dieselöl lag in der Luft. Waagen und Gewichte standen herum. Vater oder Mutter wogen und sortierten alles, was meist «Arbeitslose» auf kleinen Handwagen brachten. Damals wurde mein Verhältnis zum Metall und zum mit Bildern bedruckten Papier zu einem ausgeprägten Fetischismus.

Der Versucher tritt in mein Leben — 27

Ich war süchtig nach diesem Lagerplatz. Nur dort wollte ich sein. Und heute noch, wenn ich dort vorüberfahre, packt mich eine maßlose Sehnsucht zurückzukehren.

Mein Vater hatte zwei Lagerplätze. Der eine, den ich eben beschrieben habe, war für Lastwagen befahrbar. Weil er nahe der Bahn lag, war er für große Ware, meist lange Trägertraversen, besser geeignet. Der andere lag im Hof des Hauses, in dem wir wohnten. Dort lagerte die feinere Ware: Messing, Münzen, Kupferdrähte und Zinntuben, wie sie für Cremes verwendet werden. Oh, wie fein das roch, ranzig, süß und schwer!
All diese Dinge wurden in hohen Metalltonnen aufbewahrt. Dazwischen hingen alte Fahnen und messingbeschlagenes Pferdegeschirr. Eines Tages fand ich einen alten Feuerwehrhelm, eine messingbeschlagene Pickelhaube. Sie wurde meine bevorzugte Kopfbedeckung.

Ich wollte Kaiser werden, allen Menschen sagen, was Recht und Unrecht ist, auf dem Thron sitzen und Zepter und Reichsapfel halten. Anderntags aber wollte ich Bettler sein, in den Hinterhöfen singen, von Almosen leben und das aus den Fenstern zugeworfene, in kleine Papierschnitzel verpackte Geld aufheben und «Dankeschön, dankeschön!» sagen.

In dieser Zeit ist mir der meergrüne Prometheus begegnet. Ich trug den Feuerwehrhelm. Er war für mein Köpfchen viel zu groß und rutschte auf meinem stark gelockten Haar herum. Während ich lief, sprang er mir oft vom Kopfe. Unwissend, doch unter dem Schutz dieses Helmes, bin ich Prometheus, dem Feuerbringer, begegnet. Niemand konnte ahnen, wie stark, wie nachhaltig diese Begegnung mit dem an den Fels geschmiedeten nackten Riesen, dem von Meereswogen umbrandeten Räuber des himmlischen Feuers auf mich wirkte.

Nicht lange danach sollte ich vor einer Darstellung dieser Szene stehen. Es war im Beethoven-Tempel des Badener Kurparks, und sie wirkte auf meine kindliche Phantasie noch gewaltiger. Mein Vater, der jeden Samstag und Sonntag ausgedehnte Spaziergänge mit mir unternahm, hatte mich dahin geführt. Als ich unter die Säulen trat – ich kann mich daran noch genau erinnern –, war ich von den Bildern in der Kuppel derart überwältigt, daß ich angstgepeinigt, schreiend und weinend aus dem Tempel floh. Meinen Vater, der mich zurückhalten wollte, zog ich mit mir.

Ich habe oft an dieses Erlebnis zurückgedacht. In meiner Erinnerung sind die Bilder, die ich damals sah, genau festgehalten. Der Eindruck ist in seiner damaligen Stärke unauslöschlich in mir bewahrt. Als ich aber vor Jahren den Beethoven-Tempel wieder betrat – Jahrzehnte nach dem beschriebenen Erlebnis –, konnte ich kaum fassen, wie verschieden dieser Eindruck vom Erlebnis meiner Kindheit war. Wie wenig dramatisch zeigte sich jetzt diese Darstellung, wie so gar nicht geeignet, mich zu erregen oder gar zu ängstigen. Und doch war es genau dieses Bild in der Kuppel, das das entscheidende Erlebnis der Wirklichkeit der Bildwelt in mir erweckte.

Ich sah den Prometheus in seiner Qual, und es war meine Qual. Ich hörte das Donnern der Wogen und hatte doch nie das Meer gesehen oder gehört. Ich hörte das Rauschen und Schlagen der Adlerflügel und fühlte mich mit dem Gepeinigten auf einsamem Gipfel gepeinigt. Stein und Eisen waren mein Käfig, und ein kalter Wind trug graue Wolken in meinen schreienden Mund. Wie kann das sein? Woher hatte ich die Gewißheit dieser Wirklichkeit, die hinter den bescheidenen Abbildern stand? Wie konnte ich so starke Empfindungen gehabt haben, die mich Jahrzehnte nicht verließen, wo doch die Bilder, die sie erregt hatten, nicht annähernd imstande waren, jetzt ähnliche Gefühle in mir zu erwecken?

Die Wirklichkeit der Bildwelt war in mir aufgebrochen, noch ehe ich jene Welt erkennen lernte, die allgemein die allein wirkliche genannt wird: Jenen irdischen Abglanz himmlischer Bilder.

4 — Gelegentliche Halluzinationen

Ich war ein besonderes Kind, ein Wunderkind. Ich sah die Geister der Toten. Jeder Geist hielt eine lange, dünne Kerze in der linken Hand, von deren Docht ein weißer Rauchfaden horizontal wie eine dünne Fahne nach hinten über seine Schulter zog. Dieser Rauch war etwas Besonderes. Er war wie ein Nebelstreif. Er hing am Docht oder schien ihm zu entströmen wie der Kondensstreifen dem Flugzeug. Die Gesichter der Geister waren geradeaus gewandt, sie hefteten ihr böses Auge aus ihrem Profil schielend auf mich, drohend, abgrundböse. So zogen sie an dem schmalen Spalt der Tür vorüber, die auf einen kohlschwarzen Hintergrund geöffnet war – eine nicht enden wollende Prozession, in graue, lange, faltenlos wallende Hemden gehüllt. Diese Tür befand sich übrigens «in Wirklichkeit» in unserer Wohnung. Das Bett meiner Eltern stand davor. Die Tür war hinter dem Holz vermauert und hatte einmal auf die Einfahrt geführt. Sie konnte also niemals geöffnet worden sein. Ich aber saß vor Schreck aufrecht und starr auf meinem Diwan – und lag doch gleichzeitig in tiefem Schlaf und sah der Prozession des Grauens zu.

Niemand will mir heute glauben, daß ich das damals wirklich gesehen habe. Aber ich weiß, es war so und nicht anders. Genauso, wie James Ensor es oft gemalt hat. Später, als ich während meiner Akademiezeit zum erstenmal Bilder von Ensor sah, wußte ich, daß er von dieser Welt der abgeschiedenen Geister der Bosheit ständig umgeben gewesen sein muß.

Auf den leeren Seiten der Bücher, die im Altpapierschuppen lagen, zeichnete ich mit Hingabe stundenlang labyrinthische Treppengebäude und bezeichnete in gewissen Abständen Gipfel- oder Talstufen mit einem Kreuz. Zeichnen war schon in diesem Alter, da ich gelegentlich Halluzinationen hatte, meine Lieblingsbeschäftigung.

Meiner Phantasie wurden nie irgendwelche Grenzen gesteckt. Weder mein Vater noch meine Mutter versuchten, meine totale Bindung an jene Welt, die nur ich sehen konnte, zu schwächen oder zu lösen. Kam ich gerade von einer großen Ritterschlacht – mein Vater mußte mir ständig Ritterabenteuer erzählen – und war blutbedeckt, ja fieberheiß und redete wild aufgebracht von meinen Wunden und meiner Tapferkeit, dann nahmen meine Eltern alles so wahr, wie ich es erlebte.

Als wir 1935 von Liesing in eine große Ottakringer Zinskaserne mit vielen Familien und Kindern übersiedeln mußten, hielt man mich für einen Idioten; später für einen Lügner und schließlich, als ich mit etwa acht Jahren ein Gassenbub wie alle anderen geworden war, für einen unverträglichen Besserwisser und Außenseiter. Die Nachbarin Frau Brezina sagte zu meiner Mutter: «Da stimmt wos net, wiaso kummt Ihna Bua aus Indien? Sie, gwenan'S Ihnan Buam net 's Liagn o. Dea glaubt jo, i bin bleed. Sagt a net, wia i eam frog, wo a heakummt, er kummt vom Flugblotz, ea woa in Indien.»

Meine Welt aber wurde von den Eltern beschützt, und die Phantasie blieb ungehindert. Mag sein, daß meine Eltern mich als ihr einziges Kind sehr verwöhnten, weil sie in meiner Isolation ihre eigene erkannten.

Jedenfalls haben sie immer alle meine Züge, die zur Kunst führten, nach Kräften gefördert. Die Jahre auf den Lagerplätzen an der südlichen Peripherie von Wien waren gewiß die entscheidenden gewesen. Meine Vorliebe für Heraldik, für Metall und Papier, für Gravüren und Holzschnitte wurde damals heftig erweckt.

Manchmal stiegen dort Gassenbuben über den Zaun, um Kugellager für ihre selbstgebastelten Roller zu stehlen; zerlumpte, dürre, braune Gestalten, die mir wie Tiere erschienen. Vor solchen Kindern hatte ich große Angst. Auf der rechten Seite war der Hof halb überdacht. Unter diesem Dach standen einige alte Fia-

Gelegentliche Halluzinationen — 31

ker, sehr schön ausgeführt mit weichen Polstersitzen, geschliffenen Spiegeln und Laternengläsern. In der Sommerhitze ging ein erregender Geruch von Lack, Staub, Pferdemist und Urin von ihnen aus.

In unserem Haus wohnte ein Bettlerehepaar, das Lehner hieß. Sie hatten zwei Töchter, etwa in meinem Alter, die «Lehnakinda». Ich sah sie selten, wahrscheinlich mußten sie mit ihren Eltern betteln gehen.

Ich liebte diese beiden Mädchen, besonders das größere, das vielleicht ein Jahr älter als ich gewesen sein mag. Sie hatte einen schönen runden «Popsch» und spielte manchmal mit mir in den Kutschen. Damals bekam ich Läuse. Um sie wieder herauszubekommen, rieb meine Mutter meine Locken mit Petroleum ein. Das brannte wie Feuer auf meiner Kopfhaut. Als das nichts half, ließ sie meine roten Locken scheren.

Ich war sehr traurig. Ohne es zu wissen, fühlte ich die Schmach des kahlen Samson. Ohne zu wissen, was ein Nasir* ist, fühlte ich mich eines Zeichens beraubt, des glänzenden Zeichens meiner roten Locken.

5 — Einäuglein, Zweiäuglein, Dreiäuglein

Im Dachstuhl des Traktes, wo die Lehners wohnten, vis-à-vis der Kutschenremise, war ein Taubenschlag. Ein Herr Prager betreute die vielen Tauben. Jede Woche schlachtete er ein paar von ihnen und verkaufte das Fleisch an die wenigen Hausparteien. Ich erinnere mich, daß ich damals nur ungern Fleisch gegessen habe, nur wenn meine Mutter mich dazu zwang. Einmal sah ich beim

* ein Gott gewidmetes Kind

Schlachten der Tauben zu. Das erregte in mir Abscheu, Angst und Mitleid. Ich war sehr tierliebend, faßte Regenwürmer, Schnecken, Frösche und Kröten ohne Scheu an und spielte mit ihnen.

Herr Prager war ein gutmütiger, aber grobschlächtiger Mensch. In meiner Erinnerung sehe ich ihn nur Tauben füttern, schlachten oder Holz spalten. Er hatte einen Schuppen, in dem ein Hackstock stand. Ich sah gern zu, wenn er Holz spaltete. Er beherrschte das Holzhacken wie eine Kunst. Als ich eines Tages als Indianer aus Amerika vor ihm stand, meinte er, die Indianer «san ja in Indien».

Er hatte einen Sohn, den Hansi. Ihn sah ich nicht so oft, denn er spielte meist auf der Straße. Der Prager-Hansi war wohl zwei Jahre älter als ich; ein strohblonder Bub mit Hängebacken wie ein Hamster. Es kam nur selten vor, daß er mit mir spielte. Während einer dieser seltenen Gelegenheiten stach er mich mit einem spitzen Holzpfahl ins rechte Auge, mein «Schau-Aug». Es war das gräßlichste Erlebnis, das ich je hatte. Damals habe ich unter den wüstesten Schmerzen, die ich je empfand, gelitten.

«Schau durch das Loch da unten!» hatte der Prager-Hansi von der anderen Seite eines Zaunes gerufen, und als ich durch die Holzplanke schaute, stieß er mit seinem Spieß zu.

Oh, mein Gott, damals war der Tag X in meinem Leben: Der Anschlag auf das Licht, das Schau-Auge. Der hölzerne Spieß drang neben dem Sehloch in die Pupille bis in den Augapfel ein. Ich fuhr zurück, und ein Span blieb in der Wunde. Ich schrie wie aus schmerzender Nacht. Plötzlich war meine Mutter da. Sie rannte mit mir zum Arzt, der, wenn ich mich recht erinnere, einige Häuser weiter wohnte. Ich saß auf einem Sessel wie beim Zahnarzt – Salben, Tropfen, Pinzetten, Spiegel und grelles Licht. Beruhigende Stimmen.

Mein Aug, mein großes Spiegel-Aug, mein «sehendes» Auge, um dieses Auge drehte sich der Zaun, durch den ich schauen sollte. «Alles wird wieder gut!» Ich höre die Stimme meiner Mutter. Sie

Einäuglein, Zweiäuglein, Dreiäuglein — 33

erzählt mir Märchen und hüllt mich in eine graue Wolldecke. Ich liege auf dem Diwan und habe einen großen Verband um die Stirn. Der Schmerz kommt wieder, läßt nach, kommt wieder. Das hat lange gedauert, und als der Verband abgenommen wurde, war der Lichtstrahl zittrig. Ein neugeborenes rechtes Auge füllte sich mit ihm. Ich war sehend. Ein kleiner grauer Fleck, der stets vor meinem rechten Auge schwimmt, besonders wenn ich müde bin, erinnert mich an diesen Tag. All das, und darum erzähle ich es, muß entscheidend für mein späteres Leben gewesen sein, denn die Erinnerung an diese Begebenheiten ist in mir ganz stark und in aller Präzision lebendig.

Gegenüber von unserem Haus befand sich ein Zwergerlgarten. Ein paar kümmerliche Reste davon existieren heute noch. Erst unlängst habe ich sie nach Jahrzehnten wiedergesehen. Als Kind bin ich oft vor dem silberfarbenen Gartenzaun gestanden und habe die «riesigen» Zwerge bestaunt. Sie waren im Vergleich zu mir groß, und sehr schön saßen ihre hohen Zipfelmützen auf ihren würdevoll humorigen Köpfen. An ihnen erkannte ich die wirkliche Zwergenwelt. Sie unterschieden sich von den Riesenzwergen des Undinen-Brunnens im Badener Kurpark dadurch, daß sie freundliche Wesen waren und in ihrer wirklichen Zwergenwelt zu Hause – ganz anders als die von einem Künstler riesenhaft gestalteten Zwerge und Monster, die den Undinen-Brunnen bevölkern, vor dem ich mich stets fürchtete.

Ohne dieses Paradies der Kindheit je auszuschöpfen, könnte ich ewig berichten, daß es Bände füllen würde, alles zu erzählen, was meine Erinnerung umfaßt, was umschlossen ist von diesem Haus und den Lagerplätzen meines Vaters: Das Schauen und Sehen im Traum, das Drehen der bunten Riesenrosen vor meinen geschlossenen Augen vor dem Einschlafen. Das Singen meines Vaters. Das Gold des Löwenzahns neben den weißen Tupfen der Gänseblümchen auf dem grünen Sommergras.

Erst jetzt wird mir klar, daß meine Kenntnis der Welt, wie ich sie in meinem Buch *Architectura Cælestis* beschrieben habe, auf die Phantasiewelt meiner frühen Kindheit zurückgeht: Schildkröten krochen da umher zwischen kunstvollen Steinvasen, die mit Muscheln aller Art, Farben und Formen ornamental bedeckt waren. Da standen Burgen auf kleinen künstlichen Bergen in Felsgärtlein voll seltener Blumen, Häuschen und Mühlen, die von künstlichen Bächlein getrieben wurden, eine Liliput- und Zwergenwelt, die ein wahres Reich darstellte.

Alles, was ich zeichnete, war immer plastisch schattiert und zeigte barocke, ausladende Formen. Kupferstiche, wie ich sie nicht selten in älteren Büchern fand, gefielen mir ganz besonders. Die eng nebeneinander gesetzten, schwungvoll zu Gittern gefügten Linien, aus denen die Schatten gebildet waren, erregten in mir ein großes Lustgefühl. Damals schon hatte ich den Wunsch, solche Linien zu ziehen, um mich an ihrem Prickeln im Auge zu erfreuen. Ständig wollte ich mich an Darstellungen bauchiger, praller Formen berauschen. Es ist also gewiß, daß ich die fetischistische Begeisterung für bestimmte Materialien, wie etwa stockfleckiges, gelbliches Papier, kupfergrüne Druckfarbe, eingeprägte Plattenränder, für reliefartig gestaltetes Metall (Kupfer, Messing), wie es sich ab meinem fünfzehnten Lebensjahr in der Beschäftigung mit der Kunst immer stärker ausprägte, schon damals empfand. So habe ich, als meine ersten Platten in einer kleinen Auflage bei Lauterbach gedruckt werden sollten, ganz unbewußt und doch mit großer Bestimmtheit gefordert, sie sollten in der «früher üblichen» kupfergrünen Farbe auf gelblichem Papier gedruckt werden.

Diese ersten Platten stammten übrigens von Lagerplätzen meines Vaters, die er nach seiner Rückkehr aus der Emigration angelegt hatte. Im Zuge der großen Wirtschaftskrise sah er sich jedoch gezwungen, diese Plätze aufzugeben und mit uns in die Wohnung seiner Schwiegermutter, meiner Großmutter, zu ziehen. Diese

Übersiedlung von Liesing nach Ottakring bedeutete das Ende einer paradiesischen Welt. Wenn auch meine Kindheit trotz aller Schrecken des späteren Krieges mir als paradiesischer Lebensabschnitt erscheint, so war dieser Umzug doch wie eine Verwünschung. Ich war plötzlich aus der Wiege meiner Kunst gerissen und auf die Straße geworfen worden. Plötzlich – von einem Tag im Sommer 1936 an – sollte ich für viele Jahre nicht mehr so herrliche Lagerplätze betreten.

War meine erste Welt reich an Idolen gewesen, so war die zweite sehr arm. Ich litt entsetzliche Qualen – vor allem durch die Menschen, die unsere Ottakringer Umgebung bevölkerten: Ewig besoffene, randalierende, brüllende, rasende, herumtorkelnde Männer, die nach Schnaps und Weinfusel stanken. Es war ein Umsturz in meinem Leben.

Zur Zeit der Übersiedlung war ich fünf Jahre alt. Da meine Eltern nicht wollten, daß ich auf der Straße spielte, wurde ich in den Kindergarten geschickt. Es war eine fremde Welt, voll von Kindern, die ich fürchtete. Ich fand mich nur schwer in ihr zurecht. Meiner Mutter, die in diesen Gassen, ja im selben Haus aufgewachsen war, blieben meine Schwierigkeiten wohl verborgen. Wenn ich weinend nach Hause kam, tröstete sie mich, gab mir Bleistift und Papier und ließ mich zeichnen. Ich zeichnete damals mit Vorliebe einen steilen hohen Berg, auf dessen Spitze eine Burg stand. Ein schlanker Turm mit Zinnen, auf dem ein spitzes Dach mit einer Wetterfahne in den Himmel ragte.

Wider Erwarten gefiel es mir im Kindergarten bald sehr gut. Es gab dort nämlich viele schöne Mädchen. Ich erinnere mich an die Freude, die das schöngekämmte Haar der Mädchen mir bereitete. Der Kindergarten war von ganz anderen Kindern bevölkert als die Straße.

Der Weg vom Kindergarten nach Hause war dagegen immer ein Spießrutenlauf, auch wenn er nicht weit war. Wenn ich mittags den Heimweg antrat, warteten schon die vor Schmutz starrenden Gassenbuben mit Peitschen und Schleudern bewaffnet. Besonders auf mich, den «Rotschädlerten», hatten sie es abgesehen. Sie beschimpften und malträtierten mich. Täglich wurde ich mißhandelt. Der Weg zwischen Kindergarten und Wohnung war eine Art Hölle, bevölkert von Dämonen. Ihre Sprache und Lebensart waren mir unverständlich.

Ich lief, so rasch ich konnte, nach Hause. Oft wurde ich bis zur Wohnungstür verfolgt. Ich konnte nicht zurückschlagen, obwohl mein Vater, der einmal vom Fenster aus meine Verfolgung mit ansah, mich ausdrücklich aufforderte zurückzuschlagen, auch wenn es aussichtslos war. Es waren immer mehrere Gassenbuben, die Jagd auf mich machten. Meist trug ich ein rot-blau-weiß gestreiftes Jackett mit Messingknöpfen, weiße Socken und Sandalen, dunkelblaue Shorts. Das Haar war sauber gescheitelt. Es war wohl mein Aussehen, meine Sprache, das die Gassenbuben provozierte, und daß ich in den Kindergarten ging: «Müchkinda», «Muadasöhnchen» nannten sie alle, die in den Kindergarten gingen.

Je peinigender aber das Ottakringer Martyrium wurde, desto häufiger nahm ich Zuflucht zum Zeichnen. Die Schwestern im Kindergarten waren des Lobes voll für ihren «Maler». Bei ihnen durfte ich zeichnen, soviel ich wollte. Die Gasse aber blieb mein Feind samt den Lemuren, die sie bevölkerten. Nach und nach lernte ich, so zu tun, als wäre ich einer der Ihren; ich wurde ihnen sogar ähnlich. Das Paradies war klein geworden – und die Hölle groß. Die Liebe zur Kunst aber wurde mir immer wichtiger, und die Stunden, die ich mit Zeichnen und Malen zubrachte, wurden immer häufiger.

Hier soll auch von meiner Großmutter die Rede sein. Sie war der erste Mensch, der mir etwas vorzeichnete. Als ich zwei oder drei Jahre alt war, zeichnete sie Tisch und Sessel für mich, über dem Tisch die herabhängende Lampe mit glockenförmigem Schirm.

Dasselbe hatte meine Mutter für mich gezeichnet, offenbar hatte sie es von ihr gelernt. Ich folgte meinem Zeichentrieb und den Ermunterungen und habe sehr früh versucht, die Tisch-Sessel-Lampe-Gruppe und später das diademgeschmückte Frauenhaupt aus der Feder meiner Großmutter nachzuzeichnen.

Meine Großmutter war ein Sonderling. In ihrer Jugend war sie eine schwarzhaarige Schönheit gewesen, die mit ihren riesigen schwarzen Augen einer byzantinischen Kaiserin glich. Im Alter malte sie gern mit Wasserfarben. Sie war es auch, die meine Zeichnungen still und lange betrachtete, nicht viel darüber sprach, sie aber sammelte. Als sie 1953 starb, fand ich alle in ihrem riesigen Nachlaß. Ihr danke ich es, daß ich noch viele Zeichnungen aus dieser Zeit besitze. Ihr Nachlaß aber war deswegen so groß, weil ihre beiden Zimmer mit abertausend Dingen vollgestopft waren. Sie war Sammlerin durch und durch. In ihrer Wohnung befand sich alles Erdenkliche. Von sämtlichen Jahrgängen der Kronen-Zeitung bis zu einigen Hunderten alter Sardinenbüchsen, Schusterwerkzeug, ausgestopfte Adler und Eulen, die auf den mit Gerümpel gefüllten Kästen thronten. Kurz, es läßt sich nicht aufzählen, was meine Großmutter alles sammelte, und sie ließ es sich nicht nehmen, auf ihrem Weg zur Arbeit – sie war Wartefrau in verschiedenen öffentlichen Bedürfnisanstalten der Brüder Pez – sämtliche Abfallkörbe nach sammelwürdigen Dingen zu durchstöbern. Was sie dort fand, verstaute sie in den zwei Taschen, die sie immer bei sich trug.

Sie war aber auch eine sehr gescheite, kunstsinnige Frau, sehr fromm und auf ihre Art gebildet; sie war sehr, sehr weise. Sie tat etwas, wofür sie im ganzen Bezirk, ja in gewissen Kreisen in ganz Wien bekannt war: Sie las die Zukunft aus den Karten – und sie war keine Schwindlerin. Denn sie tat es, ohne Geld zu nehmen. Sie legte die Karten auch für sich und ihre Verwandten. Sie glaubte fest daran, und manchmal hatte sie – ich habe es selbst erlebt – das «zweite Gesicht». Ihre dunklen, feurigen Augen blick-

38 — *Einäuglein, Zweiäuglein, Dreiäuglein*

ten meist zärtlich und liebevoll. Aber ich erinnere mich, auch Wildheit, Drohung und Stolz von ganz unmenschlicher Art darin gesehen zu haben. Hatte mein Vater meine Phantasie durch seine phantastischen Geschichten gestärkt und beflügelt, die er eigens und immer neu für mich erfand, so teilte meine Großmutter mit mir die geheimen Freuden an meinen Fetischen. Sie allein wußte, daß ich jener Künstler werden würde, der mein Vater einst hatte werden wollen. Meiner Mutter hat sie die Lust zu zeichnen vererbt.

Die erste Kritik und Hilfe beim Zeichnen habe ich von meiner Mutter erhalten, später auch von meiner Großmutter. Es waren da viele begütigende Worte nötig, denn oft raste ich vor Zorn, wenn eine Zeichnung mißlang. War ich sonst eher sanftmütig und nicht so leicht reizbar, so konnte ich doch über eine mißlungene Zeichnung rasend werden.

Wie der Kindergarten, so war auch die Schule meiner Lust zu zeichnen recht förderlich. Ich ging sehr gern zur Schule. In den ersten beiden Schuljahren war ich ein guter, ja ein Vorzugsschüler. Mit der Ottakringer Umwelt hatte ich mich abgefunden. Ja, nach und nach vermochte ich in der Wohnung meiner Großmutter die Zusammenfassung beider Lagerplätze meines Vaters zu sehen. Aber der Umzug war doch ein Bruch in meinem Leben gewesen. Ich konnte mich nicht mehr mit allen meinen Idolen beschäftigen, die meine Bindung zur Kunst bedeuteten.

Als ich acht Jahre alt war, marschierte Hitler in Wien ein. Das Haus, in dem wir wohnten, jubelte dem Retter zu. Mir aber wurde auf demütigendste Weise klargemacht, daß ich der Sohn eines Juden war. Wo ich auch war, immer mußte ich ein in seiner Idiotie dämonisches Reimchen hören:

«Jud, Jud spuck in Hut, sag da Mama, das is gut!»

Einäuglein, Zweiäuglein, Dreiäuglein

6 — Adept und Mystagoge in Selbsterkenntnis

Das «Tausendjährige Reich» ist eine messianische Metapher der Herrschaft Jesu über diesen Planeten samt allen seinen Völkern und Kulturen. In Hitlers Version war ein falscher Prophet am Werk. Er wollte das Judentum wie das gewaltige Reich der Christenheit vernichten. Nicht viel anders hat Stalin viele Millionen Juden und Christen zum Verstummen gebracht.

In einer Katastrophe, die uns im Rückblick wie ein Jüngstes Gericht vor Augen steht, ist dieses «Tausendjährige Reich» untergegangen. Mein Bilderzyklus «Metamorphose der Kreatur» war ein Niederschlag meiner Erlebnisse jener Zeit, in der die Verhöhnung, Verspottung, Demütigung und Wiederholung der Peinigung des Erlösers vor seinem Kreuzestod alltägliches Geschehen wurden. Am Ende fühlte ich, daß dieser Kampf des Antichrist mit der Kapitulation der geschundenen Leiber erst an einer einzigen Front und bloß für kurze Zeit ein Ende fand. Die Massen aber wurden weiterhin, vor allem in den marxistisch regierten Ländern, im Atheismus der gottlosen Welt gehalten.

So unmenschlich es ist, so fürchterlich menschlich ist all dies. Ist es nicht ein Kampf von Engeln und Dämonen, der hier bloß jenen Staub aufwirbelt, den wir unsere Welt nennen? Wir sind Marionetten in ihr, ohne den Krieg zu kennen, den diese Kräfte gegeneinander führen.

Kämpfen wir «unsere» Weltkriege in der Sphäre des erkaltenden Lichts bloß stellvertretend für jene Auseinandersetzung im Engelssturz? – Solche Fragen befielen mich wie ein schwerer Traum. In meinem ersten Erschrecken vor dem Leid des Krieges zeigte mir dieser Traum Bilder wie «Kreuzigung», «Homunculus», «Peinigung» und die Zyklen «Die Stadt» und «Metamorphose der Kreatur».

In der Interpretation meines Lehrers Albert Paris Gütersloh

hatten diese Bilder gnostische Züge. Untergang und Verdammnis der Materie und aller Welt war durchgehend ihr Thema. Schon seit meinem fünfzehnten Lebensjahr hatte ich geahnt, daß viele meiner Werke prophetischen Charakter hatten. Es waren bildhafte Mitteilungen, die ich mir selbst nach und nach enträtseln konnte. Nicht selten habe ich erfahren, daß andere Menschen, die meine Bilder betrachteten, mir diese besser erklären konnten, als ich es vermochte. Aber die Zeit holt auch Zeichnungen wie den «Stadt»-Zyklus ein: Architekten bauen jetzt jene Gebäude, die ich in «Stadt I und II» sowie in der Zeichnung «Frau im Spiegel einer Häuserfront» vorweggenommen habe. Während der Arbeit an diesen Zeichnungen und Bildern hatte ich Zugang zur Wirklichkeit einer Zukunft, die Untergang hieß. Das letzte Bild «Geste ohne Ende» ist der Mensch in seinem Grab, das der Kosmos ist.

Danach kam der Zyklus «Bikini-Atoll»; die Atombomben-Demonstration der totalen Vernichtung, die Realisierung von Hitlers «Totalem Krieg». Daß dies die Themen eines fünfzehn- bis neunzehnjährigen Jünglings sein können, mag heute verwundern. Doch für mich war es eine Selbstverständlichkeit im wahrsten Sinne des Wortes. Ich arbeitete wie ein Medium, sah kommende Wirklichkeit aus Gegenwärtigem fortwähren. Und so geht es weiter ...

Außer Erschrecken und Abscheu fanden meine Arbeiten keine Resonanz. Im besten Fall wurde mein Talent bewundert, die ausgeprägte Fähigkeit, das Schreckliche eindrucksvoll darzustellen. Ich sah die Bilder entlang meines Weges in eine Zukunft, die ich kannte, die ich damals schon durchschaute. Dazu kam, daß mir Bücher und Schriften in die Hände fielen, die mir wie altvertraute Botschaften einer Welt vorkamen, der Welt, aus der ich stammte, vor allem aus unserer Heiligen Schrift und aus der phantastischen Welt der Halluzinationen E. T. A. Hoffmanns, Gustav Meyrinks und anderer.

Großen Anteil an meiner literarischen und musikalischen Bildung sollte später meine erste Frau Trude erhalten, die ich 1948 heiratete. Sie zeigte mir, dem «Frühreifen», was es in der Welt der Poesie an Entsprechendem gab, und trug es mir vor. Wie nahtlos fügte sich die Dichtung, die Trude mir nahebrachte, an Bücher, die ich schon als Zwölfjähriger gelesen hatte; an Christian Morgensterns Gedichte und Prosa (wie etwa seine satirischen Miniaturen über Herrn Korff), oder an Maeterlincks «Blauen Vogel». Tief beeindruckt war ich damals von alledem – und bin es bis heute. Ich staune immer wieder über die anhaltende Faszination dessen, was ich früh als wesentlich für mich erkannte. Von Anfang an gehörte ich zu den Gesellen der Vision, die allgemein heute die Phantasie genannt wird. Ich füge mich ein in ihre Zeugnisse aus jenem Reich, das in allen Kulturen, Epochen und Moden die Jahrhunderte, ja, Jahrtausende durchzieht. So wurde ich Adept und Mystagoge. In Selbsterkenntnis.

Die Frage nach dem Schicksal ist in Katastrophenzeiten immer in Mode. Alle fragen angesichts scheinbar sinnentleerter Vernichtung nach dem Sinn. Doch diese Frage gilt dem Leib, nicht dem Geist, der einen Sinn erkennen könnte. Die Metapher vom Jüngsten Gericht gilt nichts in einer Zeit, da es keinen Gott gibt. Man fühlt sich verbannt ins Nichts, von einem Menschen, der bloß Materie ist, der ein bedeutungsloses, sinnloses Leben führt. Am Ende dieses Weges ist Überdruß, Verdinglichung und Nutzung der Phänomene, Vernichtung des Lebens durch seine Vermaterialisierung. Alles dies, die totale Erkenntnis des «Bausteins», findet seinen Ausdruck auch in der anonymisierenden Organisation der Massen.

Den Unbekannten, das Individuum als einmaliges unerkanntes Wesen, darf es nach dieser Ideologie nicht geben. Selbst der Ansatz der Sinnfindung des Seins soll ausgemerzt werden. Bei der Partei, in dieser oder jener Lobby zu sein ist das mindeste, was einer tun muß, um als Null in die Gruppe der anonymen Massenorganisation aufgenommen zu werden.

Das alles sah ich in vielen Bildern der ersten Jahre nach dem Krieg – als apokalyptisches Panorama. Ein ärmliches Alltagsleben bildete den Rahmen dieser Bilder – in Wien.

Dr. Werner Riemerschmid, ein sehr bekannter und beliebter Radiosprecher bei der RAWAG, las nach dem Krieg in Edgar Jenés Atelier vis-à-vis vom Franz-Joseph-Bahnhof surrealistische Dichtung vor: Lautréamont, Breton, Eluard – aber auch Rimbaud und Baudelaire. Er hatte alles selbst sehr schön aus dem Französischen übersetzt. Damals war ich sechzehn Jahre alt. In diesem Kreis verkehrten Otto Basil und Johann Muschik, der Vorlesungen über Hegel hielt. Einmal in der Woche traf sich bei dem Künstler Edgar Jené ein großer Kreis von Kunst-Menschen, alle dem Surrealismus zugetan. Dort traf ich auch Helga Halfa, die mir Rilke vorlas. Sie war sehr schön und rätselhaft weggetreten.

Ein Brief von Josef Dobrowski wurde vorgelesen, von Hohngelächter begleitet. Er beklagte sich, daß unser Kreis ihn schlechtmache und seine Malerei verspotte. Der Brief wies grammatische Fehler auf, auch solche der Rechtschreibung. In diesem Moment fühlte ich mich sehr unangenehm und peinlich berührt. Plötzlich sah ich einen ganz gewöhnlichen Menschenhaufen, Stimmung wie im Wirtshaus.

So erging es mir oft. Ich konnte es nicht leiden, wenn Künstler sich zusammenrotteten, Gruppen bildeten, um irgendeinen abwesenden Künstler oder eine fremde Kunstrichtung schlechtzumachen. Sich gemeinsam stark zu fühlen ist ein allzu billiges Verhalten, das dem Künstler nicht gut ansteht. An solchen Veranstaltungen habe ich mich nie beteiligt. Freilich sagte mir damals die ganze Kunst der Wiener Szene, soweit ich sie kannte, nicht viel. Heute weiß ich, daß ich viel zu fragmentarisch gebildet war, um diese Epoche zu begreifen. Aber es wollte mir nicht einleuchten, warum Herbert Boeckl ein überragender Maler sein sollte, mit dem ein Sergius Pauser oder ein Josef Dobrowski sich nie vergleichen können sollten.

Es war damals ein ungeschriebenes Credo, daß die Zwischenkriegsmalerei uninteressant, ja völlig bedeutungslos sei, und daß nur Herbert Boeckl und etwas später Fritz Wotruba als die hervorragenden Vertreter dieser Generation zu gelten hätten. Bis heute weiß ich nicht, warum dem so sein sollte. Ich entsinne mich einer Anton-Kolik-Ausstellung, die 1946 in der Aula der Akademie der Bildenden Künste in Wien stattfand: Keiner der «Jungen» ließ ein gutes Haar an diesem Künstler. Kurz zuvor war eine Boeckl-Ausstellung in denselben Räumen mit ehrfürchtigem Staunen begrüßt worden. Und als ein Jahr später Dom Osen ein großes Bild der «Babylonischen Hure» in der Aula der Akademie ausstellt, kannten Hohn und Spott keine Grenzen. Mir dagegen gefiel dieses Bild – es war ganz anders als das, was man in dieser raschlebigen Zeit, in der jeder der Erste unter den «Modernen» sein wollte, zu sehen bekam. Es war ganz außergewöhnlich – vor allem in seiner Farbigkeit – ganz verrückt.

Kitsch! Kitsch! – So lautete das Urteil, das sie alle lauthals verkündeten – vor allem die Surrealisten; mir dagegen erschien dieses Bild als das einzige surreale!

Dom Osen, ein Klimt-Schüler, war kein junger Mann mehr. Ich kannte ihn vom Sehen. Das eine oder andere Bild stellte er bei Rochowansky aus, der eine Galerie am Ring neben dem Schillerplatz hatte. Die wenigen Bilder, die ich von ihm kannte, haben mich sehr beeindruckt, auch wenn sie keinen Einfluß auf meine Arbeit ausübten. Denn die gesamte österreichische Vorkriegskunst war unter einem großen Berg verschwunden. Eine Zäsur hatte stattgefunden, die uns «Junge» von dieser Epoche fernhielt.

Die Künstler trugen den Bart in einen Streifen um das Gesicht. Die älteren Maler wie Edgar Jené, Oskar Laske oder Kurt Moldovan erkannte man in Wien und vor allem in Paris an Baskenmütze und Dufflecoat. Das trug man bis in die Existentialistenzeit

der fünfziger Jahre hinein. Auch Jean-Paul Sartre trug eine solche Baskenmütze – und rauchte die Pfeife dazu.
War das die Fortsetzung des Baretts, der Künstlermütze, wie sie Richard Wagner à la Rembrandt kultiviert hatte? Ein solches Barett war neben dem Schlapphut, wie ihn Wilhelm Busch trug, sehr beliebt gewesen. Nicht vergessen sei auch die Künstlermasche, die Schleife. Noch in den fünfziger Jahren trug man sich trachtenmäßig als «Künstler»; das merkte man vor allem an den Älteren. Wir, die «Jungen» – bis auf Fritz Janschka –, gingen mit langem Schal und Dufflecoat; barhäuptig, mit langem, wildem Haar.

7 — Sie protzen mit ihren Muskeln

Da steht er vor dem Vorhang, der glänzende Mann. Er verbeugt sich vielleicht ein wenig zu tief, das Lächeln ist ein wenig schief, verkniffen und müde. Er hat alles erreicht, alles Erwünschte erlangt, Applaus, brausender, tosender Applaus. Er ist der Meister aller Klassen.
Sie protzen mit ihren Muskeln, so etwas habe ich nicht, denkt er. Ich winkle verzweifelt meinen Arm an, spanne den Bizeps, werde rot im Gesicht. Meine Kinder, meine Freunde lachen! Das fürchtet er. «Der Rode* is schwoch!» Aber ich kenne die Götter, denkt er. Die Götter haben herrliche Münder, sie sprechen göttliche Worte: «Es werde ...»
Er denkt an seine Schätze, seine verborgenen Schätze. Er hat die Götter gesehen, wie sie durch den Himmel schweben. Auf achtlos hingeworfenen Papieren sind sie zu sehen. Sie wissen nichts von Michelangelo.

* der Rote, Rothaarige

Der Meister tritt vor den Vorhang, der Applaus will nicht enden. «Aus dir wird ein berühmter Künstler», haben alle zu ihm gesagt. Das war schon im Kindergarten so. Er schämte sich dafür und war dennoch stolz, auch wenn er es nicht zeigen wollte. Irgendwie entwand er sich dem Lob.

Ein Idiot, wer die Verwandtschaft des Wellensittichs mit dem Esel nicht erkennt. Die Ähnlichkeiten gehen quer durchs Feld wie Vogelscheuchen. Die Erwachsenen sind den Geheimnissen entwachsen, denkt er. Sie erkennen die Schätze nicht. Sie wollen nicht, daß er sie entdeckt, denn dann müßten sie die geheimen Schätze, die sie vergessen haben, wieder entdecken, und die ganze Gegenwart, die unter der hämmernden Nadel der Nähmaschine hurtig hindurchläuft, würde entschwinden.

«Laß das Ladl in Ruh. Du stierlst* immer wieder im Ladl.» Die Großmutter an der Nähmaschine will nicht, daß er in ihrer Schublade wühlt.

«Ich suche die Muttergottes», sage ich bittend. Eine uralte kleine Schere hat er schon gefunden. Er kennt das Alter jedes Dinges, ohne es erlernt zu haben; neugotisch, gotisch, barock, was auch immer. Er weiß, wie alt und wie schön – oder weniger schön – die Dinge waren.

Vorhin, als er vor dem Vorhang stand, versuchte er, sein Publikum zu erkennen, geblendet vom Bühnenlicht und den im Zuschauerraum aufflammenden Lichtern. Doch sah er sie alle nicht, er fürchtete sich vor der Flut des mißverständnisvollen Beifalls. Ein einziges, dunkles, gläubig begeistertes Augenpaar war glänzend auf ihn gerichtet. Das blasse Gesicht der wunderschönen Mutter hing gebannt an seiner Gestalt.

«Mein Schatzi, du bist mein Schatzi», rief sie jubelnd. Nur dadurch, daß sie in die Hände klatschte, wurde der Beifall der Menge zum Lob.

* stöbern, kramen

Der Ernsti wühlt in der Lade, in der er nichts zu suchen hat. Da ist sie, die Madonna, in ihrem winzigen Schrein. Er sieht aus wie ein kleiner Tempel, ein Kapellchen – wie ein Sarg. Durch das Fensterchen aus rubinrotem Zelluloid schimmert geheimnisvoll die Statuette. Sie breitet die Hände aus. In geöffnetem Zustand ist alles aus weißem Aluminium – banal, aber handlich. Der Bub könnte die kleine Statuette verlieren, im herrschenden Chaos «verschmeißen», fürchtet die Großmutter. Sie tritt gleichmäßig in das Pedal ihrer Singer-Nähmaschine und sieht zuweilen flink von der Seite dem neugierigen Treiben ihres Enkels zu. Er findet die Schätze, und Großmama weiß, daß es Schätze sind. Sie allein weiß, daß alles, was da weggeworfen wird, Schätze sind, und sie hat alle diese Schätze eingesammelt und hütet sie eifersüchtig. Sie lacht darüber, wenn andere Menschen diese Pracht «Glumpert»* nennen und ist erschreckt, erbost, wenn ab und zu die überfüllte kleine Wohnung etwas entleert wird. Dann geht sie und holt alles wieder aus den Colonia-Kübeln, den Abfallbehältern jener damaligen Zeit. Von der ja hier geschrieben steht.

Er tritt in das mäßig erhellte Dunkel hinter dem Vorhang. Da, auf einem kleinen, mit Wachstuch bezogenen Küchentisch, liegt sein Rollenbuch; das große Schauspiel seiner frühen Kindheit. Ein weißer feiner Staub, etwas körnig wie Zigarettenasche, bedeckt das Innere der leeren Bühne.

Alles ist so alt, vergangen, staubbedeckt, verloren. Wie traurig war die lustige Welt von gestern, denkt der Herr Professor. Er hatte die Rolle zwar nicht vergessen, die Rolle, in der er das «Schatzi» war – der Engel, der Held der jungen, selbst noch kindhaften Mutter. Sie wußte alles und hatte Macht über alles, selbst über den Mond.

Die Mutter sang für ihn die schönsten Lieder, hielt ihn fest in ihren Armen und tanzte mit ihrem Schatzi in der Küche umher.

* Krimskrams

«Tanzt du auch so gern wie ich, dann bist du die Frau für mich», «Fräulein, woll'n wir Shimmy tanzen, Shimmy ist der große Clou vom Ganzen» – Der Professor erinnert sich. Trotzdem – er muß sich nicht vergewissern – nimmt er das Rollenbuch vom Tisch. Da steht es ja, schwarz auf weiß, im Dämmerlicht der Bühne ganz gut lesbar: «Guter Mond, du gehst so stille» – «Hab'n Sie nicht den kleinen Kohn gesehn – gestern abend hier vorübergehn» – «Mein Gorilla, der hat 'ne Villa im Zoo». Die Mutter singt den ganzen Tag und kann sehr kunstvoll pfeifen. Niemand pfeift schöner, und das bis ins hohe Alter. Ihre Fertigkeit darin setzte alle Hörer in Erstaunen. Wenn sie die Lippen spitzte, um eine Schlagermelodie zu pfeifen, spitzten alle die Ohren. Sie lehrte ihren Schatzi das Pfeifen schon sehr früh, so wie das Sprechen, und bald konnte er sie damit verblüffen. Schon im Kindergarten.

Wie oft schon war sein Leib verspeist worden – herrliches Los des erstgeborenen Sohnes, Opfer des Molochs zu sein! Als Sproß einer ewigen Sippe einzugehen in das andere Leben! «Diesmal mach ich's anders, diesmal wende ich mich zum Licht», denkt der Herr Professor. Er nimmt das Rollenbuch und tritt wieder vor den Vorhang:

> Meine Herren, meine Damen,
> allen, die aus Adam kamen,
> sage ich, ja sing ich dies:
> Was sind denn die Jahrmillionen,
> da wir doch die Ewigkeit bewohnen,
> jetzt wie ehedem und immerdar.

Der Professor singt. Er hält das Rollenbuch fest in der Hand. Das ist doch nicht von dieser Welt. Er wollte doch Kaiser werden – denn Schatzi ist Kaiser und will Straßensänger werden. Seine tizianroten Locken sind im großen, viel zu großen Feuerwehrhelm verborgen. Feueropfer, Molochopfer – diesmal nicht. Auch nicht in Auschwitz oder Treblinka. «Es steht geschrieben» – eine Re-

dewendung der frommen Art seines Großvaters Sigmund –, «daß Ernst am 13. Februar 1930 in diese Welt kam.»
Er ist Kind der Auseinandersetzung zweier grundverschiedener Welten: Weltstadt Wien, noch ganz Kaiserstadt, im Proletariat versinkend. Staubig, geteert, Pferdemist in Mengen und Gestank. Und: Wien, Stadt vieler Weltkulturen und ihrer Völker. Eine unvergleichliche Stadt in deutschsprachigen Ländern. Der Professor ist stolz auf sein Kaiserreich und die Kaiserstadt Wien. Sein Vater und seine Mutter sprechen ehrfürchtig von ihrem Kaiser. Er lebt noch, auch wenn er schon gestorben ist.

8 — Wir sind einander Kindheit

Die seitlich gelegenen Zugänge zum Bühnenraum erhellen sich rötlich. Ein Heer von Mitspielern, Darstellern und Komparsen, Technikern und Beleuchtern bevölkert die Bühne. Der Professor in der Mitte, Hand in Hand mit Domingo und Gruberova, tritt wieder vor den Vorhang. Triumph! Da kommen Leonie Rysanek und René Kollo. Die Namen der vielen anderen muß er im Rollenbuch nachlesen.

Wir sind einander Kindheit. Mitten im Krieg hatten wir die Träume von höchster Kunst. Elfjährig waren wir die Besten in der Klasse der Verstoßenen. Erich Brauer war im Judenstern gefangen, ich im Kloster zum heiligen Joseph in der Rückertgasse in Ottakring. Zeugnisse unserer Kunst wurden zwischen den Schulen ausgetauscht. Ich sah von ihm, in Aquarell gemalt, ein Paar Indianer, die mit dem Tomahawk einander bekämpften – meisterhaft gemalt. Ich war platt und sandte im Gegenzug einen sehr schwungvoll gezeichneten Buffalo Bill. Wir konnten einander persönlich noch nicht kennenlernen – doch dies geschah sehr bald nach dem Kriege, 1945, im ersten Semester an der Akademie der Bildenden Künste am Schillerplatz in Wien.

Seit jenen Tagen sind wir einander in Freundschaft verbunden, einer Freundschaft, wie sie besonders unter Künstlern selten ist. Meine Kenntnis von Leben und Werk des Erich Brauer ist gewiß eine profunde, denn unzählige Erinnerungen verbinden uns. Aber gerade diese Nähe macht es aus, daß jede Äußerung über diese ganz und gar außergewöhnliche Begabung in secco vorzutragen ist. Denn nicht das Werk des Freundes gilt es meiner Sicht zu erhellen, sondern das Werk eines der wenigen großen Künstler des zwanzigsten Jahrhunderts, ganz gleich, ob er mein Freund ist oder was immer sonst noch ein Grund für Worte zu seiner Kunst sein könnte.

Er ist ein Mystiker, ein Romantiker, dessen Erfahrungsbereich durch Anverwandlung von Naturerlebnissen entstanden ist. Brauers Sinn für die Natur, sein Schöpfungsenthusiasmus waren mir immer ein Vorbild. Ich hatte keine Erlebnissphäre dieser Art; diese fundamentale Verbindung zum Universum der uns umgebenden und hervorbringenden Natur.

Sehr spät erst, nach meinem fünfzigsten Lebensjahr, öffneten sich meine Augen, und ich entdeckte die Natur. Die Daseinserfahrung jedes Menschen ist einmalig. Das Leben ist ewige Natur der Schöpfung. Doch der Weg, sie auf solche Art zu erfahren, war von Anfang an der Weg des Erich Brauer. Er sah es in jedem Blatt, jedem Wesen, jeder Farbe. Ein einziges Märchen der Natur, ein äußerst lehrreiches. In unserer naturfernen Zeit ist diese Begabung einmalig und daher ein unverzichtbarer Teil des Vermächtnisses der Menschenwelt an die der Technik, die jenen Menschen zu verschlingen droht, der sich noch eins weiß mit der Natur – der nicht in ferne Sternenwüsten vordringen muß, um die unendliche Fülle der Schöpfung zu erleben.

In Brauers Werken sah ich, was meiner Kunst noch fehlte. Ich hatte lange kein Auge dafür gehabt; oder vielmehr: es hatte sich mir noch nicht geöffnet. Ja, ich konnte es nicht glauben, daß sich mein nach innen gerichtetes «unnatürliches Phantasieauge» eines Tages nach außen richten würde, um dort die Wunder der inneren Welt der Vorstellung wiederzufinden: In Licht und Finsternis geformt – eins mit jener Wirklichkeit des im Geiste geschauten Bildes.

Bei Brauer dagegen war diese Verbindung von Anfang an da; daher auch der mystische Glanz seiner Palette, daher seine Neigung zu Mythos und Religion als umfassender Natur, seine überkonfessionelle Hingabe an die Deutung einer Naturtheologie. Bei ihm ist jede gnostische Spaltung in Geschaffenes und Ungeschaffenes, in Etwas und Nichts unmöglich: Der Teppich des Seins ist unendlich. Knüpfender und Geknüpftes sind eines Wesens. Zusammen sind sie das Sein; Gewirktes und Betrachter.

So wie er suchten wir im engen Freundeskreis nach diesem Aspekt der freien Kunst. Besonders Anton Lehmden war dieser assoziativen Anverwandlungsmethode des Naturwerdens nahe. Er konnte stundenlang Beobachtungen kundtun, die er an einem Blatt, etwa an einem Lindenblatt gemacht hatte, als dieses, vom Baum gefallen, sich in der Sonne krümmte, die Färbung wechselte und endlich starb und Staub wurde. In diesem Sinne waren Brauers Bilder wie die von Anton Lehmden philosophischen Charakters. Lehmden neigte der Verwesung zu und war eher neugierig als betroffen, Brauer umfaßte den Erdball in hymnischer Begeisterung; vom Tode abgewandt, sieht er die ewige Natur, die alles überleben kann; denn dies ist ihre göttliche Qualität.

Brauer liebte, so wie ich, das Reisen schon in jüngsten Jahren, 1948. Doch ihn zog es dahin, wo nicht bloß Kunstereignisse das Zentrum der Landschaft waren, wie etwa in Paris oder Venedig. Er wollte, ja er mußte die Welt dort sehen, wo keine Künste die Spur des Menschen begleiten. Überall auf unserem Planeten hat er Gletscher bestiegen, ausgedehnte Wanderungen durch Wüsten, Savannen und Gebirge unternommen. Ein solcher Hunger nach Naturerlebnissen hat sich bei mir bis heute nicht geregt. Das kommt hoffentlich noch. Nur aus solcher Verschiedenheit der Charaktere, der Begabung kann ich sein Wesen erleben. – Aber begreifen? Kennt man sich doch selber kaum.

Seine Bilder kann ich entzückt betrachten, obwohl unsere philosophischen Grundlagen entgegengesetzt sind. Seine Neigung zur Euphorie in der Kunst ist gepaart mit kühler Skepsis, und ein Hang zur grüblerischen Selbstkritik verdüstert immer wieder seine freudig gestimmte Seele. Zuweilen gelang es mir, mit einem Zuspruch auch endlich den seinen zu bewirken. Obwohl wir seit über fünfzig Jahren Freunde sind, sehen wir uns selten. Jeder hat «seine» Welt erbaut. Wenn wir zusammenkommen, begrüßen wir immer das jüngste Kind auf der Staffelei: das neue Bild, «noch nicht ganz fertig». Brauer könnte (so wie ich) ewig voranmalen und ewig, immerwährend ein neues Bild aus dem ewigen Bild seiner Weltschau hervorzaubern. So ist er: ein Phantast der Natur – die Natur des Phantastischen.

Wenn ich Brauer «wiedersehe», sehe ich auch Anton Lehmden. Seine morbiden, stillen Katastrophen haben mich magisch angezogen: die sich selbst hinschlachtende Natur, deren Ende Verwesung, Vernichtung ist, Humus, Gestein, Gewässer, Fauna, Flora – der Mensch im Kampf und dennoch die Idylle. Wir waren uns nahe in der Betrachtung des Todes. Er konnte die scheinbar banale Erkenntnis des Todes – das Ende der Natur – so packend schildern, ohne dabei seinen inneren Blick von jener Natur abzuwenden, die uns die Realisten und Naturalisten des neunzehnten Jahrhunderts zur Betrachtung hingestellt haben. Wie etwa Runge – doch ohne den Blick dahinter ins Nichts – zeigte Lehmden die studierte und erkannte Natur. Sein Blick kennt die Verklärung der Romantik noch und kennt doch schon die naturwissenschaftliche Deutung. Hinter Lehmdens Bildern lauert ein Schrecken, der den Rahmen der Naturbeobachtung sprengt. Die Katastrophe ist immer präsent. Alles Sein erscheint auf irrenden Asteroiden.

Durch sein Teleskop beobachtet dieser Künstler die Planeten, er ahnt ihr Schicksal, ihre Natur, ihren Weg in die Sternenmühlen der Auflösung. Die Frage nach dem Sinn wird nicht gestellt. Das Ereignis bleibt unbegreiflich; im Mikro- wie im Makrokosmos, gewaltig wie die Muster des Mandelbrotschen Programms, bleibt eine Illustration der Chaostheorie.

Aber Lehmden liebte auch Antiquitäten. Er suchte Urgemäuer seiner oft irrationalen Anlage. Das Versinkend-Ruinöse zog ihn an – wie mich auch. Aber mein Verhältnis zum Vorangegangenen war anders: Es war ganz vom Restaurativen und dem Glanz ehemaliger Schönheit und Ganzheit – vom Heilsein – geprägt. Da, wo ich anfing, mich aus dem Morbiden und seiner faszinierenden Macht über die Phantasie zu lösen, wurden unsere Gespräche brüchig. Mich beflügelte eine neue Hoffnung. Für mich versank die Fatalität, ihr Faszinosum hielt nicht länger stand, das Gottesbild, die Metapher seiner Güte, hatte alle Verliebtheit in die Morbidezza überlebt.

Wie tiefgreifend, nachklingend die Schrecken des Krieges, die wir alle im Kindesalter erlebt hatten – Rudolf Hausner ausgenommen, der ja den Krieg als Soldat durchmachen mußte –, in unserem Bewußtsein fortlebten, weiß ich nicht zu sagen. Von Entbehrungen, angstvollen Erlebnissen, war nicht selten die Rede, doch der scherzhafte Schalk der Kindheit sprach das Wort *aufmüpfig,* froh darüber, überlebt zu haben, frei zu sein von der braunen Unterdrückung. Keine Spitzel mehr, kein «Feind hört mit». Der Kampf bis zum Endsieg blieb, doch war er *unser* Weg, der Weg zur Kunst in Freiheit. Ein ungeheurer Überschwang verband uns. Wir waren uns dessen bewußt, und Brücken wurden gebaut, die unsere sehr verschieden gearteten Positionen, Talente und Charaktere verbanden, ja unter einen Hut brachten – gleich dem «Narrenhut» von Rudolf Hausner.

9 — Er hatte viele Gesichter

Die «Wiener Schule», wie Johann Muschik sie später nannte und publizistisch betreute, gruppierte sich eigentlich schon im Jahre nach dem Krieg um Albert Paris Gütersloh. Er gewährte alle Freiheit und hatte ein unbestechliches Auge für Begabung. Wir waren allesamt viel zu ungebildet, um zu wissen, welch Ungeheuer über uns wachte. Er regierte nicht sichtbar oder aus vielen Worten hörbar. Es war die Wirkung seiner unsichtbaren Größe, die auf uns einstrahlte. Wir waren uns ihrer anfangs nicht bewußt. Vielleicht war ich der erste unter uns, der seine Bücher las und zu ergründen suchte, worin seine Macht bestand. Ich las seine Bücher; Prosa und Gedichte, Essays und Reden. Daraus entstand das Bedürfnis, ihm von Zeit zu Zeit meine eigenen Gedichte vorzulesen. Die Erinnerung an seine ermunternden, anerkennenden Worte ist in mir lebendig geblieben. Der Gütersloh, das war mein zweiter Vater – mein Omen-Ohm.

Schwer zu definieren ist der Unterschied, der den Dilettanten vom Künstler trennt. Aber sind sie denn wirklich voneinander zu trennen? Sind es nicht vielmehr Verwandte zwillingshafter Natur? Das Vergnügen an der Kunst erwacht in der Kunstbetrachtung, der Vorliebe für dieses oder jenes Werk. Man liebt Klimt, und in der Folge den Jugendstil, und vertieft sich, ohne andere Künstler und Stilelemente zu beachten, vornehmlich in die Lieblingsperson, kennt bald alle Bilder und unter ihnen ein ganz besonders begeisterndes. In der Musik ist es nicht anders. In dieser Einstellung zum Besonderen befindet sich wohl auch die Mehrzahl der jungen Künstler. Sie beginnen oft als Dilettanten und Epigonen. Erst nach und nach, mit der professionellen Ausübung des Kunstschaffens, öffnet sich der Horizont. So erwacht auch die Begierde, im Vergleich mit den Werken anderer Künstler, seien es Zeitgenossen, seien es die Großen der vergangenen Epochen, zum ureigensten Ausdruck zu gelangen, angezogen von den unmittelbar Verwandten. Zu vielen fühlt man sich hingezogen, von einem einzigen tief bewegt. Das mag auf den ersten Blick, bei oberflächlicher Betrachtung, dilettantisch sein, doch aus der Liebe, aus der ausschließlich auf ein Vorbild gerichteten Zuneigung zu einem ersten, obersten Künstler, erwacht der Annäherungstrieb. Der Epigone gibt sich hin, bis zur Nachahmung, und scheitert in Verzweiflung über das noch nicht vorhandene Können.

Wie denn auch soll es einem Zwölfjährigen, aber auch einem viel Älteren, ergehen, wenn er versucht, Zeichnungen und Plastiken anzufertigen, die ein «alter» Meister in seiner reifen Schaffenszeit hervorgebracht hat – in einer anderen, unvorstellbar anderen Zeit?

Mein Weg zur Kunst führte über gigantische Vorbilder. In der Musik war es Beethoven, in der Malerei Michelangelo, Leonardo. Später, mit vierzehn, Ivan Meštrović, Arno Breker – letzterer war mein Liebling vom achten Lebensjahr an. Es gibt angeborene Charakterzüge, die bestimmen, daß das gesehene, als besonders eindrucksvoll geschaute Werk sich da einprägt, wo die eigene Begabung bereits einen Resonanzkörper ausgebildet hat. Nicht daß es der Künstler scheuen müßte, wenn er sich zwanghaft dem Faszinosum ergibt, geht dieses doch von Werk und Persönlichkeit eines verwandten Talentes aus. Viele Künstler sind von der Angst besessen, irgend etwas nachzumachen. Sie alle wollen etwas Neues erfinden, als Erfinder gelten. Jeder Hinweis auf Abstammung von einem großen Werk wird als Beleidigung zurückgewiesen. Allein der Dilettant fühlt sich geschmeichelt und gelobt, wenn der Betrachter den Ursprung seines Bemühens erkennt.

Als ich in den fünfziger Jahren, die ich vorzugsweise in Paris verbrachte (wie denn auch woanders!), kaum noch persönlichen Kontakt mit Gütersloh hatte, ergriff mich zuweilen ein Heimweh nach ihm, ein Verlangen, ihn wiederzusehen. Bis heute habe ich seine Stimme im Ohr. Er spricht mit mir, er erscheint mir im

Traume, und ich sage zu ihm: «*Die Hand Raphaels* ist Ihre beste Geschichte!» Da lächelt er.

Er hat viele Gesichter, kennt viele Höhen und Abgründe. Er stützt sich auf die *Summa Theologiae* des heiligen Thomas, ermißt alle diese Höhen und Tiefen. Dort liegen die Schätze, aus denen seine Aphorismen und Metaphern hervorgingen, und nur den Schatzsuchern sind sie bekannt. Ein Drache bewacht sie eifersüchtig – niemand soll sich den Schätzen nahen; niemand, der von seichter Literatur, von Unterhaltung, satt wird. Gütersohs Leben und Trachten war auf die höchste «Ausformung», auf die kunstvollste Gestaltung des Erkennens gerichtet.

Als Hilfe zum Verständnis empfehle ich sein Buch *Fabel von Kain und Abel*. Da ist tiefste Theologie zu finden, und zwar als feinste Stickerei auf einem Vorhang; jenem altbekannten, den keiner von uns kennt, jenem, der das Allerheiligste vom Heiligen trennt – so wie im Tempel des Ewigen in Jerusalem. Hier ist alles Metapher, alles aus einem Guß. Das Wort wird zu göttlicher Reinheit geführt. So ist es kein Wunder, daß Gütersloh mein Lehrer blieb – auf jene stille Weise, in der manche Rabbis lehren.

Gütersloh bildete mich selbst durch hingeworfene Buchtitel und Autorennamen. Schon seine Aufgabenstellung machte mich produktiv. Es fing damit an, daß er zur ersten Bewerbung für einen Kunstpreis, den Fügerpreis, das Thema «Die Engelerscheinungen bei Ezechiel» vorgab. Jede Gestaltung war erlaubt, ja die Freiheit der Gestaltung war geradezu Vorschrift. Doch das Thema mußte markant zur Ausformung kommen. Nur Kurt Steinwendner und ich gingen enthusiastisch mit diesem Sujet um. So malte ich den «Behälter des Weltalls». Auch meine folgenden Zeichnungen und Gedichte standen unter dem Einfluß dieser Thematik.

10 — Hinter der Bühne

Manchmal war er vom festlichen Licht im Zuschauerraum geblendet und trat hinter den Vorhang in das Dämmerlicht der Hinterbühne. Dann war ihm, als läge seine ganze Vergangenheit, sein ganzes Leben in diesem Halbdunkel verborgen. Alles war schemenhaft grau, nur die roten Lichter der Notausgänge leuchteten über den eisernen Türen. Was heißt vergangenes Leben? Wo steht geschrieben, wie alles seinen Anfang nahm? War da ein Beginn? Ein plötzliches *Es werde*? Und was davor und was danach? Die Bühne im Dunkel zwischen den Vorhängen war für ihn ein einziges Fragezeichen.

In welcher Welt, in welcher Wirklichkeit bin ich zu Hause? Im Wachen, im Traum? Kann da ein Ende sein, wo doch kein Anfang ist? Komm aus deinem Dunkel, erste Erinnerung, sei mir das Licht zu den nächsten, den jüngeren Erinnerungen! In der *Zauberflöte* klingt zu Mozarts Musik einige Male das weisende, zurückweisende Wort *zurück*.

Ich starre auf die alten, vergilbten, zerlesenen und geflickten Dokumente. Wann ist das alles Wirklichkeit gewesen? Kannst du sie denn je wiederfinden, jene taumeligen ersten Schritte? Was ist aus dir geworden? Du warst es doch schon mit zwei Jahren, und dennoch bist du's heute nicht. Erinnerung, geschrieben als Zukunft im Rollenbuch:

Es ist kalt, zwei Jahre bin ich alt. Es ist der dritte Winter, den ich erlebe. Das Zentrum des Lebens ist ein warmer, kleiner Eisenofen. Ich stehe vor ihm, bin so groß wie der Ofen. Die Ofentür zum Nachlegen der Kohle ist in meiner Augenhöhe. Ich hebe den Porzellanknauf und öffne das Türchen. Ein tiefer, schmerzvoller Gedanke erfaßt mich, während ich gebannt in die blendende Rotglut starre: Zeit ist Ewigkeit – unerträglich, immer wieder, und du findest dennoch ein Ende. Was ist dieses Ende in einer Ewigkeit?

Ich war tief betroffen von diesem Todesgedanken. Der Anblick des Feuers hat ihn mir suggeriert. Über das Erlebnis dieses Augenblicks habe ich immer wieder, ungezählte Male, nachgedacht und versucht, mir zu erklären, wie einer, der eben das Reden erlernt, von einem solchen unvergeßlichen Gedanken heimgesucht wird. Später wird ihm, laut Rollenbuch, das siderische Licht zur Asche, die Sternenwelt zu schwarzen Punkten in einem Meer von unsichtbarem Licht – welches keine Dimensionen hat, welches nicht «verbrennt», weil es sich nicht auf einer ewigen Zeitspur befindet. Das Himmelreich ist nicht von dieser Welt, nicht von diesem unendlichen Etwas. Das Reich des hohen Lichtkönigs des schattenlosen Lichts vom Lichte ist ein anderes, und die Sehnsucht nach diesem unvergänglichen Licht erwachte in mir. Schmerzvoll war ich verwundet worden von diesem Kohlenfeuer.

Das Rollenbuch ist gewiß vor langer Zeit, um eine Floskel für die Ewigkeit zu gebrauchen, geschrieben worden. Die Schrift ist leicht zu lesen, der Inhalt aber schwer zu verstehen. Wie soll man die Schrift deuten? Schwarz auf Weiß – welches Weiß, welches Schwarz? Jedenfalls so kontrastreich, daß das Schwarz auf Schwarz und Weiß auf Weiß unser Lesen nicht zunichte macht.

Lesen mußt du, um dir die Erfahrung des Seins anderer Wesen zu erschließen. Hören mußt du! Leben mußt du, um Leben mitzuteilen – in den Zeichen des Erlebens. Die Schrift ist Lebenszeichen eines Lebens, Zeichen des Lebens des Geistigen, Unvergänglichen. Höre Beethovens Freuden und Qualen – sein tiefes, rauschhaftes Entzücken, sein Verzweifeln. Auch dies ist eine Sprache – auch sie mußt du erlernen, um seine Erfahrung in deine aufzunehmen.

Die Masse verursacht die Vereinzelung des Künstlers und sein seltsames Hervortreten aus der Gesellschaft. Sie bringt auch das schwer zu bewertende Lob seines Wirkens hervor, das über Generationen hin wirksam bleibt. Daraus resultiert ein Antagonismus, der die verschiedensten Folgen haben kann; Folgen, die auf dem

Scheiterhaufen oder im Goldornat ausgetragen werden. Jeder Visionär, jeder Ergründer hat sein Wirken letztlich der Masse geopfert, samt seines glorifizierbaren Lebens. Die Künstler sind Fokusse und Katalysatoren der Masse. Geist und Materie. Ob Künstler und Masse einander bedingen, wie Geist und Materie, ist eine unlösbare Frage. Der Philosoph mag sich immer wieder fragen: Wie kann das eine ohne das andere sein, wie kann das Immaterielle doch Etwas sein? Eine Antwort ist nur im Glauben an den Geist zu finden. Glaube aber gründet in der Vision, die allzu oft als Gegenwelt in Erscheinung tritt.

Dennoch aber stammt alle Menschenwelt aus der Vision des «Besseren», und so hat der Mensch seine Welt dem vorgefundenen Weltenhaften entgegengestellt, gipfelnd in Geometrie, Mathematik, Astrologie und Astronomie. Der Wald wird zum Tempel aus Menschengeist; er wird sein Werk. Der Baum wird zur Säule, der Himmel zum strahlenden Gebälk, und im Zentrum die Darstellungen der nicht sichtbaren Götter in Menschengestalt, Genien und Dämonen. Denken wir an alle diese Gotteshäuser! Ob in Indien oder Europa, ja, auf dem ganzen Erdball verstreut, sind sie Zeugen der überwirklichen Welt des Menschen, über die Erde sich erhebend als Überwelt.

Am Kernstockplatz, links neben der Familienkirche, in der Gasse gegenüber dem Schulgebäude, befand sich ein Papiergeschäft, wo wir die Schulsachen kauften. Dort erwarb ich auch Bildchen zum Sammeln. Damals gab es noch jene glänzend und schön gedruckten Lithographien, wie sie auch als Beichtgeschenke gedacht waren, auf der Rückseite mit Gebeten bedruckt. Im selben Format und derselben Technik wurden Abbildungen von Schiffen und Flaggen angeboten. Am schönsten aber waren die Tiere der Tiefsee – leuchtende Fische in bengalischen Farben. Sie waren etwas größer als die Schiffsdarstellungen. Ihnen, ihrer Buntheit, galt meine besondere Liebe. Mit großer Sorgfalt klebte ich sie in

Schulhefte ein. Dieses Einkleben war neben dem Zeichnen und Malen meine Lieblingsbeschäftigung.

Ein paar von meinen Freunden, die vor allem Briefmarken oder Streichholzschachteln sammelten, ließen sich von mir anregen, und so standen wir oft in kleiner Gruppe im Papierladen. Die Objekte unserer Begierde rochen nach Papier, nach Druck- und Stempelkissenfarbe – scharf und leicht parfümiert. Auch Tinte hatte einen bitteren Wohlgeruch. Er überzog unser ganzes Schulzeug. Das Federpennal aus Holz war mit einem ausziehbaren Verschlußdeckel versehen und mit Tintenschwammerl, Bleistiftspitzern, roten und blauen Buntstiften ausgestattet. Der Federstiel hatte für mich eine besondere Bedeutung. Da die teuren Dinge, die für die Schule angeschafft wurden, auch für den «Kampf», das Spiel, und in meinem Fall auch zum *Zeichnen* verwendet wurden, hatten sie nur eine sehr kurze Lebensdauer.

Als ich sieben oder acht Jahre alt war, sah ich in jenem kleinen Laden zum erstenmal ein Buch, das mir Eindruck machte: E. T. A. Hoffmanns *Klein Zaches*, wohl von Alfred Kubin illustriert. Ein Schrecken sprang daraus auf mich über, den ich bis heute nicht vergessen habe: Der krause, zackige Federstrich, das wirre Geknäuel der Linien, das sich bis zum Schwarz steigerte. Der Wahnsinn sprang mich an, und ich liebte und fürchtete ihn. Gern hätte ich das Buch gekauft, doch es war für Erwachsene und viel zu teuer für mich.

In der Schule ging es grausam zu. Es wurde viel gerauft, geschlagen, bestraft. Fast alle meine Lehrer waren Sadisten und schlugen auch bei geringen Anlässen zu, oder sie zogen uns an den Haaren. Daheim wurden die Spuren der Mißhandlungen meist mit Genugtuung hingenommen, weil wir eben schlimm waren. Tatsächlich waren wir Kinder ein ständig zerstrittener Haufen kleiner Grüppchen, die einander bekämpften.

Das Leben auf der Gasse war ein Bürgerkrieg en miniature, aber keineswegs bloß ein Spiel. Blut und Tränen flossen reichlich.

Übermütiges Gejohle und Schmerzensschreie waren die alltägliche Straßenmusik. War die Schule aus, konnten es die Mütter schon von weitem hören. «Wie schaust du aus?» lautete die barsche Frage an den abgerissenen Lausbuben, wenn er erschöpft das Schulpackel in die Küchenecke warf. Verdreckt, zerkratzt, mit aufgeschundenen Knien, wundgehauenen Schienbeinen (die Narben habe ich heute noch), zerrissenem Gewand, kamen wir von einer Strafanstalt in die andere: Von der Schule nach Hause, von dort wieder auf die Straße bis acht Uhr abends – nicht selten bis neun. Dann war Torschluß. Nur die Hausmeister und manche Erwachsene hatten den Schlüssel.

Das Haus Kulmgasse 1 war ein großes Eckhaus. Unsere Fenster im zweiten Stock gingen zur Degengasse hinaus. Armut ist nicht das rechte Wort für den Zustand, in dem sich diese Familien befanden: Arbeitslosigkeit und Aussichtslosigkeit bestimmten das Leben der meisten.

Und dennoch herrschte nicht Trauer, sondern Ausgelassenheit. Da wurde gesungen und getanzt, die Leiermänner kamen und gingen. Die Gassen waren belebt von Anbietern aller Art. Die Mädchen, die schon das Kindesalter überschritten, hantierten mit Brennschere und Wasserwellenklammern, um den Vorbildern der illustrierten Kinoprogramme ähnlich zu werden. Kino war das Paradies des Proletariats. Hochgestellte Persönlichkeiten gab es weit und breit keine. Es war schon das Höchste, wenn der Vater Schaffner bei der Straßenbahn war. Wir hatten so einen hochgestellten Nachbarn, den Herrn Brezina. Wie die Erwachsenen im Hause miteinander verwandt, befreundet oder verfeindet waren – das war für uns Kinder nicht leicht zu erkennen und eigentlich ohne Bedeutung.

Wir lebten in unserer eigenen Welt. Die Welt der Erwachsenen dagegen war nicht die Kulmgasse, sondern Hollywood. So wie ich meine Schiffs- und Tiefseebildchen sammelte, so sammelten die Erwachsenen Filmschauspieler. Sie waren in ihre Welt entrückt;

Hinter der Bühne — 61

sie imitierten die Filme. Auch ich war verliebt in Shirley Temples «Ship Ahoi». Ich sah alle Filme, dafür war Geld da. «Maskerade» mit Adolf Wohlbrück und Paula Wessely. «Gibby der Fratz» mit Franziska Gall, dieser entzückenden kleinen Frau ...

Ich fand die Löcher in der Planke und sah nackte Frauen im Sonnenbad. «Nackerte Frauen» gab es auch in dem Wiener Magazin «Mokka». Und die Mädchen in der Nachbarschaft? Da gab es die Blüml Frieda, die Patschol Hilde und die Weißmandl Erika, die mich ans Schienbein tritt, die mich haßt. Verrückt ist sie, in der Schule hört sie Stimmen und läuft davon. «Was fällt dir ein?!» ruft die Lehrerin. «Das darf man nicht!» Dann gibt es die Lonka, die schöne Freundin meiner Mutter, die ihr Kind stillt – zur gleichen Zeit wie Mama.

Meine Mutter hat eine blaue Glasperlenkette, Blau, von Goldadern durchzogen. Die schimmert wie Lapislazuli – aber heller, nicht türkis, sondern himmelblau. Der Anblick entzückt mich zutiefst, das Spiel mit den Steinen ist eine besondere Freude während des Trinkens, Saugens an der Brust. Ja, Schönheit wurde identisch mit diesem Genuß der Ernährung.

Ich wurde bis zum zweiten Lebensjahr von meiner Mutter gestillt. Ich konnte früh gehen, ich hatte es geschwind erlernt und kann mich noch an das Taumeln erinnern, die wenigen Schritte zu meiner Mutter, die kniend ihre Arme, in die ich lief, ausbreitete, um ihr Schatzi dann hoch über ihren Kopf zu stemmen. Dieses Hinauffliegen über meine Mutter und das zu ihr Herunterwollen war ein einziges, durch Freudengekreisch zum Ausdruck gebrachtes Entzücken. «Wo ist denn mein Schatzi?» fragte sie, faßte mich am Kinn und verlangte ein Zwickerbussi: ein Küßchen, bei dem man die Wangen des Geküßten kneifen muß – was mir, zur Belustigung meiner Mutter, nur selten gelang.

In der «Mutterberatung» wurde ich als Säugling hochgestemmt, nachdem ich von der Waage gehoben wurde, und allen

Müttern, die ihre Kinder zur Kontrolle gebracht hatten, als Musterbeispiel des wohlgenährten Kindes vorgestellt. Meine Mutter war sehr stolz. In der Mitte des Untersuchungssaales stand ein Wickeltisch mit Waage, und an einem damit verbundenen Schreibtisch oder Pult saß der Arzt und neben ihm eine Oberschwester, die alle Daten in das Mutterberatungsbuch eintrug. Winter war's, die Lampen brannten. Draußen war es verschneit und dunkel. Durch die Fenster fiel ein graues, kaltes Licht. An den Wänden rundum standen Kojen in Tischhöhe, in denen die Kinder auf die Untersuchung warteten. Diese Kojen waren durch gläserne Trennwände separiert. Es roch darin nach Karbol und Exkrementen. Noch konnte ich nicht gehen.

Meine frühesten bildnerischen Erinnerungen umfassen auch die Persil- und Henkel-Reklame, die Plakate und emaillierten Blechtafeln an den Türen der kleinen Einkaufsläden. Letztere machten mir in ihrer heraldischen Form großen Eindruck. Ihre Farbigkeit war tief und satt wie die Kaleidoskop-Palette meiner Träume, deren Mandalas mich in den Schlaf begleiteten. Ihre Köder standen niemals still, und ich versuchte sie zu lenken. Heute, da ich die Bilder des Mandelbrotsystems kenne, weiß ich, was mir da «geträumt» hat.

Die inneren Bilder und jene, die an meinen Augen vorüberzogen, waren verschiedene Welten, aber durch ein fast gleichartiges Farberlebnis miteinander verbunden. Die Bedeutung der Farben, die ich sah, waren geheimnisvolle, wortlose Botschaften. Sie waren die ersten durchdringenden Mitteilungen in mein Bewußtsein wie jenes darunter schwelende, unendliche Es, aus dem das Ich erwachte. Die Uhr, der Wecker sagten mir nicht «tick tack». Er stieß heftig und schnell, laut hörbar sein «Wecka Wecka» hervor. Geheimnisvoll bedrohlich wurde sein «Wecka Wecka». Es weckte ein Angstgefühl in mir, wenn ich mich im Dunkel der Wohnung gerade verlassen fühlte und es mein Ohr erreichte. Dann wurde der

Wecker zum kleinen Monster. Das kalte Weiß seines Zifferblattes, auf dem die schwarzen, scharfgeschnittenen Zahlen und Zeiger auch in der tiefsten Dämmerung noch zu sehen waren, drohte unnahbar.

«... Du ganz still sein; nicht weinen, Papa und Mama kommen bald ...»

In den Falten der Gewänder, der Bettücher und Vorhänge verbirgt sich kein Schrecken. Es ist doch alles ganz normal. Mutti wird Licht machen, ein Lied vom Kino mitbringen und singen: «Patsch Handi zamm, was wird der Papa bringen? Schöne Schuh', schöne Strümpf', da wird der Ernsti springen.»

Der kleine Schmeckalinka lag in seinem Bett, das ein Sofa war, und sah zum Einschlafen die kosmische Welt vom Geist bewegt – in den herrlichsten Farben und Mustern leuchtend. Wenn er erwachte und sich allein fand, sah er die kaum erhellte Welt der wesenhaften Bedrohung in grauenvoller Erstarrung über sich herrschen. Durch den Spalt der angelehnten Küchentür fiel ein schwaches Licht. Es fiel auf alle Gegenstände, als enthüllte es die schrecklichsten Bilder, das wahre Wesen der Dinge, die der helle Alltag bloß versteckte. Die Küche hatte einen Kachelboden in Hellblau und Weiß. In der Mitte stand der Küchentisch. Kredenzen standen an der Wand. Das Küchengeheimnis, von angenehmen Gerüchen der Nase illustriert, war der Gasrechaud, der Gasherd, die Kochstelle. Der Feind der Nase, «die Gas», wie es in der Wiener Mundart heißt, die gern die Artikel verwechselt. Damit kann man sich vergiften. Der Gasherd wurde durch das Drehen der gummiringbegrenzten Emailhähne in Betrieb genommen. Für mich waren dies Drehscheiben, die *Laß das! Laß das!* hießen. Denn die Mutti sprach warnend auf diese Art. Ich konnte schon stehen und gehen, erreichte also schon alles, was verboten war.

11 — Das Rollenbuch des Lebens

Geht ein Rollenbuch verloren, entsteht ein großes Loch – der Text ist verloren. Erinnerung allein kann da noch helfen. Der Darsteller muß zum Dichter werden. Er muß sich erinnern, wie der Text lautete. Wo waren die Regieanweisungen notiert, die Stichworte und Einsätze rot unterstrichen? Wo könnte das Rollenbuch denn hinverkommen sein? Wird er es wiederfinden? Können die Kollegen aushelfen? Die Gegenwart verschwindet, verdrängt von den Fragen nach dem verlorenen Text.

Wie gut ist es doch, wenn man gewiß sein kann, daß alles aufgeschrieben ist, verfügbar zur Einsicht. Allein dieses Wissen gibt Sicherheit. Verlust des Textes ist chaotische Unsicherheit.

Wurde das Rollenbuch gefunden? Und wenn, wird der Finder sich melden, den Fund bei den Behörden abgeben? Man hat unerträgliche Angst vor dem verlorengegangenen richtigen Text. Wie peinlich, vom Collegium ständig korrigiert, mitleidig oder gar spöttisch zurechtgewiesen zu werden.

An der rechten Seitenwand der Hinterbühne, über den beiden eisernen Türen, glüht über den roten Notausgangslichtern: *Exit* – das einzige, was klar zu lesen ist.

Onkel Ernst blickt fröhlich und unternehmungslustig aus dem Rahmen über der mächtigen Anrichte. Seine Augen glänzen unternehmungslustig, als würde er sagen: *Ich bin du und du bist ich.*

Denn der Ernsti ist nach Onkel Ernst benannt. Ein zaghaftes Hoffen der Großeltern fühlt er auf sich gerichtet. Er wird den im ersten Jahre des Ersten Weltkrieges als Freiwilliger gefallenen Onkel wieder zum Leben erwecken, er wird sein Stellvertreter sein. Er wird so fröhlich, tapfer und unternehmungslustig sein wie der Onkel. Immer wieder wird der Ernsti auf das Porträtphoto verwiesen. Das Bild war lebensgroß; in einem einfachen, dunkel gebeizten Rahmen war es geschmückt mit dem Eisernen Kreuz, das Ordensband drapiert, schwarz-weiß-rot gestreift. Das Eiserne Kreuz befand sich in dem Zwischenraum, der die Verglasung vom Bilde trennte. Es sah leblos aus. Es war ehrwürdig tot. Es paßte gar nicht zu den lustigen Augen, die unentwegt in die des Ernsti blickten – strahlend lebendig. Ihm sollte er gleichen, wenn er «groß geworden ist». Er wird *sein* Leben leben, alles das tun und erleben, was dem im Kriege gefallenen Onkel nicht mehr möglich war. Ist das jenes verlorene Rollenbuch, das der Herr Professor eben sucht? Die Verzweiflung macht ihn zum Dichter.

Er tappt im Dunkeln, der Herr Professor, und wird sich selbst ganz fremd. Läßt er doch alles liegen, weil er denkt, er wüßte schon, wo es aufbewahrt ist. Doch plötzlich fällt ein Name ihm nicht ein. Unruhig tastet er nach den Texten, als könnte er das vergessene Wort beschwören, wieder lebendig zu werden in seinem Gedächtnis. Doch vergeblich. Er sucht und sucht, wird verwirrt, nervös. Unleidig, mürrisch fordert er das Verlorene zurück. Er wischt die Rollenbücher zornig vom Tisch, Wolken des Staubes von sich pustend. Er bedarf dieser Bücher nicht, nein, er wird sich erinnern können. Es kann doch nicht sein, daß er wirklich etwas Wesentliches verloren, vergessen hätte.

Werden wir über den Tod hinaus, noch im Grabe Suchende sein? Werden uns nicht quälende Zweifel erfüllen, ob wir das Wesentliche vergessen haben? So denkt er, so grübelt er verzweifelt, denn der Sinn des Daseins könnte im Vergessen ewig verborgen bleiben. Wo bist du her, wo gehst du hin? Führte der Weg dahin, wo kein Vergessen die Gewißheit trübt, daß alles so war, wie die Summe der erinnerten Lebensmomente, deren Bedeutung einst wohl überragend war? Du hast doch Gott geschaut, den Rest kannst du vergessen, ruft er sich tröstend zu, indem er sich zur Bühne wendet. Es ist doch alles für die Katz, denkt er, unfähig, die Angst vor der Vergeßlichkeit abzuschütteln. Es ist doch immer öfter so, daß er etwas Kostbares vergißt, vermißt. Am Leben des Alltags geht er suchend vorbei. Er muß das Gestern wiederfinden. Sein Rollenbuch, er hat es selbst geschrieben, ein ganzes Jahr lang daran geschrieben, unter Zeitmangel leidend wie kaum ein anderer – täglich. Das Spiel eines Jahres, das Bibel- und Zauberflötenjahr. War es nicht eben in diesem Jahr, daß er immer häufiger vergaß, wo er seine Lupe hingelegt, seine Briefschaften abgelegt, die Skizzenbücher und Notizen aufbewahrt hat? Da war doch das Halstuch von Seide, geziert mit dem Doppeladler des Kaisers Franz Joseph. Ist es nicht bedeutungslos, wenn es nie wiedergefunden wird, wenn *doch* letzten Endes alles verloren, alles zunichte würde?

Die Suche nach der verlorenen Zeit hat bei mir schon in ganz jungen Jahren begonnen. Ich habe schon als Kind von acht Jahren meine Vergangenheit untersucht. Es begann mit der Korrespondenz mit meinem Vater – mit seinen Briefen und Postkarten aus Shanghai. Ich besuchte die ausgebrannte Synagoge in der Leopoldstädter Pazmanitengasse, stieg die Treppen hinauf zu Großpapas Wohnungstür – sie stand offen, die Möbel – einige die ich wiedererkannte – standen umher. Neue Mieter – neuer Name an der Tür: schreckliche Orte, wo doch noch kurz vorher mein heiliger Großvater und die liebe Tante Liesl den Räumen ihr würdevolles Leben gaben.

So erging es mir drei Jahre später wieder, als ich Tante Tschannerls Wohnung von der Gestapo versiegelt fand. Ich stand vor der Eingangstür der Ordination ihres Mannes, Onkel Fromowitsch, und sah das weiße Klebeband über dem Schloß angebracht: *Eigentum des Deutschen Reiches*. Der einköpfige Adler mit den steifen Flügeln, der keine Fähigkeit zu fliegen, sich zu erheben zeigte. Dieser starre Vogel mit dem Hakenkreuz auf der Brust verwehrte mir den Zugang zum Verlorenen.

Ich forschte nach und hörte «Gestern Nacht ... Theresienstadt ...». Jaja, in der Nacht, kaum daß ein Nachbar es hätte sehen können. Ausgelöscht. Suchen im Erloschenen – wie suchen in der «Kramurilade», im Nähmaschinen-Tischchen, so kommt es mir heute vor. Wir haben eine angeborene Angst zu verlieren, was dem Leben eigen ist. Das fing schon in der frühen Kindheit an. Immer stärker drängte sich die Frage nach dem Unvergänglichen auf, und der Wunsch, es in der Erinnerung zu verewigen. Denn das ist auch ein wesentliches Merkmal der Kunst. Darüber habe ich oft nachgedacht und meine Gedanken dazu aufgeschrieben. Ist denn die Erfindung der Schrift nicht identisch mit dem «*Es war einmal ...*»? Schrift und Vergessen stehen zueinander in unauflöslicher Verbindung. Als das Erinnerungsvermögen durch das Geschichtsbewußtsein der Hochkulturen den Rahmen der Gesänge und mythischen Erzählungen vom Einst sprengte und das kalendarische System offenbart wurde, begannen Zahl und Schrift als Hüter der «Geschichte» aufzutreten. Zeitloser Mythos wurde in geschichtliche Vorgänge projiziert. Die Welt der Götter kam in die Welt auf Erden. Sie stiegen aus ihrer Ewigkeit in unsere Zeit und paarten sich mit den Menschenkindern. Die Neuzeit begann, denn «... es war einmal».

12 — Ich schaue aus der Dachluke

Es verhält sich so, wie es das Grabtuch des Erlösers Jesus von Nazareth offenbart: Ehe man es photographierte – als Negativ war es kaum sichtbar, fast ein nicht vorhandenes Bild –, war es die Andeutung einer Gestalt, die nur den Gläubigen das Bild des Herrn ahnen ließ. Doch als man in den späten achtziger Jahren das Grabtuch photographierte, sah man eine porträtähnliche Wirklichkeit, als hätte der Herr sich selbst abgebildet. Ein Evangelium der Anschaulichkeit seiner Person schien im Fleisch aufgezeichnet zu sein.

Von der Betrachtung der Photographie und des Negativs kam ich zu einem völlig neuen Weltbild, und dieses läßt auch alle Erinnerungen in einem anderen Lichte erscheinen. Doch davon wird noch die Rede sein.

Du gehst deinen Weg durchs Leben. Manches Mal führen deine Schritte dich (sind es denn die Schritte, die dich führen?) durch sumpfige Gründe. Es ist Nacht. Kaum daß du eine Wegbarkeit findest. Kein Licht ist über dir oder am Horizont. Nichts ist und nichts ist fern. Dichtes Unterholz hemmt deinen Weg. Dein Schreiten wird zum Gehen, zum Gestolper. Die Füße sinken bis zu den Fesseln im Morast. Du gehst voran – oder ist es ein Schritt zurück? Der Weg geht durch den Sumpf. Es ist ein mühsamer, zielloser Weg, der zu nichts führt.

Dann kommt der Moment, wo du in Verzweiflung versinkst. Der Glaube, wie man's so nennt, glimmt nur noch wie ein flaues Irrlicht aus der Fäulnis deines Wesens. Dann gibst du dich geschlagen – alles andere wird zur Illusion. Ein Schritt nach vor, ein Schritt zurück. Wohin kann dieses Auf-der-Stelle-Treten führen?

Dann hältst du inne, und die bekannte Stimme, die dir so oft in Reimen spricht, ertönt: «*Entfalte deine Schwingen, erheb dich und entfleuch, denn du sollst ewig leben.*» Tränen der Freude können, wie jede andere Träne, nur dem Schmerz entspringen. Er ist der Quell der himmlischen Freuden. Diese Freude ist allen anderen vorzuziehen, ihr gilt unser Sehnen, unsere Mühe, sie allein erquickt den Dürstenden, den Verschmachtenden bis in den Tod. Ja, ihr Salz bewirkt, daß du den Tod nicht schmeckst. Jeder Schritt war in Vergebung getan. Alle Tränen sind deine himmlische Nahrung.

Wenn man den Juden singend beten hört, könnte man meinen, er weinte. Doch ist es umgekehrt: Die Tränen der himmlischen Liebe sind es, die er weint. In jedem Laut erglänzen sie. Es funkelt darin der Glanz der Gottesliebe. Die anderen, alltäglichen Freuden sind wie ein Abglanz dieser himmlischen Freude. Und so erhellt sie auch den Alltag des Frommen. Er ahnt das himmlische Licht auch im Lichte der flackernden Kerze. Ein ungeheiztes Zimmer wird zur feurigen Kühle des mystischen Raumes der Gebete, wird zum Amethyst.

So reicht eine Stufe zur nächsten hinauf und hinab, so wie du es in den Zeichnungen festgehalten hast im vierten Jahr deines Lebens. Auf manche Stufen machst du ein Zeichen des Kreuzes. Es waren die heiligen Stufen damit bezeichnet. Du schautest ein Mysterium, von dem keiner dir erzählt hatte. Du zeichnetest nach genauem Plan, und jede Stufe hatte eine Bedeutung, die nur du erkanntest.

Deine Eltern wußten nichts von ihrer Bedeutung. Wenn du hingegen eine Lokomotive mit vielen Waggons und vielen kleinen Fensterchen zeichnetest, wenn du den Rauchwirbel aus dem Rauchfang im Kräuselstrich hervorquellen ließest, war die Freude deiner Eltern groß. Dann brachte dieses Bild in ihren Augen deinen Zeichentrieb zu verbindlichem Ausdruck. Deine Mutter förderte ihn, sie hatte große Freude daran, deine Lust am Zeichnen auf diese Weise zu fördern. Desgleichen tat die Großmutter. Sie leitete mich oft an, Buntstifte zu verwenden und einen Gänsemarsch zu zeichnen. So wurde das Zeichnen zu meinem Lieblingsspiel. Und so ist es heute noch – wie damals vor 67 Jahren.

> Punkti Punkti, Strichi Strichi,
> Ist das nicht ein Mondgesichti?
> Und die Ohren dran –
> Ist das nicht ein kleiner Mann?

War das ein Vergnügen! Schöner als «*Hoppa hoppa Reiter, wenn er fällt so schreit er*».

Nach außen hin war ich, wie man so sagt, ein ganz normales Kind. Ich wuchs zwar, was den Kontakt zu anderen Kindern betraf, einsam heran, aber ich empfand es nicht als Mangel. Meine Mutter war immer bei mir und der beste Spielgefährte, den man sich denken kann. Obwohl sie sehr jung und unerfahren war, hatte sie das richtige *Gespür*, um meine Erziehung in diesen ersten Jahren zu meinem Besten zu gestalten. Ihr verdanke ich die Prägung des Künstlers in mir, die frühe Entwicklung meiner Gaben. Und wenn ich es später bewußt bedachte, wußte ich immer, erkannte es mit tiefer Freude, daß Gott mir keine bessere Mutter hätte finden können unter allen Müttern auf Erden.

Mein Vater hingegen war der Held, der alles wußte und erklären konnte, wonach ich ihn fragte. Er hatte die englische Sprache erlernt und lehrte mich, sie zu sprechen, schon in ganz jungen Jahren. Sein Liebling unter den Denkern und Dichtern war Shakespeare. Doch das erfuhr ich viel später.

Mein Vater konnte den Hammer niedersausen lassen, traf so den Punkt genau an der Felge eines gußeisernen Rades, und es zersprang. «Da ist die Spannung», sagte er, «triffst du diesen Punkt, löst du sie auf.» Diesen Vorgang hat mein Vater seinem Gehilfen wiederholt erklärt, doch der konnte es nie vollbringen. Wenn der Gehilfe zuschlug, dröhnte bloß ohrenbetäubendes Gehämmer und schlug mich in die Flucht. Mein Vater lachte stolz und selbstbewußt. «Der wird das nie lernen», sagte er. Er war mein Held.

Bald sollte er zum Ritter der Märchen werden, die er mir erzählte. Bis er endlich zum Sitting Bull wurde. Doch da war ich schon im ersten Schuljahr.

«Schau Ernsti, da sitzt der Sitting Bull vor dir. Schau mich nur genau an, den Sitting Bull!» Da sah ich ihn die Friedenspfeife rauchen. Auf dem Kopf trug er die Adlerfederkrone, und eine Kette aus Bärenkrallen zierte seinen Hals. Mein Vater sah dann so aus, als wäre er ganz aus Leder gemacht. Meine Einbildungskraft nahm dies so deutlich wahr, daß alles sonst so penetrant «Wirkliche» verblaßte.

Seine Erzählungen und seine Märchenwelt hatten eine hypnotische Ausdruckskraft, die nicht nur mich in ihren Bann zog. Er war auch in Gesellschaft ein wunderbarer Erzähler und Unterhalter. Jedermann wollte im Wirtshaus an seinem Tisch sitzen. Er unterhielt sie alle, und daher war er auch über die Maßen beliebt, ja, berühmt. Besonders seine Lieder mochten alle gern hören. Er sang, an das Piano gelehnt, Partien aus der Operettenwelt jener Tage, Schlager waren es damals. Aber auch sehr viele Heurigenlieder hatte er in seinem Repertoire. Und da er den Frauen damit sehr imponierte, gab es so manchen Streit bei uns zu Hause. Doch mir zuliebe hielten die Eltern zusammen, obwohl ihre Gemeinschaft voller Konflikte war.

Es war in meinem dritten Lebensjahr, an einem verregneten Abend. Die Straße war spärlich beleuchtet, die Luft kühl und frühlingshaft. Da packte meine Mutter ein paar Kleidungsstücke ein, hüllte mich in eine Decke und verließ mit mir das Haus. Ich fühlte, daß es ein Abschied von Papa war. Meine Bitten, zum Papa zurückzukehren, wurden meinen Tränen zum Trotz nicht erhört. Wir verbrachten die Nacht bei einem befreundeten Ehepaar, das in der Nähe unserer Behausung wohnte.

Meine Mutter versuchte mich zu tragen. Ernsti beschwor sie, zum Papa zurückzukehren. Meine Tränen und ihre Liebe zu meinem Vater trieben sie dann wieder in seine Arme. Vage kann ich mich an einige ähnliche Vorkommnisse erinnern. Ich hing an meinen Eltern. So verschiedenartig sie waren, sowenig sie zueinander paßten (wie ich viel später, als mein Vater 1939 nach Shanghai emigrierte, begriffen habe), für mich waren sie *eine* Person; alle ihre gegenseitigen Spannungen fühlte ich in mir.

In mir hatten sie sich als Symbiose verkörpert. Aus diesem Grunde war ich auch der Katalysator, der die immer wieder erfolgende Versöhnung bewirkte. Beide sahen in mir den Prinzen, der all ihre Liebe und Hoffnung verkörperte, der sie durch sein Dasein bestätigte und erfüllte. Das hielt an, bis die Emigration, die Reise nach China, meinen geliebten Vater in unvorstellbare Ferne rückte. Er war in meinem Geiste, doch blieb er neun Jahre lang unerreichbar. Seine Gegenwart in meiner Seele jedoch war davon in keiner Weise beeinträchtigt. Im Gegenteil: Heftiger denn je zuvor trat er jetzt in mein Leben.

Sein Andenken wuchs zum Monument des leidenden, verhaßten und schließlich fast ausgerotteten Volkes der Juden. Sein Abschied hat mich schon damals zum Juden gemacht. Nie wäre es mir in den Sinn gekommen, meine Abstammung zu verhehlen oder gar zu leugnen. So verlangte ich, just in den Wochen nach dem Einmarsch Hitlers in Wien, Unterricht im Hebräischen an einer jüdischen Schule zu erhalten. Mein Vater, der seine Emigration vorbereitete, sah darin eine große Gefahr.

Wenn immer Unbekannte an die Wohnungstür klopften, versteckte er sich im Kleiderschrank, denn SA und Gestapo waren eifrigst auf «Entjudungsdienst». Immer wieder hörten wir von Denunziationen, die von völlig unpolitischen, antisemitischen Wichtigtuern begangen wurden. Ihre Motive waren Dummheit, Neid, Schadenfreude und ein undefinierbares Gemisch aus Aberglauben und Liebe zum «Führer».

Es wird niemanden überraschen, daß ich schon mit sieben oder acht Jahren über die politischen Vorgänge ausführlich unterrichtet war. Schon aus den Gesprächen der Erwachsenen lernte ich, wie es um uns stand. Die gesamte jüdische Verwandtschaft zitterte, obwohl sie es einfach nicht fassen konnte, daß ein so gewaltiges Maß an grausamer Ungerechtigkeit zur wachsenden Bedrohung, zum Alltag werden konnte. Es übertraf das alles jede noch so große Befürchtung. Es gab da Berichte von Juden, die aus den Konzentrationslagern im letzten Moment noch losgekauft werden konnten – was aber nur wenig später nicht mehr möglich war. Diesen «Geschichten» wollte man keinen Glauben schenken: «So etwas tut doch kein Mensch, das gibt es nicht, daß das ein Mensch dem anderen antut!» Noch dazu, wenn der andere unschuldig ist und bloß den «Makel» einer anderer Religion und Abstammung hat.

Ich schaue aus der Dachluke — 73

Doch es gab eine allgemeine Akzeptanz: Der Jude ist *Volksschädling, Schmarotzer, Untermensch einer dekadenten, minderwertigen Rasse.* Der Jude wurde zum Feindbild des «Ariers» erklärt, und es bedurfte wenig Nachdrucks «von oben», um allen dieses Hirngespinst plausibel zu machen. Nachdem der erste *Blitzkrieg* gegen die wehrlosen, aller Rechte beraubten und ausgeplünderten Juden zunächst im Deutschen Reich in vollem Umfang stattgefunden hatte und durch die *Reichskristallnacht* das Ausmaß der vernichtenden Katastrophe allen Menschen und Völkern deutlich geworden war, ging die Hölle erst richtig los. Die Maßlosigkeit des Hasses kannte keine Grenzen. Das dadurch verursachte Leid war ebenso unermeßlich. Satan in der Person Adolf Hitlers regierte unumschränkt. Der Jubel der Massen trug ihn zum Thron der absoluten Herrschaft.

Meine ersten Lebensjahre waren vom schwelenden Antisemitismus, der Judenfeindlichkeit im allgemeinen, nicht betroffen. War ich doch weder beschnitten noch katholisch getauft; in keiner der beiden noch in anderer Religion erzogen. In meinen Dokumenten bin ich als konfessionslos eingetragen. Viel später erzählte mir meine Mutter, daß ein Rabbi sie des öfteren besucht hatte mit dem Rat, mich doch beschneiden zu lassen. Ich kann mich sogar an einen solchen Besuch erinnern; er fand in der Kulmgasse statt, ein Jahr oder zwei vor dem Einmarsch Hitlers in Österreich. Meine Mutter stand am geöffneten Küchenfenster, das auf den Gang führte. Sie ließ den Rabbi nicht ein. Der schwarzgekleidete Mann mit dem breitkrempigen Hut auf dem langbärtig umrahmten Kopf wurde nach kurzem Gespräch abgewiesen. Sie meinte, ich solle meine Religion selber wählen, wenn ich erwachsen geworden war.

Weder mein Vater noch meine Mutter waren an den Glauben gemäß der Tradition ihrer Herkunft in praktizierender Form gebunden. Mein Vater ging nicht zur Synagoge, und wenn, dann nur aus Rücksicht auf seinen Vater, dessen Frömmigkeit er als Ausdruck beständiger Treue und Redlichkeit verehrte. Sicher hat ihn das Bewußtsein seines Versagens auch bedrückt. Er konnte es nicht über sich bringen, den Herzenswunsch seines Vaters zu erfüllen und Rabbiner zu werden. Er hatte sein Studium in Schwabach abgebrochen und war heimlich entflohen. Wenn immer er später nach seiner Rückkehr aus Shanghai davon erzählte, fühlte ich, wie sehr ihn dies bedrückte. Er konnte nicht glauben, aber er wollte seinen Vater auch nicht belügen, und so bezeichnete er sich als Freidenker. Er war, was man damals einen Lebemann nannte. Der jüdische Fußballverein «Hakoah» interessierte ihn mehr als der Besuch einer Synagoge. Sein Interesse am Judentum beschränkte sich auf rein zivile, soziale Bereiche. So war er bereit, seine Herkunft zu leugnen oder darin etwas Negatives zu sehen; was übrigens gar nicht selten unter den assimilierten Wiener Juden vorkam. Sich zu verleugnen, hatte Tradition; es war aus den Liberalisierungstendenzen des neunzehnten Jahrhunderts übernommen.

Und es gehörte zum guten Ton im jüdischen Bürgertum, über die polnischen Juden die Nase zu rümpfen – das waren «Binkeljuden» im Kaftan. Wie sie so unangenehm auffällig waren! Sie wurden nicht selten beschuldigt, Karikaturen des wahren, gehobenen und gebildeten Wiener Judentums zu sein und in ihrer typisch jiddelnden Art das «deutsche Judentum» lächerlich zu machen.

Trotzdem, aus uneingestandenem schlechten Gewissen, ließen die jüdischen Bürger an Festtagen einen «Jeschive Bocher» in ihr Haus. Zum koscheren Scholet, dem Sabbatessen, geladen, sollte er eine «Thoire» geben (eine Auslegung der Thora) und die Gebete sprechen.

Nach außen hin war man eher deutschnational, Österreicher und Wiener, wie der Kaiser, der «ein deutscher Fürst» war. In großbürgerlichen Familien galten gute Erziehung mit all ihren Tugendübungen, erworbenes Ansehen und Ehre als die höchsten

Werte. Übertriebene Frömmigkeit hingegen sah man allgemein als «meschugge» an. Dieser Bereich war den Kaftanjuden vorbehalten. Man hielt sie auf Distanz.

So erschien mir mein zartgliedriger, sorgfältig gekleideter, stets gepflegter Großvater als ein ehrwürdiges überirdisches Wesen. Da ich in jungen Jahren keine Ahnung vom «mosaischen Bekenntnis» hatte, sah ich diese Heiligkeit als etwas nur ihm eigenes an. Er war der einzige, der mit Gott sprach. Er war es, der uns Kindern, wenn wir ihn am Sonntag besuchten, nach unseren Religionen befragte. Sigmund Fuchs war eine dem Alltag entrückte Erscheinung. Würdevoll bürgerlich. Spazierstock mit silbernem Griff. Sorgfältig-unauffällig gekleidet. Seine Brille, deren Nasenbügel zwischen dem Augenpaar eine tiefe Kerbe in die Haut über dem Nasenbein schnitt, sie war aus Gold.

Ich schaue mit einem Fernrohr aus der Dachluke und betrachte die Sandsteinskulpturen auf der Dachbalustrade des Palais Schaumburg. Sie sind schön, ich zeichne sie. Der Dachboden des Hauses Johann-Strauß-Gasse 7 hatte einen sonnendurchglühten, rußigen Zauber. Gerümpel aller Art war hier verstaut, überzogen von einer dicken Haut aus Staub, Ruß und Taubenkot. Wäscheleinen hingen grau von Sparren des Dachstuhles zum staubigen Boden. Jede Hauspartei hatte ihren Sektor. Da konnte man stöbern. Das war eine Art Ersatz für die verlorenen Lagerplätze meines Vaters in Liesing und Atzgersdorf. Auf dem Dachboden zeichnete ich in völliger Einsamkeit. Es war ein Genuß, die eiserne Dachbodentür mit ihrem großen Schlüssel aufzusperren, um unter dem Gebälk des Dachstuhls die Einsamkeit des «Künstlers» zu entfalten. Dort oben lagerten auch meine Schätze: die Alben waren vollgeklebt mit Photographien oder Abbildungen, die ich aus den illustrierten Zeitschriften schnitt. Meine Zeichnungen und Bilder wurden da abgelegt, um alsbald unter einer Staubschicht zu verwelken.

Die winterlichen Morgenstunden waren der Nordpol dieser Wiener Kriegswelt. Die schwarzen Gestalten hatten etwas an sich, das mich später aus manchen Gemälden Goyas ansprach. Vollends grauenhaft wurden die Straßen, als ganze Häuserreihen, von «Bombenteppichen» belegt, in Schutt und Asche versanken. Schreckliche Romanze meiner Kinderjahre. Nur dem Kinde ist es möglich, selbst aus den grauenhaften, ekelerregenden Aspekten des Daseins etwas Angenehmes zu entnehmen. So vermochte ich vieles zu verdrängen, was Erwachsene einfach nicht hinnehmen konnten. Schon weil das Kind noch keine Gewohnheiten ausgebildet hat, wie sie den Erwachsenen zur jahrzehntelangen Lebensweise geworden sind. Es findet sich in alles drein. So jedenfalls erscheint mir diese Zeit allgemeinen Leidens, die fast alle Menschen betraf, nicht als eine ausschließlich schreckliche, Verdammnis verdienende Periode, obwohl sie kaum mit einer darauffolgenden vergleichbar wäre!

Petermann hieß die Bäckerei an der Ecke Wiedner Hauptstraße – Johann-Strauß-Gasse. Ein paar Stufen führten hinauf zur Eingangstür, die verglast war, so daß man direkt auf die zentrale Kassa sah. Eine altmodische Kurbelkassa war's, ein Prunkstück. Reich verziert. Der Duft frischen Brotes und goldgelben Gebäcks lag in der Luft. Da es ein Eckhaus war und der Zugang direkt von diesem Hauseck in den Laden führte, konnte man schon vom Gehsteig aus das Marienbild sehen, vor dem ein rubinrotes Ewiges Licht hing. Wie eine Hauskapelle funkelte dieser Bäckerladen in die dunklen Wintermorgen. 1939 wurden Lebensmittelkarten eingeführt. So war es unmöglich, ohne die tomatenrote Brotkarte, von der die Rationsabschnitte mit einer Schere abgetrennt wurden, etwas zu bekommen. Diese Zeremonie wurde von der Chefin der Bäckerei zelebriert. Sie war klein von Wuchs, sehr gepflegt.

Als ich vor dem Ofen stand und in die Flammen der roten, verzehrenden Glut starrte, ergriff mich eine unheimliche Angst. Dieses Feuer brennt ewig, dachte ich, es könnte mich verzehren, um dann ewig fort zu brennen, ohne daß ich noch da wäre. Das Feuer währt unendlich, ich aber nicht. Solches zog mir durch den Sinn. In Lebensangst erstarrt, konnte ich das Ofentürchen nicht schließen. Meine Augen wurden, wie mein Gesicht, ganz heiß – bis ich endlich das feurige Maul des Ofens verschloß. Ich hatte eine Erfahrung gemacht, an die ich bis heute nicht ohne Angstgefühl denken kann. Ein Initialerlebnis, ganz ungewöhnlich für einen dreijährigen Knaben, der von Ewigkeit noch nie etwas gehört hat. Als hätte mich ein böser Geist heimgesucht.

Auch in späteren Jahren, 1948 bis 1950, habe ich diese Angstgefühle «bearbeitet», zum Ausdruck gebracht und dadurch auch zu überwinden gelernt. Eine Periode ging zu Ende. Jene aber der «Alchemie», der Verwandlung, hatte ihren Anfang genommen. Das Einhorn meldete sich an, als «Allesbezwinger». Im «Kampf der verwandelten Götter» zeigte sich ein neues Thema. Um diese Zeit las ich Laotse. Das half, seine Worte schufen Distanz in mir, nahmen mir immer wieder die Last, die mich plagte.

Gleichzeitig aber liebte ich das Erschrecken, es war eine eigene, seltsame Lust darin. Mein Thema war «Die Metamorphose des Fleisches» geworden. Ein Zyklus des Eros, des Sexus und der Verwesung? Welche Ereignisse des Lebens im Alltag hatten Verbindung zu dieser Thematik?

13 — Unter den Trümmern des Krieges

Das Leben auf der Gasse, in das ich mehr und mehr hineinwuchs, war von strengen Prüfungen, Zeremonien und Ritualen geprägt. Jeder mußte sich diesen Bedingungen unterwerfen, schmerzvolle Torturen erleiden und zeigen, daß er durchhalten konnte. Begleitet vom Hohn- und Spottgejohle wurde ein ringförmiger Eisendraht um Stirn und Hinterkopf gelegt und durch das Schrauben mit einem quer eingeschobenen Holzspan zusammengezogen, bis man das Gefühl hatte, der Schädel platzt. Das war die Tortur des «Zusammendrahns». Der Fischer Fritzl war der Vollstrecker, gewissermaßen der Henker. Er war sadistisch und vollzog die Tortur mit gelassener Fröhlichkeit. Er ist mir in unangenehmster Erinnerung. Der einzige Freund, den ich damals in der Kulmgasse hatte, war der sanftmütige, halbverhungerte «lange» Schlemmer Edi. Sein Andenken ist eine stille Nische in meiner Erinnerung – die Freundschaft der Einsamen ist darin bewahrt; denn solche Bünde sind selten.

Die Mandeloperation war wie ein Gewitter, plötzlich bricht es herein. Ein schwarzer offener Wagen fährt eine Allee entlang, sehr schnell! Ich sehe es von oben, sehr hoch oben bin ich, und überblicke blitzartig ein riesiges, von Bäumen, Wiesen und Wegen durchzogenes Areal. Grau und düster ist die Stimmung, stürmisch. Da zuckt ein Blitz vom Himmel, er trifft den schwarzen Wagen, den Fahrer, in genau diesem Moment der Schau erwache ich aus der Narkose.

Das Klavierstockerl. Es dreht sich rasend schnell, rechts herum schraubt es sich hoch, links nach unten. Ich sitze darauf, und mein Cousin Georgi dreht es: ein Ringelspiel – ein Karussell. Desgleichen sitzt auch er darauf und wird von mir herumgewirbelt.

Mein Vater, Kraftmensch und «Urviech», wie er sich manchmal nannte. Willensstark und athletisch gebaut, ging er keiner Auseinandersetzung aus dem Wege. In den Wirtshäusern war er des öfteren wegen antisemitischer Bemerkungen in Raufereien verwickelt. Er soll einen ganzen Kleiderrechen samt den daran hängenden Kleidungsstücken aus der Verankerung in der Mauer gehoben und damit um sich geschlagen haben, indem er ihn wie einen kreisenden Balken einsetzte, der kreisförmig alle Angreifer niederschlug.

Eines Tages war meine rechte Hand, der ganze Arm von der Schulter abwärts, gelähmt. Ich war vom Tisch gefallen, vom Schock gelähmt. Nun stand ich auf dem Tisch unter der Lampe darüber. Es war Abend, und die Lampe beleuchtete die Banane, die darunter an ihr hing. Mein Vater hatte die intakte Hand an meinem Körper festgebunden. Er zeigte immer wieder auf die gelb leuchtende «Plane» und sprach auf mich ein, ich solle sie doch ergreifen – da plötzlich geschah es: ich griff danach, meine Lähmung war überwunden. Meine Eltern freuten sich, mein Vater war stolz auf seine List. Sein «Schmeckerle» war seiner Suggestion gefolgt. Meines Vaters Temperament schwankte zwischen euphorischer Heiterkeit und Jähzorn. Die ihn näher kannten, zollten ihm Respekt. Er war immer höflich, galant zu den Damen. Er schäkerte gern.

Mein Onkel Fischer Poidl, Enkel des Abraham Fischer, besaß Gräf & Stift-Aktien, die meine Mutter in einem ungeöffneten Paket für ihn den ganzen Krieg über versteckt aufbewahrt hatte. Eines Tages rief er von der Johann-Strauß-Gasse zu unserem Mansardenfenster hinauf, wir sollten das Paket einfach zu ihm auf die Straße werfen, er könne nicht die Treppe hochkommen. Meine Mutter weigerte sich. Sie erwartete wenigstens einen Dank, irgend etwas von persönlicher Anteilnahme am schweren Schicksal, das wir zu tragen hatten. Mit einigen Floskeln verabschiedete sich der reiche Onkel und verschwand. Meine Mutter meinte, das sei wieder «typisch» gewesen. Was wußten wir von Börse, Aktien usw.? Bloß, daß dieses Paket sehr viel wert war und daß uns für die Aufbewahrung dieser Werte eine Belohnung zukommen sollte. Aber keine Spur! Wir waren die Dummen, die Anständigen. Wie leicht wäre es gewesen zu sagen, daß wir nicht wüßten, wovon die Rede sei – in dieser Überlebenskrise. Meine Mutter aber hätte so etwas niemals getan.

Jahre später traf ich Onkel Fischer auf einem Flug von Paris nach Wien. Ich freute mich sehr, ihn wiederzusehen, ihn, einen der wenigen aus meines Vaters Verwandtschaft, die nicht im Konzentrationslager umgekommen waren. Er lebte in London. Er erzählte von seinem Sohn. Alle waren wohlauf. Ich sah ihn nicht wieder.

Ich besaß ein Schroll-Kunstbuch über das Werk von Veit Stoß, den man den Dürer der Bildschneidekunst nannte. Ich sah mir auch Abbildungen von Stephan Lochner, Konrad Witz, Rueland Frueauf, der Donauschule und den Niederländern an. Ich studierte Hugo van der Goes und Lukas Cranach. Ich liebte die Darstellungen der Ritter und Turniere, Susanne Wengers Tierkreiszeichen. Auch Grünewalds Werk lernte ich kennen, auf Repros und in Kunstbüchern sah ich es, tief beeindruckt. Diese Bildwelt empfand ich seltsamerweise als im Zusammenhang mit Egon Schiele stehend. Wie wenig hatte das zu tun mit Pablo Picasso oder Salvador Dalí, die ich durch wenige Abbildungen in Zeitschriften kennenlernte. Mein Interesse an Kunst war ungeheuer, und darin war ich von meinen meist gleichaltrigen Kollegen sehr verschieden. Sie hatten weder für bildende Kunst noch für Musik oder Literatur ein besonderes Interesse gezeigt. Ich schleppte sie in die Museen, mit einer Lupe bewaffnet. Alles wurde untersucht: wie könnte es gemacht worden sein? Diese kleinformatigen Bildtafeln waren mit ungeheurer Akribie gemalt; in klarer, leuchtender Farbigkeit.

Wie sehr stand dieses handwerkliche Können im Gegensatz zu den großflächigen Schmierereien der Gegenwartskunst! Diese kleinen Bildtafeln hatten etwas Magisches. Es war das winzige Format, das mich anzog. Hier fand ich Antipoden von Michelangelo. Durch Jean Fouquet und das Buch seines adeligen Schülers René d'Anjou angeregt, wandte ich mich der Miniatur zu. Solche Wunderwerke der Akribie wollte ich vollbringen. So studierte ich anhand von Büchern wie Max Doerners Standardwerk *Malmaterial und seine Verwendung im Bilde* das alte, verlorengegangene Handwerk von Grund auf. Ohne es beabsichtigt zu haben, begründete ich damit eine Art von Schule. Eitempera und Lasuren verwendend, übte ich mich darin, die Materialien der alten Meister wieder zu verwenden, um jene Wirkung der Farbe, Plastizität und Tiefe zu erreichen, die in der Kunst der Moderne verlorengegangen waren. Ja, alles was auch nach der Gotik gemalt wurde, interessierte mich in technischer Hinsicht kaum noch, wenngleich dies nichts zu tun hatte mit meiner Wertschätzung der Meister des Barock, der Impressionisten. Van Goghs Gemälde und Zeichnungen konnten mich durchaus begeistern, doch ich machte mich in der Werkstatt der alten Meister als Schüler und Nachfahre vorstellig. Ich wurde ihr Zögling. Dies wird vor allem in meiner Graphik sichtbar.

Als ich acht Jahre alt war, spielte ich mit plastischen Indianer- und Trapperfiguren, aber auch Ausschneidebögen liebte ich sehr, klebte die ausgeschnittenen Figuren auf Laubsägeholz und sägte sie heraus. Solche Bastelarbeiten waren indes nicht meine Stärke. Mein Lieblingsspielzeug war ein himmelblau und weiß uniformierter Offizier, der auf einem Schimmel ritt. Ein fast vollplastischer, lackierter Zinnsoldat. Er war sehr teuer. Immer wieder sah ich ihn mir im Laden an und sparte mein Taschengeld, bis er mein war.

Im Kindergarten zog ich es vor, das Pferdchen im Gespannzeug zu sein. Nach dem ersten Schuljahr spielten wir nicht mehr mit Mädchen. Sie zu ärgern, zu verfolgen war nun Pflicht. Die Werkelmänner, Drehorgelspieler, Invaliden waren, wie unsere Spiele auch, saisonbedingt. Zum Ende des Schuljahres wurden die Schulhefte zu «Schwalben» verarbeitet. Darin war ich Meister. Meine Schwalben flogen lange, sie schwebten elegant. Wir fingen auch Fliegen und hielten sie in ausgehöhlten Korkstoppeln gefangen, die durch einen Stecknadelgrill verschlossen waren.

Der letzte Rest meines Paradieses wurde nun verschüttet, und mein Vater mußte 1939 emigrieren. Ich schrieb meine ersten Verse für ihn und flüchtete mich in meine Lieblingsbeschäftigung, die Malerei. Schmähungen primitivster Art, Verfolgung, Flucht und Bombenhagel haben die fortschreitende Vertiefung in die Kunst, mein immer heftigeres Verlangen, ausschließlich und immer der Kunst zu leben, wahrscheinlich nicht behindert, sondern eher gestärkt. Der allgemeinen Spottsucht und Verachtung konnte ich nur meinen Stolz auf meinen Vater und sein Volk sowie meine Kunst entgegenhalten, und das tat ich immer und überall trotz meiner zehn oder zwölf Jahre. Ich war stolz, als Jude zu gelten, auch wenn ich darunter zu leiden hatte. Nie habe ich meine Abstammung verleugnet.

Ich kannte das Judentum aus dem orthodoxen Hause meines Großvaters Sigmund Fuchs in der Leopoldstadt, wohin meine Eltern jedes Wochenende zur Sabbatfeier fuhren. Die jüdischen Feste waren mit ihrem patriarchalen Ritual und prächtigen Tafelgeschirr, mit Leuchtern und Weihrauch im Gesumme heiliger Hymnen und Gebete eine ferne Welt, der ich entgegenwuchs. Ehrfurcht erfüllte mich in den dunklen Zimmern, wenn ich zu Besuch bei meinem Großvater war. Da saß er wie König David, meist in einen Tallith (Gebetsmantel) gehüllt. Sein Zimmer durfte ich nur selten betreten. Seine sieben Kinder verehrten ihn. Da war alles ganz anders als in Ottakring. Alles war fern, streng und doch gütig, ruhig und geordnet. Es war aber auch heiter, man sang viele heilige Lieder. Die Sprache dieser Feste, die ich nicht verstand, klang musikalisch, kehlig und vokalreich. Ich verband sie mit den schönen fremdartigen Lettern, in denen diese Gesänge in dicken Büchern und Rollen geschrieben waren. Die Männer lasen ihre Gebete, sich rhythmisch vor- und zurückneigend: «Schemai Israel Eleuchenu.»

Ich verehrte meinen Großvater, sein Singen und Beten, er war der liebe Gott. Vor ihm war ich ganz klein, und daß ich bei ihm sein durfte, war der erste Sinn des Daseins, den ich fassen konnte. Und heute noch ist der Begriff Religion für mich geprägt von der Erinnerung an sein Leben; und ich kannte es gut, es strahlte von ihm, es deutete über sich hinaus, und das fühlte ich als Kind ganz genau. Mit uralten Zeichen bezeugte es eine ferne, herrliche, unbeschreibliche Zukunft, der wir alle zustreben sollten, für die wir bestimmt waren. Dahin zu gelangen, davon zu träumen, sich nach dem Unbegreiflichen, das er verkörperte, zu sehnen und ein «Jud» zu sein, war ein und dasselbe. Das wußte ich in meiner Kindheit, ohne zu wissen, was ein Jude war, und schon gar nicht wissend, daß man dafür verachtet werden könnte. Als ich es aber erfahren mußte, war ich acht Jahre alt.

Die Reste der vertrauten Welt verschwanden unter den Trümmern des Krieges, ich aber verbarg mich in der einzigen vom Schöpfer bereiteten Arche: der Kunst. Die große Familie wurde auseinandergerissen. Mein Vater konnte, da er kein Vermögen besaß, erst 1939 emigrieren und ging nach Shanghai. Ich hing sehr an ihm und habe unter diesem Verlust sehr gelitten. Die Kriegsjahre verbrachte ich, das Schicksal Unzähliger teilend, in großer Not. Entgegen allen Anfeindungen antisemitischer Art hielt ich meine Bindungen an das Judentum, so wie ich es damals verstand, heilig und zeichnete so manchen Prophetenkopf, malte auch einen Ahasver. Damals fand ich meine Themen.

Als ich 1942 getauft werden sollte und Taufunterricht in der Pfarre St. Thekla erhielt, verstand ich Jesu Wesen und Leben als eminent jüdisch und war begeistert von allem, was ich über ihn hörte und lernte. So empfing ich andächtig und gläubig die Taufe. Soweit mein kindliches Gemüt die Diskrepanzen von Christentum und Antisemitismus bewältigen konnte, versuchte ich, das Leiden der Juden und das Leid Christi als ein Leid um den besseren zukünftigen Menschen zu verstehen. Aus dieser Zeit habe ich noch die Zeichnung eines Christuskopfes bewahrt, die diese Taufe veranschaulicht. Es war ein Weihnachtsgeschenk für meine Mutter.

Ein Jahr vor meiner Taufe war ich etwa achtzehn Monate lang Zögling in einem Heim für *Mischlinge* und *Geltungsjuden* in der

Rückertgasse in Ottakring. Aus diesem Heim «Zum heiligen Joseph», das von Vinzentinerinnen geführt wurde, verschwanden viele «Sternträger» für immer in die Konzentrationslager Auschwitz, Mauthausen und Theresienstadt. Im Heim lernte ich den Zögling Conni Hannes Meyer kennen, hörte zum erstenmal den Namen Erich Brauer und sah seine ersten Aquarelle: auf dem Pferde kämpfende Indianer.

Jede Kindheit bewahrt auch in den schlimmsten Umständen einen Rest des ihr eigenen Paradieses, noch in der Hölle des Krieges. Damals begann ich die ersten Akte, weibliche und männliche, zu zeichnen und erlangte eine große, alle in Erstaunen versetzende Beherrschung darin. Niemand, der meine Bilder sah, wollte glauben, daß ein Zwölf- und Dreizehnjähriger sie gemacht haben konnte. Ich arbeitete immer ohne Vorlage, abzeichnen konnte und mochte ich nicht.

Mit zwölf Jahren wurde ich zur Weihnacht 1942 aus dem Heim entlassen, und meine Mutter nahm mich nach Düsseldorf mit, wo sie eine Anstellung als Geschäftsführerin eines Modesalons in der Königsallee übernahm. Wir kamen in einen Bombenhagel ohnegleichen, mehrere Male waren wir verschüttet und ausgebombt. Nach zehn Monaten verließen wir die völlig zerstörte Stadt und fuhren nach Wien zurück, wo alsbald die noch schrecklicheren Bombardements beginnen sollten. Meine Mutter schenkte mir die erste Staffelei und ein Zeichenbrett. Nun war ich ein Maler. Ich machte rasch große Fortschritte. Als wir 1943 nach Wien zurückkehrten, fand meine Mutter (durch ihre Anstellung als Beamtin des Arbeitsamtes) eine Dame, die mich in Bildhauerei, vor allem im Modellieren, unterrichten wollte. Diese Begegnung war von größter Bedeutung für mich.

Emy Steinböck machte mich mit den objektiveren Kriterien des klassischen Kunstverstandes vertraut. Sie ließ mich die Kunst der Hellenen mit dem Maßzirkel kopieren und schärfte mein Auge für feinste Übergänge. Nebenher machte ich Federzeichnungen, die stark den Einfluß altdeutscher Holzschnitte verrieten. Im letzten Kriegsjahr zerstörte ein Bombentreffer das Atelier meiner lieben Lehrerin, und so fand der Unterricht, den ich zweimal wöchentlich besucht hatte, ein Ende. Trotzdem sah ich Emy Steinböck des öfteren und zeigte ihr meine Arbeiten. Bald darauf lernte ich andere Helfer kennen, wie den Bruder meiner Taufpatin, Alois Schiemann, der damals schon über fünfzig Jahre alt gewesen sein mochte und der mich in der Freskotechnik unterrichtete. Ich besuchte nachmittags die Malschule St. Anna, um nach der Natur zu zeichnen. Professor Fröhlich unterrichtete dort auch Komposition.

Noch während meiner Schulzeit im Krieg hatte ich also mit dem akademischen Studium begonnen. Als ich 1945 in die Akademie der Bildenden Künste eintrat, brachte ich schon einige Kenntnisse mit.

ZWEITER TEIL

1 — Bin ich ein Wunderkind?

«Roswitha Bitterlich – das Wunderkind»
So stand es in den Zeitungen. Sie zeichnet so schön! Bin ich ein Wunderkind? Das Wort erschreckte mich. Meine Mutter hatte es einige Male erwähnt. Ich konnte mir darunter nichts vorstellen. Abbildungen sah ich nirgends, aber Roswitha Bitterlich malt so schön wie die großen Künstler. Ich dachte, ich bin doch kein Kind, ich bin ein großer Künstler. Roswitha Bitterlich – bis heute ist es ein Name ohne Bilder geblieben – und eine gewisse Neugier ist geblieben.

Wie hat sie gemalt? Wie kam es in die Zeitungen, und wo sind ihre Werke? Wer erinnert sich daran, wen interessiert es? Die Wunderkind-Problematik war da, sie beschäftigte meine Phantasie und die der Erwachsenen. Sie war berühmt, obwohl niemand etwas von ihrer Hand Stammendes gesehen hatte. Eine Eifersucht und Neugier war in mir erwacht, da war ich zwölf bis vierzehn Jahre alt. Aber ich war kein Kind, ich war Michelangelo, ein Wunder! Von mir stand nichts in den Zeitungen. Wahrscheinlich war es ein tüchtiger Rummel-Macher, der dahinterstand.

Ich wollte bloß sehen, was Bitterlich konnte. Die Fähigkeit, Erhabenes darstellen zu können, die sollte sie mir zeigen. Daß es ein Mädchen war, einige Jahre älter als ich, fand ich sehr geheimnisvoll und anziehend, und daß sie krank war, stand auch in den Zeitungen. Ob sie noch lebte – wie, wo und wie lange, das beschäftigt mich immer wieder.

Nur wenige Monate nach dem Kriegsende sah ich zum erstenmal die Alten Meister im Original. Es war nicht viel, was da gezeigt wurde, denn während der Jahre des Krieges hatte man alles *ausgelagert*, so nannten die Machthaber diese Katastrophe. Unsere Kunstschätze waren in den Stollen aufgelassener Bergwerke geborgen gewesen. Nun konnte ich bestaunen, was mir bis dahin ausschließlich durch Reproduktionen in Büchern, Zeitschriften oder Postkarten bekannt war. Gezeigt wurde noch nicht alles, was heute im Kunsthistorischen Museum hängt. An den Wänden des Michaeler Traktes der Hofburg zu Wien hingen nur wenige Meisterwerke.

Unter der riesigen Kuppel des Michaeler-Tores, wenn man vom Platz her, die Michaelerkirche hinter sich lassend, das eindrucksvolle Bauwerk betritt, befinden sich links und rechts die Aufgänge in ein Obergeschoß. Es war die Treppe linkerhand, die zu den Kunstschätzen führte.

Da sah ich sie zum erstenmal, die Werke der Alten Meister, und war über alle Maßen entzückt, ja begeistert, überrascht von der Wirkung des Originals.

«Memoiren» – so wird eine Sammlung von Erinnerungen, auch an längst Vergangenes genannt. Auch der Erinnerung liegt ein *ausgelagertes* Original zugrunde.

Die stetige Verwandlung der Bewertung im Fluß der Zeit hat etwas Wunderbares. So fällt mir auf, daß im Laufe der Zeit das Original nicht verblaßt, daß aber seine Wertigkeit sich verändert. Wenn ich heute als über Siebzigjähriger vor der Bekehrung des Saulus von Nicolò dell' Abate stehe, ist mir zwar der Moment des ersten Anblicks gegenwärtig – und die Gedanken, die ich während der Betrachtung hatte. Aber auch die verschiedensten Reflexionen, die ich in den Jahren danach angestellt habe, kommen mir wieder in den Sinn. So erschien mir das Werk dieses Manieristen, der im Schatten Michelangelos stand, auf den ersten Blick so etwas wie ein Aufbruch zum Surrealismus zu sein.

Eben noch waren meine Vorbilder Secessionisten und Expressionisten gewesen – Künstler, die ich, wie die Alten Meister, nur aus Reproduktionen kannte. Aber die wunderwirkende Hand dieser Alten, ihr magischer Umgang mit dem Handwerk, dieses «Wunderwirken-Wollen» ihrer Kunst, erweckte in mir ein ebensolches Wollen.

So erweckte in meinem Geist das winzige Porträt eines Goldschmiedes von der Hand Jan van Eycks meine grenzenlose Bewunderung. Ich war beim ersten Anblick dieses Meisterwerks geradezu enttäuscht von diesem Winzling – welch ein Kontrast zu Michelangelo und seinem Adepten Nicolò dell' Abate! In welcher Miniaturenwelt hatten sie gelebt und ohne monumentale Fresken in riesigen Bauwerken, diese winzigen Meister der Gotik!

Vergleiche ich die Erinnerungen vom Fünfzehnjährigen mit denen des abgeklärten Siebzigers, so muß ich feststellen, daß sich manches verändert hat.

Wissen macht wählerisch, nicht selten auch stumpf. Wiederholungen ermüden, sie bilden jedoch auf dem Wege zur Meisterschaft das notwendige Gedächtnis aus. Der Zauber der ersten Liebe jedoch geht bald im Alltag verloren, und um ihn wiederzufinden, bedarf es innigster Erinnerung. Die Liebe zur Kunst ist eine «erste Liebe», und sie soll ewig leben wie das Leben selbst: ungebrochen stark.

So stehe ich auch heute vor «Adam und Eva», einer der wenigen überlieferten Tafeln des Hugo van der Goes, betrachte die menschenförmige Schlange und träume hinüber in jene «erste Liebe», jene erste Verzückung und vergesse alles Wissens. Nicht mit allen Bildern geht es mir so. Da weiß ich es plötzlich besser, und manches einst geliebte Bild wird zur «Mache», zur verführerischen Machenschaft.

Ich verstehe mein «erstes» Entzücken, erinnere mich sehr wohl daran und muß mich schelten. Ob ich da rechtens tue, als Reue über einmaligen Unverstand? Das weiß ich nicht zu beantworten, denn die Kunst ist auch ein ewiges Lernen, Nehmen und

Geben. Es geschehen, als Verhängnis über den Künstler verfügt, von weiß Gott woher über ihn gebracht, Dinge, von denen er sich nicht hat träumen lassen. Denn die Meister sind und bleiben bei uns, leiten und beherrschen uns. So findet jeder die Seinigen. Auf diese Weise zeugen sie ihre Nachkommen, bilden Schulen, Renaissancen usw. Der Meister der Laokoon-Gruppe zeugte Michelangelo nach achtzehnhundert Jahren, und so fort ...

Ich erinnere mich dunkel daran, daß ich sterben sollte, weil ich Pemphigus hatte. Meine Haut am ganzen Körper war von eitergefüllten Bläschen bedeckt. «Pemphigus» hatte der Onkel Doktor gesagt – «unheilbar!»

Meine Mutter nahm einen Waschtrog, füllte ihn mit heißem Wasser und löste darin eine große Menge Niveacreme auf. Sie handelte auf mein Todesurteil hin rein intuitiv und badete mich in der milchigen Brühe und ließ mich darin lange auf ihren Armen ruhen. Danach schlug sie um meinen nassen Körper einen Wickel. Meine Mutter erzählte mir diese Geschichte immer wieder. Sie hatte mein Leben gerettet. Der Arzt konnte es nicht verstehen. Vielleicht hatte er sich auch in der Diagnose geirrt. Aber die Bläschen haben höllisch gebrannt, und nach dem Niveabad war ich ruhig, schrie nicht mehr, und was mich über Nacht heimgesucht, war ich über Nacht wieder los.

Meine Mutter hatte heilende Hände. Bis ins hohe Alter nahm sie mir durch ihre wunderwirkende Hand so manche Krankheit von Leib und Seele. In ihr wohnte eine mächtige Güte!

Bis zu der Zeit, als ich in den Kindergarten ging, hatte ich Fingernägel mit Monden. Meine Mutter war sehr stolz darauf: «Er hat große Monde, das ist ein Zeichen von Stärke und Gesundheit.»

Doch die schönen blassen Monde verschwanden bald unter den Tintenklecksen der ersten Klasse und meinen abgerissenen Nägeln. Ich war ein Nägelbeißer, meine Mutter sah das nicht gern. Es war eine Unart, sagte sie. Zornig und vorwurfsvoll beklagte sie

diese schlechte Angewohnheit. Gestand aber, daß sie als Kind
desgleichen getan hatte.

> Woast Muatal, was ma heute dramt hot?
> I hob in Himä einegseng, do waon so füle, schene Engaln,
> zu denen möchte i gerne gehn.
> Da misast me nimma hungaleiden.
> I wü's dem liabm Herrgott sogn,
> ear soll uns Fliagaln geben,
> die wearn uns im Himmel eine trogn.

Meine Mutter und meine Großmutter sangen dieses Lied, ein
trauriges Lied, in der Zeit, da ich noch Monde hatte.

2 — Mit den Augen meiner Mutter

> Meine Liebe bekleidet dich,
> mit kostbaren Gewändern,
> der Ruhm deiner Schönheit
> durchdringet die Länder,
> aller Welt bekannt,
> du überschäumend Schönheit genannt.
> Die schönste unter Engelsgestöber,
> das Feinste vom Feinsten
> erscheint mir noch gröber,
> das Feinste nicht fein genug,
> der Wirklichkeit Wirkung
> kennt keinen Trug,
> Schönheit, deiner Wangenröte,
> keuscher noch sie sich erbäte,
> meinen scheuen Kuß,
> sie erschlaffend, Überdruß,
> sie naht –

dem wahren Zölibat.
Du wirfst die Erde auf,
aus jedem Hügel

Winter. Die Rehlein springen über den Weg zur Villa hinauf, durch die Lichtkegel der Autoscheinwerfer. Gemächlich, sie haben keine Scheu, ich sagte es mit den Augen meiner Mutter. Ihr Blick durchdringt die Nacht der Grabesruhe. Ruht sie wirklich seit Jahren schon im Grabe? Sie liebte die Tiere, besonders die Rehe, fütterte sie mit Resten von hart gewordenem Brot. Und ich? Was tue ich? Ich sehe die Rehe mit den Augen meiner Mutter, den braunen, den dunklen, den scharfen. Ich freue mich darüber, mit dem Herzen meiner Mutter. Aber ist in mir die selbstlose Freude, die sie empfand? Ich erinnere mich sehr wohl an den Glanz ihrer Augen, an den sorgenvollen Blick, mit dem sie in das Dunkel spähte. Zum Futterhäuschen auf dem Holzgestell; sie schaufelte sich den Weg frei, um Körner auf das winzige Dach zu streuen. Und ärgern konnte sie sich über die diebischen Eichkätzchen, die den Vögeln zuvorkamen und alles hinwegrafften, was ihre Fürsorge den Vögelein bereitet hatte, so wie sie den Efeu haßte, der die gesunden starken Bäume befiel, um sie auszulaugen. Ich lachte darüber, versuchte sie zu trösten: «Die Natur hat ihre eigenen Gesetze.» – «Des Menschen Fürsorge und der Gerechtigkeitssinn stört bloß die unbegreifliche Harmonie der Schöpfung», usw.

Sie schüttelte zornig den Kopf. Ihr Gefühl, ihr Mitfühlen stand über «allem» und war etwas Göttliches, Menschliches, im Sinne einer heiligen Übernatur! Gehorsam und Einsicht ereilen mich da, wo nichts mehr zu ändern ist.

Wenn die Sterne werden zu Fleisch
pulst das Blut im Geäder.
Qualmender Flamme Geheisch,
durchzuckt der Blitz den Äther.

Die Erde naß und schwer,
das Blut in den Adern gerinnt,
vom Tode her,
die Zeit beginnt.
Zurück zum Licht,
die Seele spricht,
der Sternenraum ist leer!
Wenn die Sterne, Fleisch geworden,
fällt vom Seelenbaum die Frucht,
eingeboren in den Orden,
der die Ewigkeit verrückt,
ewig Sein, der Zeit entronnen,
steigt zur Auferstehung Wonnen,
dann die Sternensaat,
wo sie weilen, wo sie wohnen,
die der sterbend Gott erbat?
Leiser wird das Wortgeflüster –
unter Brauen schwer und düster,
bricht sein Blick
letztes Wort, ich komm zurück.

Es fing gar nicht so harmlos an, das bedrohliche Ticken der Uhr. Ein Wecker war's, dunkelblau der Blechmantel. Schwarze Ziffern auf weißem Grund. Er sprach: «Wecker, Wecker, Wecker», in regelmäßigem Rhythmus. So deutlich ist mein Erinnern an ihn, als stünde er jetzt vor mir. Er drohte: «Vater und Mutter kommen nicht wieder, kommen nicht mehr zurück. Sie haben dich in der Leere zurückgelassen.» Ganz allein mit den Schemen, die sich aus allen Gegenständen lösten. Das grauenhafte Sein des «Alleinseins», als Schauspiel endlosen Wartens. «Wecker, Wecker», immer dasselbe. Am Morgen sind sie wieder da, alles vergessen, die in den Falten der Stoffe steckenden Ungeheuer, verscheucht vom Licht, von den sprudelnden Lauten des Lachens, beim Waschen. Wenn Vater in das Wasser pustete, wie ein Elefant: «Brrr!», stand er mit nacktem Oberkörper vor der Waschschüssel, sang und gurgelte – den Alaunstein über das frisch rasierte Kinn führend. Das schloß die wundgescheuerten Poren. Da war ich richtig glücklich, wir waren alle glücklich! Noch ging ich nicht zur Schule, ein Grund mehr, glücklich zu sein. Es war auch die braune Flut in Wien noch nicht aus den Ufern getreten. Mutti packte mein kleines geflochtenes Umhängekörbchen – aufgeschnitten, entkernt ein Äpfelchen, ein zusammengelegtes Brot. Es hing an einem dünnen Riemchen von meinem Hals. Es baumelte vor meinem Bauch hin und her. Mutti brachte mich in das Paradies, in den Kindergarten. Sie sah mir vom Fenster aus zu, wenn ich im geräumigen Hof mit den Kindern, raufend Reifen treibend oder Pferdchen spielend, herumtollte. Da standen die Kastanienbäume riesig hoch, ja haushoch, um das runde Lilienbeet. Schwertlilien, meine Lieblingsblume. Amethyst-Geruch, wie Weihrauch duftend. Am liebsten war ich ein Pferd und wieherte wild, während ich so schnell und wild, wie ich's vermochte, an meinem Pferdegeschirr zog, während das «Hüho» des Kutschers mich antrieb.

Schmerzlich war der Heimgang, durch die feindliche grausame Welt der Gassenbuben.

Der Mond wird in vielen Liedern besungen. «Guter Mond, du gehst so stille durch die Abendwolken hin.» Später, Jahrzehnte waren vergangen, erinnerte sich meine Mutter an den besonders großen Mond, der rot über dem Horizont stand, der übergroßes Erstaunen weckte und bei mir einen unvergeßlichen Eindruck hinterließ. Meinem Mund entschlüpfte der unentbehrliche Schnuller, auch «Lutschka» genannt. Meine Mutter hatte ihn oft aufgefangen, was ich gar nicht merkte, denn ich stand ja im Gitterbett und war vor Staunen starr. Ihre Erklärung, sanft und tröstend gesprochen, besagte, daß der große Mond den Lutschka an sich genommen hatte. Dem Mond gegenüber wagte ich keine Forderung auf Rückgabe zu stellen. Auch war ich der Meinung, daß dem Monde, der mir so riesig und wesenhaft schien, dieser Genuß, einen Lutscher zu besitzen, zustand. Dann sang Mutti auch oft das Lied «Und der Hans schleicht umher, trüb die Augen, blaß die Wangen und das Herz ihm gefangen und der Kopf ihm so schwer.» «Ja, und da sieht der Mond den Hans nicht an ...» – Auch dieses Lied, dominiert von einem wesenhaften Mond, hatte mir immer wieder einen großen Eindruck gemacht. So war ich zunächst des Lutschers entwöhnt. Aber nur scheinbar, denn als meine Cousine Jana, die Tochter meines Onkels Heinrich, im Säuglingsalter einen Lutscher hatte, stahl ich ihn, um mir den verbotenen Genuß wieder zu verschaffen. Außerdem schmeckte der Lutscher nach süßer Milch, und süße Milch mit eingebrockter Semmel war meine Lieblingsspeise. Ich war Vaters «Sunnyboy», in Jacky Cogans und Al Jolsons «Sunnyboys»-Film, und mein Vater sang es mir oft vor: «Sonne, Mond und Sterne, leuchten in der Ferne, leuchten für dich, Sunnyboy».

Ebenso bedeutend für mich war das Abendrot in Atzgersdorf-Liesing am Stadtrand von Wien, durchwabert vom Gequake unzähliger Kröten, die in den Sümpfen um den Liesingbach hausten. Es war an Sommerabenden, durch den Dunst, der über den Tümpeln lag, jene den Mond vergrößernde Atmosphäre, die mich in Melancholie versetzte und mich in den Schlaf begleitete. Mit der untergehenden Sonne schlief ich ein, manchmal sah ich auch den riesigen Mond am Horizont. Ich strich mir mit dem Mittelfinger die Braue meines rechten Auges und sang zum Krötenkonzert: «Giong, giong, giong.»

Das Krötenkonzert hatte eine rhythmische Ordnung und versetzte mich in eine Art von Trance. Da hörte ich so manches Lied, das meine Mutter oder mein Vater mir vorgesungen hatte.

Besonders traurig stimmte mich das Küchenlied «Jo, da sons fuatgflogn wia da Wind, und hom mi lassen hin, nehmts mi mid, ja nehmts mi mid ...»

Zwei Jahre später konnte meine Mutter hinter der Mauer des Kindergartens, der an der Ottakringer Degengasse und vis-à-vis der Wohnung im zweiten Stock lag, mein Spiel beobachten. Dort sangen wir mit den Tanten «Zeigt her eure Füße, zeigt her eure Schuh und sehet den fleißigen Wäscherinnen zu. Sie waschen, sie waschen, sie waschen den ganzen Tag.» Meine Mutter und meine Großmutter aber saßen an den Nähmaschinen und nähten den ganzen Tag.

Oft wurde von meinem Onkel «Hartl» erzählt, der in den letzten Kriegsjahren (1943/44) als Frontsoldat vermißt gemeldet war, und ich erinnere mich noch gut an ihn. Seine beiden Kinder, die in meinem Alter waren, Hansi, mein Cousin, und Gerti, meine Cousine, besuchten meine Mutter, Tante «Poldi», und meine Großmutter Hermine sehr oft in der Kulmgassen-Wohnung.

Für mich war vor allem Hansi ein erschreckendes Vorbild der Wildheit, typisch für den Gassenbub meiner Generation. Unsere Lebensumstände, Wohnung, Zimmer, Küche, Kabinett waren einander sehr ähnlich, wie überhaupt alle Familien, die ich kannte und mit deren Kindern ich spielte, unter gleichartigen Verhältnissen lebten. Armut, Verwahrlosung, Herzlichkeit und Grausamkeit stellten ein untrennbares Gemisch dar. Kaum war der Winter vorüber, trugen wir weder Schuhe noch Sandalen. Wir waren «bloßhapperd» (barfuß) und stets im Laufschritt unterwegs.

Durch die verfeindeten Gassenbanden (Gangs) war das Leben auf den Straßen und Gassen eine ständige Gefahr, die Rituale der Banden waren auswechselbar. Aber jedes Mitglied hatte seine Mutproben abzulegen, wurde gemartert und durfte nicht schreien. Die Straßen rochen nach Teer. Der wurde aufgespritzt und feiner Streusplitt mit der Schaufel aufgetragen. Daraus entstand ein Gemisch, das im Sommer weich wurde und an den Fußsohlen klebte. Roßmist und Pferdeurin mischten sich darein. Zuweilen fanden wir im Teerbelag der Straße «gefangene» Hufeisen oder Stollen, die sich von den Hufen der Pferde gelöst hatten. Das galt als Glückszeichen. Auch Hufnägel zählten wir zu unseren Trophäen. Nägel und Hufnägel wurden auf die Straßenbahnschienen gelegt.

Waren sie plattgewalzt, sahen wir in ihnen die Schwerter imaginärer Ritterhorden. Solche Details verbanden die Jugendbanden. Jedes Viertel war organisiert, ähnlich den Gangstern der amerikanischen Großstädte, ohne daß wir von denen auch nur eine Ahnung hatten. Es war selbstverständlich, daß alle Kinder auf der Gasse «lebten», von früh bis Torschluß um neun Uhr abends, dann wurden die Haustore geschlossen, und es war ein Skandal, wenn ein Kind nach Torschluß Einlaß begehrte. Der Hausmeister oder die Hausmeisterin mußte «herausgeläutet» werden, die Eltern wurden verständigt und das «Verprügeln» begann! Das Geschrei war im ganzen Haus zu hören, «siehst du!», hörten die noch kurz vor Torschluß heimgekehrten Kinder, «was passiert, wenns'd z'spät kommst».

Mein Cousin Hansi berichtete nicht ohne Bewunderung für seinen Vater, daß er des öfteren mit dem Hosenriemen gezüchtigt wurde, ein ehrenvolles Zeugnis für «besonders schlimmsein», denn schlimmsein mußte man. Wer das nicht fertigbrachte, war ehrlos auf der Gasse und in der Bande unbeliebt. Im Gegensatz zu «Hansi» war ich eher unbeliebt und in der «Kulmgassenbande» bloß geduldet und daher auch der Prügelknabe oder «Haubenstock», der Sündenbock.

Ab dem achten Lebensjahr (Hitler war einmarschiert) war ich dann auch der Judas von Tirol. Besonders dies war ein großer Unterschied zu Hansi. Mein Onkel «Hartl» war rein *arisch*. Er zog nicht den Hut, wenn er grüßte. Er hatte keinen. Er sagte auch nicht «Guten Tag», sondern «d'Ähre!». Mir aber gefielen diese Unterschiede. Jede Hemisphäre hatte ihre ganz eigene Romantik, ihren Reiz. Das Praktische, das Alles-können-Müssen, war «Hartl's» Reich. Das intellektuelle künstlerische Geschick und das Händlerische die Domäne meines Vater und seiner Verwandtschaft. Ich aber war ein Pendel zwischen den Welten, ein Reisender. Beiden extrem verschiedenen Welten neigte ich zu und war ein lernender Fremdling in beiden.

Onkel Reinhard hatte schon als Kind die Idee, Fliegen zu fangen. Klebebänder beider Hausparteien waren mit Fliegen übersät, also unbrauchbar geworden. Er sammelte sie ein, um sie, nachdem er die Fliegen aus dem Leim gezupft hatte, wieder zu verkaufen. Er soll das so geschickt gemacht haben, daß er damit ein Taschengeld verdienen konnte. Anfang der dreißiger Jahre bastelte er «Detektor-Radios», indem er Kristall, Kopfhörer und Bananenstecker zusammenfügte, bis wir alle die Sensation des Radiohörens staunend zur Kenntnis nehmen konnten. Er war ein genialer Bastler, und ich erinnere mich noch, daß er stundenlang auf einem Schemel hockte, den Radioempfänger herstellte und sehr stolz darauf war, daß er das als einziger im Haus konnte. Onkel Reinhard war eine Legende, strenger Vater und Erfinder, arbeitslos von Beruf und allerorts vielbeschäftigt, eine Symbolfigur des Proletariers jener Jahre vor dem Kriege. Die Not hatte ihn geprägt und meine Großmutter hatte ein ergebenes Seufzen, wenn sie von ihm sprach: «Hartl!»

3 — Was ist aus ihm geworden?

Mit sechzehn Jahren lernte ich in Alpbach Jean de Rouvier kennen. Welch ein «Feinspitz» in der Uniform eines französischen Offiziers! Perfektes Deutsch, mehr in der Albertina zu Hause als in der Armee. Dann, drei Jahre später – was für eine Ewigkeit –, sah ich ihn wieder, in Paris, in Zivil, von unglaublicher Eleganz. Er hatte Schuhe vom Feinsten. Der Mantel war dunkelblau. Jean stand als völlig andere Erscheinung vor mir! Den weichen Hut in die Stirn gezogen, huschte er durch meine Ausstellung in der «Galerie du Siècle» am Boulevard Saint-Germain. Er hat sich vorgebeugt und ganz genau alle Bilder und Zeichnungen (die seit

Alpbach entstanden waren) angeschaut. Er verschwand sogleich wieder in den kalten Novemberabend, auf Nimmerwiedersehen. Was ist aus ihm geworden? Gewiß hat er Bücher und viele Briefe geschrieben, war er doch befreundet mit allen Kultfiguren seiner Zeit. An wen soll ich mich wenden, um eine Spur von diesem außergewöhnlichen Menschen zu finden?

Erinnerungen an außergewöhnliche Menschen sind wie Gefäße köstlichsten Inhalts. Es muß für Jean de Rouvier eine seltsame Herablassung, ja eine Art Verbannung gewesen sein, so fern von Paris, vom Kreis der Eingeweihten, in dem provinziell gewordenen, vom Krieg zerstörten Österreich zu dienen. Wie kam eine solche Größe nach Wien? Und gar nach Alpbach? Ob man's vergessen hat, was Jean de Rouvier für ein weithin leuchtender Komet war? Jene von ihm zusammengestellte Ausstellung der manieristischen Graphik in der Albertina war ein Meisterwerk für sich. Der Katalog brachte mich 1949 auf die Spur des Manierismus, der ich heute noch folge.

Die Noten für Klavier und Gesang, die meinen Vater nach Shanghai in die Emigration begleitet hatten, sind wiedergefunden worden. Das bewegt mich sehr, denn diese Lieder haben meine frühe Kindheit erfüllt. Ihnen kann ich jene romantische, wehmütige Stimmung entnehmen, die mich von meinen ersten Lebensjahren bis heute erfüllt. Da hat alles seine Mode, die Lieder, die Kleidung, das Grüßen, die Bärte, Frisuren, alles eine Zeichenprobe; Symbole, Marken, Geld, Münzen, Scheine.

Die Gamaschen, die man «Flohdackerln» nannte, waren taubengrau, sie überdeckten die gelochten Kappenschuhe. Man trug weiße aufknöpfbare Krägen, Manschetten, alles gestärkt, steif, frisch von der Wäscherei «Habsburg». Mit Mama ging ich in die Wäscherei, die Hemden für Papa abholen.

Dann waren alle Mann in Uniform, graue Mäuse, kurzgeschorenes Fell, stramm, Stiefelgepolter, Stechschritt, Gedresche!

Klingendes Spiel preußischer Märsche. Damenmode, aus Ärmlichkeit umgearbeitet. Was zwei, drei Jahre da an Änderungen brachten, geradezu unvorstellbar, in jeder Hinsicht. Später kamen Baskenmütze, Dufflecoat, existentialistisch bis amerikanisch. Dann kam das Heer der D. P.s (Displaced Persons) und saß in Lumpen und verlausten Decken auf überfüllten Bahnhofsmissionen.

Nach meinen wunderschönen grasgrünen Schuhen mit Spangen und Lederknöpfchenverschluß bekam ich Matador-Schuhe mit schwarzen Randkappen aus feinem grauem Leder. Das waren hohe Schuhe zum Schnüren. Meine Mutti schnürte sie mit zärtlichem Bedacht. Da war ich zwei Jahre alt. Ich erinnere mich an «Sunnyboys», Al Jolsons schwarzgeschminktes Gesicht und Jacky Cogans freche Schirmmütze. Ich war ja Papas Sunnyboy. Er liebte mich und ich war sein ganzer Stolz. Auf den Thron («Töpfi») wollte ich nicht sitzen und in den Nachttopf aus weiß emailliertem Blech nicht «Drücki» machen. Ich erlebte das in Angst und Genuß, in die Hosen zu machen. Dafür gab's auch Strafen aller Art.

Neu und unbegreiflich war es für die Heiligen aller Zeiten, daß der «Menschensohn» aufgestiegen ist aus den Tiefen seiner göttlichen Herkunft. Nicht wie einige vor und nach ihm aufgestiegen sind, zu nahrungslosem Leben, zu einem minimalen Stoffwechsel, sondern hinabgestiegen in das gewöhnlichste Todeserleiden, um den Tod zu besiegen. Das ist jenes unbekannte Siegen des Iesus Nazarenus Rex Iudæorum, mit den Taten anderer Asketen nicht zu vergleichen. Selbst die Himmelsstürme von Enoch und Elias wären seines Glanzes bedürftig, um ewig Gott zu schauen im Licht vom Lichte.

4 — Nach und nach fallen mir die Melodien der Schlager wieder ein

Von Zeit zu Zeit gibt es diese wunderbaren Götter in Menschengestalt. Doch ist dies alles ohne Mutter geschehen, ohne Zeugung und Tod? Gewiß der höchste Ausdruck des Seelischen, um in das Jenseits zu gelangen, in jenes Reich, in dem kein Wandel, bloßer Schein, die Ewigkeit zur Zeit verkürzt. Bekannt waren die Werke der Überwinder, der Yogis, der Feuerschlinger und Tänzer auf glühenden Kohlen. So war's auch, daß Sadrach Mesach und Abednago den Leuchtenden mitten unter sich sahen, wie ihn der Schreck erfaßte, Nabugadoumosar Nebukadnezar, Nebukadnedzar, Nabuchodonosor, mitten unter ihnen im Feuerofen saß. Bekannte, unglaubliche Phänomene, aber selbst aus ihnen ging kein Nazarener hervor, am dritten Tage auferstanden von den Toten. All das bedarf des Glaubens. Letztlich aber ist allein er es, der des Glaubens würdig ist, denn er birgt die höchste Verehrung des höchsten Gottes: Ewiges Leben im Fleische verwandelt.

Zu nahe treten will ich nicht,
zu nahe treten ist gefährlich,
zu nahe treten ist begehrlich,
zu nahe, immer näher
an das Licht, ist es nicht gefährlich?
Brennend, Allgestalt, beendend,
wieder Licht geworden,
wieder Licht vom Licht,
Gottes ewigen Orden.
Er, in dieses Dunkel bricht.
Bricht herein mit Engelschören,
wie sie sind und immer waren.

Ich hab's!

Die Flucht nach vorne,
geht nach hinten los,
da rennen sie mit vollen Hosen,
denn hinter uns ist etwas los.
Doch mach dir nicht ins Hemd,
denn die Vergangenheit wirkt fremd.
Der Ursprung ist die Langeweile,
in Zeit, die Ewigkeit zerteile.
Eins, zwei, ich hab's,
die Drei,
dreimal drei ist neune,
das ist nicht gleich neune.
Der Ursprung ist die Lust zu weinen,
die Drei geht zu den Neunen.
Dann haben wir die Zwölf,
ist eins und zwei die Drei.

Das fluktuierende,
das Gelbe, helle
es funkelt dir
die Schärfe vom Skalpelle.
Es schneidet tief
mit süßem Brand,
wie Caramelle Zuckerkand.

«Ferme de la Gara, ferme de la Flora, weißt du was das heißt? Heimweh, wenn's das Herz zerreißt, heim, weil alles rings umher ist so öd und leer, traurig rauscht das Meerheimweh.»

Vater sang es, als wüßte er schon, daß es schon bald auf lange Jahre in die absolute Fremde ging. Da war ich sechs Jahre alt. Zwei Jahre später fuhr er nach Shanghai, weit über das Meer. In Liedern verbarg sich ja, höchstens in den billigsten Floskeln steckte Offenbarung. Der Krieg spie gemeine Metaphern: «Kauf dir einen bunten Luftballon, nimm ihn fest in deine Hand», da war ich vierzehn. Sechs Jahre waren vergangen, acht, als mein Vater über das Meer zog, zu den würmerfressenden Chinesen.

Jeder macht mal eine Dummheit,
irgend eine kleine Dummheit,
das ist so, das war so, das bleibt so.
Hab ich dir auch weh getan,
so komm doch wieder her.
Damit ich dich zart streicheln kann
und auch vielleicht noch mehr ...

Nach und nach fallen mir die Melodien der Schlager, die Texte wieder ein und bilden das Panorama der akustischen Tonfilme, Operettenkulissen meiner frühen Kindheit. Da war ich zwei bis vier Jahre alt.
Doch wer kennt noch diese Lieder? Wer hat sie geschrieben – diese Texte, diese Melodien? «Jeder macht mal eine Dummheit», meine Mutter sang das kindlich, fröhlich, unbekümmert. Sie machte keine kleine Dummheit, sie liebte mich und meinen Vater. Ihr Leben war gewiß nicht sorgenfrei, das gewiß nicht, aber es war rein, und ich war ihr kleiner «Schatzi».

Wer sich heute die Frage stellt, ob es noch Symbole gibt, als lesbare Verbindlichkeit, fragt eigentlich danach, ob es eine bildende Kunst gibt. Kann eine gegenstandslose Malerei «Kunst» sein? Ist die bildende Kunst ohne Symbole möglich? Ist eine Farbe ohne Form, ohne Komplimentarität überhaupt Farbe? Wir wissen, daß ohne Rot kein Grün, ohne Blau kein Gelb usw. zur Wirkung kommen kann. Jede Monochromie löscht ihren Farbwert selbst aus. Man nennt das nicht zu Unrecht Schneeblindheit. «Weiß in Weiß auf Weiß», wie Ray Charles, der blinde Jazzsänger, das so treffend in einem seiner Blues formuliert hat. Allein der Umstand, daß ein blinder Schwarzer vom Hörensagen über das Dilemma der gegenstandslosen Kunst Bescheid weiß, kann symbolisch verstanden werden.

5 — Das Symbol ist nicht untergegangen

Haben die malenden Illustratoren die Symbole aufgegeben? Nein, sie wurden bloß verdrängt, und so scheint es ohne den gestern noch als Kitsch und «literarisch befrachtet» geschmähten Böcklin nicht gut möglich zu sein, wieder Bilder zu zeigen, die etwas darstellen.

Doch vermag man heute noch die Bilder, ihren Inhalt, zu lesen? Wäre es denn möglich, großen Zulauf zu bekommen, indem man Böcklin, de Chirico und Max Ernst zusammen ausstellt? Das Symbol ist keineswegs untergegangen. Künstler, die seiner Faszination folgen, gibt es in jeder Generation. Das Symbol allerdings macht noch kein Kunstwerk. Das «Wie» ist nach wie vor entscheidend. Symbole können gelesen werden, ohne großen Eindruck zu machen. Die Symbole der Verkehrsordnung, belastet zum Beispiel von Strafandrohung bei Mißachtung oder Unkenntnis, sind noch keine besonderen Erlebnissphären. Bedrohlicher kann es werden, wenn wir das Sonnenradsymbol, links oder rechts drehend, zu lesen gelernt haben. Symbole bedürfen der Verbindlichkeit. Diese aber ist ohne Erlebnisse nicht zu haben. Das Kreuz kann zum Symbol werden, wenn Matthias Grünewald es schildert.

Es ist gewiß kein Zufall, daß Albrecht Dürer eine Vorliebe für die Heraldik hatte. Selbst in der Gestaltung seines Monogramms ist sie zu sehen. Seine «Melancholia» ist das Symbol des Symbolismus schlechthin. Lesbar und über die Maßen rätselhaft, strahlt es die Faszination der Symbolsprache aus. Dieses betont Körperliche (wie auch in seinem Bild «Ritter, Tod und Teufel»), gehört zu den weitverbreiteten Schilderungen der abendländischen Symbolwelt. Sind sie heute noch lesbar oder gar schon wieder besser verständlich? Sind doch die Ritter wieder unterwegs, im übrigen, ganz ähnlich den «alten Rittersleut» gestaltet, bloß die Rösser sind stärker, gewaltiger und schwerer, aber so tote, gefährliche Transporteure wie ehedem.

Symbole laden ein, vor dem Bild zu verweilen, und werden zum Buch, in dem zu lesen Zeit erforderlich ist. Das gegenstandslose Bild (wenn es ein solches je gegeben hat) ist bestenfalls die Momentaufnahme eines Bausteins für ein Gebäude, das es nicht gibt, und daher schnell überflogen. Dies wäre ein Grund mehr, sich auf großen Leinwänden, fast unüberschaubar, auszubreiten. Symbolisten bevorzugen das kleine Format. Der Symbolist ist kein Dekorateur, eher ist er ein grüblerischer Miniaturist. Er versteckt sich gern in großen Sammlungen, er will entdeckt werden. Es gab ihn immer, in jeder Kunstepoche, aber zum Modemachen fühlte er sich nicht berufen. Mode bedarf des Dekors.

Fast ein Jahrhundert lang war Inhalt verpönt. Literatur und bildende Kunst sollten nichts miteinander zu tun haben. Das führte dazu, daß Bilder zu Konzepten wurden und ohne Buch und Katalog bedeutungslos waren, ja unbrauchbar. Schon Anfang der fünfziger Jahre, im «Action-Painting», verwechselte man gern «Schein und Sein», indem die «Künstler» die genialisch hingeworfenen Bildschriftzeichen japanischer Meister des Zen-Buddhismus, ohne ihren Inhalt zu kennen, rein äußerlich nachäfften. «Gestus fluxus» war alles, und bald – rette sich, wer kann – verfielen alle, fast alle Künstler in eine «Happening-Performance», alle Grenzen und Kriterien wurden verwischt, alles war möglich, alles Kunst, jeder ein Künstler, jedes Ding als Kunst interpretiert, bis sie endlich totgesagt wurden, auch vom spärlichen Publikum. Kaum hatte ein kahlgeschorener Japaner, «Kunstmacher», eine «neue» Idee, schon war es Verordnung! «Kunst, die gefällt, ist eben keine.» Armer Johann Strauß – nichts als Kitsch. So wurde es gelehrt!

In der Dichtung hat das Symbol überlebt, von Hausner bis Paul Celan, und dies gilt für die Kunst aller Kulturen, aller Völker. Selbstverständlich genügt es nicht, nach einem flüchtigen Blick zu sagen, dieses Bild gefällt mir oder eben nicht. Der Zeitfaktor der Betrachtung, des Bedenkens ist eine Notwendigkeit, tiefere Wirkung aufkommen zu lassen.

Meine Mutter lehrte mich, das Fahrrad zu treten. Ich fuhr, und sie lief neben mir her und hielt mich am Sattel fest.

Die Bahlsen-Keksdose: Da alles verlorengeht, die lieben mir heiligen Gegenstände, wie die alte Spieluhr von Großmama, die von unwissenden, heillosen Menschen weggeworfen wurde, so wie vieles andere, Worte, können Erzählungen dies nicht wiederbringen, auch nicht ersetzen. So suche ich manches, wie jetzt die Keksdose von Bahlsen, die seit meinem zweiten Lebensjahr zur Aufbewahrung der Briefe meines Vaters diente, die er mir aus Shanghai geschrieben hat. Diese Dose, die ich unzählige Male in den Luftschutzkeller mitgenommen habe, die alle Katastrophen (mit mir) überlebt hat, wo ist sie? Noch vor wenigen Tagen sah ich sie im Keller, in den Arbeitsräumen meines Sohnes Elis auf dem Regal.

«In der Straßenbahn fangen wir zu küssen an ...» – Schlager aus den fünfziger Jahren, wer kennt sie noch? Eine geradezu tänzerische, akrobatische Übung, die mir unbändiges Vergnügen bereitete, war das Auf- und Abspringen, das das Straßenbahnfahren zum abenteuerlichen Vergnügen machte. Damals, bis in die fünfziger Jahre, hatten die Waggons der Wiener Straßenbahnen noch offene Plattformen, die man über unverdeckte Trittbretter bestieg. Diese waren geräumig, zudem mit Griffstangen und Griffen an den für Kurzfahrer bestimmten Stehplätzen versehen.

Es gehörte zum Ritual der jungen Burschen, vom Trittbrett abzuspringen, wenn der Zug noch in voller Fahrt war. Das Einsteigen in stehende Waggons war verpönt. In fast voller Fahrt sprang man mitlaufend auf das Trittbrett des letzten Waggons, das war Ehrensache. Die Schaffner oder die Schaffnerinnen nahmen das als selbstverständlich hin: «Du wirast da no omai 's Knak brechen!» war ihr lakonischer Kommentar.

Einmal hätte es mich beinah erwischt, als ich in einer Kurve die Griffstange unklammerte und aufsprang. Der Waggon schleuderte mich in der Kurve vom Trittbrett. Die Griffstange war mein einziger Halt. In voller Fahrt streifte meine Schulter das Pflaster, einen Fuß hatte ich noch am Trittbrett. Als der Straßenbahnwagen aus der Kurve wieder in die Gerade kam, konnte ich mich hochziehen. Dieses Mißgeschick hatte nur wenige Sekunden gedauert. Niemand im Waggon hatte es bemerkt, mir aber hatte es Todesangst eingeflößt.

Der grüne Wintermantel, den meine Mutter mir aus einer alten gefärbten Decke genäht hatte, war an der Schulter arg abgescheuert, sonst ist nichts Schlimmes passiert. Das Auf- und Abspringen aber habe ich nicht lassen können. Es war ein Relikt aus meiner Schulzeit. Damals war ich fünfzehn, im ersten Semester bei Professor Andersen. Ging noch in der Tanzschule auf Mädchenjagd, verfolgt vom Glück und Unglück, ein Getriebener, zwischen Kunst, Jazz, den neuen Akademiefreunden und den alten Plattenbrüdern schwankend.

6 — Ein Blick in den Behälter des Weltalls

Ein Einblick in das Vergangene, das Vorangegangene ist ein Schauen in den Behälter des Weltalls.

Vorwegnehmen – ein seltsames Wort, es bedeutet mehr als ein bloßes Vorauseilen, wie es der Visionär erlebt und vermittelt. Denn das Nehmen impliziert mittelbares Haben im Dasein, wo das Kontinuum total im physiologischen Sinn erfahren wird. Im Behälter des Weltalls befindet sich *alles*, jedoch im Nacheinander des Erfahrens, Verdrängens und Vergessens wird es uns offenbar.

Das Erfahrene aber wird zum Brennpunkt, zum «Allgeschauten», das erst schafft Erinnerung. Alles, was je war, ist und sein wird, denn diese Einteilungen sind Effekte der persönlichen Einbildung vom Ganzen. Motive sind Persönliches, der Brennpunkt wird zum Thema. Das Auge, das zentrale Thema meiner Kunst. Ich versuche, den Kosmos des mir erfahrbaren Spektrums als ewigen Bestand des Alls momentan zu erkunden und darzustellen.

Alle meine Themen sind Brennpunkte des Lichterfahrens. Denn aus Licht und Finsternis, aus Feuer und Wasser sind wir alle dem Gefäß, dem Behälter des Weltalls immer unverlierbar. Ja, die Künstler selbst sind jene Brennpunkte, jeder ist als Fokus auf jenen All-Inhalt gerichtet, um davon zu berichten – um jene Bestandsaufnahme zu liefern, die dem Gefäß des Alls seinen Sinn gibt. Der Selbstbehauptungswille ist Motor, Promotor. Die Menschen nennen sein Wesen schöpferisch, ohne zu bedenken, daß Schöpfen nur möglich ist, wenn etwas zum Schöpfen, ein Gefäß, das gefüllt ist mit Schöpfbarem, ein «Behälter des Weltalls» vorhanden ist, aus dem geschöpft wird, was ist.

Schöpfen heißt hervorholen aus ewigem Bestand, keine Hinzufügung ist möglich. Entdecken ist das bessere Wort für Schöpfen. Entdeckungen sind es, die Werke der Künste. Solche Gedanken bewegten mich, als ich den «Behälter des Weltalls» zeichnete. Seltsam, für einen Sechzehnjährigen, von Melancholie entrückt, solchen Gedanken zu folgen.

Kurze Zeit nach einem apokalyptischen Krieg, an seinem fragwürdigen Ende wagte kaum einer zu sehen, daß die Welt an allen Ecken brannte: Hiroshima, Nagasaki, auf dem Bikiniatoll, in Indien, wo Gandhi ermordet wurde. Es bestand nur noch eine schwankende kurze Brücke zu den nächtlichen Bränden.

Als Hinweis auf den Spruch, den ich im Hintergrund der Zeichnung eingetragen hatte – «Man kann der Zeit nichts vorwegnehmen».

Die Qualen des Krieges hatten der Menschheit kein Reich des

Friedens gebracht, über dessen Tore «Nie wieder Krieg» geschrieben stand. Die Menschen hatten darauf gehofft. Ich wartete auch darauf, ja sogar mit frischem Mut, wie es einem Fünfzehn- bis Sechzehnjährigen gemäß ist.

Mein Bild «Bikiniatoll» zeigt den Menschen aus Feuer und Asche, den «Behälter des Weltalls», gefährlich, geladen, Atome spaltend, sich selbst zerstörend, das Urbild satanischen Aufbegehrens. Das Wort der Versöhnung wurde erdolcht, der Mahatma ermordet.

Das stumme Dulden, das Wegschauen und das Gern-dumm-Sein der meisten Menschen, die ich so kannte und die doch wohlerzogen waren und der Kirche angehörten und nahestanden, hatten mich zutiefst befremdet.

Sie waren Christen, sie wußten, daß Jesus von Nazareth kein Wikinger war, sondern König der Juden. Wie konnten sie mitmachen, mit ansehen, wie ein Volk und mit ihm alles, was nicht mit dem falschen Messias übereinstimmte, bespien, verleumdet, geleugnet, enteignet, verschleppt und verbrannt wurde? Wie konnte dieser falsche Messias inmitten einer zivilisierten Menschheit Wirklichkeit werden?

Unter diesem Eindruck arbeitete ich an Zyklen, Zeichnungen, Aquarellen, Radierungen, kleinen Ölbildern. Sie alle spiegeln die Qual verlorenen Glaubens, sinnlosen Leides. Alle sind schuldig geworden. Gläubige – wie Gottlose, alle! Der Christus war verloren, bis ich ihn wiederfand, im Psalm 69: «Mein Gott, mein Gott, warum hast du mich verlassen?» Das Wasser reicht mir bis an die Seele, der im Tode Erloschene wird wieder hell und wach, das Leben selbst, ja ewiges Leben tut sich auf, der Messias kommt, er ist schon unter uns, die Seinen wissen es, sie haben ihn nicht vergeblich ermordet.

Das Selbst im Ei, dem Behälter des Weltalls, ist das Selbst als Spiegelung – eigen, ganz unfaßbar, wie das Spiegelbild selbst, ist das Selbst. Das helle und das dunkle Auge als Öffnung zum Licht.

Ein Blick in den Behälter des Weltalls

Das Auge des ersten Themas gewinnt Iris und Sehloch. Es öffnet sich ein Auge, den Gott im Menschen zu erschauen, das Geschöpf, den Schöpfer. Das Geschöpf schöpft Hoffnung, die Kunst wird «schön». «La belle et la bête» stehen sich gegenüber, und das Einhorn, der ungestüme Geist, durchbohrt zornig und mutig alles vage Verzagte, Arbeitslose. Rastlos ohne Bleibe, ohne Ziel springt es umher, überall zu Hause unter wechselnder Gegnerschaft; der Einhornzyklus.

7 — Ein nie dagewesener Neubeginn

Mir wurde schon 1946 klar, daß ich geborener Symbolist war. Mein Interesse an Experimenten war übergroß. Technisch wie formal gab es nichts, was ich an Einflüssen nicht in mich aufgenommen und durchgemacht hätte. So galt ich allen als Informant und Theoretiker, wurde schnell als «Wundertier» bekannt und hatte trotz meiner Jugend (sechzehn Jahre) großen Einfluß auf das Treiben in dem riesigen, noch stark von den Kriegsereignissen beschädigten Haus am Schillerpark in Wien, das Theophil Hansen gebaut hatte. In dem Park auf dem Schillerplatz in Wien waren noch die Schutz- und Laufgräben aus den letzten Kriegstagen. Zu essen gab es fast nichts. Damals waren die Ateliers zum Bersten voll. Heute – gähnende Leere.

Trotz des Mangels an Material und Essen war es für alle, die damals die ersten Semester besuchten, ein nie dagewesener Neubeginn. Besonders für die Gruppe der Surrealisten, der späteren Phantastischen Realisten, sollte dies heute, aus der Distanz eines halben Jahrhunderts, als leuchtender Moment erscheinen. Und wir waren uns dessen bewußt.

Schon im ersten Semester bei Professor Robin Christian Andersen hatte sich jener Freundeskreis gebildet, aus dem die Gruppe der Schule des Phantastischen Realismus hervorgegangen ist. Es war eine einmalige Aufbruchstimmung. Ein jugendlicher, frischer Enthusiasmus beflügelte alle. Hundertwasser (Friedrich Stowasser), Alfred Hrdlicka, Steinwendner (Stenvert, wie er sich später nannte) und viele andere, die bald ins Lager der Abstrakten, Informellen abwanderten, bildeten in sehr kollegialer Verbundenheit eine große Gemeinschaft. Es gab keine Grabenkämpfe und Cliquen, wie sie ab 1950 typisch für das Leben und Treiben an der Akademie wurden. Einander befreundete Gruppen traten in Erscheinung, vor allem die brachial eruptiven Informellen und die hoch intellektuellen Surrealisten, Realisten und andere.

Mein Studium galt vor allem den Meistern der Hochrenaissance und des Manierismus. So entstanden die Silberstiftzeichnungen und Miniaturen auf Pergament, Tafelbilder in weiße Eitempera gehöht und in vielen Lasuren aufgebaut. Dies war ein Novum, das alle Lehrer zunächst geradezu empörte.

Mir wurde verboten, Bücher und Repros von Klimt, Schiele und Beardsley zu verbreiten, mit dem Hinweis, es sei dekadent und Kitsch. Das Verbot ließ mich kalt. Das Unverständnis und die Intoleranz wuchsen sich zu offenem Streit aus, so daß ich 1950 die Akademie verlassen mußte. Ich bekam zwar mein Diplom, aber es wurde mir bedeutet, mich nicht mehr als Akademiestudent zu betrachten. Mein Lehrer Albert Paris Gütersloh nahm dies schmunzelnd zur Kenntnis. Er war ja auf meiner Seite und wußte, daß nur Neid und Eifersucht dahintersteckten.

Er blieb mein Meister. Ihm verdanke ich die Grundzüge meiner geistigen Bildung.

1948 habe ich meine ersten Reisen nach Turin und Paris unternommen und die erste Nachkriegsbiennale in Venedig im Kreise meiner surrealistischen Freunde gesehen: Endlich sah ich Originale von de Chirico, Max Ernst und Salvador Dalí und entdeckte so auch eine andersartige Variante unserer Kunst.

Ein nie dagewesener Neubeginn

Wir waren junge «Alte Meister». Wir mußten gegen den Strom schwimmen, denn die Flut der Abstraktion ergoß sich über den freien Westen. Die bildende Kunst wurde zusehends Dekoration. Die Malerei durfte keinen Inhalt, kein Thema mehr haben. Wir wurden von den großen Ausstellungen ausgeschlossen, lächerlich gemacht und diffamiert. Doch zeigte sich mehr und mehr, daß wir zur Gegenbewegung wurden. Wir galten als Bewahrer jener Tradition, die das Überleben der figurativen Malerei im freien Westen verkörperte.

Der Kreis unserer Protagonisten wuchs, und wir hatten trotz aller Bosheit der Kritik ein großes Publikum, das uns, die wir im «Untergrund», fern aller offiziellen Kulturpolitik lebten, fern der «Documenta», der «Westkunst» usw., die Treue hielt. Vor allem waren die Freunde unserer Bewegung Dichter, Komponisten, Theaterleute et cetera. Sie waren, so wie wir, mittellos.

In jenen Jahren der Not mußte ich meine Werke um ein sprichwörtliches «Butterbrot» verkaufen. Viele meiner Arbeiten und Radierungen habe ich an Sympathisanten verschenkt. Diese Werke sind verschwunden. Manche Zyklen, Perioden haben sich auf Photographien erhalten, und so ist es möglich, manche Werke im Katalog mit Photos von oft sehr umfangreichen Bildzyklen zu ergänzen.

8 — Das Spiel wird zur Kunst

Das Kind, der junge Mensch ist aufnahmefähig – wenn lernen auch spielen bedeutet. Wenn ein Kind den Künsten zuneigt, ist sein Umgang mit dem schöpferischen Wesen der Kunst spielerisch. Das Spiel wird zur Kunst. Dies hat mit dem oft mühevollen Erlernen in den Lehrstätten kaum etwas zu tun. Erfolgt doch der erste Schritt in das Reich der Künste schon, ehe das Kind eine Schule besucht, und so hielten es auch die Alten. Das Kind wurde in eines Meisters Werkstatt zur Lehre gebracht, welche nicht selten die des Vaters war. Holbein, Brueghel sind bekannte Beispiele. Wie anders ist dies schon ab der Mitte des zwanzigsten Jahrhunderts im europäischen Kulturraum geworden. In meiner Jugend ging man noch mit vierzehn zum «Vorstellen» – das war das gebräuchliche Wort für die Selbstverständlichkeit, mit der dann das «Eintreten» in eine Lehre seinen Anfang nahm. So ist auch das Werkstattwesen der Kunstberufe verschwunden. Zwar nicht in allen Bereichen: Noch gibt es Sängerknaben und Balletteusen, Leichtathleten, wenngleich kritisch beäugt von den Ministerien, denn hier ist die «Kinderarbeit» noch eine Voraussetzung für Höchstleistungen. Bestimmte Virtuosen beginnen ihre Ausbildung eben immer noch im zarten Kindesalter. Man kann die Geige unter das Kinn klemmen, verstehen lernen, Noten lesen und üben – üben ohne Unterlaß, trotz des Schulzwanges im Staate freier Bürger.

Die Zirkuskinder werden noch toleriert, aber zunehmend auch kontrolliert. Doch habe ich oft den Eindruck, all dies soll eigentlich abgeschafft werden. So ist es zur Regel geworden, daß die Inskribienten an den Kunsthochschulen eine Matura – eine Reifeprüfung – abgelegt haben.

Mit neunzehn Jahren aber ist Hänschen im kunstlosen Schulbetrieb zum Hans geworden, unfähig zu lernen, was er in der Werkstatt hätte lernen können – gäbe es diese Werkstatt noch. Ein Kulturverlust ohnegleichen, vor allem auf dem Gebiet der bildenden Künste. Ich hatte das große Glück, mich schon in der Kindheit mit den Künsten beschäftigen und später in eine Lehre gehen zu dürfen, und ich wußte diese Ausnahme wohl zu schätzen. Ich lernte schnell aus eigenem Antrieb und durch die Personen, die meine Mutter für meine Ausbildung gewinnen konnte. Ich kam rasch voran, so daß ich im zarten Alter von fünfzehn Jahren als jüngster Aspirant die Aufnahmeprüfung auf die Akademie der Bildenden Künste am Schillerplatz in Wien bestand.

Mein Name stand auf der Liste der Angenommenen. Nach meinem Alter wurde ich nicht gefragt, auch kein Zeugnis von irgendwelchen Schulen mußte ich vorlegen – es war alles ganz einfach: Talent war gefragt. Aber Werkstätten gab es nicht mehr. Handwerk, das Erlernbare, wurde nicht gelehrt. Dennoch gab es Ausnahmen, und das Glück war mir hold: Ich fand echte Lehrer, die das fortsetzten, was Steinböck, Schiemann und Fröhlich mir beigebracht hatten. Und doch gab es da so manches, was mir nicht paßte, zu ungestüm und eigenwillig war mein Wesen.

Professor Robin C. Andersen versuchte mit viel Geduld, meine barocke Neigung zum Expressivo, zur Übertreibung in Cézannesche Bahnen zu lenken. Doch erst viel später, als ich selbst zu unterrichten begann, erkannte ich den Wert seines Systems des Messens und Wägens – der Objektivierung. Ich konnte mich eben später erinnern, denn Hänschen hatte gelernt, konnte sich erinnern an all das, was er einst nicht befolgen wollte und konnte. Die Strenge der Naturbeobachtung jenseits aller akribischen Wiedergaben offenbarte mir ihren Wert erst viel später, und ich bin meinem Lehrer Andersen heute sehr dankbar für das Interesse und die Mühe, die er gelegentlich darauf verwandte, mir die Ordnung der Wahrnehmung beizubringen. Das kritische Betrachten der Natureindrücke beschäftigt mich heute noch, und wann immer ich auch jetzt noch an einem Porträt zu scheitern drohe, krame ich die Regeln des Robin C. Andersen aus meinem Erinnerungsvermögen. Und es hilft.

Damals half zunächst alles nichts, und ich verließ ihn, halb herausgeschmissen, um bei Professor Albert Paris Gütersloh Zuflucht zu suchen. Und ich fand sie dort. Er war mein idealer Lehrer. Das Lernen wurde zum Experiment, zum Abenteuer. Das Naturstudium verlagerte sich in den «Abendakt», dessen Leitung Professor Herbert Boeckl übernommen hatte. Er predigte mir die Regel, Form aus dem Erlebnis lebendiger Körper zu schaffen.

Keuchend, stampfend, bald euphorisch, bald verzweifelnd hockte er, mit sich und seinen Modellen ringend, unter den Studenten – Schulter an Schulter, um zu beweisen, daß alles in der Kunst errungen werden mußte. Keine Leichtigkeit, keine Virtuosität wurde geduldet.

Alles, was mir gefiel, er tadelte es. Kein alter Meister fand Gnade in seinen Augen. Rembrandt nahm er noch hin, aber Cézanne galt als «Obermacher». Ich aber stand entzückt vor den Werken von Klimt und Schiele. Beide, die so wundervolle Akte zeichnen konnten, haßte er. Trotz allem Widerspruch, der sich in mir regte, empfand ich diese Lehren als höchst willkommene Anregungen, wenngleich die Arbeiten aus diesen Jahren kaum eine Spur des Einflusses meiner Lehrer zeigen.

Der Raum im Souterrain der Akademie war der Abendakt-Saal: eine Arena des Kampfes um die Form – «A Form muas es hom!» brüllte Boeckl, und sein Assistent Claus Pack murmelte scheu und eindringlich den Namen El Grecos – das gefiel mir und allen. Wir waren von der Kampfesatmosphäre hingerissen, der Abendakt war jeden Abend voll besetzt. Wer zu spät kam, mußte einen Stehplatz ergattern. Ich, das Wunderkind, der scheue Jüngling wurde von ihm argwöhnisch beäugt. Was ich in den Stunden des Kampfes erbeutete, war in erster Linie schwungvoll-erotisch. Das gefiel ihm nie. Er grüßte abfällig und verbot mir lautstark, den Studenten Bildbände mit Klimts und Schieles Aktzeichnungen zu zeigen, denn solches Bildmaterial hatte ich einige Male mitgebracht. Ich predigte sogar das Genie Picassos.

Die Entstellung herrschte vor, die Entblößung sei eine geheime Anatomie der modernen Figuralien. In Diskussionen hatte Boeckl keine Chance, er war nicht eloquent, er brüllte und seufzte – war aber charismatisch präsent. Dafür aber war er in allem, was er tat, durchaus ernst zu nehmen. Sein Horizont, in dem schon bald

Picasso auftauchen sollte, war einzig Bildung, hatte mit Kunst nichts zu tun. Kunst war eruptiv, Unbeholfenheit des Ausdrucks sein Ideal. Bis heute denke ich immer wieder voller Bewunderung an ihn, denn in einem hatte er recht: Das Kunstwerk ist eine Errungenschaft im wahrsten Sinne des Wortes.

Die Errungenschaft eines perfekten Handwerkes kann diese «prima materia» zwar gestalten helfen, aber keineswegs ersetzen, auch nicht beeinträchtigen, wie er es oft zu beweisen suchte. Das Ideal war gewiß ein ehrbares. Das Ziel war hoch gesteckt: Der Künstler sollte etwas Echtes, Neues schaffen. Dies stimmte überein mit jener Stimmung des Aufbruchs, des Neubeginns, die wir, «die Jungen», in uns trugen. Aber war denn 1945 Cézanne ein Symbol, ein Ansatzpunkt für dieses Sehen? War er nicht offensichtlich ein rein formalistisches Dogma, die Seele des l'art pour l'art, die schon vor dem Ersten Weltkrieg von der Bewegung des Dadaismus und den Suprematisten und Naturalisten, von Duchamp, Schwitters und Malewitsch geehrt worden war? Ich stellte alle formalistischen Anliegen in Frage, war als einziger unter den «Jungen» bestens informiert und oft entsetzt über das Unwissen und die Naivität der «Alten».

Schuld an diesem Zustand war nicht allein die Nazi-Zeit, jene perfekte Terrormaschinerie der Abschirmung von den gefährlichen Tendenzen der ‹entarteten› Kunst, der dekadenten Franzosen, des Nigger-Jazz, des internationalen Judentums, von dem man auch nach dem Kriege vermutete, daß es deren geheimes Ziel war, Kunst und Kultur zu vernichten.

In Wien gab es 1945 eine «Liga gegen entartete Kunst» – allen Ernstes. Es hagelte Anzeigen gegen Künstler – innerhalb und außerhalb der Akademie wurden solche Pseudo-Probleme diskutiert. Unter dem Schlagwort «das wird sich nicht halten» wurde alles abgetan, was nicht in das postkommunistische Schema paßte. Picasso wurde zum zynischen Zerstörer stilisiert – «der will ja nur schockieren», «das wird sich nicht halten» usw.

9 — «Kunst ist keine Ware»

Wir denken, alles wäre im Kopf wie in einem geräumigen, mehr oder weniger in Ordnung gehaltenen Zimmer verstaut. «Wir haben es im Kopf», sagen wir. Denken wollen die Menschen im allgemeinen nicht. Das Denken selbst wird zur formalistischen Sache, dinghaft. Man stellt vor, stellt sich vor. Hat eine Sache, die man sich, in sich und um sich vorstellt. Alles wird unabwendbarer Selbstzweck, das Selbst zum Vorzeigeobjekt.

In unzähligen Diskussionen bin ich als Selbstdarsteller tituliert und beschimpft worden, jedoch stolz daraus hervorgegangen, denn meine Moral bestand in dem Bekenntnis, gefallen zu wollen, wirken zu wollen und meine Kunst auch zu verkaufen.

Da rümpften sie die Nase, geben sich als Moralapostel und weisen mich zurecht, daß Kunst keine Ware sei.

Was ist sie dann?

Haben denn die Künstler aller Epochen nicht davon gelebt, Aufträge anzunehmen und Wünsche zu erfüllen? Haben sie sich nicht stets darum bemüht, Erfolg zu haben, indem sie den Menschen das schufen, was ihnen gefiel? Und war das nicht dasselbe, was ihnen, den Schöpfern, Freude machte? Hätte Mozart seine Kunst widerwillig geschaffen? Sie vielleicht sogar verachtet? «Pfui, Auftragskunst!»

Dieser Dünkel der Moderne brachte die Kultur Europas zu Fall. Wie falsch ist doch das moralisierende Getue der Kunstgelehrten! Es strotzt vor unfreiwilliger Komik. Sie schreiben gegen Kommerz und verkaufen ihre Zeilen. Selbstlos kehren sie ihre Bedeutung hervor. Kaum einer will wahr haben, daß Kunst dem Spiel entstammt und schon im Kinde erwacht, um Lust zu erzeugen. Aus dem Spiel des Kindes entsteht der Wettstreit, der Drang, der Beste zu sein. Dies ist ein urmenschliches, ja tierisches Streben.

Im Lichte des Besten wird alles sichtbar, auch das Mittelmäßige, das sich in undurchdringlicher Finsternis verliert. Selbst die Sehnsucht, dem Wettbewerb zu entsagen, ist erst möglich, wenn man ihn kennt. Die Predigt vom ungetrübten Glück will nicht verstummen. Woher stammt dieses Sehnen, der Wunsch, sich der Spannung von Licht und Finsternis, Gut und Böse zu entwinden?

Schon als kleines Kind versuchte ich mir Lust zu verschaffen, indem ich tätig war. Das Zeichnen machte mir große Freude. Gelegentliche Euphorie konnte schnell in rasenden Zorn über Mißlungenes umschlagen. Dann zerknüllte ich das Blatt, heulte, schrie und stampfte mit dem Fuß auf, denn ich fühlte genau, ob es Kunst war, was ich machte, oder Stümperei. Meine Mutter mahnte mich sanft: «Du mußt Geduld haben. Es kann nicht alles gleich gelingen.»

Doch die Zornanfälle über meine Unfähigkeit waren unbezähmbar. Meine Ungeduld wuchs, ja blähte sich auf wie ein Segel. Ich wollte eben der Beste sein, das Beste schaffen. Es waren bloß Wappenschilder, die ich als Drei- bis Vierjähriger zu zeichnen versuchte. Aber diese Schilder haben es in sich. Ich wollte diese Musikalität des Umrisses, diese konkaven oder konvexen Formen «schildern». Gelang es mir nicht, die lustvolle Spannung zu erleben und durch das Zeichnen mein Verlangen zu befriedigen, dann fing ich an zu toben, zähneknirschend mich selbst zu hassen. Als hätte ich schon gewußt, was große Kunst verlangt. Ich kannte ja die Wappen über den Toren der Palais. Sie verschafften mir eine seltsame Freude. Aber ich wollte sie nicht bloß betrachten. Ich wollte selbst etwas erschaffen, Schöpfer meiner Lustobjekte sein.

Schon als Kind wußte ich, daß Lust Unlust erzeugt, daß Sättigung den Appetit verdirbt und Übersättigung Übelkeit verursacht. Wahre Lust an der Kunst wird durch Spannung erzeugt. Das war von Anfang an für mich der eigentliche Nutzen der

Kunst. Mir Genuß zu verschaffen in der Überwindung der Ambivalenzen. Meine Kunst stammte aus dem Lustverlangen, einen anderen Nutzen hatte sie noch nicht. Lust am Zeichnen war das Primäre, danach kam Selbstbehauptung, Geltungsdrang, Imponiergehabe und, vor allem, das Wetteifern, das grausame Spiel um den ersten Platz. Selbstgefälligkeit und vernichtende Selbstkritik wurden zur Geißel schwingenden Muse.

Das Schnittradl kam daher – ritsch, ratsch zog das auf den Stoff gelegte Schnittmuster rasch die Spur. Schnittbögen lagen allen Modezeitschriften bei. Es wurde zugeschnitten, genäht, auf der Singer-Nähmaschine oder einer modernen Pfaff mit Elektromotor.

Die meisten Heimarbeiterinnen, wie meine Großmutter eine war, mußten treten, um das Schwingrad in Bewegung zu halten. Die Waden waren oft von einer Venenentzündung angeschwollen und schmerzten. Ich ordnete die Teile und schnitt die Fäden, die sie zusammenhielten, mit der Schere durch. Krägen und Manschetten mußten umgedreht werden. Bei einem Janker war das am schwersten. Er wurde über den Federstiel gezogen, die Naht, die nach innen gekehrt war, mußte mit dem Federstiel nach außen gedrückt werden. Die Ware wurde streng geprüft.

Auch das Liefern an Frau Rojko war meine Aufgabe. Das Paket wog schwer, und der Weg führte durch Feindesland. Das Geld wurde mir ausgezahlt, und ich übergab es Großmama Retzeg. Sie sah es traurig an und seufzte: «Ernstl, Ernstl, wia soll des weidagehn? Was hast zruckbracht? Hemden? Janka?» Denn die zwanzig bis dreißig Stück zugeschnittener Kleidung, die ich im Binkel mitgebracht hatte, waren nun wieder «unter dem Fußerl wegzuradeln». Das war eine mechanische Akkordarbeit, linear verlaufend, dem einfachen Darstellen von Geschichten in Chronologie verwandt.

Doch so einfach, wie uns der Vorgang des Erinnerns scheinen mag, ist er nicht. Während ich dieses oder jenes aus dem Fluß der

Erinnerung hervorhole und es im Lichte des Jetzt betrachte, fällt mein Auge zufällig auf eine Zeitungsschlagzeile, ein Plakat, oder ich höre Radiodurchsagen, eine Melodie. Eine Art telepathischer Rundschau entsteht und schließt den Zufall aus. Alles ist in Ordnung, auch die scheinbare Unordnung; auch sie offenbart ihren «rätselhaften Sinn».

Entsprechend der Not in der Zeit der Arbeitslosigkeit war das «Selbst ist der Mann» die Formel des Überlebens, die freilich stärker noch für die Frauen galt. Vom Radioempfänger bis zum Schuh mußte jeder alles selbst reparieren. Meine Mutter und meine Großmutter konnten einfach alles. Ihre Schnittmusterbögen waren ein anschauliches Symbol auch für das, was ich als die Wege und Figuren des Daseins und seiner Bewältigung ansehe.

Auf solchen verschlungenen Wegen kommen auch die Erinnerungen zu mir. So sehe ich immer wieder, daß es keine Chronologie gibt, kein Vorher und Nachher; alles liegt im Ineinander, im Behälter des Weltalls.

Im «Maschinenladl», jener schmalen länglichen Lade, die an der linken Seite der Nähmaschine das Tischchen über dem Schwungrad abschloß, befanden sich die mir so kostbaren Dinge. Unter all diesen Kleinodien, wie Nadelkissen, Zwirn- und Nähseidespulen, war auch das Schnittradl aufbewahrt. Es schien mir, wie alles in der Wohnung meiner Großmutter, uralt zu sein. Mit seiner Hilfe waren schon seit Jahrzehnten viele Kleidungsstücke zugeschnitten worden – zugeschnitten wie das Leben selbst, um Form anzunehmen. Selbst Michelangelo bediente sich eines solchen Schnittradls, um das Muster seiner Eins-zu-Eins-Entwürfe auf Karton dem nassen Mörtel der Sixtina-Wände einzuradeln. Denn durch die kleinen Löcher, die so ein Schnittradl sticht, wurden mit Hilfe eines mit Holzkohlenstaub gefüllten Beutels die Umrisse der Bildwelt geprägt; die Gestalten der Fresken, der

Wandbilder, wurden solcherart überzogen; vorgezeichnet, vorgeradelt und eingestaubt.

Da waren aber noch die flachen, sich seidig anfühlenden Schneiderkreiden in Weiß für dunkle Stoffe und in Hellblau für helle. Denn Änderungen wurden auf den Kleidungsteilen mit diesen Kreiden vorgezeichnet. Im Alter von acht bis zehn Jahren lernte ich alles, was mit Schneiderei und Heimarbeit zu tun hat. Geschicklichkeit, vielseitige Kenntnis im Praktischen, das wurde mir mitgegeben. Auch wenn ich viel lieber gezeichnet hätte, verdanke ich den vielen Stunden in der Schneiderei einen früh entwickelten Sinn für Praxis. Später, als ich Bühnen und Kostüme gestaltete, waren diese Erfahrungen von großem Wert. Besonders in der Bühnenschneiderei wußte ich manche ungewöhnliche Idee durchzusetzen.

Ich konnte auch Schuhe reparieren und Sandalen machen. Nur dem Stricken konnte ich nichts abgewinnen, denn es war ausschließliche Domäne der Mädchen. In den dreißiger Jahren war es auf der Gasse ein ungeschriebenes Gesetz, daß Mädchen und Buben miteinander nichts zu tun haben sollten. Jede Zuneigung mußte geheim bleiben; es wäre eine Schande gewesen, auch nur darüber zu sprechen. Aber gerade dieses Tabu machte jedes Verliebtsein zum aufregendsten Ereignis.

In jedem Stockwerk unseres Hauses war Heimkunst so gegenwärtig wie die Heimarbeit im zweiten Stock, wo wir wohnten. Im Stiegenhaus hatte Herr Hajek, der Schuster, seine Werkstatt. Es roch nach Schusterleim. Sein Schurz war hundert Jahre alt, wie auch alle die Werkzeuge: der Schusterstock und der gußeiserne Amboß, auf dem die Schuhsohlen weichgeklopft, zugeschnitten, und mit Holzstiften genagelt wurden. Alles Schuhzeug war alt und wurde den Jüngeren vererbt. Schuhe waren sehr kostbar, teuer und sollten ewig halten. Selten war es, daß einer zwei Paar Schuhe besaß. Ein Paar Schaftstiefel war das Zeichen wahrer Größe und Bedeutung, am besten solche, wie die Bierkutscher sie trugen.

Ihre Pferde taten mir leid. Sie hatten alles zu erdulden. Aller Zorn, alle Stumpfsinnigkeit ihrer Herren war die Bürde, die sie zu tragen hatten. Wir Kinder spielten auf diesen «Leiterwagen» genannten Gefährten, die vor den ebenerdigen Alt-Ottakringer Häusern standen. Es waren eher Hütten als Häuser. Da war für Pferd und Wagen kein Platz. Die Häuser stammten aus jenen Jahren vor der Mitte des neunzehnten Jahrhunderts, als eben die Zinskasernen gebaut wurden, als dieser Bezirk noch ziemlich ländlich war. In den Höfen dieser Häuser standen Walnußbäume, Hasen- und Hühnerställe hatten da ihren Platz. Und eine Klopfstange gab es dort. Der Teppichklopfer mußte auch zur Züchtigung der schlimmen «Fratzen» herhalten. Sonst war er eine Waffe im ewigen Kampf gegen Staub, Wanzen und Flöhe. Alle Hausparteien hatten Wanzen. Und das war eine Schande. Jeder sagte dem anderen den Ursprung dieser schweren Schuld nach. Wenn auch jeder Haushalt Wanzen hatte, waren es doch die Wanzen des Nachbarn.

Auch wurde uns Sommer für Sommer die Glatze geschnitten, denn jeder hatte Läuse – natürlich vom anderen. Die Glatze wurde mit Petroleum eingerieben. Einmal in der Woche wurde das Bettgestell auseinandergenommen, um das verhaßte und gefürchtete Ungeziefer zu vertilgen – was nie vollends gelingen wollte. Und einmal die Woche, freitags oder samstags, wurde gebadet. Einmal im Monat war Waschtag in der Waschküche – das Badewasser wurde am Gasrechaud heiß gemacht. Man stand im «Lawoa», einer Waschschüssel aus emailliertem Blech, und goß sich das Wasser aus einem Krug über den Kopf, seifte sich ein – und das einige Male, denn man war sauber – nicht dreckig, wie die anderen.

10 — Das Heer der Giftzwerge

Das «Reindl», das Café Raimund, vis-à-vis des Volkstheaters, war in den fünfziger Jahren ein richtiges Literatur-Café. Hans Weigel, der Autor des Romans *Der grüne Stern,* hielt im Reindl Hof. Er sprach mit jedem Dichter. Er las geduldig alles, was man ihm vorlegte. Er schrieb auch Theaterkritiken und witzelte darin nach Herzenslust, wie ja das Witzereißen eine g'spaßige Allüre der österreichischen Literaten ist. Doch so mancher Kritiker wanderte schnell oder allmählich in die Unterwelt ab, um sich dem Heer der Giftzwerge anzuschließen.

Um einen bösen Witz zu reißen, war ihnen die Kunst, ganz gleich welcher Art, willkommener Anlaß. Daß die betroffenen Künstler sich das nicht widerstandslos gefallen ließen, ist keine Wiener Besonderheit. So kam es, daß Weigel von Käthe Dorsch, die er in einer Kritik eine «Kredenz auf Radeln» genannt hatte, eine schallende Ohrfeige einstecken mußte.

Weigel und die Seinen saßen in Café Raimund an einem Fensterplatz, der zum Justizpalast hinausging. Das war ihr Hauptquartier. Es war sicher nicht das einzige Kaffeehaus dieser Art. Damals gab es noch viele solcher Versammlungsorte. Auch die Markensammler, Schauspieler, Maler, die Billard-, Schach- und Kartenspieler trafen sich in ihrem Café und verbrachten dort viele Stunden. Dies gehörte zu einer Tradition, die bis tief ins siebzehnte Jahrhundert reichte. Autosalons und Banken verdrängten viele dieser Geistesburgen. Aus Cafés wurden Espressos, Boutiquen und Allerweltsgeschäfte.

Gütersloh und andere Professoren der Akademie verkehrten in den Jahren nach dem Kriege im Café Museum. Es war *das* Künstlercafé. Adolf Loos hatte dieses Café im Jahre 1899 gestaltet. Wer aber konnte von uns Jungen, für die Picasso eben seinen Schrecken verlor, diese Moderne erkennen, wie Loos sie verkörperte? Die Finesse der feinen Unterschiede blieb uns verborgen. Die Kaffeehäuser waren mehr oder weniger Orte der Begegnung. Der Kampf um ihr und unser Dasein wurde mit spitzen Ellenbogen ausgetragen. Die Geduld der Heiligen lag uns fern, die feine Kunst, über den eigenen Schatten zu springen.

Allein bei Gütersloh ahnte ich, daß er an dieses geheimnisvolle Walten glaubte. Die spitzen Ellenbogen hatte er zwar auch, aber vor allem dienten sie ihm, wenn er tief in Gedanken versunken war, dazu, sein Haupt darauf zu stützen. Wenn er sich verkannt oder unverstanden wähnte, konnte ein Zornesanfall, ein Sturm der Entrüstung losbrechen. Dann flohen wir schleunigst seine Gegenwart, zu kleinen frechen Buben geworden, oder wir huldigten ihm, dem sonst so gütigen Übervater.

«Denn ich bin der wahre Surrealist, der einzige unter euch», rief er. Mit tiefer hohler Stimme des Zornes Schaum hinter den spitz vorgeschobenen Lippen zum giftigen Wort formend brüllte er: «Ich besitze das kristallene Funkelauge, das alles durchschauende!» Der alte weltfremde Elegant wurde zum polternden Trommler nahender Vernichtung.

Im Streit mit dem Domprediger von St. Stephan, Monsignore Otto Mauer, der in seiner «Galerie St. Stephan» von 1955 an abstrakte Kunst ausstellte, fing Gütersloh die ausgezackten Blitze mit wegwerfender Geste auf, als wären sie Reste eines Spielzeuggerümpels. Ehrfurchtslos entzündete er den Scheiterhaufen der Vernichtung unter dem Scheiterhaufen der verdammten Häresie.

Monsignore Mauers Gesicht wurde aschgrau und legte sich in Erschöpfen bekundende Auszehrungsfalten. Er gab jede strenge Würde auf. Man sah sein schlechtrasiertes, unausgeschlafenes Gesicht. Die Stümpfe seiner Zähne wackelten beim Versuch, den Häretiker zu zermalmen. Gütersloh hingegen baute seinen Gegner wissenskundig auf, bis dieser, des Scheiterhaufens unwürdig geworden und fröstelnd, die Arena verließ.

Kein Gegner widerstand ihm, und keinen entließ er, ehe er vernichtet war. Als wir uns in der Meisterklasse versammelten und einen Namen für unsere Gruppe suchten, rief er: «Wir bereiten den Weg, wir Surrealisten.»

Fritz Janschka sah Gütersloh ungläubig, ja spöttisch an und sprach die verhängnisvollen Worte: «Sie sind ja gar kein Surrealist!»

«Wenn du ein Surrealist bist, dann bin ich es!»

Janschka versuchte zu relativieren, zu entschuldigen. Gütersloh verließ die Runde. Wir hatten den Vater verloren.

«Janschka, was weiß denn der?»

Janschka stand mit roten Wangen da, geohrfeigt von unsichtbarer Hand. Die Hosen voll, trat er den Rückzug an.

11 — Erinnerung an Else Stowasser

«Warum malt der Fritz so? Sagen Sie ihm doch, er soll nicht so malen. Er kann doch was! Warum kann er nicht so malen wie Sie?»

Sie sah mich fragend und entsetzt an.

«Aber Frau Stowasser, seine Bilder sind doch sehr schön und eigenartig», war meine Antwort. «Seine Farben sind einmalig.»

Else Stowasser konnte das nicht einsehen. «Er malt doch wie ein Kind. Er ist doch kein Kind. Warum macht er das?»

Sie malte selbst wie ein großes Kind. Fritz liebte und sammelte die Bilder seiner Mutter und konnte ihre verzweifelte Ablehnung seiner Kunst nicht begreifen. Er war sehr umstritten und freute sich darüber.

Wir waren in Paris unzertrennlich, wir verstanden einander, und die gegenseitige Wertschätzung war grenzenlos. Er hatte viel mehr und rascher Erfolg als ich – und seine Mutter wunderte sich.

Während wir in Paris ein schrecklich kümmerliches Dasein fristeten, nahm sich Else Stowasser meiner ersten Frau Trude und unserer Kinder Elias und Daniel an. Sie brachte ihnen Essen und half, wo sie nur konnte. Fritz war kinderlos, ich hingegen war gewissenlos. 1952, mit zweiundzwanzig Jahren, hatte ich bereits vier Kinder. Sie war meinen Kindern eine Hilfsmutter. Mit ihrer hohen klagenden Stimme gab sie unentwegt Ratschläge und war doch selbst so schrecklich ratlos über die schier ausweglose Situation von uns Künstlern, deren chaotisches Elendsleben sie nicht verstehen konnte.

«Warum macht der Fritz das? Er schläft auf dem Boden, zieht verrückte Sachen an. Verstehen Sie das?»

Ich verstand es, wenn ich auch nicht imstande war, es ihrem einfachen mütterlichen Denken zu vermitteln. Denn in der Tat war alles total verrückt und dennoch ganz klar – es mußte alles so sein – es konnte nicht anders sein. Wir waren selig, sendungsbewußt im Elend, das wir gar nicht sahen.

Wir waren in Paris, im Mittelpunkt der Welt. Jeder spielte hier seine Rolle als der einzige, der größte, der bedeutendste unter den vielen jungen Künstlern. Was war denn schon Daheim, wenn es die ganze Welt war, die wir überzeugen wollten?

«Wartet nur, ihr werdet schon sehen», so träumten wir, verfaßten Manifeste, rannten mit unseren Bildern und Mappen von Café zu Café, von Galerie zu Galerie – und Fritz fand als erster jene Händler, deren Einsatz die Welt bedeutete. Sein Ruhm verbreitete sich rasch, während ich an meinen Winzlingen von Miniaturen und Radierungen arbeitete und kaum Beachtung fand. Ich hatte mich im Jahrhundert geirrt, wie Pierre Loeb meinte. Jean Paul Riopelle, der abstrakte Maler aus Kanada, betrachtete ein kleines Aquarell, und nachdem er einige Male an seiner Brille herumgerückt hatte, fragte er irritiert: «Mais Messieurs, c'est fait à la main?» Es war eine Absage, doch mir schien es das größte Lob zu sein. Ja, mein Ziel war es, diese Frage zu provozieren. Damit suchte ich die Anerkennung meines engelhaften Handwerks.

Die Uhren in Paris liefen anders. Riopelle, Jackson Pollock, Georges Mathieu – das waren die Götter. Überall sah man ihre Bilder. Fritzens Bilder mit ihrem labyrinthischen Spiralen fügten sich bei aller Eigenwilligkeit in das Gesamtbild der Pariser Kunstszene ein, die meinen aber schienen absurd in jeder Hinsicht, unvereinbar mit diesem Panorama.

Noch waren wir ohne festen Wohnsitz, in irgendwelchen Wohnhäusern oder Hotels Gäste für eine Nacht oder einen Tag – wenn wir ein wenig Geld verdient hatten. An Hilfe, an Geldsendungen für meine Kinder war nicht zu denken. Else Stowasser war der rettende Engel, der meine Kinder in Wien durchfütterte und mit ihnen in den Park ging. «Sie brauchen frische Luft», fand sie, denn die Räume im IX. Bezirk, im Hinterhof der Porzellangasse 45, waren dunkel, feucht und stickig. Die Fenster lagen zur Mauer hin, die die Rückseite des Hauses vom Park des Palais Liechtenstein trennte – ein feuchter, muffiger Graben.

Während Fritz und ich in Paris die Bohème suchten, ertrugen und keineswegs aufgeben bereit waren, gingen in der Porzellangasse Arnulf Rainer, Helmut Winkelmaier, Egon Maier – Komponist aus Voralberg – ein und aus. Auch Anton Lehmden war des öfteren zu Besuch in dieser Künstlerbude. Das Geld, das ich ab und zu verdiente, setzte Egon Maier, der inzwischen der Ziehvater meiner Kinder geworden war, im Badener Casino aufs Spiel – mit sehr geringem Erfolg.

Else Stowasser schrieb ihrem Fritz Lageberichte aus der Heimat. Aber was zählte ihr Sorgenschwall gegen unsere Hoffnungen und Träume? Wenn ich heute daran denke, wird es mir unbegreiflich, daß ich all das verschuldet und auf mich genommen habe – im Glauben, das einzig Richtige zu tun, denn alles Leben, alles Leiden, jede Freude, jeder Schritt, alles Irren war meiner Kunst geweiht, und ich weiß, daß es sich für Fritz Stowasser ebenso verhielt.

Frau Stowasser schickte auch Pakete für uns nach Paris, die wochenlang unterwegs waren. Sie wurden von der Besatzungsmacht in Wien zensuriert und kamen in Paris am Zollamt an. Selbstgestrickte Socken dämpften das Rasseln des Kuchens, der zu trockenen Bröseln geworden war. Da ich ein Fahrrad hatte, übernahm ich des öfteren die Aufgabe, die Pakete am Zollamt nächst dem Jardin des Plantes abzuholen; Geld für ein Métrobillet hatten wir selten. Neugierig öffnete ich die Pakete, aß die Kuchenbrösel, und so gab es Streit, wenn ich mit dem geöffneten, fast leergegessenen Karton zurückkam.

Auch meine Eltern halfen uns. Mein Vater, der rasch erkannte, daß meine Frau Trude nicht mit Geld umgehen konnte, richtete bei einem Lebensmittelladen in der Taborstraße ein Konto für sie ein. Er gab ihr kein Geld, aber sie konnte das Nötigste kaufen. Trude behagte das wenig, sie hätte lieber das Geld gehabt. Mein Vater aber sagte: «Hauptsache, die Kinder haben etwas zu essen. Wenn ich der Trude Geld gebe – was weiß ich, was sie damit macht ...»

Meine Mutter verfügte über den nötigen Optimismus. Sie glaubte an den Sinn dieser Wirren. Auf ihren Ernstl ließ sie nichts kommen. Sie glaubte meinen Briefen, in denen ich die kleinsten Erfolge zu Sensationen aufbauschte.

Else Stowasser war einer Meinung mit meiner Mutter, obwohl sie die Malerei ihres Sohnes nicht als Kunst verstehen konnte. Fritz war scheinbar (oder wirklich? – ich werde es nie wissen) völlig unbeeindruckt von der einmütigen Ablehnung, die ihm entgegenschlug. Er glaubte an seinen Erfolg, wie ich an meinen: «Ihr werdet schon sehen!»

Doch unsere Wege waren sehr verschieden, obwohl wir sie gemeinsam gingen. Fritz war wesentlich geschickter darin, seinen und zum Teil auch meinen Freundeskreis zu nutzen. Neben seinem Malzeug trug er immer einen Schlafsack mit sich. Hatte uns jemand zum Essen eingeladen, pflegte Fritz anschließend seinen

Schlafsack zu entrollen und einzuschlafen, ehe man ihn daran hindern konnte. Da half kein Wecken; er schlief, während ich wieder obdachlos auf der Straße stand und die Nacht in den Cafés durchwachte. Später sagte er oft schmunzelnd: «Ich war schlauer als der Fuchs – der war immer zu nobel, um sich eine Blöße zu geben.»

12 — «Warum bin ich, der ich bin?»

Das Paris der fünfziger Jahre war von größter Armut gezeichnet. Dennoch gab es nichts Vergleichbares auf der Welt; keine andere Metropole konnte sich als das Zentrum der bildenden Kunst bezeichnen. Auch die Cinematheken waren zahlreich und zeigten hervorragende Filme aus allen Epochen. So erinnere ich mich an eine Serie von Eisensteins Filmen. Das Interesse war groß, oft mußte man stundenlang an der Kinokasse anstehen. Ich erinnere mich, daß in einem Kino entlang der Wände und Treppen die Originalzeichnungen zu sehen waren, die Sergej Eisenstein zu Szenen und Kameraeinstellungen eines seiner Filme mit flotten Strichen hingeworfen hatte.

Die Nouvelle Vague war gerade aktuell und ließ Paris in der Welt unverzichtbar erscheinen. Wir trugen fast alle die schwarze Uniform des Existentialismus. Und das war gut so, denn da wir keine feste Bleibe hatten, konnten wir nur selten Wäsche waschen. Die Blue jeans, die wir ja fast alle anhatten, durften, ja, sie mußten salopp bis dreckig und abgetragen sein. Das schwarze oder dunkle Hemd zeigte keine grauen Schlieren an Kragen und Manschetten. So kamen wir in unserer Notsituation der späteren Mode der Beatniks zuvor. Secondhand, abgetragen und löchrig war die Gewandung, der Flohmarkt unser Einkaufszentrum.

Dort gab es damals zu Billigpreisen noch den zerschlissenen Prunk der Jahrhundertwende. Manche Trophäe aus dieser Zeit habe ich noch. Es sind die zerfallenen Säulen meiner Erinnerungsgebäude, und ich klammere mich an den welken Zauber ihres Glanzes. Allein in der Erinnerung ist alles unvergänglich. Und immer wieder muß ich diese Stücke vor Putzfrauen und Saubermännern retten, die meine geliebten Fetzen in den Müll befördern wollen.

Mit Hilfe einer zerbrochenen Lupe aus den achtziger Jahren des neunzehnten Jahrhunderts habe ich die Einhorn-Radierungen gestochen, die Ätzung kontrolliert und einen winzigen Rahmen ledergeprägt. Vor einem halben Jahrhundert schon wollte ich eine Miniatur zu diesem Rahmen malen, ich sah und sehe sie vor mir. Doch in unserer dahineilenden Welt läuft sie vor mir her, und der Rahmen bleibt leer. Da hilft kein Seufzen aus der Tiefe der geplagten Seele.

Ist alles Metapher, ist alles Staub? Was beschleichst du mich immer wieder, elender Zweifel! Ich gehe mit jedem Herzschlag in der ewigen Fortsetzung meines höchst persönlichen Traumes weiter. Ich kenne ja nur ihn, wenn auch ganz flüchtig nur, dennoch ist er allein die Gegenwart des Alls.

Parmenides sagt: «Aller Wandel ist bloßer Schein.» Was soll also die Suche nach dem Verlorenen, Vergessenen? Laß es sein! Und dennoch, ich suche mich – und bin überglücklich, wenn ich wenigstens dies gefunden habe: das Tagebuch meines Vaters, Shanghai im August 1942.

Ich sehe auf dem Papier seine schreibende Hand, ich fühle die Einsamkeit dieses in die Ferne verbannten Wieners. In Shanghai gibt es keinen Heurigen, keinen Wein aus Gumpoldskirchen, niemand schenkt ihm ein Viertel aus kühlem Krug ein.

Ein neuer Traum beginnt: Mein Vater kommt zurück. Viele Jahre habe ich ihn nicht gesehen, meine Mutter hat ihn um Jahrzehnte überlebt. Wir stehen wieder auf dem Bahnsteig, eilen aufeinander zu; in einer Umarmung schmilzt alles Warten, alles Sehnen. Er muß den schon abfahrenden Zug erreichen. Er reißt sich von mir los, läuft dem immer schneller werdenden Zug hinterher, ergreift die Haltestange, will sich auf das Trittbrett schwingen. Da stürzt er und fällt auf sein rechtes Knie. Ich sehe es mit an, vor Schrecken starr, und fühle selbst den stechenden Schmerz. Aber er rafft sich auf und springt noch einmal, zieht sich mit letzter Kraft auf das Trittbrett – er hat es geschafft. Nun sitzt er auf einer hölzernen Bank, er fährt zu Mama, Gott sei Dank – sie treffen einander bald wieder.

Heute, am vierten Todestag meiner geliebten Mutter, fällt mir dieser Traum wieder ein, den ich vor einigen Monaten geträumt habe. Ist der «Traum ein Leben» ein ewiger Traum?

Die Bildsprache des Traumes zu verstehen ist nicht jedermanns Sache. Für diese Sprache gibt es kein Wörterbuch. Die Fähigkeit, ihre Mitteilungen zu entschlüsseln, kann man nicht erlernen. Darum stehen die Schöpfer phantastischer Bilder ratlos vor ihren Werken. Sie wissen es nicht oder nur zu jenem Teil, der sie betrifft und der ihnen eröffnet wurde. Nun gibt es, Gott sei Dank, Menschen mit besonderen Gaben, die sich und andere zu deuten wissen. Sie können die Bild- und Zeichensprache der Vernunft zugänglich machen.

Und schon zieht es mich ins Dunkel der Hinterbühne, wo eben noch angstvoll die Mütter den Applaus des, mehr oder weniger zahlreichen, Publikums im Zuschauerraum erwarteten. Ich suche wieder die Rollenbücher, diese verstaubten Dialoghefte. Manches ist rot angestrichen, manches ist im Dunkel fast unleserlich geworden. Fasziniert und befremdet grüble ich über den Runen des eigenen, uns fremd gewordenen Lebens.

«Warum bin ich der, der ich bin?» – So fragte Julien Green in seinem Tagebuch. Es ist diese Frage, die allein der ewige Gott sich nie stellt.

Daran erkennen wir den Menschen; er sucht zu enträtseln,

was Gott erkennt. In meinen Pariser Jahren, die 1949 begonnen haben und die, da es mich immer wieder dorthin zieht, nicht enden wollen, ist so viel geschehen, daß es gewiß ein eigenes Buch füllen würde, wollte und könnte ich alles beschreiben.

Ich fuhr nach Paris, um Mia zu finden, meine Maiblume Mia. Abenteuerlich wie sie nun einmal war, hatte sie mich, ihre erste große Liebe, verlassen und war in der uferlosen Landschaft des Häusermeeres von Paris verschwunden. Ich fand sie nicht. Tag für Tag pflügte ich die Gegend, ging ich die Boulevards entlang, auf denen ich sie vermutete; vergeblich. Sie blieb verschwunden. So aber entdeckte ich das sagenhafte Paris – die Stadt der Moderne, die Hochburg des Surrealismus.

Es war, als wäre die Suche nach Mia ein bloßer Vorwand gewesen. Noch sprach ich kein Wort Französisch und war auf die Hilfe jener Künstler angewiesen, die schon in den Jahren vor dem Zweiten Weltkrieg hierhergeflohen waren, um den engen geistigen Grenzen der beschränkten Heimat zu entkommen.

Einigen Freunden verdankte ich Empfehlungen und Kontaktadressen, die mir helfen sollten, in dieser riesigen Stadt Fuß zu fassen. Manja Nußbaum, Greta Freist und Gottfried Goebel waren meine ersten Helfer; sie brachten mir Paris nahe.

Was war es eigentlich, dieses Paris, dieser Kunst- und Kulturkokon, der unbeschädigt den Krieg überdauert hatte? Was war das für ein wogendes Leben? Und wie war ich überhaupt in diese Stadt gekommen? Wenn ich es heute bedenke, sehe ich die Zusammenhänge klar vor mir; alles Vorangegangene, das wie Wegweiser meinen Lebensweg umstand, hatte in diese Richtung gewiesen, es war nicht Mia, die ich suchte, es war Paris – und es war Greta Freist, die ich fand.

Gretas Wesen war von geheimnisvoller Glätte, wie ihre wunderbare Kunst. Heute erkenne ich viel besser als damals, warum wir einander gefielen. Als mütterliche Beschützerin war sie mir zugetan, bestrebt, mir diese Stadt zu zeigen, ohne verborgene

Tücken. Vielleicht war es auch die Eleganz meiner jugendlichen Schönheit, mein volles rotes Haar und das so ganz andere, gar nicht bohémienhafte, ernste Wesen, mit dem ich unbewußt eine Wirkung auf die viel ältere Frau ausübte. Auch erkannte sie mein Talent in neidloser Bewunderung.

Ihr und Manja Nußbaum verdanke ich es, daß ich zum erstenmal eine Galerie fand, die meine Werke zeigen wollte. Die «Galerie du Siècle» am Boulevard Saint-Germain, gleich neben der Kirche gelegen, war die bekannteste Galerie des gleichnamigen Quartiers. Gretas Lebensgefährte, der Maler Gottfried Goebel, war im höchsten Maße talentiert. Seit vielen Jahren war er in Paris ansässig. Gottfried Goebel und Greta Freist waren beide arm.

Gottfried war daneben der Gelehrte par excellence; und somit ein Lehrer, wie man ihn sich nicht besser wünschen konnte. Er wußte einfach alles über diese Stadt und ihre Kunstgeschichte. Wir spazierten Tag für Tag stundenlang von Sehenswürdigkeit zu Sehenswürdigkeit. Er war stolz darauf, alles zu wissen, es machte ihm Freude, mir seine Schätze mitzuteilen. Die Armut der beiden machte mir angst, denn sie sprachen von der Aussichtslosigkeit, im Künstlerberuf Erfolg zu haben und davon leben zu können. In unserem Metier war ein Hungerleiderdasein nicht ungewöhnlich. Daß Greta und Gottfried ohne jede Aussicht auf Erfolg und Verdienst seit vielen Jahren in Paris lebten, erregte aber gerade meine Bewunderung und bestärkte mich in meinem Wunsch, hier meine große Prüfung abzulegen. Hatte mich nicht gerade dieser Wunsch hierhergebracht?

Ja, konnte ich denn woanders hinstreben, war es nicht eine ausgemachte Sache? Weg von Wien; komme, was wolle – in Paris mußte ich bleiben, um jeden Preis. Hier hatten René Clair, Cocteau, Buñuel ihre Filme gedreht. Hier hatten Picasso, Max Ernst, Dalí und viele andere ihre Karriere gemacht.

Zunächst glaubte ich, über all den vielfältigen Eindrücken und dem Verhältnis zu Greta Freist meine geliebte Mia vergessen zu können, doch ich irrte gewaltig. Je weniger ich Mia fand, desto mehr stiegen Gefühle von Enttäuschung und Eifersucht in mir hoch und machten die verlorene Liebe um so begehrenswerter. Eine andere Liebe konnte in mir gar nicht gedeihen. Ich war nie ganz bei der Sache, und Greta fühlte das. Sie liebte und bewunderte mich, aber sie fühlte, daß ich gefangen war in einer Welt, die sie längst verlassen hatte: Wien, jenes zerbombte Tor zur Hölle.

Ich sollte dort eintreffen, sogar schon sehr bald, denn das Geld, das der Industrielle Müllersen, der mit vielen Künstlern befreundet war, für das Porträt seines Sohnes bezahlt hatte, ging zu Ende. Einige Wochen des Streunens waren wie im Fluge vergangen. Ich mußte zurück.

Die Sehnsucht nach Mia hatte mich gestärkt, und es beseelte mich die Hoffnung, eine Nachricht an der Tür zu meinem Leopoldstädter Atelier, Haasgasse 10, zu finden. Doch als ich vor der Türe stand, befiel mich eine überwältigende Trauer. Da war nichts. Kein Gruß, kein Zettel. Ich hatte sie verloren, indem ich Paris gefunden hatte. In den Pariser Wochen hatte ich Bart und Mähne wachsen lassen; ich wollte mich verändern, alles Bisherige vergessen. Und nun fand ich keine Ruhe. War Mia zurückgekommen? Hatte sie mich vergessen? Gar Verrat begangen? Die untreue Seele, glitzernde Schlange!

Die schönen Tage im Mai mit dieser jungfräulichen Schönheit eines Mädchens, das kurz vor der Matura stand – sie kamen, kaum daß ich in Wien angekommen war, in ihrem unvergeßlichen Zauber ins Bewußtsein zurück. Was ich mich bemüht hatte zu vergessen, überfiel mich mit einemmal wie ein reißendes Raubtier. Wie war das alles möglich, in diesem Durcheinander der Beziehungen zu anderen Frauen?

Mia war doch meine große Liebe – und dennoch ließ ich keine aus, die ich begehrenswert fand. Ich wollte sie alle haben, alle! Machte mir auch kein Gewissen daraus. Ich war von einem Rausch und Lebenshunger befallen, wie von einer Sucht. Die

Liebe zu Mia, an die ich unentwegt dachte, nach der ich mich sehnte, schloß die vielen, oftmals bedeutungslosen Amouren nicht aus. Ja, ich gab mich diesen Reizen hin, um mich aus den umklammernden Fängen dieser Liebe zu befreien. Diese Liebe sollte nicht so allmächtig über mich herrschen. Es sollte keine größte Liebe geben, denn sie bedeutet nicht Glück, sondern Leiden, und das fürchtete ich.

Viele Tage wartete ich auf ihre Wiederkehr. Vielleicht war sie ja noch nicht in Wien. Doch sie mußte ja kommen, und ich werde sie wiedersehen. Sehnsucht, Liebe und ein Bedürfnis nach Rache rangen in meinem Inneren so stark, daß ich mich vor dem Wiedersehen zu fürchten begann. Und immer wieder fragte ich mich: «Was ist in der Pariser Zeit mit mir geschehen?»

13 — Machtlos über das Chaos meines wilden Lebens

Wie unbeschreiblich schön war doch der Anfang unserer Liebe gewesen. Die Erinnerung zeigte mir immer wieder die schönsten Bilder, die sich in mein Gedächtnis eingegraben hatten. Da stand sie in der Weihburggasse im I. Bezirk, leicht vorgebeugt, und betrachtete in der Auslage der Galerie Würthle eine Kunstpostkarte. Ich trat an ihre linke Seite und sah die Karte ebenfalls an. Sie zeigte das Haupt Christi von Odilon Redon.

Mir erschien diese kleine Abbildung als Einladung zu einer ganz besonderen Liebe. Einer Liebe, die Kunst und Eros intensiv zu einer Leidenschaft verbinden sollte, ähnlich jener zu Inge Pace. Dieses Mal jedoch – das fühlte ich – würde ich zum Ziel kommen. Mia war mädchenhaft, dabei gutbürgerlich gekleidet, schon fast eine Dame. Sie strahlte etwas Unberührtes, Unberührbares aus.

Ich sprach sie an: «Odilon Redon!»

«Ja», sagte sie, «das ist wunderschön.» Wir kamen ins Gespräch und gingen die Weihburggasse entlang in Richtung Stadtpark. Es war uns das geschehen, was man seit eh und je «Liebe auf den ersten Blick» nennt. Darüber vergaß ich alles: Meine Frau, mein Zuhause in der Haasgasse, Atelier und Wohnung, meine kleinen Kinder. Am liebsten wäre ich in eine andere Welt geflohen, in der es das alles nicht gab, in der nur wir zwei, Mia und ich, und unsere Liebe existierten. Mia war zurückhaltend, sprach ein sehr klares, schönes Deutsch. Sie erzählte, daß sie auch gern zeichnete, und so war es vor allem die Kunst und unsere gemeinsamen Interessen, die uns in wenigen Stunden zu einem Liebespaar machten.

Mia war für mich die Symbolfigur des Schönen. Ihrer Schönheit im Bilde gerecht zu werden war gleichbedeutend mit der Gestaltung des Themas «Schönheit» in meiner Kunst.

Wenn ich heute die vielen Briefe lese, die wir einander geschrieben haben, wird mir bewußt, daß solche Intensität der Empfindung nur aus der Kraft der Jugend und dem Geist der Kunst entspringen kann. Nun, da Mia schon seit einigen Jahren verstorben ist, beweine ich nicht nur ihren Tod, sondern vor allem die unbegreifliche Vergänglichkeit einer solchen Liebe.

Auch Mia war letzten Endes machtlos über das Chaos meines wilden Lebens gewesen, mit all seinen Abgründen, mit meiner Gier nach dem Alles-haben-müssen. Jungfräulich und zurückhaltend, wie sie mit ihren achtzehn Jahren war, konnte sie nicht ahnen, in welch schrecklich schönen Taumel ich sie zog. Sie folgte mir gern, entfaltete sich rasch, wir waren unzertrennlich. Doch ich wollte mich dieser intensiven Liebe, die mich so ganz in ihren Bann geschlagen hatte, nicht ergeben. Immer wieder suchte ich Distanz. Die Angst trieb mich dazu, in anderen, rein sexuellen Abenteuern die Befreiung zu üben, denn nie wieder wollte ich jenen Schmerz ertragen müssen, der sich mir eingegraben hatte, als Inge mich verließ.

Nie wieder sollte eine Frau die Macht haben, mich zu verstoßen. Immer mußte ich auch eine andere haben, um mich vor dem Schlimmsten, dem Verlust der Geliebten, zu bewahren. Wie blöde, wie krankhaft und sinnlos war diese prophylaktische Haltung! Doch solche selbstkritische Reflexion meines Verhältnisses zu Mia war mir damals nicht möglich. In jenen Tagen nach meiner Rückkehr sah ich nur den Riß, die Verwundung, den Verrat. Meine eigene Untreue, die ich als Schutzmaßnahme, als selbstverständliche Abwehr verstand, projizierte ich auf Mias naives Wesen.

Ich war sicher, daß sie mich, so wie ich sie, betrogen hatte. Welch kleinlicher Absturz aus dem Höhenflug der Liebe in die untersten Schluchten der Eifersucht und der kleinbürgerlichen Moral! Ich war völlig verwirrt und wußte nicht, wie ich mich bei einem Wiedersehen verhalten sollte. Wie würde sich dieser Augenblick gestalten? Ich konnte es mir ebensowenig vorstellen, wie ich mir erklären konnte, warum sie mir wochenlang kein Zeichen ihrer Liebe hatte zukommen lassen – sie, die mir zunächst täglich, so wie ich ihr, Briefe geschrieben hatte, in jenen Tagen, da unsere Liebe wie eine geheime, geheimnisvolle Verschwörung gewesen war.

Würde man einige der uralten Grabsteine im Seitengang der Minoritenkirche entfernen, könnte man wahrscheinlich heute noch das eine oder andere Billet d'amour finden. Denn dort war unser Briefkasten, wenn wir einander verpaßten.

Ihre Eltern nämlich haßten mich und verboten ihr jeden Verkehr mit mir. Sie fürchteten, daß die Liebe zu einem verrückten Künstler ihre Tochter ins Unglück bringen werde – und sie sollten recht behalten. Wir aber teilten ihre Bedenken nicht. Wir waren aneinandergekettet zu einem Paar, das die Wunder der Künstlerliebe erlebte. Als ich aus Paris nach Wien zurückkehrte, fand ich bloß noch das zerrissene Band, meine Verzweiflung über den vermeintlichen Zusammenbruch unserer Luftschlösser der Liebe.

Auch Mia empfand einen Bruch. Sie hatte, von ihren Eltern bestärkt, Distanz gesucht und gehofft, von mir loszukommen.

Schließlich hatte sie dem Drängen ihrer Eltern nachgegeben und sich von mir getrennt. Auch ihre Abenteuerlust und Neugier hatten einen beträchtlichen Anteil an dieser Trennung.

Doch dieser Bruch war keiner, wie wir im Augenblick des ersten Wiedersehens feststellen konnten, als sie nach Paris kam. Von Paris sah sie nicht viel. Schon nach wenigen Tagen war sie mit der Familie, die sie über Vermittlung ihrer Eltern besucht hatte, an die Küste der Bretagne gefahren. Sicher war es eine gutbürgerliche französische Familie; brave Leute, die zwei Söhne in Mias Alter hatten. Ich wollte es gar nicht wissen, denn ich war gekränkt über ihre anfängliche Zurückhaltung. So suchte ich die Magie der Sexualität anzuwenden, dies brachte unsere Liebe zu ihrem feurigen Kern. Die Geister der Lüfte, der Erde und des Feuers verbanden sich und suchten Kühlung in der Brandung des Mittelmeeres an der Küste Capris.

Ich war entschlossen, Mia ihren Eltern zu entreißen, sie mir ganz und gar gefügig zu machen. Ich sehe das heute als Trauerspiel an. Damals war es zunächst der Himmel auf Erden. Dieser Himmel aber lag unter dem feurigen Glanz der Augustsonne des Südens; nahe jener Hölle, die schon das Römische Reich verschlungen hatte. Der Vesuv öffnete seinen Rachen, zeigte glimmende Glut, aus der die Säulen des Schwefeldampfes emporstiegen, um diesen Höllenhimmel zu tragen.

In der Kunst war ich nie zeitgemäß, im Leben unmäßig, unruhig. Ich brachte Unruhe in die Kunstszene wie auch in das Gefüge immer zahlreicherer Familien mit ihren Kindern und Kindeskindern. Väter und Mütter, alle, die es unmittelbar betraf, erschraken zutiefst, wenn ich ihren Töchtern nahte. Geheimhaltung und Flucht waren die einzigen Möglichkeiten, sich dem Fluch dieser Eltern zu entziehen. Nicht daß ich die bürgerliche Gesellschaft und ihre Vorurteile und Zeremonien verachtete; nein, ich achtete die Werte, die sie zu bewahren suchten.

14 — La belle et la bête

Ende des Jahres 2000 verlieh mir die französische Regierung die Auszeichnung «Officier de l'Ordre des Arts et des Lettres». Es galt nun zu danken und in knappen Worten meine fünfzigjährige Beziehung zu Frankreich zu schildern. Ich sehe in der Jahrzehnte dauernden Liebe zu Paris den Grund für diese hohe Auszeichnung. Ich habe mein Herz nicht in Heidelberg, sondern in Paris verloren. Vor mir in der französischen Botschaft am Schwarzenbergplatz in Wien standen die Zeugen meiner ersten Jahre in dieser Weltstadt der bildenden Kunst. Ich sprach sie an und zeigte auf sie, Herbert Wochinz war da und Erich Brauer! Aber auch die vielen Freunde von einst sah ich, den Gästen unsichtbar, ganz deutlich um mich versammelt: Fritz Stowasser alias Friedensreich Hundertwasser, Kurt Steinwendner alias Stenvert, Paul Celan, Elias Canetti, Monsignore Mauer, Michelle Vian, Daniela Rustin, Jean de Rouvier.

Alle freuen sich, manche grinsen, grimassieren; alle finden diese Zeremonie allzu dick aufgetragen. Ich überlege einen Moment lang, ob es eine Wohltat sein könnte, im Jenseits vergessen zu sein.

Ich ordnete meine Gefühle des Dankes in aller Bescheidenheit. Bescheiden zu erscheinen habe ich in früher Kindheit als Dankbarkeit für empfangenes Talent gelernt. Bewunderung brachte mich in Verlegenheit. Auch jetzt müssen doch nicht alle so heftig applaudieren! Sie haben es nicht nötig, jeder kennt mich schon von früher, aus dem Café Wortner, dem Café Weidinger, von all den Orten her, die sich als der Schauplatz meines Talentes erweisen – lange vor den Galerien und Museen.

Sie sehen mich liebevoll, zufrieden an – wie einen Schatz, einen unverlierbaren Besitz. Ich spreche nicht von den Entbehrungen der Pariser Jahre, die sie, tiefer bedrückt als ich, miterlebt haben. Denn Paris war jedes Opfer wert. So beendete ich meine Dankesrede mit den Worten: «I bin hoit a Weana. I kon nix dafür. I brauch was um seelig zu sein: Paris!»

Vor meinem lieben Freund, dem Botschafter Cadet, und den versammelten Gästen habe ich kein Wort von Mia erwähnt.

So ist das Schicksal eben, oder sollte die Reihenfolge der Ereignisse Zufall sein? Das Mandelbrotsche Fraktalwunder, das in die Uferlosigkeit des Alls ausströmt, ist doch das bessere Bild für das, was wir vor kurzem noch Chaos nannten. Im Halbdunkel der Hinterbühne sehe ich das Leuchten der Muster wie hundert riesenhafte Rosetten des All-Mandala. Das gigantische Auge des Alls scheint weit geöffnet. In den äußersten, den tiefsten Winkeln an den Enden der Schlucht mündet der labyrinthische Pfad in die Dunkelkammer Mias. Das rote Lämpchen erleuchtet gespenstisch ihr neugieriges Gesicht. Tiefgebeugt über die Wanne, worin die Photos im Entwickler schaukeln, erwartet sie das Positiv. Es zeichnen sich schon Schatten und Umrisse ab, das Bild wird scharf. Eine hochgewachsene Gestalt beugt sich über Mias gekrümmten Rücken, die Aufnahme ist gelungen. Ein Kollege hilft ihr. So geht es zu an der Graphischen Lehr- und Versuchsanstalt in der Westbahnstraße.

Dort entwickelte Mia 1949 als Studentin die vielen Photos aus dem Künstlermilieu. Ich schrieb ihr zahlreiche Briefe, wie schon im Jahr zuvor. Doch das Wort Liebe hatte sich abgenützt. Es stand nicht mehr für jenes allmächtige Gefühl. Kaum ist die Reife da, beginnt schon die Fäulnis. Neues Leben keimt, neue, frische Früchte wollen gedeihen. Die Briefe, die ich Mia schrieb, waren nicht so aufrichtig, wie sie klangen; in einem aber stimmten sie: Mich überraschte ihre Persönlichkeit, das rasch entwickelte Raffinement im «faire l'amour». Unsere Beziehung hatte etwas Beständiges, und dies war wohl die gegenseitige eingestandene Unbeständigkeit.

Wir erzählten einander unsere flüchtigen amourösen Abenteuer in der Meinung, wir stünden über diesen Niederungen. Die

Folgen blieben nicht aus: Wir verloren den Pfad, die Richtung, verirrten uns, gerieten in den Abgrund der Verzweiflung und Enttäuschung.

An ein Fasten dachte ich damals noch nicht. Getrieben von einer Gier nach Leben fraß ich alles. Wenn mir auch manchmal davon übel wurde, konnte ich dennoch nicht genug kriegen.

Mia wurde schwanger, der Himmel unserer Liebe schwarz und wolkenschwer. Jetzt hieß es Ruhe bewahren, die guten Geister beschwören, denn Mias guter Geist, ihre Geduld, ihre Fähigkeit zu erdulden (wohl auch eine Wirkung des Mutterwerdens) stand weit über meinem Erschrecken vor der neuen heraufziehenden Verantwortung.

Was weiß Greta (Lucretia), die Tochter Mias, mein Kind, von den schrecklichen Zeiten des Verstecktwerdens, des Untertauchen-Müssens vor dem bürgerlichen Leben, dem damals drohenden Ungeheuer?

Ermüdet von einer Reise, hatte ich mich neulich nachmittags im Atelier hingelegt und hatte folgenden Traum: Auf einer Party lehnt eine anziehende schwarzgekleidete, blonde, damenhafte Frau an den Vorhang einer Fensternische. Ich gehe rasch auf sie zu und umarme sie. Nach kurzem Widerstreben öffnet sich ihr Lippenpaar zum Kuß. Ihre rauhe Zunge preßt sich an die meine. Ein wunderbarer Kuß. Ich erwache und frage mich sogleich: «Wer war diese Frau?» Sie kam mir ja so bekannt vor, und nun, da ich vollends wach bin, wird sie mir rätselhaft fremd. Während ich darüber nachdenke, wird der Wunsch in mir wach, meine Tochter Greta in Baden bei Wien anzurufen.

Ich frage sie nach Mia, ihrer Mutter. Und was sie denn wüßte von ihren ersten Lebensjahren. Greta erzählt und führt mich in die gemeinsame Vergangenheit, zeigt Perspektiven auf, die mir unbekannt waren. Und plötzlich denke ich: «Die Frau im Traume, das könnte Mia gewesen sein, die fast vergessene Unvergeßliche.»

La belle et la bête

Greta gibt mir die Telephonnummer ihrer jüngeren Halbschwester Mausi in London. Ich rufe Mausi an, und wieder entsteht ein anderes, ganz anderes Bild von Mia, aber auch darin erkenne ich sie, die Unbekannte und doch so Vertraute. Es war Mia, die mich im Traum geküßt hat, denn Küsse waren ihr Erkennungszeichen. Sie war ein Mundmensch. Sie aß gern, leidenschaftlich und nur das Beste. Sie kochte wundervoll, sie wußte um die Kochkunst. Wenn sie sprach, genossen ihre Lippen jedes Wort, alles wurde Poesie, geschlürftes Gedicht. Gedichte waren ihre Nahrung. Ich bat Greta und Mausi, mir zu helfen, Mia zu schildern, alles aufzuschreiben, woran sie sich erinnern können.

Sehe ich die Bilder wieder, die ich in den Jahren nach dem Ende des Krieges gemalt habe, die Zeichnungen und Radierungen, so scheinen sie ein Spiegel zu sein. Ein Spiegel allgemeiner apokalyptischer Ereignisse, aber auch meines wilden Leben-Wollens. Am Ende bleibt die Frage zurück, wann und wie all das entstand; denn das, was man «privat leben» nennt, verschlang so viel Zeit.

Gewiß, ich malte, zeichnete und schrieb überall, wo immer ich war, dennoch bleibt es rätselhaft und ich kann es mir selbst nicht erklären, wie ich die Zeit fand für beides: Leben und Werk. Oft will mir scheinen, daß es, entgegen allgemeiner Auffassung, einander gar nicht bedingte. Nicht zu übersehen sind jedoch die Züge der phantastischen Personen: Trude, Inge, Monsignore Mauer, Albert Paris Gütersloh, meine Mutter, Großmutter, Vater und Großvater. Sie tauchten in meinen Bildern zumeist dann auf, wenn ich gar nicht die Absicht hatte, bestimmte Menschen abzubilden. So verhält es sich auch heute noch.

Damals wie heute zeichne oder male ich ein Gesicht, einen Körper aus der Phantasie und in kurzer Zeit. Als hätte ich dieses Wesen herbeizitiert, tritt es in die Dimension meines alltäglichen Sehens. Das Phänomen kann ich mir nicht erklären. Es wäre doch schade, gegenstandslos zu malen. Wo bliebe dieses Déjà vu, dieses *ich kenne dich,* dieses *im Geiste habe ich dich, noch ehe wir uns kennenlernten, gesehen?*

Die Rollen, die wir spielen, sind schon geschrieben. Nicht vorher, nicht nachher, sie sind da durch unser Sein im ewigen Jetzt.

So sehr ich mich auch bemühe, dem Lebensfluß, dem Zeiterschaffen nachzuspüren, um mir «ein Bild» zu machen – es will mir nicht gelingen. Die Werke, die ich damals geschaffen habe, stehen auf der Bühne des flüchtigen Lebens, wie der Projektor selbst, durch den die zappelnden Bilder eines Filmes auf die Leinwand geworfen werden. Aber auch dieser Vergleich hinkt, denn Bilder sprechen nicht in irgendeiner Sprache. Sie sind stumm und unbewegt, sie sind ein Zeichen. Ohne ihr Geheimnis preiszugeben, lassen sie jede Interpretation zu.

Jedes Bild ist eine Sphinx. Das Leben zu beschreiben in Erinnerung an das Einst, ist sehr verschieden vom Bilderschauen, Bildermachen, Tempelbauen. Und weil alle Künste so unvereinbar scheinen und doch dem Menschsein dienen, gilt all mein Streben und Leben dem Erschaffen des Gesamtkunstwerkes, dem Zeugnis ästhetischen Erlebens im All-Sein. So gerät der Geist in die Mühle der Sinne, um letztlich den Leib des ewigen Daseins zu ernähren. Daran denkst du aber nicht, wenn du unter blühenden Linden im Stadtpark sitzt und ihren Duft atmest.

So manche Episode nebenbei konnte doch das Wunder Mia nicht verdecken. Wie auch dieses nicht imstande war, meine Wiener Freundin Gerti Sedlmayr aus meinem Leben zu tilgen. Es war ein Neben- und Ineinander, ein Geflecht der Gefühle. Alle Fäden dieses Geflechtes aber vereinten sich auf dem Gobelin «La belle et la bête». Das Einhorn erschien, es wurde zum Symbol meiner unbezwingbaren Wildheit. Die rätselhaften Themen und Titel meiner Bilder habe ich auch nie erklären wollen, obwohl ich oft danach befragt worden bin.

Ob ein triebhafter Künstler es in seinen Sturm-und-Drang-Jahren zur Balance bringen kann? Das immer wiederkehrende Thema «La belle et la bête», die Schöne und das Tier, Mensch und Bestie sehe ich als Symbol des gespaltenen Selbst. In jenen Jahren des Anfangs gelang mir das Bildnis der Bestie rasch und überzeugend, und es war mir bewußt, daß die Groteske ebenso schön ist wie das Schöne. Es war mir auch damals schon bewußt, daß allein schon aus der Gegenüberstellung der Kontraste das Spannungsfeld, das Faszinosum im Bilde entsteht.

Engel und Dämon, Künstler und Einhorn – alle diese Darstellungen des Grundmotivs zeigen, daß ich Ende der vierziger bis in die fünfziger Jahre um das Thema Schönheit ringen mußte. Es gelang nicht auf Anhieb; immer wieder nimmt das Bildnis der Schönen fratzenhafte Züge an. Denn eines ist im anderen, und beides ist erst das Ganze, das wir selber sind. Und so bleibt der Wunsch, beides vollends zu trennen, ein Wahn in Kunst und Leben.

Mia war die Schöne, ich das Tier.

Ob ich dies damals so sah, weiß ich nicht, will es aber ergründen, indem ich meine Erinnerungen beschreibe. Ich hoffe ja noch immer, aus dem Labyrinth, aus dem Liniengewirr des Schnittmusterbogens die klaren Formen, die sie enthalten, herauszufinden. Denn nur dem Unkundigen bietet sich der Schnittmusterbogen als Chaos dar, dem geübten Schneider aber ist es klar, was beim Zuschnitt als Linie dient. Mit dem Erforschen des Lebensweges, so verschlungen er auch sein mag, könnte es sich ähnlich verhalten.

Idee und Botschaft eines Dramas erkennst du nicht, indem du bloß eine Rolle studierst. Alle anderen Rollen mußt du kennen, um die deine spielen zu können, denn das gesamte Stück ist das Leben aller im Zusammenspiel. Ängstlich äugt der Darsteller aus dem Licht der Bühne ins Dunkel des Zuschauerraumes. Sitzt da nicht der Autor und wundert sich? Ist er gar enttäuscht, gefällt ihm am Ende sein Stück nicht mehr? Autor und Darsteller werden zu einer Person in der Enttäuschung über eine mißlungene Aufführung oder der Erkenntnis, daß es am Theaterstück selber liegt; schreibt denn da einer, um sich zu gefallen? Scheitert nicht jede Selbstkritik an jenem Rest von Eigenliebe, die man zurückbehält, um am Leben zu bleiben?

15 — So wird das Einst zum Jetzt

Manchen meiner Erinnerungen kann ich nicht folgen. Mir ist, als läge eine unüberwindbare Distanz zwischen dem Einst und dem Jetzt; zu dunkel ist das Bild, das ich immer wieder sehe. Es taucht vor meinem inneren Auge auf, unverändert dunkel, wie ein altes Gemälde, von dem man kaum noch sagen kann, was es darstellt. Die Stimmung ist noch präsent, die Namen der Menschen aber sind vergessen.

Es war im Dezember 1944. Ich begleitete mein erstes Aktmodell nach Hause. Es hatte geschneit. Die Nacht war von glitzerndem Schnee erhellt. Es war eine späte Stunde nach Mitternacht. Alles ist verdunkelt; Luftschutz heißt das. Der Schnee leuchtet, ja blendet meine Augen, er rieselt als trockenes Pulver über Haar und Wangen. Pulverschnee knirscht unter unseren stapfenden Schritten. Kein Mensch ist zu sehen. Wir befinden uns auf dem Rennweg bei der Ungargasse im III. Bezirk, rechte Seite stadtauswärts. Sie öffnet die schwere Haustür mit einem großen Schlüssel, den man «Hausmeister» nennt. Alle Haustore Wiens, die vor der Jahrhundertwende gebaut wurden, bedürfen eines solchen Schlüssels. Er ist das Symbol der späten Stunde.

Ich weiß heute nur mehr, daß dieses Mädchen oder diese junge Frau so an die zwanzig Jahre alt gewesen sein muß. Eng aneinandergedrängt, nicht bloß der Kälte wegen, hatten wir den weiten

Weg von der Rembrandtstraße im II. Bezirk bis in den III. Bezirk zurückgelegt. Ich war still und verlegen, sehr schüchtern, noch im Gedanken an die Nacktheit, die ich auf graues Naturpapier mit Holzkohle gezeichnet hatte.

Der Maler Franz Schwarz hatte mich zum Aktzeichnen in seine Wohnung eingeladen. Gelassenheit mimend, als wäre es die selbstverständlichste Sache von der Welt, nahm ich die Einladung an: «Ja, ich komme, ich bringe alles mit.» Ich kam mit meiner Mappe, Papier und Kohle und zeichnete, wie ich es in der Malschule St. Anna gelernt hatte. Das Mädchen stand in einer kleinen Küche neben dem hohen schwarzen Ofen. Mein Abstand zu ihrem Körper, den sie noch unter einem Mantel aus dünnem fadenscheinigem Tuch verbarg, war gering. Ich heftete mein Zeichenpapier mit einigen Reißnägeln an das Zeichenbrett, stellte es auf die Staffelei und sah das Modell mit gespielter Gleichgültigkeit an. Da schlüpfte die Schöne aus dem Mantel und nahm, Standbein, Spielbein, die Haltung an, die Franz ihr auftrug.

Franz Schwarz hatte eine heftige Art, gestikulierend zu zeichnen. Jeden seiner Striche kommentierte er lautstark; gewissermaßen als Anleitung für mich. Das Mädchen war sehr schön, doch ein wenig derb. Dabei hatte sie etwas Erotisches, Gemeines, Unprofessionelles, das meine Schaulust ungemein anregte. Das Ordinäre hat seine eigene Poesie. Ein zur Schau getragenes Raffinement hingegen kann ernüchternd wirken.

Blaugrau die Augen, blond das Haar, die Haut ohne Glanz, stand sie zum Greifen nah – von meiner Schüchternheit aber in weite Ferne gerückt. Während Franz sein Papier wie wild geworden traktierte, zeichnete ich still und genau, was ich mit den Augen verschlang. Meine Zeichnung war gelungen und entsprach in jeder Hinsicht den Kriterien, die anzulegen sind, wenn eine Studie zu machen ist. Franz sprang herum und schrie begeistert: «Schöne Evi!» Jetzt erst fällt mir der Name wieder ein.

Franz wußte, daß in der Malschule nur Kopfmodelle posierten, und hatte mir aus einem verstohlenen Voyeurismus heraus die Gelegenheit verschaffen wollen, seine Freundin nackt zu sehen. Vielleicht erwartete er eine weniger ernste und überlegene Reaktion von mir. Jedenfalls hatte ich Grund, stolz zu sein: Ich hatte Haltung bewahrt, auch während des langen Weges zu ihrem Haus.

Doch dann, das Haustor war schon aufgesperrt, umarmte sie mich plötzlich, küßte mich gierig auf den Mund, schob für einen Augenblick ihre Zunge zu der meinen und hüllte mich in die Wolke ihres Atems. Das war blanke Erotik – nicht Liebe, auch nicht Sexualität. Dieser Augenblick verlangte nicht nach einer Wiederholung. Das Mädchen trat in die Dunkelheit der Einfahrt, ich aber klemmte meine Mappe unter den Arm und stapfte heim – zufrieden wie ein Jäger, der eine besondere Beute erlegt hat. Die Tage danach betrachtete ich immer wieder meine Zeichnung – meine Trophäe, und jeder mußte sie ansehen: meine erste «nackte Frau» nach der Natur.

Diese Studie habe ich noch lange aufbewahrt. Sie war vom vielen Herzeigen ganz zerfleddert und ist wahrscheinlich in den Stapeln der Aktstudien untergegangen, die ich im ersten Jahr an der Akademie verfertigte. Ich habe nur noch ein vages Bild, eine dunkle Erinnerung an jenen unvergeßlichen Abend im gleißenden Schneegestöber. Manches an dieser Erinnerung ist klar, etwa Geruch und Temperatur der überheizten kleinen Küche. Wüßte ich aber, welche Hausnummer sie damals hatte, wo genau sie wohnte, ich würde gar zu gern dieses Haus noch einmal besuchen, um die Sensation des ersten Anblicks wieder einzuholen.

Vielleicht hatte Franz Schwarz seine Freundin Evi angestiftet, mich zu verführen, um danach zu erfahren, was für einer ich denn sei. Evi aber hat mir mit ihrem Kuß eine außergewöhnliche Erfahrung geschenkt: Den ersten Kuß als ersten Preis für meine erste Aktzeichnung. Und genau das ist es, was den Eros so grundlegend vom Sexus unterscheidet.

So wird das Einst zum Jetzt

Franz Schwarz war mein erster Künstlerfreund. Ihm verdanke ich sehr vieles. Als Anreger und strenger Kritiker spürte er immer, wonach ich strebte und verstand es, mich anzuspornen. Sein heftiges Temperament, seine starke, bellende Stimme, sein ungestümes Wesen, das wie ein Wirbelwind alles mit sich riß, machten ihn zu einem Künstler wie aus dem Bilderbuch. Seine schwarzen, tief in den Höhlen liegenden Augen hatten einen durchdringenden, prüfenden Blick. Die stark hervorstehenden Backenknochen ließen seine krumme, doppelhackige Nase klein und kurz erscheinen. Dunkelhäutig wie er war, sah er wie ein Inder aus; ja wie ein Fakir. Den Frauen sehr zugetan, sollte er bei ihnen dennoch kein dauerhaftes Glück finden.

Manchmal vergingen Jahre, ohne daß ich ihn sah. Doch wenn er plötzlich wieder in mein Leben trat, war mir, als wäre er immer an meiner Seite gewesen. Wie auch das Dasein uns verändern mag, echte Freunde scheinen unverändert, auch wenn Jahrzehnte vergangen sind. Ein Wort am Telephon, und schon erkenne ich den alten Haudegen. Schrecklich, daß so mancher alte Freund nicht wiederkommt, selbst im Traum nicht. Allein die Erinnerung bleibt, und selbst diese wird zuweilen schattenhaft. So habe ich von vielen Begegnungen nur noch vage, dunkle Bilder ohne Datum.

Dies gilt natürlich für Freunde und Freundinnen, vor allen aber für Berufskollegen aller Sparten. Meldet sich einer wieder, freut sich der ewig junge Mensch in uns, und wir suchen ein Wiedersehen. Aber selten stellt es sich ein. Die hastige Gegenwart vertilgt das Vergangene und seine Spuren.

Aber ist man nicht immer allein – auch in der Liebe und Freundschaft? Dieser grundsätzliche Zweifel daran, daß man Wirklichkeit miteinander teilen könne, führt dazu, daß wir – etwa anläßlich eines Wiedersehens – nach langer Zeit die Vergangenheit aufrollen, um zu prüfen, ob der andere damals eines Sinnes mit uns war. Wie verschieden fällt doch das aus, was jeder vom anderen in Erinnerung behalten hat! Da mir dies bewußt ist, suche ich mich an der Erinnerung alter Freunde zu orientieren. Das erst schärft mein eigenes Bild. Die Übereinstimmung tut wohl, die Feststellung, daß man doch noch nicht so verkalkt ist. Man lacht, ist zufrieden mit dem «*Es-war-doch ... nicht-wahr?*»

16 — Déjà vu

Skelette haben eine längere Lebensdauer als das Fleisch, das sie umgab. Schließlich haben die von der Beseelung losgelassenen Leiber der Meerestiere gewaltige Gebirge aufgetürmt, um aus dem Meer zu ragen. Wer zählt die Myriaden der zu Stein gewordenen Gefäße der Beseelung? Die Zeit ist Ewigkeit – die Ewigkeit Zeit. Zähle nicht, wäge nicht, miß nicht – betrachte jenseits aller Namen die Gestalt. Da ist sie wieder, die gefürchtete Kugel, die Abstraktion. Gilt sie dir oder gilt sie mir? Sie gilt uns beiden, dem Professor und dem kleinen Ernstl.

Ich meine nicht den Tod, er ist Staffage mangelnder Einsicht. Ich meine das Erlöschen der Geduld, die Kraft des Ertragens der unfaßbaren Perfektion. Eine Kugel ist stets perfekt. Größe und Gewicht haben eigentlich nichts mit ihrer Gestalt zu tun, ihre Befindlichkeit ist die Transzendenz. Das Universum ist ihre Relativierung, das kostbare alleinige Anderssein. Der Salamander räkelt sich im Feuer, er ist umringt von den Säulen des Heiligtums: neun Säulen links, neun Säulen rechts; zwei mal neun ist achtzehn – Quersumme ist neun. So einfach ist die abstrakte Welt der Zahl, so perfekt. Der Bau des Tempels Omega ist die Relativierung, unzählig sind die Abweichungen im Detail, auch vom Entwurf her, und der Zahn der Zeit – sein Nagen, von überall fällt Staub herab ...

René Brô war mein erster Freund und Helfer, als ich Paris auf der Suche nach Mia entdeckte. Diese Bekanntschaft verdankte ich Fritz Stowasser. Fritz war sehr verliebt in ein Mädchen namens Michelline, dieses jedoch gab René den Vorzug. Michelline war sehr umschwärmt. Sie war still und zurückhaltend und sah im stillen Wesen Renés eine Festigkeit, die inmitten des Künstlerlebens jene Sicherheit versprach, wie sie die Frau, die Mutter stets sucht. Frau und Mutter wurde Michelline denn auch bald – an der Seite Renés.

1957 war ich Taufpate ihrer ersten Tochter Anne. Ich stand in der eiskalten Kirche, Notre-Dame de Paris, und hielt die kleine Anne im Arm. Viele Jahre später fand eine wunderbare Hochzeit in der armenischen Kirche Saint-Julien-le-Pauvre statt. Es ist meine Lieblingskirche, die älteste Kirche von Paris. Dort habe ich auch zum erstenmal (war es 1950?) eine Abbildung des Grabtuches Jesu gesehen. Die Hochzeit war eine rührende Zeremonie, ich mußte mit den Tränen kämpfen. Annes Augen trafen die meinen, auch sie weinte.

Die Freunde, sie stehen unverrückbar still in der Erinnerung, so wie wir sie zuletzt gesehen haben, und sie sollen sich gefälligst nicht von der Stelle rühren, nicht sterben oder sich scheiden lassen. Es war alles in Ordnung, und so wollen wir sie wiedersehen.

Manches Erlebnis ist völlig verschüttet, selbst das Jahr, in dem es geschah, ist ungewiß, und dennoch sind die Bilder klar. Unbegreiflich, daß ich Zeit für das alles hatte – und wo war Geri Krongold, meine zweite Frau? Wir wohnten noch in der Hütte, nahe des Irrenhauses in Charenton, an irgendeinem Boulevard am Fuße des Montmartre, nahe dem Pigalle – da drehten sich Karusselle und Glücksräder. Solche Szenen zogen mich magisch an. Da stand ein Mädchen in einem dünnen braunen Mantel. Älter als achtzehn Jahre konnte sie nicht sein, eher jünger. Ihre hellen graugrünen Augen, die traurig und gierig zugleich den elektrisch betriebenen Autos folgten, gefielen mir. Ich beobachtete das Zittern ihrer eingefallenen und fahlen Wangen, die die breiten Bakkenknochen hervorhoben. Ich lud sie auf eine Fahrt mit dem Autoscooter ein. Sie war Ungarin, ein Flüchtlingskind – Familienname: Nagy. Dann führte ich sie zum Essen in ein nahegelegenes billiges Restaurant. Sie sprach fast nichts. In der Nähe der Bastille bewohnte sie eine Chambre de bonne. Einmal gelangte ich, als ich sie abholte, bis an die Tür ihres Verschlages. Das war ein Elend, schlimmer noch als meines. Ich lud sie in meine Hütte ein. Es war die Zeit, als ich gerade versuchte, meine zweite Frau Geri zu vergessen, und da ich dieses Abenteuer mit der jungen Ungarin so seltsam erotisch fand, meinte ich, die Kraft zur Trennung von Geri darin zu finden. Aber das Verhältnis hatte schlaffe, ja fade Züge, und ich weiß bis heute nicht, warum ich soviel reizvoll Erotisches mit ihrer Person, die fast ausdruckslos war, verbinden konnte. Dennoch erscheint mir dieses Mädchen zuweilen wie in einem Traum. Mitten in dieser Affäre erreichte mich ein Anruf von Geri, und ich floh zu ihr nach Wien.

Nicht lange danach, wieder in Paris, fand ich die kleine Nagy nicht wieder. Ich weiß nur, daß ich sie in einem Haus nahe der Bastille gesucht habe. Manchmal habe ich ein Déjà-vu-Gefühl, wenn ich ihrer gedenke. Es ist mir dann, als hätten wir uns in einem anderen Leben schon gekannt, und haben damals in Paris nicht zueinander gefunden. Ich glaube mich erinnern zu können, daß die Nagy keinen Schimmer von Malerei hatte, nicht küssen konnte und in meinen Armen schlaff war, wie leblos. War es diese leichenhafte Passivität, die mich an ihr faszinierte, die Ausdruckslosigkeit der hageren Gestalt? Um die Hüfte hatte sie einen Anflug von Fülle, dafür keinen Busen. Sie hatte eine Ähnlichkeit mit jenen Modellen Gustav Klimts, die er für den Beethovenfries posieren ließ. Auffallend unscheinbar war sie, in sich gekehrt, aber schlaksig und elegant in der Bewegung.

Und weil zwischen uns nie ein Gespräch möglich, die Beziehung rätselhaft war und alles unausgesprochen blieb – gerade darum muß ich ihr immer wieder in den Gedanken an meine Pariser Zeit begegnen. Dann sehe ich durch ein Mansardenfenster in den von Flammen rot erhellten Nachthimmel über Paris. Das Haus brennt unter unserer Mansarde, und rechts von unserem kleinen Fenster brennen die Balken, sprühen die Funken im beißenden Rauch. Ich klettere mit meiner Gefährtin durch die Dachleiter auf das Dach, hoch über dem Meer der gaffenden, johlenden Menge auf der Straße. Da fällt mir wieder ein, daß meine Freundin eine Hure ist und ich ein Dieb bin – ihr Zuhälter. Das sehe ich in allen Details vor mir, ich habe es schon vor Jahren in einem Gedicht beschrieben – ein altes, heute ganz und gar unverständliches Französisch floß mir da aus der Feder: «... de la lune, mon amour ...» Deutliche Erinnerungen von wem an wen?

Nur eines ist gewiß: In den Jahren der Pariser Zeit ist dergleichen nur einmal passiert.

Es wundert mich auch heute noch, daß ich nur ein einziges Mal eine Französin zur Freundin hatte. Paulette Vieillhomme war zunächst die Freundin von Pierre Feuillette. Er machte kein Geheimnis daraus, daß Paulette nichts empfinden könne, daß all seine Liebeskünste sie nicht lebendig machen konnten. Ich konnte das nicht glauben. Eine Weile folgte ich ihr, nicht nur, weil sie ihrer Schönheit wegen allgemein begehrt war, sondern auch, weil sie mich um meiner Kunst willen anderen Verehrern vorzog.

Aber Pierre hatte recht – sie war bei aller Hingabe uneinnehmbar; eine Festung ohne Tor. Von hohen Mauern des Schweigens umgeben, versank sie in der Betrachtung meiner Bilder und Zeichnungen, und das war ihr genug. Wolfgang Pfaundler, der sie durch mich kennenlernte, verliebte sich dermaßen in die Schönheit dieses Mädchens, daß er sie wohl Hunderte Male photographierte (denn er war ein sehr künstlerischer Photograph), und noch viele Jahre danach, wenn wir uns gelegentlich in Innsbruck trafen, fragte er nach Paulette. Doch ich hatte sie völlig aus den

Augen verloren. 1957 tauchte sie einmal in Wien auf. Sie hatte Sehnsucht nach mir, nach meinen Bildern. Als sie beides gesehen hatte, verschwand sie wieder. Eines Tages hörte ich, daß sie den Inhaber der «Galerie de France», der bedeutendsten Galerie von Paris, geheiratet hatte. Ich suchte keinen Kontakt mehr zu ihr. Alle Gefühle waren versunken, begraben im Vergessen des vergeblichen Suchens.

Die Pariser Jahre standen unter dem Unstern einer maßlos unglücklichen Liebe: meiner Liebe zu Geri Krongold. Dieses leidvolle, peinigende Verhältnis dauerte sechs Jahre. Ihretwegen verließ ich meine Maiblume Mia. Und immer wieder versuchte ich, mich durch andere Liebschaften aus dieser unglücklichen Beziehung zu lösen.

Ein Teufelskreis, den ich nicht durchbrechen konnte. Unser Verhältnis dominierte alle anderen und erstickte jeden Versuch der Selbstbefreiung. Nacht für Nacht war ich auf der Suche nach ihr. Ich machte mich lächerlich. Jeder, der mich sah, lachte schadenfroh. Noch ehe ich fragte, hörte ich: «... Geri ...»

Aber es sollte nicht das letzte Mal sein, daß ich solches erlitt. Diese Art von Krankheit befiel mich immer wieder. Auch diese «Gabe» wurde mir in die Wiege gelegt, als Klotz am Bein, als Beschwernis, das mich zurückhält, wenn immer ich meine, fliegen zu können. Im Traum, ja, da kann ich fliegen, da zeige ich den anderen, wie man es anstellen muß; es ist ja so leicht, man muß nur daran glauben. Es ist so unbeschreiblich schön, das Fliegen, und noch im Moment des Erwachens weiß ich, wie es geht.

Mein Hauptquartier in den ersten Jahren in Paris war das «Café du Dôme». Von 1949 bis 1952 saß ich dort Tag und Nacht. Es war gar nicht einfach, einen Platz zu bekommen. Es herrschte Gedränge, denn es gab viele, die kein Dach über dem Kopf hatten. Die meisten waren so wie ich ohne Geld und auf der Jagd nach einem Unterschlupf. Vor allem in den Wintermonaten malte ich im «Dôme» an meinen kleinen Tafelbildchen. Die Kellner duldeten mich, denn sie hatten Mitleid und bewunderten meine Malerei. Ich durfte bei einer einzigen Bestellung den halben Tag auf der Terrasse sitzen, malen und auf jene Freunde warten, von denen ich erwartete, daß sie meine Rechnung bezahlten. Meine Freunde waren vor allem GIs, Amerikaner, die aus dem Koreakrieg heimgekehrt waren und nun ihr Studium, das durch die Einberufung unterbrochen worden war, in Paris fortsetzten, meist an der Sorbonne. Sie bildeten eine große Gruppe sehr interessanter Menschen. Fast jeder hielt sich für einen neuen Hemingway oder Henry Miller.

Nur wenige aus der Bohème hatten später Erfolg – wie Günter Grass, den ich im «Dôme» als jungen Bildhauer kennenlernte. Er zeigte mir Photos von Porträts, aus Ton modelliert, sehr realistisch. Er war ein stiller Zuschauer, wortkarg bis stumm. Wir waren ja keine Franzosen; das bißchen Schulenglisch reichte gerade, um mit unseren amerikanischen Freunden zu konversieren. Unsere Themen kreisten vor allem um Theorien. Noch herrschte Euphorie, doch die depressive Stimmung des französischen Existentialismus brach in dieser Gesellschaft der jungen Künstler aus aller Welt sehr bald aus. Die Kleidung wurde, wie auch die Stimmung, zusehends schwarz. Jeans und schwarzer Dufflecoat waren die Einheitskleidung. Das Defilieren der Passanten war das Schauspiel, das wie ein Corso an den Stammgästen vorüberzog. Unter den Cafébesuchern waren viele, die keinen Platz suchten, sondern einen Zahler, und viele Huren, die ihre aufmunternden Blicke ohne Heimlichtuerei den ihnen schon bekannten Gästen zuwarfen.

Dann gab es die algerischen Händler mit ihrem Bauchladen, auf dem man alles fand, was in Amerika längst teuer und verboten war. Die Amerikaner waren hoch erfreut, rauchten ungeniert ihre Riesenjoints und aßen Haschcandies. Kurz, es war alles billig zu haben, was ein schwaches Herz begehrte. Dieser Kelch ging an mir fast vorüber. Ich rauchte noch nicht, ich hungerte und war in meine Arbeit vertieft; ein «natural high», wie meine amerikanischen Freunde mich nannten. So war das Leben in den Jahren 1949 und 1950 ein Warten auf Godot.

Ich war ohne festen Wohnsitz. Unter den vielen Menschen, die ich kennenlernte, waren einige, die tatsächlich meine Begabung erkannten und mir das Überleben möglich machten. Vor allem war da Michelle Vian, die Frau des in Paris damals schon sehr bekannten Schriftstellers Boris Vian, der auch ein berühmter Jazztrompeter war. Boris Vian war ein typisches Idol dieser Epoche. Seine Frau Michelle war eine Geliebte Jean-Paul Sartres. So kam es, daß ich sein Porträt malte. Sartre nahm Kenntnis von meinem Talent, er grüßte mich freundlich, wenn er mich im «Deux Margots» sah, aber ich war – ohne Kenntnis der französischen Sprache – ein Paria, kein Pariser. Es dauerte noch ein Jahr, ehe ich mich im Kaffeehaus-Französisch einigermaßen verständigen konnte.

Auf eine Einladung von Michelle Vian hin, in die ich verliebt war, verbrachte ich den Sommer des Jahres 1950 in St. Tropez, das damals noch ein unbekanntes Fischerdorf war. Dort saß ich im Café an der Küste. Alles war sehr schön, das Leben leicht. Ich bewohnte ein Zelt, das ich auf dem Flohmarkt in Paris aus englischen Armeebeständen erstanden hatte.

Mia war mir nachgereist, aber das Unheil brach über uns zusammen. Sie war schwanger und blickte ängstlich in die Zukunft, während ich gerade in den Bannkreis von Geri Krongold geriet. Diese Liebe war neu und heftig, vor allem aber fatal. Da alle Fakten offenlagen, waren wir bald zu dritt – in einem Bett.

17 — Das sind die Tage von Turin

Turin ist eine faszinierende Stadt. Sie kommt mir vor, als hätte Giorgio de Chirico sie erfunden, indem er an Nietzsches Delirium dachte. Über den internationalen Art Club kam 1950 in der Turiner «Galleria Nuova Bussola» eine Ausstellung zustande, in der auch Bilder von mir gezeigt wurden. Es wurde einiges verkauft, und auch die Presse nahm die Gruppenausstellung gut auf, wie schon meine Ausstellung im Jahr zuvor in der «Galerie du Siècle» in Paris.

In Turin fand ich sofort Anschluß an die Künstler aus dem Kreis um Felice Casorati, der ein Altmeister der Pittura metafisica war – ein überaus gütiger, stiller Mensch. Fast jeden Tag war ich bei ihm zum Mittagstisch eingeladen. Sehr betagte Damen saßen da; sie trugen seidene Kleider und breite Hüte. Auf ihren Gesichtern lagen dicke Schichten von Puder, sie rochen nach den Parfums und Crèmes längst vergessener Tage. In den hohen Räumen von Casoratis ebenerdig gelegener Wohnung stand die Zeit still. Im Garten hinter dem Haus kicherten die Dienstmädchen.

Casorati hatte einen Sohn, der etwas jünger war als ich. Er war ein Leichtfuß, der so wie ich nichts anbrennen ließ. Er kniff die Dienstmädchen und scherzte mit ihnen, wo er nur konnte. Die Alten schienen es nicht zu bemerken. Ungestört und unberührt vom Treiben des jungen Sprosses, aßen und tranken sie sehr langsam in der Sala di Pranzo und erfüllten die Wohnung mit todesähnlicher Langeweile. Selbst Casorati schien im Wachen zu schlafen. Er war sehr alt, seine Kunst aber leuchtete frisch in ihren hellen Farben. Einmal besuchte ich ihn in seinem Atelier, das sich, wenn ich mich recht erinnere, in der Turiner Akademie befand. Ich war sehr überrascht, als ich die vielen Bilder sah, an denen er arbeitete. Es waren meist Stilleben. Er trug einen weißen Arbeitskittel und war wie verwandelt. Lebhaft unterhielten wir uns über

Kunst, denn er mochte meine surrealen Bilder, Zeichnungen und Radierungen sehr. In seinen Augen waren meine Arbeiten sehr «altdeutsch», und dafür hatte er eine Schwäche. Er liebte und bewunderte die deutsche Kunst; besonders Böcklin. Felice Casorati war ein väterlicher Freund!

Die abstrakten Maler Felipe Scroppo und Spazzapan waren jünger als er und meiner Generation näher. Auch sie verhielten sich sehr kollegial. Ich hatte die beiden durch die Ausstellungen des Art Club kennengelernt. Spazzapan, der vor dem Krieg in Wien gelebt hatte und viel zu erzählen wußte, sprach ausgezeichnet Deutsch. Anton Lehmden, der mir sehr bald nach Turin gefolgt war, fand großen Gefallen an der dynamischen Pinselführung Spazzapans. Von ihm erhielt er die Anregung zu seiner spontanen schriftartigen Strichführung.

Oft lud Spazzapan uns zum Abendessen ein. Anschließend besuchten wir die zahlreichen Bordelle in der Via Po und sahen uns den Maskenball der Selbstdarstellerinnen in ihren einstudierten Rollen an. Es war ein Treiben, wie es Fellini schildert. Das hatte eine heitere Dämonie, war immer hochinteressant, denn die Kokotten dieser Stadt strömten über von Phantasie. Jede wußte ein Lied zu singen, stellte sich in Tanzschritten vor. Jede spielte ihre ureigene Rolle als Darstellerin auf der Liebesbühne; das gefiel allen Zuschauern, wenn auch die aufmunternden, oft ungeduldigen Aufforderungen der Puffmutter ohne Erfolg verhallten. Eher selten erhob sich ein Herr und folgte mit müden Schritten seiner Auserwählten. Mir schien, als hätte jeder hier seine notorische Präferenz. Lehmden und ich hatten kein Geld für Mädchen. Wir besuchten bloß die Theatervorstellung, und das genügte uns. Ich jedenfalls habe an diesen Orten weder mein Herz noch meine Unschuld verloren.

Was sich da alles überschnitt, wie das alles gleichzeitig sein konnte, ist mir heute ein Rätsel. Innerhalb eines Jahres pendelte ich zwischen Wien, Paris, Turin, Rom und Neapel. Das setzt ein Tempo voraus, das mir heute unbegreiflich erscheint.

Das sind die Tage von Turin — 159

Briefe, Karten und Zeugnisse meines unsteten Lebens habe ich immer aufzubewahren versucht. Einiges davon ist erhalten geblieben. Einigen Freunden und Bekannten habe ich viel und regelmäßig geschrieben, doch hat sich sehr wahrscheinlich nichts davon erhalten. Nur Mia hat alles aufbewahrt, und anhand dieser Korrespondenz läßt sich einiges rekonstruieren. Wo aber sind die Briefe, die ich an meine erste Frau Gertrude Baschnegger oder an Helmut Winkelmaier gerichtet habe? Wie gern würde ich darin lesen, wer, wann und wo ich war. Aber selbst wenn nichts dergleichen zu finden ist, erinnere ich mich deutlich daran, daß ich in Turin – wenn meine Freunde mich nicht unterbringen konnten – in einer Pension in jenem Hause wohnte, vor dem Nietzsche beim Anblick des Kutschers, der mit der Peitsche auf seine Pferde einhieb, seinen ersten Wahnsinnsanfall gehabt hatte. Eine Gedenktafel mit seinem Porträt in Bronze ist neben dem Haustor angebracht. Zu dieser Zeit las ich Nietzsches *Ecce Homo*.

Noch wußte ich nicht, daß schräg gegenüber in einer berühmten Kirche nahe der Piazza di Castello das Grabtuch Jesu in einem Schrein aufbewahrt wird. Nur wenig später wurde dieses Grabtuch zur Initiation eines wesentlichen Entwicklungszweiges meiner Kunst.

In Turin lebte auch ein Surrealist, der einzige, den ich je in Italien traf. Er hieß Pontecorvo, war von höchstem Adel, wohlhabend, und lebte mit seinen Schwestern in einer sehr geräumigen Wohnung. Oft lud er mich ein, bei ihm zu wohnen, zu essen, zu malen. Er war sehr schweigsam, trug Monokel, war sehr elegant und altmodisch gekleidet – ein gravitätischer Mensch, furchterregend stolz. Er musterte sich des öfteren mit hochgezogener Braue im Spiegel. Seine Schwestern waren wie Zwillinge jener beiden Damen, die an Casoratis Mittagstisch saßen. Vielleicht waren sie ein wenig lebenslustiger, weil jünger. Auch sie trugen, selbst bei Tisch, breite seidene Hüte mit riesiger Krempe, geschmückt mit Seidenblumen.

Ernst Fuchs mit seiner Mutter, Wien 1931

«Bildnis meines Vaters», 1956–1963,
Mischtechnik auf Holztafel, 15 x 21 cm

In Wien, 1934

Der «Zwergerlgarten», von dem der kleine Ernst seine Phantasie inspirieren ließ

Wien, 1943

1945, zur Zeit
der Aufnahme
in die Wiener
Kunstakademie

Ernst Fuchs, Wien 1948

Ernst Fuchs mit Gertrud, seiner ersten Frau, 1948

Mit Gertrud und Sohn Elias in Bregenz, 1949

1949 in Wien, im Vordergrund die Radierung «Maibild», 1948, hinten links das «Große Familienbild»

1950 in der Malklasse von Prof. Gütersloh an der Wiener Kunstakademie. Fuchs rechts hinter Gütersloh stehend

Porträt Albert Paris Gütersloh, 1961, Mischtechnik auf Holztafel

Wien, 1950

1952 in Paris, im Café malend

1954 in Paris, bei der Arbeit am Bild «Hochzeit des Einhorns»

1954 mit seiner zweiten Frau Geri Krongold in Wien

1954 mit Friedensreich Hundertwasser (rechts) in Paris

Ca. 1962 mit seiner dritten Frau Eva-Christina und befreundeten Malerkollegen in Wien.
V. l. n. r.: Kurt Regschek, Wolfgang Hutter, Roman Haller, Eva-Christina, Ernst Fuchs, Helmut Kiess

Pintorarium-Zebra-Aktion in Wien, 1964

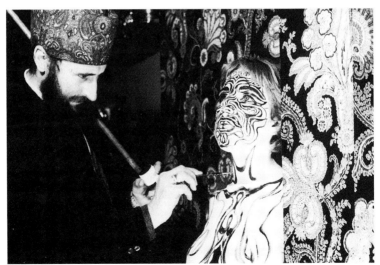

Wien, ca. 1964

1966 in Los Angeles mit Arik Brauer und Rudolf Hausner
(Wiener-Schule-Ausstellung in der Felix Landau Gallery)

Mit dem Frankfurter Kunsthändler Heinrich von Sydow und
Friedensreich Hundertwasser 1967 in Frankfurt

In Jugoslawien, 1968

Ernst Fuchs mit Hubert Aratym, Hundertwasser und
Arnulf Rainer (v. l. n. r.) in Wien, ca. 1968

Mit Silke Schwinger, Fatty George und Olive Moorefield in Wien 1971 (Ausstattung der Fernsehoper «Trip»)

Ca. 1970

Turin atmete eine unbeschreibliche Nostalgie und Langeweile aus, die mich – wie die Bilder von Giorgio de Chirico – magisch anzogen. Der Kontrast zur Pariser Hektik hatte es mir angetan; immer wieder zog es mich dorthin.

In Turin lebte auch der Textilhändler und Kleiderfabrikant Franco Vallora. Er war eine Künstlernatur und spielte vorzüglich Geige. Ich malte sein Porträt. Er kleidete mich ein; aus den neuesten Kreationen seiner Kleiderfabrik durfte ich mir auswählen, was ich wollte. Und so ausstaffiert, hochmodisch, nicht mehr im Dufflecoat, tauchte ich in Paris auf.

Und wie einst im Krieg wurde ich als Modezar bestaunt. Über Vermittlung des Direktors der «Galleria Nuova Bussola», Carlo Carluzzio, erhielt ich indes den Auftrag, in Mailand den Sohn von Umberta Nasi zu porträtieren, einen Buben von zwölf Jahren mit hellrotem Schopf. Dieser Knabe war von außergewöhnlicher Schönheit. So lernte ich auch Mailand kennen und besuchte dort meine Cousins und Cousinen, die Kinder meines Onkels Heinrich.

Aber obwohl ich dort Verwandtschaft hatte, gefiel mir diese Stadt nicht. Der große Dom schien mir – trotz all der Wunderwerke, die ihn füllten – leer und kalt. Was für ein Unterschied zum mystischen Glanz des Ca'd'Oro im Markusdom zu Venedig! Heute sehe ich das ganz anders, aber ich erinnere mich sehr gut an den Eindruck, den ich damals empfing.

In mehreren Sitzungen malte ich den Rotschopf in Aquarell auf ein schneeweißes Stück Pergament. Seine kalten blauen Augen prüften mich. Das Bildnis zeigt den jungen Nasi in einer phantastischen Tracht aus himmelblauem Stoff. Einen Arm abgewinkelt, hielt er, wie ein Falkner, einen ziemlich großen blauen Vogel. Ich wurde fürstlich belohnt; endlich wieder Geld!

Turin war meine Rettung. Der griesgrämige Kunsthändler Carlo Carluzzio schrieb mir Empfehlungen an andere Galerien. Er wollte mich und Lehmden loswerden, denn er sah wohl besser als wir, daß nach einem ersten lebhaften Interesse einer eher spärlichen Klientel nichts mehr zu haben war.

Um diese Zeit stellte er die Bilder Alberto Savinios, die mir sehr gut gefielen, aus. Ich war nicht wenig erstaunt zu erfahren, daß Savinio ein Bruder von Giorgio de Chirico war. De Chirico war damals schon weltberühmt. Savinio galt noch als Entdeckung. Seltsam, wie zwei ganz ähnliche Begabungen so verschiedene Wege gehen. Inzwischen ist auch Savinio in der Kunstszene Italiens ein etablierter Name. Wie oft ich zwischen Paris und Turin hin und her pendelte, weiß ich nicht mehr. Unschärfe, wie Sfumato, liegt über allen Erinnerungen dieser Zeit der Lehr- und Wanderjahre!

18 — Kleine Erfolge, enorm aufgebauscht

Meine Reiselust wirkte auf meinen Freundeskreis ansteckend. Ich bauschte jeden Erfolg enorm auf und machte Turin zum Mekka der Kunst. Carlo Carluzzio schien darüber wenig erfreut. Ein freundlicher, aber besorgter Blick traf mich. Auch ein wenig neugierig war dieser forschende Blick unter den buschigen schwarzen Brauen: «Come sta?» Und zum Abschied ein schwerer Seufzer: «Auguri, ciao, auguri.»

In «La Stampa» schrieb er wahre Hymnen auf meine Kunst. Diese schickte ich meinen Eltern, um ihre Sorgen um mich im unsteten Leben zu mildern. Mein Vater trug diese Zeitungsausschnitte immer bei sich und zeigte sie allen seinen Freunden und Bekannten. Diese anfangs spärlichen Notizen waren sein Stolz, sie waren der Beweis, daß seine Träume durch mich Wirklichkeit wurden. In den Kaffeehäusern, in denen er verkehrte, vor allem im «Weidinger», war ich berühmt. Immer wieder, wenn er sah, wie leichtsinnig ich Geld ausgab, machte er mir Vorwürfe. Und immer wieder gab er mir Ratschläge, auch dann, wenn er sah, daß ich «leeres Stroh drosch» – eine Redewendung, die er oft verwandte, wenn er sah, daß ich aussichtslosen Projekten nachrannte. Er war in geschäftlichen Dingen ein Realist – ich ein Träumer. Selbst mit 28 Jahren noch, als mein Vater starb, jagte ich hinter Phantomen her, war bettelarm und wußte mir nicht zu helfen.

Erst nach seinem Tode hätte er stolz auf mich sein können, denn damals begann ich über die geschäftlichen Konsequenzen meines Berufes nachzudenken, vor allem über die Bedeutung der Ordnung. Hat er mir aus dem Jenseits geholfen?

Kurz nach seinem Tod hatte ich einen Traum: Mein Vater saß hinter dem Lenkrad eines sehr komfortablen, eleganten Autos – er, den ich nie ein Auto lenken sah. Er fuhr in das Spital, in dem ich zur Welt gekommen war, und sagte zu mir: «Laß mich das nur machen.» Ich saß neben ihm und wunderte mich sehr.

Einen stark ausgeprägten Hang zur Arbeitsdisziplin hatte ich von Anfang an, auch Freude am Sammeln. Wie anfangs erwähnt, sammelte ich schon als Kind viele Bildchen. Die Hefte, in die ich sie säuberlich eingeklebt hatte, waren meine Fetische; doch nur kurze Zeit – ich konnte nichts festhalten, viel zu rasch wechselten meine Interessen. Noch fehlte mir der Sinn für das Dauerhafte, Ewige. Dieser Sinn des Bewahrens, die Freude an der Überlieferung kam erst mit der Vertiefung meiner religiösen Neigungen.

Bis heute haben meine religiösen Interessen und Übungen einen fetischistischen Charakter. Vor allem Bücher, die einen großen Eindruck auf mich machten, muß ich immer wieder berühren. Ohne darin zu lesen, meine ich, mir ihren Inhalt nur durch ihr Bei-mir-Sein und Berührt-Werden anzueignen. Auch ein ehrfurchtsvolles Küssen solcher Gegenstände, ähnlich der Ikonenverehrung in der russisch- oder griechisch-orthodoxen Kirche, ist für mich eine Art religiöser Übung – sie kommt dem Gebet gleich. Diese Tendenz hat sich im Laufe der Jahre noch verstärkt. Ketten und Ringe – alle bedeutungsschwer, materiell ohne nennenswerten Wert – lege ich nie ab. Das Band, mit dem ich mein Haar binde, ist, bis es zerfällt, immer dasselbe – daran ändere ich nichts. Selbst die Reste eines solchen Bandes, wenn es eines Tages zerfällt, bewahre ich in einem Schatullchen auf.

Denn das alles bin ich; all diese Gegenstände sind mir so wichtig wie das Medizinbeutelchen auf der Brust des Indianers. Verliere ich etwas, gerate ich aus dem Häuschen. Unruhe und Trauer befällt mich. Ich kann das Verlorene nicht vergessen; unablässig denke ich daran und suche es. Habe ich es dann wieder gefunden, empfinde ich eine Art Wiederherstellung eines Ganzen, das ich bin. Es ist wie eine Auferstehung. So behandle ich auch meine Bilder. Eine Menge Fetische umgeben mich und bilden die Welt, in der ich lebe. Das ist auch der Grund, warum ich einen Teil meiner Bilder zurückkaufe. Dafür zahle ich auch jeden Preis. Dann ist mir, als würde ein Teil meines Lebens wiederhergestellt. Eine Art Heilung ist erfolgt, ein Schaden wiedergutgemacht. Als ich das «Selbstporträt als Kaiser von Österreich» nach fünfundvierzig Jahren wieder sah und ersteigern konnte, sah ich darin einen symbolisch-magischen Akt. Ich war nach fast einem halben Jahrhundert wieder Kaiser geworden. Das mag primitiv und kindisch erscheinen, aber so bin ich und kann anders nicht sein.

Diesem Wesenszug verdanke ich eine ungeheure Ansammlung von Dokumenten und Schriften aller Art, die zu sichten, zu ordnen eine Lebensspanne erfordern würde. Taucht doch niemand in die Vergangenheit ein, ohne den Verlust eines Teiles der Gegenwart und Zukunft zu riskieren. Gedanken aufzuschreiben ist in jedem Fall eine Beschneidung der Zeit. Die Fixierung einer Reflexion, die ihre eigene Zeit erfinden muß, so hebt das wiederholte Lesen ein und desselben Textes die Zeit auf – relativiert jedes momentane Geschehen. Das Beten von Litaneien ist die beste Übung, dem Gefängnis Zeit zu entrinnen.

19 — Über Jahre hin suchst du
die perfekte Form

Hypnose, Hypnosia. Das Erstarren im Blick nach innen. Ewige Gestalt aus dem Stein zu hauen, auf der Suche nach jener Perfektion, die jeder Änderung unwiderrufliche Absage erteilt. So ist es mit dem letztendlichen Ziel des Abbildschaffens, wie es die Ägypter für die Ikonen der Gott-Menschen als höchstes, unverrückbares Ausdrucksmittel erfanden. Magische Wirkung, Unvergänglichkeit im Abbild zu schaffen. Du suchst ein schönes, noch sehr junges Wesen. Du bittest es, Modell für eine Statue zu sein. Über Jahre hin suchst du die perfekte Form. Du findest sie, du bist dir sicher, so ist es, so soll es bleiben. Das Modell entschwindet, und nach Jahren, nach vielen Jahren suchst du es wieder – jede Ähnlichkeit mit dem Abbild ist verschwunden, nur dein Wissen um den ursprünglichen Zusammenhang bleibt in dir bewahrt. In der Statue ist etwas bewahrt, was das Leben dir brachte, um es in der Kunst zu bewahren. Hypnosia, das Erstarren in der Kontemplation des Ideals, welches sich aus dem Lebensfluß wie ein Riff erhebt – wehe dem Schiff, dessen Steuermann im Lebensfluß ertrank. O schwankendes Schiff, dein Steuermann ist ertrunken ...

Erst Mitte der siebziger Jahre dämmerte mir die Problematik des Festhaltens, des Gebundenseins an einen unverrückbaren Mast, der immer nach oben weist auf einen Mittelpunkt, jenen des Überall-Seins. An diesem ist das Foucaultsche Pendel befestigt.

Übrigens habe ich immer wieder beobachtet, daß jede Gruppe von Künstlern ein Maskottchen hat. Alle merken auf, heben die Köpfe, erwachen aus dem Dämmer des Alltags, sind hypnotisiert, wenn es erscheint. Da kommt Doris! Von allen begehrt und doch keinem gehörend, ist sie *das* Modell.

Persönlichkeiten dieser Art werden nicht kreiert, nicht erfunden. Sie sind einfach und plötzlich da, sie brechen mit einemmal

in die Zeit der Idollosigkeit ein (die lange währen kann) und verursachen sofort jene Unruhe des Hälsereckens, während sie, zum Mittelpunkt der Gesellschaft erkoren, so tun, als ginge sie das alles nichts an. Sie sind die ungekrönten Königinnen und Könige des Quartiers. Jeder kennt und bewundert sie, obwohl ihr Tun und Sein gar nichts Außergewöhnliches an sich hat.
Selten fällt Künstlern von außerordentlichem Talent diese Rolle zu. Es ist sehr schwer, den Grund für die Bedeutung dieser charismatischen Menschen zu finden, und noch schwieriger ist es, ihn zu beschreiben. Ich will es dennoch versuchen, denn mein Schicksal hing von ihnen ab. Nicht Mia, nicht Greta Freist waren solche personifizierten Zentren der Gruppe, der übrigens nicht jeder angehören konnte – es waren die beiden Mädchen Vali Meyers und Geri Krongold. Die beiden waren die unbestrittenen Zentralfiguren der Gesellschaft von Künstlern und Möchtegerndichtern, -tänzern usw. Die Typen des Quartiers eben: Serge Bernard, Le Cardinal (ein Freund von Jacques Maréchal), Mati Klarwein, Jimmy Gurley, der Jazzgitarrist, und viele andere, deren Gesichter, Tonfall der Stimme ich noch sehr gut im Gedächtnis habe. Fast alle waren Amerikaner, GIs. Rund dreißig Personen umfaßte dieser Kreis, fast alle waren Mitte Zwanzig, die jüngsten achtzehn Jahre alt.

20 — Wir bettelten an den Eingängen der Métro

Geri und ich sahen einander täglich, verbrachten Tag und Nacht im Café, schliefen auf dem Fußboden eines Hotelzimmers, duschten ab und zu im YMCA auf dem Boulevard Raspail. Unsere Wäsche wuschen wir im Waschbecken und hängten sie zum Trocknen über den Heizkörper oder auf dem Fensterbrett auf. Die Mahlzeiten bestanden oft aus einem Stück Baguette, einer Schachtel Camembert. Das Jahr 1950 war besonders hart, die GIs konnten nicht alle Hungerleider durchfüttern. Wir bettelten an den Eingängen der Métro, lebten in den Tag hinein, von Tag zu Tag. Wir waren aber nicht deprimiert, wir suhlten uns in der Misere.

Ich malte und zeichnete, wo ich ging und stand. Das Café und die Straße waren mein Atelier. In diesem Milieu wurden Geri und ihre Freundin Vali Meyers zu den wichtigsten Personen. Beide taten nichts, ihr bloßes Dasein genügte und faszinierte alle. Vali hatte rotes Haar, grüne Augen, die Augenränder schwarz mit Mascara herausmodelliert. Sie ging stets barfuß in Jeans, darüber trug sie einen verwaschenen Regenmantel. Sie kam aus Melbourne und sprach kaum Französisch. Sie sagte, sie sei Tänzerin. In wenigen Tagen war sie die Königin der Gruppe. Alle sprach sie mit «Baba» an. Sie war immer heiter, unbesorgt, von allen geliebt.

Geri Krongold war ohne Geld aus New York gekommen, von zu Hause weggelaufen. Einige Monate lang hatte sie eine Kunstschule für angewandte Kunst besucht. Sie war eine richtige fatalistische Ausreißerin. Vali und Geri liebten meine Kunst und sahen mir bei der Arbeit zu. Vali brachte mir zu essen und war stets darauf aus, ein billiges Hotel zu finden.

In einem kleinen Café «Chez Moineau» in der Rue du Four, dem billigsten des Quartiers, war unser Hauptquartier. Es hatte bis vier Uhr früh geöffnet. «Madame Maman», wie wir die Besitzerin nannten, duldete uns wie eine Mutter, deren Kinderschar immerzu fordernd über sie herfällt – und die doch erduldet, ja geliebt wird. Sie war klein, rundlich und trug eine Brille, deren dicke Gläser ihre Augen wie kleine schwarze Knöpfe erscheinen ließ.

In diesem kleinen Café saßen wir dicht gedrängt aufeinander. Andere Gäste wagten sich kaum hierher. Von hier schwärmten wir aus, um Geld und Essen zu ergattern. Um diese Zeit lebten zirka eine Million Amerikaner in Paris. Im Vergleich zu uns war jeder Ami ein Geldsack. Wenngleich auf fast allen Häusermauern «Ami go home» stand, waren sie die einzigen, die uns Elenden Essen und Geld gaben. Es war nicht viel, was wir auf unseren Streifzügen erbeuteten, aber es reichte zum Überleben.

Im Sommer 1952, einige Wochen bevor Erich Brauer aus Wien in Paris ankam, malte ich das große Bild «Die Verwandlung der Lucretia». Geri war schwanger. Eine winzige Chambre de bonne war mein Königreich. Hier lebte ich mit der schwangeren Geri. Vali Meyers oder Erich Brauer schliefen gelegentlich auf dem Fußboden. Ich sah keinen Mangel. Heute fände ich den Mut zu einem solchen Leben nicht, ich würde lieber warten oder einen besseren Platz suchen.

Ich hatte einen Auftrag. Ein wohlhabender Herr, Monsieur Lelarge, wartete auf ein Bild. Es mußte – so sorgfältig und detailreich auch gemalt – fertig sein, und zwar bald! Und so war es auch bald fertig. Daß er es dann gar nicht anschauen wollte, war eine andere Sache, die mich übrigens gar nicht störte. Das Bild – mein größtes – war gelungen. Ich trug das Werk quer über den Montparnasse zum Boulevard Saint-Germain, wo mein Monsieur Lelarge in seinem amerikanischen Schlitten saß. Er schaute aus dem Wagenfenster, etwas schläfrig, mäßig interessiert und wollte bloß wissen, ob Geri, die ihm gut gefiel, dafür Modell gestanden hatte.

Er wollte gern das Modell mit dem Bild vergleichen und lud mich ein, ihn in seinem Domizil zu besuchen. Wir wohnten zwei bis drei Tage bei ihm in Neuilly, sahen ihn aber nicht. Er war die Langeweile in Person. Das Bild schaute er gar nicht mehr an, aber das machte mir nichts aus. Er hatte es bezahlt und damit basta.

Heute frage ich mich, wo dieses Bild sein und wie ich es zurückkaufen könnte. Wohin ist es mit all der wundervollen Elendszeit verschwunden? Dieses Bild ist wunderschön. Geri, Vali und eine englische Tänzerin hatten dafür Modell gestanden. Zuletzt sah ich es in einer Ausstellung bei Aberbach in New York – und das ist schon fünfundzwanzig Jahre her.

Die Zeit vergeht sehr unterschiedlich, schnell und langsam. Vor einem halben Jahrhundert, im Jahre 1950, ist einem Zwanzigjährigen so viel geschehen! Gewiß hat der geheimnisvolle Moloch sein Werk getan; der Allesfresser Vergessen, in dem das verdrängte Leid auf Nimmer-Wiedersehen verschwindet. Ob er das Verschlungene, Vergessene auch verdaut und ausgeschieden hat, ist eine andere Frage. Liegt dieses Ungeheuer doch wie eine Riesenschlange, die ein allzu großes Opfer verschlugen hat, Monate im verborgenen, hat den Leib um die Mitte häßlich aufgebläht, schläft und laboriert vergeblich an seiner Verdauung, bis es schließlich, da alle auflösenden Säuren versagen, daran krepiert. Schlange und Opfer? Dieses Bild des Schreckens, diese Metapher vergeblicher Bewältigung drängt sich mir immer wieder auf. Das ist keine Ikone zum Küssen.

Dann erwacht ein heiliger Georg in mir. Ich stürze mich hoch zu Roß mit eingelegter Lanze auf dieses Untier, um das unverdaute, vielleicht noch unversehrte Opfer zu befreien.

21 — Das Vergessen ist natürlich, das Erinnern ist Kunst

Der Drache des Vergessens muß getötet werden. Denn wie es in den bekannten Bildern geschildert wird, gelingt das Befreiungswerk und gilt nicht bloß der Überwindung des Schrecklichen, Uralten, sondern auch der Befreiung des Schönen – la belle –, der jungfräulichen Zukunft.

Vom Anfang meines Lebens an war ich auf der Suche. Immer galt es, die Bestie, die im Dschungel der verwirrenden Linien der

Schnittmusterbögen verborgen war, aufzustöbern, um sie zu bezwingen. Es ist ja bekannt, daß Raubtiere das schwächste Glied einer Spezies erlegen können, daß quasi nur das für den Fortbestand der Art Untaugliche ihr Fraß werden kann und soll. Jedoch, ist denn nicht alles, was der Künstler tut, eine Gegennatur? Er ist doch der Erfinder jener anderen Welt, der Artifex der künstlichen, kunstvollen Welten, in denen das Schwache beschützt, das Blinde geführt und dem Tauben nicht geflucht wird. Da wo die Feinde geliebt werden, da ist doch seine Welt, sein Paradies – der Montparnasse.

Erfinden, Welten bauen, Geschichten schreiben, niemals vergessen, alles zeichnen, alles bilden, schreiben, immer wieder überliefern, das im Geiste Geschaute allen faßbar darstellen; kurz, alles aus dem Geiste Stammende zur Menschenwelt zu machen: das ist das Wesen des Künstlers.

Sein Wappen ist der Schild des heiligen Georg, seine Lanze der Griffel, sein Speer der Pinsel, seine Rüstung die Farbe, der Glanz seines Helmes von Gold sein Geist. Und selbst wenn er all dies in die Müllkiste des Dada werfen würde, ist es eine Erfindung, eine Revolution und eine Kunst, wie jede andere. Nie wieder könnte er Naturwesen sein. Wie Robinson sich zu seinem Diener Freitag verhält, so ist des Menschen Beziehung zur Natur. Das Vergessen ist natürlich, das Erinnern ist Geist, ist Kunst. So will ich mich an alles erinnern, so gut es geht, und darum schreibe ich unermüdlich, dem Vergessen alles zu entreißen.

22 — Verliebt in Kirche und Verwesung

Im heiligen Jahr 1950 wurde Papst Pius XII. von den Schweizer Gardisten auf dem Tragestuhl hoch über die Menge getragen. Unter den Tausenden Menschen auf dem Petersplatz standen Mia und ich. Ganz benommen sahen wir dem Schauspiel zu. Das war ein Jubel, unbeschreiblich! «Viva il Papa!» – Wie ein Sturm brauste der Ruf in Wellen widerhallend über den Platz von St. Peter. Die Verkündigung des Dogmas von der leiblichen Aufnahme Mariæ in den Himmel machte auf mich einen starken Eindruck. Das neue Dogma brachte der Christenheit etwas in Vergessenheit Geratenes in Erinnerung: die Auferstehung des Fleisches! Existentialismus, Kommunismus, Materialismus in allen Varianten hielten weltweit das Geistesleben des Menschen gefangen. Und dann kam diese Proklamation zu einer Zeit, in der in den Kreisen der Intellektuellen, der Künstler, Schriftsteller und Dichter von Seele und Unsterblichkeit kaum noch die Rede war.

Das war kein Thema. Es war das Antithema schlechthin.

Welch eine Provokation, eine Heraus- und Überforderung war dies an den Geisteszustand derer, denen dieser Aufruf galt: Bedenket, ob ihr noch Christen seid, ob der volle Inhalt des Credos noch euer Bekenntnis zum Ausdruck bringt. In meiner Bildwelt war das zentrale Thema Verwesung und Eros, Verwandlung, ja Sehnsucht nach Auferstehung des Fleisches.

Eine gewisse Verliebtheit in Kirche und Verwesung erzeugte eine makabre Poesie, der ich völlig verfallen war. Sie stimulierte das Verhältnis, das mich vor allem mit Mia verband. Wir besuchten gemeinsam Kirchen – und sahen doch in ihnen, in ihrem Jahrhunderte wahrenden Bestand keinen Hinweis auf das ewige Leben, den erweckenden Blitzstrahl der verwandelnden Auferstehung des Fleisches. Wir frönten einer makabren Romantik. Nekrophile

Betrachtung von Grabsteinen, Totentänze, zerfallene Särge, Grüfte von barocker Pracht, die, von der Zinnpest befallen, ihren oft noch flüssigen Inhalt durch das stellenweise zerfressene Metall entließen, begeisterten uns. So meinten wir, die Angst vor einem totalen Ende ertragen, ja genießen zu können.

Das Jahr 1950 war mein zwanzigstes Lebensjahr. Es brachte eine Krankheit, deren Heilung Tod und Verwesung waren. Jesus war gestorben, schuldlos, grundlos – er hatte den Menschen, für den er sein Leben hingab, für immer verlassen. Nichts hatte sich geändert. Da war keine Hoffnung, daß sich je etwas ändern würde. Vor allem ich – ich fühlte diese Hoffnung nicht. Ein Wunschtraum schien sie mir zu sein.

So erschien mir das Dogma als kühne, ja absurd erscheinende Tat.

Wider Willen und entgegen allem Mangel an Bildung in Belangen kirchlicher Tradition imponierte mir dieser Akt des Bekennens. Ich sah darin eine Herausforderung, die höchste – und sie galt mir. Ich stand auf dem Platz vor der Peterskirche – mir war, als stünde ich unter den unzähligen Menschen allein. In welcher Form mir diese Wirkung bewußt wurde, kann ich heute nicht sagen, aber in meinen Bildern von damals wird manches sichtbar.

Mit Sicherheit kann ich sagen, daß ich trotz der Verkündigung dieses Dogmas keineswegs an die Auferstehung des Leibes glaubte, wenngleich die Bibel, vor allem die Evangelien, mich tief beeindruckten.

Doch bei den Schilderungen der Auferstehung und Himmelfahrt machte ich halt. Mir schien es unwesentlich; die überragende Gestalt Jesu auch ohne die Konsequenz seiner leiblichen Auferstehung war so stark, daß ich in ihm das herrlichste Wesen sah, das je auf Erden gelebt hatte. Der Inhalt meiner Bewunderung war die Betrachtung seiner Schönheit. Was er sagte, war schön. Wie er in der überlieferten Bildwelt auftrat, war schön. Meine Verehrung galt seiner wunderbaren Erscheinung und den

Künsten, die, davon inspiriert, meine Kunstwelt erbaut hatten. Mein Weg zu ihm führte auf den verschlungenen Pfaden der Künste. In dieser Zeit entstand der Gedichtzyklus *Der Kardinal*. Schreibend und zeichnend durchwanderte ich das Totenreich.

23 — Der Durchbruch

Auch in der Chronologie meines Lebensweges als Künstler war das Jahr 1950 von großer Bedeutung, denn damals hatte ich meine erste große Ausstellung in Wien. Die Buchhandlung «Cosmos» in der Wollzeile war der Schauplatz dieses entscheidenden Ereignisses. Diese Buchhandlung stand unter dem Patronat der französischen Besatzungsmacht. Sie galt als Forum der Moderne. Kurz vor meiner Wiener Ausstellung hatte Fritz Wotruba seine Kleinplastiken (die ich respektlos «Zwetschkenkrampusse» nannte) dort gezeigt.

Im Souterrain der Buchhandlung fand meine Ausstellung statt. «Ganz Wien» kam, wie man so sagt, um diesen Überblick über vier Arbeitsjahre zu sehen.

Den Mittelpunkt der Ausstellung bildete der Zyklus «Metamorphose der Kreatur» – ein schreckenerregender Danse macabre, der mir viel Erfolg und auch viel Ablehnung eintrug. Alles in allem aber war die Ausstellung der sprichwörtliche Durchbruch.

Eine schmale Treppe führte in die unteren Räume. Die Buchhandlung war ziemlich dunkel, die mit Büchern verstellten Fenster ließen kaum Tageslicht in die Räume. Die Galerie selbst war nur von künstlichem Licht erhellt. Jeden Tag ging ich in meine Ausstellung, um zu sehen, ob sie auch gut besucht war. Sie war es im höchsten Maße – für Wiener Verhältnisse eine Sensation. Ich war berühmt, und Jahre später, ja bis heute, treffe ich Menschen, die mir berichten, welch großen Eindruck diese Ausstellung auf sie gemacht hat.

Dem Gewirr der Ereignisse dieses Jahres entnehme ich noch, daß eine Spaltung des Art Club stattfand. Ich gründete im Herbst 1950 eine Künstlergruppe, die sich «Hundsgruppe» nannte. Darin kam einerseits unser Protest gegen den Art Club zum Ausdruck, der uns zu abstrakt, zu groß und zu brav geworden war. Andererseits verstanden wir uns mit Stolz als *underdogs*. Mitglieder der Hundsgruppe waren unter anderem Maria Lassnig, Arnulf Rainer, Peppino Wieternik, Erich Brauer, Wolfgang Kudrnofsky, Daniela Rustin und Anton Lehmden.

Die Zeit der großen Kämpfe begann. Anton Lehmden, Josef Mikl und Wolfgang Hollegha konnten sich mit der surrealen Gruppierung in der Hundsgruppe nicht identifizieren. Sie, die anfangs mitmachen wollten, stiegen aus, bildeten eine eigene Gruppe und gaben eine eigene Mappe heraus. Wir in der Hundsgruppe Verbliebenen veröffentlichten indes das Mappenwerk «Cave Canem».

Eine Art Wettstreit begann. Jeder suchte sich zu profilieren. Ich hatte den Anfang gemacht. Der Umstand, daß ich in Paris «Erfolg» gehabt hatte, war bis Wien gedrungen und war sicher mit ein Anlaß gewesen, in Wien ebenso hervorzutreten. Das war ja auch gut so. Es kam Bewegung in die Wiener Lethargie.

1951 stellte die Hundsgruppe in den Räumen der Industriellenvereinigung aus, und am 3. April desselben Jahres wurde in den Räumen des «Instituts für Wissenschaft und Kunst» in der Museumsstraße 5 eine weitere Ausstellung eröffnet. Was hat das alles für eine Mühe gekostet! Das Wändeaufstellen, Tapezieren (Peppino Wieternik machte das), in die Druckereien rennen, Texte schreiben, korrigieren, Versammlungen einberufen, Plakate drucken; Tapetenkleister, Hektik – Eröffnungssensation! Wie zuvor die Eröffnung meiner Ausstellung in der «Cosmos»-Buchhandlung war diese Ausstellung ein Happening (noch hieß es nicht so) und sorgte für Sensation.

Bei der Vernissage hielt ich eine Ansprache. Den Koreakrieg klammerte ich dabei nicht aus. Dann sprach Arnulf Rainer – ihm standen im wahrsten Sinne des Wortes die Haare zu Berge. Hinter einer Wand, die für die ausgestellten Werke eigens errichtet wurde, stand Rainer auf einem Stuhl und sprach die verdutzten Gäste mit den Worten an: «Ich spucke auf euer Hemd.» Er spuckte verbal, doch die Sprüche wollten ihm nicht über seine Lippen. Sein Mund war trocken. Er war sehr aufgeregt.

Die Hundsgruppe war eine Sensation. Dabei war die Öffentlichkeit, an die sie sich richtete, eher klein. Das Fernsehen spielte noch keine Rolle. Fast ohne Presse wühlten wir die Grüppchen auf, indem wir Kampf und Revolution propagierten. Der Journalist Jörg Lampe machte uns nieder, er schrieb etwas von «mitten im Frieden» – und ich konterte «mitten im Kriege». Er hielt den Koreakonflikt für eine Episode, ich für die Fortsetzung des Weltkrieges. Die Hundsgruppen-Mappe hat diese Stimmung des Kalten Krieges überlebt – einige Exemplare von den sechzig, die ich damals numeriert und signiert herausgab, existieren noch und geben Zeugnis von diesem Zeitgeist.

Der Fachlehrer Warrel in der Westbahnstraße hat diese Mappen von Hand erstellt. Von ihm erlernte ich die Techniken der Lithographie, des Umdruckpapiers und der Schabkunst. Diese Techniken gab ich dann an meine Jünger weiter. Sie alle bekamen Umdruckpapier vom Feinsten, und jeder zeichnete darauf mit Lithokreide oder Tusche. Warrel druckte auf Ingrespapier, das ich beschaffte – es war das Edelste, das es damals gab. Alle Mappen wurden verkauft, ohne Gewinn, aber die Sache war bestens über die Bühne gebracht.

Von der breiten Öffentlichkeit blieben wir zunächst unbemerkt, nicht aber von der Staatsanwaltschaft, die scheinbar im Solde der «Liga gegen entartete Kunst» stand. Der Geist der Naziherrschaft war lebendig geblieben und verfolgte uns auf Schritt und Tritt. Dies gab uns einen politischen Anschein, den wir gewiß nicht wollten, ich am allerwenigsten. Frei von allem wollten wir sein – auch von Politik. Freiheit an sich war unsere Maxime, jede bekannte Bindung war tabu. In diesem Sinne war die Hundsgruppe ein anarchischer Untergrund; genau das, was dreißig Jahre später zur amerikanischen Subkultur wurde: Wir waren so etwas wie die Vorgänger der Beatniks und der Hippies. Das zeigte sich ganz deutlich, als ich 1957 die Dichter Corso und Allen Ginsberg in Paris wiedersah, die ich aus New York kannte. Harmlos erschienen sie zunächst, auch sehr naiv, doch dann ziemlich aufgeblasen und schräg.

Was von Wien ausging und später von Johann Muschik «Wiener Schule» genannt wurde, war schon in den frühen fünfziger Jahren ein brisantes Saatgut. Die Gruppe der Surrealisten und Phantasten war sich ihrer revolutionären Rolle gegenüber der gegenstandslosen Kunst bewußt. Wir wurden zum Sammelpunkt des Widerstandes. Und das sind wir bis heute geblieben.

So ist es kein Zufall, daß ich 1950 Salvador Dalí als Protektor meiner Kunst kennen- und schätzengelernt habe. Diese Begegnung war ein Omen, dessen Bedeutung ich sofort erkannte. Und ich brachte es nach Wien, wie ein schicksalschweres Vermächtnis: «Sie sind der Dalí der Deutschen, ich der lateinisch-iberische Dürer» hatte er zu mir gesagt, und damit war die Aufgabe der «Wiener Schule des Phantastischen Realismus» besiegelt.

Es sind doch immer wieder gut hundert Jahre Abstand nötig, um Entwicklungen des Geisteslebens zu bewerten, und selbst dann ist es ein voreiliges Beurteilen.

Laß dir Zeit, um die Körner am Boden der Tenne zu sehen, die nach den Stürmen der Zeit, die die Spreu hinweggefegt haben, übriggeblieben sind. Geduld, Geduld – vertraue dem Wertgefühl der Generationen. Es hat die Menschheit nicht verlassen, auch wenn es die Verordnungen und Erlässe der Kulturbonzen anders wollten.

24 — La bohème, Elias Canetti, Paul Celan

In einem halben Jahrhundert hat Paris viele Phasen der Veränderung durchgemacht. Die Stadt ist reicher geworden, gerade dort, wo sie am ärmlichsten erschien – im Quartier Latin. Die Cafés, die einst gerade gut genug für Studenten, Künstler und abenteuerliches Volk gewesen waren, sind nun aufgemotzt und könnten ebensogut im Bereich der Champs-Élysées zu finden sein. Ähnlich wie in anderen Großstädten mußte so manche kleine Galerie, manche Buchhandlung einer Boutique oder Bank weichen. Andere markante Treffpunkte wurden zu Denkmälern erhoben. Die Entfernung jener rußgeschwärzten Patina erscheint mir jedoch wie ein schmerzlicher Verlust. Analog dazu verschwanden auch jene abenteuerlustigen, neugierigen Amerikaner. Die Stadt hatte ihre Farbigkeit verloren.

In den fünfziger Jahren war die bedrohliche Präsenz der Polizei überall sichtbar. Es gab wahllose Blitzaktionen, vor allem gegen junge Menschen, die in bereitstehende Polizeiwagen verfrachtet und zum Verhör in die «Santé» (ein gefürchtetes Wort) gebracht wurden. Wenn ich diese dunkelbraunen Bereitschaftswagen sah, machte ich einen großen Bogen, denn abgeschoben zu werden, wäre das Schlimmste gewesen. Ein Vermerk im Paß hätte eine Wiedereinreise unmöglich gemacht. Straßenschlachten zwischen Polizei, streikenden und protestierenden Menschenmassen waren ein nicht gerade seltenes Ereignis. Es waren blutige Auseinandersetzungen. Die an Holzstangen befestigten Parolen wurden zur Waffe. Völlig Unbeteiligte wurden mit hineingezogen. Wer nicht flüchten konnte, wurde niedergeprügelt. Ich hatte keine Ahnung, worum es ging. Kapitalisten, Imperialisten, Kommunisten, Anarchisten – die Gesellschaft war polarisiert. Mein

Französisch war nicht gut genug, um eine Zeitung zu lesen, außerdem hatte ich den Eindruck, daß dieser latente Bürgerkrieg mich nichts anging. Ebenso empfanden es die zahlreichen Amerikaner, mit denen ich befreundet war. Meine französischen Freunde waren an Zahl geringer als die amerikanische Gruppe. Nur wenige Franzosen oder Amerikaner beherrschten die andere Sprache. So gab es denn auch Treffpunkte, Lokale, in denen fast nur Amerikaner verkehrten. Die Preiskategorie machte es nicht zuletzt aus, welches Café man zum Stammlokal wählte.

Im «Café du Flore» einen Kaffee zu trinken war ein Luxus, den man sich nicht alle Tage leisten konnte. Da half es nur, wenn man einen Freund oder eine Freundin erspähte und eingeladen wurde. Dort verkehrten die Arrivierten, dort saß man unter bekannten, erfolgreichen Persönlichkeiten. Belustigt betrachteten die Etablierten uns bunte Vögel. Unschwer erkannten sie in uns das Volk, dem sie vor nicht allzulanger Zeit selbst noch angehört hatten. Meine Ausflüge führten mich selten auf die Champs–Élysées, wie überhaupt das Ausschwärmen eine Seltenheit war. Denn jeder Schritt bedeutete Geld auszugeben – eine Fahrkarte zu lösen. Schwarzfahren war gefährlich, die Kontrollen waren streng und häufig.

Die Dominanz der Amerikaner war allgemein spürbar, im besonderen für mich, denn meine Englischkenntnisse, soweit aus der Schulzeit noch in Erinnerung, ermöglichten durchaus eine Konversation; meine Französischkenntnisse hingegen waren äußerst dürftig; ich brachte keinen richtigen Satz zustande. Meine rätselhafte Bildwelt konnte ich nicht auf Französisch kommentieren. Um meine Arbeiten in Galerien vorzuzeigen, bedurfte ich eines Dolmetschers, und ein solcher war nicht immer bei mir.

Meine Französischkenntnisse bestanden aus jenen Floskeln, die in Cafés und Restaurants üblich waren. So konnte ich an Diskussionen – denn die Cafés waren ja dazu da, dem Gedankenaustausch ein Forum zu bieten – kaum teilnehmen, aber es gelang mir doch in vereinfachter Form, das Wesentliche der existentialistischen Geisteshaltung aufzunehmen. Es geht ja vor allem darum, jenseits des geschriebenen Wortes nicht bloß zu rekapitulieren, sondern vor allem selbst zu denken – im Denken schöpferisch zu sein. Das Lesen allein ist noch kein schöpferischer Prozeß. Denn das Verstehen ist nur ein individueller Nachschöpfungsprozeß. Erst im kritischen Dialog – und der kann sehr wohl im Gespräch stattfinden – kommt es zur eigenen schöpferischen Leistung und damit auch zur Selbsterkenntnis, zur Einsicht in noch unbekannte Inhalte des Selbst.

Die Schrift ist nun einmal erfunden, um nicht zu vergessen. Das Gespräch, das gemeinsame Denken, ist wesentlich älter. Der Dialog ist die Quelle der Selbsterkenntnis.

Deshalb sind die Cafés so bedeutend, wenngleich sich dort nicht alles um weltbewegende Fragen dreht, denn es ist auch eine erschütternde Erkenntnis, daß das Im-Schweigen-Verharren, das Dulden von Lust und Unlust genauso wichtig wie der Dialog sein kann. Ich habe viele Menschen gekannt, die scheinbar nichtstuend, teilnahmslos an den Tischen saßen.

Mit ihnen, den Stummen, verband mich vieles – nicht bloß die Unkenntnis der Sprache, sondern vor allem meine stille Kunst, die vielen Stunden gebeugten Verharrens über meinen Aquarell-Miniaturen und winzigen Zeichnungen. Um mich herum brandete lautstark das Getriebe, das Meer der verbalen Auseinandersetzung, während ich, im Kahn darüber hinwegschaukelnd, vom Kampf der verwandelten Götter träumte.

Es gab da die «Fliegenden», die mit wehendem Schal rastlos von einem Café zum anderen hasteten, als suchten sie jemanden. Sie sahen wild um sich, um geradezu wütend, enttäuscht, als wären sie beleidigt worden, in das nächste Kaffeehaus zu entschwinden. Sobald das Viertel Montparnasse durchstreift war, tauchten sie in Saint-Germain-des-Prés auf, um auf dieselbe Weise ungeheures Aufsehen zu erregen, denn es schien ihr wahres Anliegen zu sein, niemanden zu finden und von allen gesehen zu werden.

Auf den Straßen regte sich noch nicht jener Autoverkehr, der heute eine Selbstverständlichkeit ist. Parkplatzsorgen hatte man damals noch nicht. Die Gehsteige waren nicht lückenlos mit parkenden Autos gesäumt. Das Flanieren, ja Defilieren, das einem Corso glich, hatte etwas theatralisch Ausladendes – besonders an warmen Abenden, wenn aus den hellerleuchteten Cafés das Licht auf die vorüberziehende Menschenmenge fiel. Man winkte und rief einander gewitzte Parolen zu. Das Sehen und Gesehenwerden war ein Ritual. Ebenso das Herumzigeunern, das Überall-und-nirgends-Sein. Kamen die Spähtrupps von Saint-Germain zum «Dôme», dann lautete die Frage: «Was ist im Mabillian los?» – «Wer ist denn da?»

«Nothing's happening» – solche eher entmutigenden Nachrichten konnten uns nicht hindern, selbst nach dem Rechten zu sehen, und nach mehrmaligem Platzwechsel war überall nichts und alles los.

Die Kaffeehausphase war eine Eigenart besonders der Jugend in jenen letzten Tagen der Bohème. Noch war keiner von uns in ein feines Restaurant eingeladen, keiner kannte das Ritual des Diners. Im besten Fall gab es Würstl und Pommes frites zu Billigstpreisen. Auf dem Boulevard Saint-Germain befand sich ein besonders billiges Restaurant dieser Art. Es war derart stark besucht, daß man erst gegen Mitternacht einen Platz bekam.

Vor diesem Lokal lernte ich 1950 Elias Canetti kennen. Er hatte von mir gehört und war sehr liebenswürdig und aufmerksam. Mit großem Interesse sah er sich meine Radierungen an, die ich stets in einer Mappe bei mir trug. Wir unterhielten uns über das Stück *Der junge Lord*. Er lud mich auf Würstchen ein. Von da an trafen wir einander des öfteren, denn auch er flanierte stundenlang umher. Von der Place Saint-Germain-des-Prés bis zum Odéon – das war seine Strecke. Hier begegnete man allen Bekannten, die gerade in Paris waren. Hier traf ich auch Fritz Wotruba und Wander Bertoni wieder. Sie waren Neuankömmlinge. Ich dagegen war schon bekannt und wurde von vielen begrüßt. Schon nach einem Jahr war ich ein richtiger Pariser, und ich genoß diesen sehr bescheidenen Ruhm. Ja, wer möchte da nicht der Größte sein – der gekrümmten Haltung des Bettlers zum Trotz ...

Zu den wenigen überragenden Persönlichkeiten, die selbst in den dichtgedrängten Versammlungen der österreichischen Expatriates eher selten zu sehen waren und nur von wenigen Mitgliedern der existentialistischen Bohème wahrgenommen wurden, gehörte Paul Celan. Er galt als äußerst zurückhaltender, fast wortloser Schatten, der mit bedrückender Traurigkeit an den Cafés vorüberhuschte. Dennoch nutzte er als deutschsprachiger Dichter die französische Hauptstadt als internationales Podium der intellektuellen Begegnung. Er wirkte als Verbindungsmann unter den Literaten, befaßte sich auch mit Übersetzungen und erhielt bald eine Lehrstelle für Grammatik an der Sorbonne. Jene, von denen er wußte, daß sie sich für seine Dichtung interessierten, lud er in ein geräumiges Hotelzimmer Ecke Boulevard Saint-Germain / Boulevard Saint-Michel ein. Dort hielt er seine seltenen Lesungen ab. Er las mit leiser, kaum hörbarer Stimme aus seinen neuesten Gedichten. Man lauschte einem eindringlichen Flüstern.

Sein überaus scheues Wesen reizte zu aggressivem Spott. Es waren so manche marxistische Grobiane unter uns, die Celans nach ihrer Meinung abgehobene Position nicht verstanden und als Weltflucht bezeichneten. Der Dichter fühlte nur allzu deutlich, daß nur wenige seine Botschaft annahmen, kryptisch-mystisch, wie sie nun einmal war. Das Leben der Boulevard-Desperados hatte indes auf viele seine verrohende Wirkung ausgeübt, und so mancher ehedem zart Besaitete war zum rohen Trotzkopf geworden. Solche Leute sahen in Celans nobler Position einen unerreichbaren, jedoch gar nicht erstrebenswerten Gipfel. Auch merkten sie, daß er es offenbar nicht nötig hatte, zu kämpfen oder um Anerkennung zu buhlen. So kam es denn einige Male vor, daß der Dichter gekränkt von seinen Zuhörern das Buch oder Manuskript zuschlug und die Lesung mit einem «Also dann eben nicht!» beendete. Ich nahm an, daß er den Freunden aus Wien mit seinen Lesungen ein Zeichen der Zuneigung und Anteilnahme geben wollte. Doch gerade unter den Wienern war der Dichter aus der Bukowina einsam. Später heiratete er eine sehr schöne Französin, die seine Gedichte liebte und verstand. Ich erinnere mich, von ihrer Hand viele Radierungen auf Kupfer gesehen zu haben, die als Illustration zu seinen Gedichten gedacht waren. Sie waren sehr geschmackvoll, für mein Empfinden allzu abstrakt, fast gegenstandslos. Zu Versen wie denen von Paul Celans Gedichtband *Sprachgitter* paßten sie jedoch.

Nach und nach nahm mein französischer Wortschatz zu; eine leidliche fragmentarische Konversation war möglich – und auch sehr nötig. Denn dank der Vermittlung Salvador Dalís hatte ich endlich wohlhabende Franzosen kennengelernt, und so wurde ich nun auch das eine oder andere Mal in erstklassigen Restaurants zu einem ordentlichen Essen eingeladen.

Auch hier sind die Bilder klar, die Daten unscharf. Es war nicht meine Art, vor den Reichen krumm dazustehen. Ich vermied jeden Hinweis auf meine Obdachlosigkeit. Ja, ich putzte mich heraus, so gut es ging, und tat so, als ginge es mir gut. Doch wenn ich sah, daß einer merkte, wie dreckig es mir ging, nahm ich die Hilfe, die mir angeboten wurde, dankbar an. Armut ist keine Schande; das hatte meine Großmutter Hermine immer gesagt, wenn sie, die selbst kaum etwas hatte, den Bettelnden ein paar Groschen gab.

Die Möglichkeit solchen Wanderns zwischen den Bezirken einer internationalen Stadt, wie es das Paris jener Tage war, gab es kaum anderswo in der Welt. Wie stark war der Kontrast zu Turin mit seiner verstaubten Tiefe! Ich liebte diesen Kontrast. Wie oft ich in den Jahren 1950 bis 1953 zwischen Paris und Turin gependelt bin, kann ich auch unter Zuhilfenahme von Zeugnissen und Erinnerungsstücken kaum rekonstruieren.

Damals hatte ich keine Möglichkeit, mich zu besinnen, und wie mir scheinen will, ist es heute nicht anders. Noch immer bin ich der Wandernde, der Pendelnde, der mit wollüstigem Gespür den fremdartigen, geheimnisumwobenen Bereichen der Natur- und Menschenwelt nachjagt. Gewiß war meine unstete Art zu leben in den Jahren der Jugend hitziger, heftiger, von weniger Verpflichtungen und vorsichtigem Bedenken eingeschränkt und überlagert. Das Grundmotiv jedoch ist dasselbe geblieben:

Die Suche nach der geliebten, nie gefundenen, in allen Wesen vermuteten, immer wieder in anderen Bildern schemenhaft gesehenen Aura, die mir den Zaubertrank reichen würde, um mich zu heilen von dieser Angst, sie zu verlieren; diese Suche treibt mich weiterhin an. Denn alle Wege waren Schluchten der Angst, betrogen und verlassen zu werden, im wahnhaften Glauben, daß ich unverbrüchlich geliebt wurde, so wie ich liebte. Kaum kam ein Zweifel in mir auf, floh ich und blieb doch gefangen, bis sich das Liebesverhältnis als bloßer Stoffwechsel der Verwesung zeigte. So blieb nur die Treue, die ich der ersten Liebe bewahrte, als Stifterin der Untreue gegenüber allen nachfolgenden Liebschaften, wie ein verderblicher Keim, dem immer wieder die Blumen des Bösen entsprossen. So fiel auf alles, was ich tat, die Angst vor dem Nicht-Finden, gleichzeitig die Hoffnung auf ein Endlich-Gefunden-Haben.

So kam es, daß ich auf meinen Streifzügen Vali Meyers und Geri Krongold kennenlernte. Vali nannte Geri «Baba», während Geri für Vali keinen Namen fand. Dies zeigt auch, daß Vali die dominantere Person war. Extrovertiert und von geradezu plakativem Aussehen, überragte sie an Bedeutung Geri – sie war auch die Begehrtere. Mich aber zog es zu Geri, sie hatte eine verschleierte Tiefe, ihre Seele verbarg ein urtümliches Unglück, das mich anzog wie ein Magnet. Obwohl ich sie nur einmal gesehen hatte, ehe ich ihr in St. Tropez wiederbegegnete, hatte sie mir tiefen Eindruck gemacht. Unsere erste Begegnung fand nur wenige Tage nach ihrer Ankunft in Paris statt. Sie hatte, so wie ich, keine Bleibe und vagabundierte ohne Ziel. «Just be and stay cool» war ihr Motto.

25 — Eine Beziehung ohne Gespräche

Meine Haltung war ganz anders als Geris Coolness. Hermes war mein Reisebegleiter, Alchemie meine eben entdeckte Welt der Verwandlungen. «La belle et la bête» war mein Thema, und Geri sah aus wie «la belle». Ich hatte sie schon in manch einer Zeichnung und Radierung vorhergesehen, ehe wir uns kennenlernten. Das war eine andere Beziehung als die, die mich an Mia band: eine Beziehung ohne Gespräche, ohne gemeinsame Freude an der Kunst. Geri nahm keinen besonderen Anteil an meiner Kunst, hielt zu allem Distanz, als könnte jede Anteilnahme eine verborgene Wunde aufreißen.

Sie verabscheute meine Sentimentalität und sah in meinem Tun etwas Überflüssiges. Diese Verhüllung ihrer Seele zu durchschauen, die einer Mumie, einem Kokon glich, gelang mir nicht.

Vier Jahre lang sollten wir zusammenleben. In dieser Zeit fühlte sie sich in zunehmendem Maße schuldig, denn sie sah, daß ich ihrem passiven Coolsein kein Partner sein konnte. Sie liebte die Mumifizierung und Distanzierung von allen Menschen, lebte auf, wenn die Nacht über Paris ihre rot erleuchteten Fledermausflügel ausbreitete, während ich in irgendeinem Winkel saß und malte.

Mich reizten weder Opium noch Heroin und schon gar nicht Alkohol. Obwohl ich wußte, daß Drogen ein Schlüssel zur Gemeinsamkeit sein konnten, verabscheute ich Betäubungsmittel, selbst wenn Geri mich als Querkopf verachtete. Wegen ihrer immerwährend sich steigernden Sucht gab es oft heftige Auseinandersetzungen, die letztlich dazu führten, daß Geri mich verließ.

Die verschleierte Schönheit, die unschuldige Schuldbringerin Geri, die letztlich uneinnehmbare Festung blieb verschlossen, fern den orgiastischen Höhepunkten der Liebe. Sie blieb cool, sie konnte die Hitzegrade nicht erdulden, ohne schmerzhafte Verbrennungen zu erleiden. Sie ließ mein Werben über sich ergehen, denn sie wußte, wie sehr ich sie begehrte, und so wollte ich auch ihr entfliehen, mein Scheitern und meine Wünsche in Abenteuern mit anderen Frauen vergessen.

Ich bereitete meine Flucht vor, doch ich konnte ihr schon deshalb nicht entkommen, weil ich fühlte, daß sie genau das wünschte und tat. Unser Verhältnis war das unglücklichste, das ich in meinen Jugendjahren erfahren mußte, und es dauerte Jahre, ehe ich dieses Martyrium verschmerzte. Die schon vernarbte Wunde des ersten Liebesscheiterns war wieder aufgebrochen, eine Katastrophe ohnegleichen braute sich über mir zusammen.

Lange dachte ich, ein Wunder könnte unsere Liebe retten. Meine Versuche, diese enttäuschten Hoffnungen durch andere Freuden zu lindern, scheiterten kläglich. Denn Geri war nicht eifersüchtig, ja sie ermunterte mich, meine Fluchtversuche fortzusetzen, denn eigentlich wollte sie frei und ohne Bindung sein. Das alles tat sie mit unschuldiger Offenheit. Kein Mensch sollte einen anderen besitzen, meinte sie. Sie wollte Freiheit und Unabhängigkeit, das Leben von Tag zu Tag genießen und im völligen Ausgeliefertsein dem ungewissen Morgen entgegenleben.

So entzog sie sich mir immer mehr, sah meine Schwäche – denn Liebe war in ihren Augen Schwachsein, eine Art Krankheit, die sie fürchtete. Denke ich heute daran, fällt mir auf, daß sie nicht ganz unrecht hatte – denn meine Zuneigung war Verlangen nach Besitz.

Amor ist nicht Agape, und wenn ich auch ahnte, daß gerade jene Liebe ohne Begierde unsere Beziehung hätte retten können, so konnte ich meine Gier, sie zu besitzen, nicht bezähmen und Geri ohne jeden Anspruch lieben. Die höhere Form der Zuneigung, das Erlebnis der Seelenverwandtschaft, lernte ich später kennen. So war Geri die Schöne, durch die ich zum Tier – zum Einhorn – wurde. So habe ich uns beide einige Male dargestellt. Diese Bildgestalten gehören zum Besten, was ich in jener Zeit geschaffen habe.

Einige Male habe ich sie porträtiert und meine, sie in der «Hochzeit des Einhorns» am besten getroffen zu haben. Ihr trauriger, Unnahbarkeit verkündender Blick und die überaus zarte Farbigkeit ihrer Haut sind das beste Zeugnis dafür, daß sie eine uneinnehmbare Schönheit war. Dabei hatte ihre erotische Ausstrahlung etwas Aufreizendes, ohne Befriedigung zu bringen. Und gerade das machte unsere Beziehung zum Dauerbrenner.

Ich nannte sie «meine persische Prinzessin», deren Name Krongold ihren Lockenkopf wie einen Heiligenschein umgab, denn trotz aller ihrer Schwächen umgab sie eine kindlich-kokette Unschuld.

Meine Sucht, die Schönheit zum Thema meiner Kunst zu machen, war durch das Medium Geri zu einem Leidensweg geworden. Dieser Leidensweg dauerte vier Jahre und eigentlich noch viel länger. Ich konnte sie nicht vergessen, den Schmerz der Trennung nicht überwinden – doch davon später.

26 — Schmerz, ein Zeichen der göttlichen Herkunft

Mit Mia reiste ich Anfang der fünfziger Jahre nach Capri. Axel Munthes Buch, von dem meine Mutter so oft erzählt hatte, kam mir in den Sinn, die Stimmung des Hauses von San Michele nahm mich gefangen, obwohl ich es nie aufgesucht habe – ganz typisch für mich. Ich nahm alles in mich auf, indirekt, in einer Art Osmose.

Schon am ersten Tag dort begegneten wir einem Paar, das wie eine Erscheinung aus längst vergangenen Zeiten wirkte. Der Herr mochte Mitte Siebzig sein. Er ging in lässiger, aber beherrschter, gerader Haltung. Er war sehr elegant in dunkles Tuch konservativen Zuschnitts gekleidet. So ging er über eine der vielen sich kreuzenden Treppen hinab, auf einen schwarzen Spazierstock mit silbernem Griff gestützt. Den Stock benutzte er auch dazu, einen flotten, beschwingten Takt zu seinem Gang zu schlagen. Einen Schritt hinter ihm folgte ein sehr junges blondes Mädchen im dunkelblauen Kostüm. Sie trug einen Strohhut, ging mädchenhaft – ehrfürchtig ihm mit den Augen folgend.

Ein ungleiches Liebespaar, so dachte ich – Axel Munthe? Doch der war ja vor vielen Jahren schon verstorben. Dennoch, das Bild der beiden, so sehr es mir als Fata Morgana erschien, ist mir bis heute klar im Gedächtnis geblieben.

Wer die beiden waren? In den Tagen, die Mia und ich in Capri und Anacapri spazierengingen (und es war eine Lust, diese herrliche Morbidezza der Insel zu erleben), sahen wir sie nicht wieder. Hatten wir eine Erscheinung gehabt?

Und gerade solche Bilder sind es, die, wenn sie aus der Vergessenheit auftauchen, die ganze Atmosphäre eines Ortes, eines Lebens in irgendeiner Gegend oder Stadt wiederbringen. Sicher, da waren die blühenden Oleanderbüsche, der Blick auf das Meer, das mit kaum sichtbarer Brandung die Ruinen der römischen Thermen umspielte.

Die wenigen Daten zu diesem Aufenthalt muß ich den Bildern entnehmen, die ich damals auf Anacapri in der Villa Elce malte. Vor allem arbeitete ich an einem kleinen Aquarell, das ich «Einblick» nannte. Dieses kleine Bildchen, in Wien in der Porzellangasse im IX. Bezirk begonnen, begleitete mich auf dieser Reise. Es wäre mir damals nicht eingefallen, irgendwelche Eindrücke von Landschaft, Stimmungen oder Studien anzufertigen. Nein, an jenen Introspektionen mußte ich malen. Ich blickte in mich und sah einen Kardinal, der ein Glas in seiner runzeligen alten Hand hält. In diesem Glas befindet sich ein gekreuzigter Mensch. Leider ist dieses Bild heute unauffindbar. Ein Photo davon besitze ich – und damit das einzige konkrete Dokument meines Capri-Aufenthaltes.

Mia und ich saßen in dieser alten verstaubten Villa meist nachmittags im Schatten, malten und sprachen über die Eindrücke vom Besuch des Vesuvs, vom Höllenschlund seines Kraters, von Pompeji und Herculaneum.

In den Tagen reifte der Plan, die Hundsgruppe zu gründen und eine Kunstmappe mit dem Titel «Cave Canem» herauszugeben. Im Geiste, wild phantasierend, stellten wir uns das alles vor, planten bis ins Detail, wie die Beiträge der Mitglieder unserer Gruppe (die noch keine Ahnung von unserem Ansinnen hatten) auszusehen hätten. Vom Gelingen waren wir vollkommen überzeugt. Als meinen Beitrag zur Hundsgruppe gedachte ich, das Martyrium des heiligen Sebastian zu gestalten, in dem die Marter des «schönen Körpers» durch ein satanisches Tier dargestellt werden sollte. Als Technik faßte ich die damals schon vergessene Schabkunst ins Auge, die ich wiederbeleben wollte. Aus dem Dunkel eines Asphaltgrundes sollten die Körper ans Licht geholt werden. Eine solche Technik, die der Weißhöhung entsprach, wie ich sie auf meinen Bildern in Eitempera bewerkstelligte, verhieß die Erkundung einer neuen Technik in der Graphik.

Als das zweite Thema – eine neue Variation von «La belle et la bête» – wollte ich die Schöne als eine Art Lucretia darstellen, die, im Begriff, sich selbst zu töten, durch das Biest zurückgehalten wird.

So träumte ich von zukünftigen Darstellungen, die gleich nach der Rückkehr nach Wien in Angriff genommen werden sollten. Daneben malte ich am «Einblick» weiter – fast blind für die Schönheit um mich herum.

Auch das merkwürdige Paar, das wir getroffen hatten, erschien mir als Verkörperung von «La belle et la bête». Er, die schöne Gestalt, erinnerte mich an den sagenhaften, angeblich unsterblichen Grafen von Saint-Germain. Und sie, die Engelhafte, Schöne, hatte wohl versucht, das Tier zu verwandeln.

Daß ich gerade auf Capri von unerträglichen Zahnschmerzen geplagt wurde, ist eigentlich eine Selbstverständlichkeit. Schmerz und Verwesung folgen dem Blick in das Paradies wie der Schatten dem Licht. Jeder Schmerz, den wir zu erleiden haben, ist ein Zeichen der göttlichen Herkunft aller Geschöpfe. Denn er läßt das Gefäß in Erscheinung treten, in all seiner Anfälligkeit, als einen Ort vergänglicher Gestalt. Er verweist den Leib des Menschen in den Bereich der Sterblichkeit, in dem der göttliche Funke mitzuleiden hat. Der seelische Inhalt, entzündet vom göttlichen Funken, wird zum Schönen und offenbart die Erfahrung der Schönheit. Der Leib aber wird zum Biest, zur Quelle des Leidens. Die Seele leidet mit, sie fürchtet um den Verlust des Gefäßes. In diesem Zwiespalt tönt das tröstliche Wort Jesu: «Fürchtet euch nicht, ich habe die Welt überwunden.»

Mein Werdegang dahin führte damals, wie schon oft, zum Zahnarzt, denn ich hatte unerträgliche Schmerzen. Die Sprache entsteht als pneumatisches Ereignis in der Sprachhöhle des Mundes – ein schwaches, inhaltsloses Gerede wird sprichwörtlich als «heiße Luft» bezeichnet. Fluchen, Schimpfen und verbale Zornesausbrüche nennt man «Dampf ablassen». Der Schmerzensschrei bedient sich selten des Wortes, er artikuliert sich tierisch, im Seufzen, Wimmern, Stöhnen, Ächzen und Schreien.

Die Seele hält mit, sucht Herrschaft über alles zu gewinnen, auch den seelischen Kummer, der dem Leib aufgehalst wird (wir nennen es dann den psychosomatischen Ursprung körperlicher Schmerzen). Die Beschwörung des Schönen hat seinen göttlichen Ausdruck in der Kreuzigung des Gottessohnes gefunden. Sein Leid zu betrachten und zu teilen – mit ihm leidend – ist die einzige Möglichkeit der Überwindung im Schmerzensopfer.

Der Gang zum Zahnarzt mag banal erscheinen. Der Schmerz aber ist keine Banalität, er ist der Ausdruck des Stachels im Fleisch, und dieser dringt in uns ein, um letztlich den göttlichen Funken zu befreien. Die Verheißung der Auferstehung des Fleisches ist die beste Metapher hierfür. Kein Wunder, daß meine Bilder und Zyklen damals das Wort «Metamorphose», Verwandlung, in ihren Titeln führten.

Zunächst erwartete ich in einer Praxis aus der Jahrhundertwende in Anacapri die Befreiung von meinem Weh in der «Sprachhöhle des Mundes» (Gütersloh) und war erstaunt über die Beschaffenheit der Werkzeuge meines Befreiers: Da stand eine Bohrmaschine, die wie eine Nähmaschine ältester Bauart mittels eines Pedals in Schwung gebracht wurde. Dieses Prunkstück eines mir unbekannten Altertums, nebst Handbohrern, Schabern und Zangen, gehörten zum Arsenal meines Peinigers, der noch wesentlich älter war als seine Werkzeuge. Er untersuchte meinen Zahn und überlegte, ob es nicht besser wäre, ihn zu extrahieren, denn er hatte den Eindruck, daß er unrettbar verloren war. Doch ich wollte nichts unversucht lassen, den Zahn, einen Backenzahn links unten, zu retten. Der Arzt, ein kleines, flinkes, ausgetrocknetes Wesen, setzte seinen fußbetriebenen Bohrer in Bewegung – diese Behandlung war im wahrsten Sinne des Wortes erschütternd: Von kurzer Dauer und mit einer Einlage versehen, die mich auf eine Wurzelbehandlung vorbereiten sollte, verließ ich die Ordination. Die Geschwulst nahm zu, und so wurde der wunderbare Aufenthalt in der Villa Elce rasch beendet. Wir eilten nach Wien, um die Hundsgruppe zu gründen und die Mappe «Cave Canem» zu gestalten.

Was mit diesem Zahn in Wien geschah, weiß ich nicht mehr; wohl das, was mit allen anderen, die ich noch hatte, früher oder später geschehen sollte. Ich verlor so ziemlich alle, noch ehe ich mein vierzigstes Lebensjahr erreichte. Denn die Zeit des Hungerns – Krieg, Nachkriegszeit und die Hungerjahre in Paris – hatten mich körperlich ziemlich ruiniert. Den ersten Stockzahn verlor ich schon mit vierzehn Jahren, doch ist die psychische wie die körperliche Beschaffenheit der meisten Menschen auf Verdrängen und Vergessen ausgerichtet. Und ein verlorener Zahn, mit allen Schmerzen, die solch ein Verlust mit sich bringt, verschwindet im Nebel des Vergessens – wie jene Frauen, deren Verlust man niemals zu verschmerzen meint. Zahn um Zahn, Frau für Frau – eines Tages ist alles vergessen.

Das Vergessen mag ein momentaner Selbstschutz sein, auch ein Kompromiß mit dem ständigen Versagen und dem schlechten Gewissen. Schmerz ist Schuld und Buße. Nicht das Vergessen hilft, sondern das Ertragen-Können. Das letztere ist der Lohn der Angst, nicht aber eine Erlösung. Erst mit dem Bewußtsein der Erlösung durch des Menschensohnes Kreuzestod kommt der Seelenfriede – mit der Gewißheit der Auferstehung. Darin allein liegt des Leidens Sinn: «Siehe, ich mache alles neu.»

Bewahre Inhalt und Gefäß so rein wie möglich, stets im Bewußtsein, daß dies nicht Erlösung, sondern bloß Hoffnung auf ein glückliches Ende schaffen kann. Karma schafft Gerechtigkeit, Liebe schafft Erlösung – wohlgemerkt, allein die göttliche!

In den ersten Jahren in Paris hatte ich jede Verantwortung von mir gewiesen, doch mein Gewissen konnte ich nicht beschwichtigen: Die Freiheit, die ich suchte, wurde mir zum Gefängnis.

Selbstbeherrschung ist der Beginn der Würde. Alles andere ist mit der Forderung an den anderen Menschen verbunden, die Zeche zu bezahlen. Mit dem Mißbrauch der Freiheit beginnt die Verschuldung, und «ein Schuft ist, wer mehr gibt, als er hat» – so sagt es ein altes jüdisches Sprichwort. Ein anderes sagt: «Ehre ist mehr als Geld.»
 Doch in den Steppen jugendlichen Geplappers fängst du mit deinem Lasso höchstens eine fette Sau. Dann möchtest du, ehe du sie schlachtest, eine kurze Zeit ganz faul an ihrer Seite liegen und vom Essen und Trinken träumen. Das Triviale hat eine gigantische Macht auch über den Höhenflug des Geistes, der den Künstler bewegt. Das Triviale, das Hundsgemeine, wie zieht es den im Höhenflug befindlichen Geist des jungen (und des alten) Künstlers magisch an! Die Abgründe sind seicht. Sie entlassen ihren Gestank, und, betäubt vom Schwefelhauch des als seichten Sumpf getarnten Höllenschlunds, stürzest du in den Abgrund der Sehnsucht nach Bequemlichkeit. Der Krater des Vesuvs wird zum hundsgemeinen Loch im Zahn – Pompeji zum Grab der Hurerei.

Zurück in Wien, im Sumpf der faulen Spielerei, wollte ich Verstecken spielen, untertauchen, bei Mama in der Johann-Strauß-Gasse sein, schlafen und mich sicher fühlen. Wie schön ist das ganz Gewöhnliche, allzu Vertraute – wie Balsam schmiegt es sich an die Wunden der Seele und des Körpers.
 Topfengolatschen und Milchkaffee – und vergessen waren San Michele und alle Wunder aus den höchsten Sphären der Kunst und des Kampfes um Ruhm. Das heilige Jahr 1950 mit seinem esoterischen Glanz warf einen tiefschwarzen Schatten. Vor diesem Schatten suchte ich Schutz bei meiner Mutter. In der Porzellangasse hingegen warteten Trude und die Kinder, Elis und Daniel. Ich aber fürchtete die dumpfe, feuchte Finsternis dieser Hinterhofwohnung; vor allem die dunkle Küche – ein Loch, dessen Parkettboden wundgescheuert, fasrig war. Ein Eintauchen in

Kreuzigung und Selbstporträt mit Inge neben dem Kreuz, 1945
Öl auf Holztafel, 155 x 195 cm. Aus der postexpressionistischen
Phase des Jugendwerks

Die Stadt (2). Aus dem Zyklus «Stadt», 1946
Bleistift auf Packpapier, 63 x 90 cm. Aus der ersten
surrealistischen Phase des Jugendwerks

Die Metamorphose der Kreatur
Hauptwerk (Blatt Nr. 6) aus dem Zyklus «Die Metamorphose der Kreatur», 1949
Bleistiftzeichnung auf weißgrundiertem Packpapier, 98 x 150 cm
Aus der vierten surrealistischen Phase des Jugendwerks

Großes Familienbild, 1948
Mischtechnik auf Holz, 60 x 80 cm. Aus der dritten surrealistischen Phase des Jugendwerks

Selbstporträt als Kaiser von Österreich, 1954
Öl/Eitempera auf Holztafel, 53,5 x 57 cm.
Aus der manieristischen Periode

Die Versuchung des Einhorns, 1951
Radierung, 19,2 x 26,9 cm, Plattenformat. Aus der
fünften Phase der surrealistischen Periode

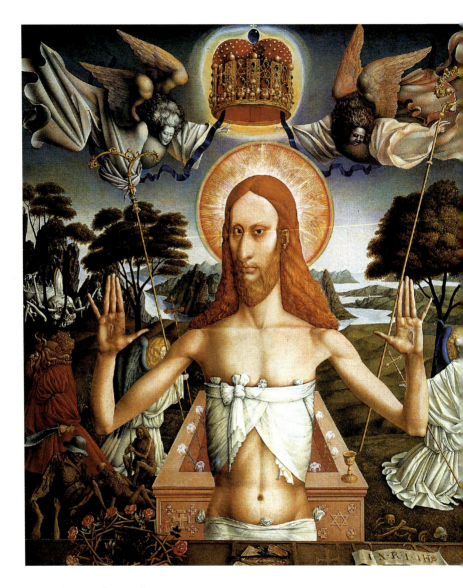

Der Auferstandene, 1952–1955
Aquarell, Deckweiß, 40 x 45 cm.
Eines der Hauptwerke
der ikonographischen Periode

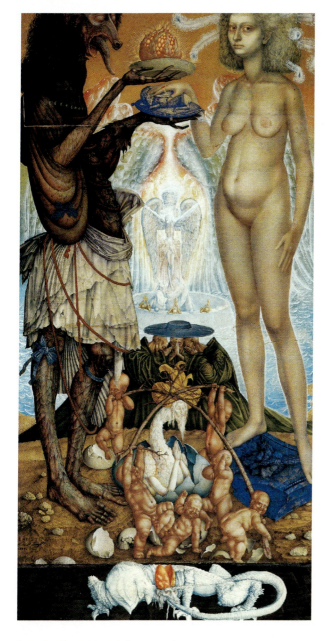

Die Hochzeit des Einhorns, 1952–1960
Aquarell, 36 x 72 cm. Eines der bedeutendsten Werke im Übergang von der manieristischen zu ikonographischen Periode

Moses vor dem Engel des Herrn im brennenden Dornbusch, 1956
Mischtechnik auf Holz, 18,5 x 23,2 cm. Aus der ikonographischen Periode

Der Engel des Todes über dem Eingang zum Purgatorium,
1951–1956
Mischtechnik auf Holz, ca. 70 x 90 cm. Obwohl erst 1960 vollendet, muß dieses Bild dennoch zu einem der wichtigsten Werke der manieristischen Periode gezählt werden.

Der Psalm 69, 1949–1960
Mischtechnik auf Holztafel, 53 x 75 cm. Ebenfalls eines der
Hauptwerke der fünfziger Jahre, das zunächst aus Elementen
der surrealistischen wie auch der manieristischen Periode
besteht und im weiteren Sinne noch bis in die ikonographische
Periode hineinreicht.

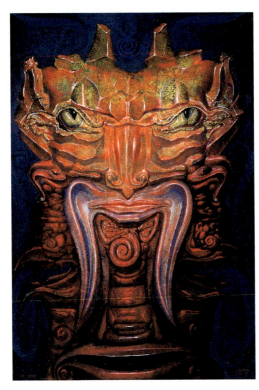

Sphinx, 1964
Mischtechnik auf Holztafel,
43 x 31,5 cm.
Aus der Cherubs-Periode

Cherub sonnenhaft,
1969
Mischtechnik,
30 x 33 cm.
Aus der Cherubs-Periode

Lohengrin, 1977 (aus dem Lohengrin-Zyklus), 1977
Aquarell, 56 x 76 cm

Zeder, 1988
Öl auf Leinwand. Aus der Feuerfuchs-Periode

Salamandra, 1989
Öl auf Leinwand. Aus der Feuerfuchs-Periode

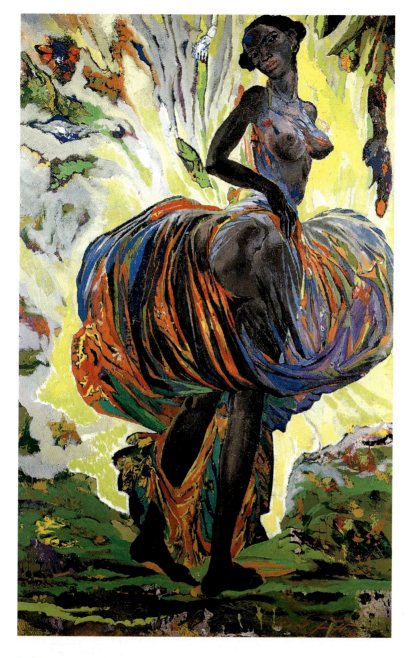

Bal Hottentott, 1988
Öl auf Leinwand, 100 x 161 cm.
Aus der Feuerfuchs-Periode

Die Jagd nach dem goldenen Herzen, 1972–1993
Mischtechnik auf Leinen, auf Holztafel kaschiert, 200 x 300 cm

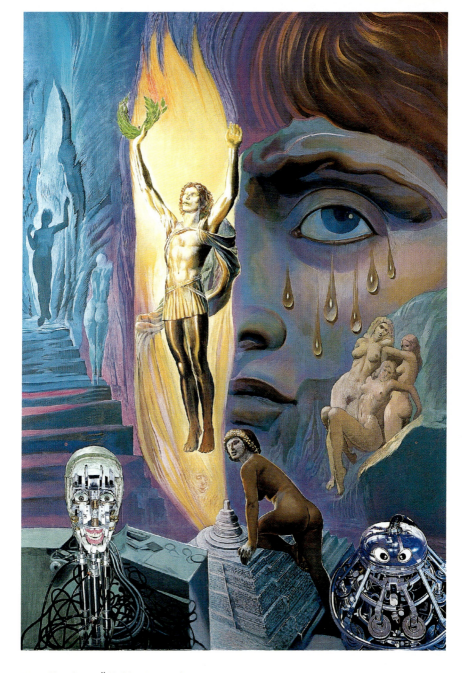

Unvollendetes Ölbild, Zustand 1999,
ca. 250 × 300 cm

Die Otto-Wagner-Villa in Wien-Hütteldorf. 1972 von Ernst Fuchs gekauft und renoviert, war dieses Haus bis zum Jahre 1987 seine Wohn- und Arbeitsstätte. Nach der Übersiedlung nach Monaco machte Ernst Fuchs die Villa als Ernst-Fuchs-Privatmuseum ab 1988 der Öffentlichkeit zugänglich. Die weltweit größte Fuchs-Sammlung ist hier zu besichtigen: Ölbilder, Zeichnungen, Skulpturen etc. aus sämtlichen Schaffensperioden von den vierziger bis zu den neunziger Jahren. Seit 1996 Sitz der Ernst-Fuchs-Privatstiftung. Das Museum ist nun in die Stiftung integriert.
Internet Adresse: www.ernstfuchs-zentrum.com
e-mail-Adresse: ernst.fuchs.privatstiftung@netway.at

eine traurige Vergangenheit ohne Zukunft wollte ich vermeiden. Das Bildchen «Einblick», das ich unfertig nach Capri mitgenommen hatte, brachte ich vollendet zurück. Es schien mir wie eine Trophäe des Überlebens.

Das Wiedersehen mit den Freunden Anton Lehmden und Erich Brauer war ein Lichtblick, ebenso die Besuche bei meinem Vater. Auf seinem Alteisenplatz in der Heinestraße tauchte ich ein in die tiefen Sphären der Erinnerung. Meine frühe Kindheit wurde wieder lebendig, als ich auf den Lagerplätzen meines Vaters die unvergeßlichen Schätze fand.

> Gehe nicht in dich, wenn du in einen anderen gehst,
> mit dem du dich sehr gut verstehst!
> Gib dich ganz hin, so wie du für den anderen bist,
> der ohne List so ganz der deine ist,
> träum dir den Liebes-Lustgesang, -getanze.
> Es ist die Liebeslust in ihrem Glanze.
> Geh nicht in dich und suche dort ein altes Lied.
> Erzeuge das aus dir heraus, als Bindeglied.

27 — Das Aus-sich-Gehen

Ab und zu war Meister Eckhart mein hochverehrter Meister des Aus-sich-Gehens, wegen der Innigkeit, die seine Worte verströmten, wegen des medialen Sich-Überlassens, ganz ohne Furcht! Ein göttliches Erlebnis – das Erlebnis par excellence – dieses Aus-sich-Gehen. Darin liegt der Sinn der göttlichen Schöpfung: Im Aus-sich-Gehen, Überströmen, liebestrunken, diese Saat, belebt mit göttlichen Funken, wie Hefe den Weltenraum belebt, den Kneteteig mit köstlichen Zibeben zu durchwürzen, mit honigsüßer Schärfe den Teig durchnässen. Dem Brot des Himmels, dem

Prunk der Kirche und der Herrscher seine Bewunderung zollen – nicht befangen, sondern aus sich gehend. Lese ich die Gedichte und Briefe aus dieser Zeit, wird mir manches klar, was damals ich nicht sehen, was ich höchstens ahnen konnte. Eine Sucht nach barockem Prunk war in mir erwacht. Die Formen wurden barocker, runder, drastischer. Mein Sinn für Ballett und Oper war geweckt. Mit siebzehn, achtzehn Jahren entdeckte ich meine Freude an der Bühnengestaltung. Die Gespräche drei Jahre später in Paris setzten meinem Interesse ein Ziel vor Augen, das im Laufe meiner späteren Entwicklung als starker, neuer Zweig anzusehen ist. Mein Engagement in Sachen Bühnenbild erschöpfte sich zunächst in einigen Schwarzweiß-Entwürfen zu *Woyzeck* und *Leonce und Lena* von Büchner. Zuvor schon war ich, tief beeindruckt von Jean Anouilhs *Medea*, diesem Thema in einer kleinen Zeichnung von bühnenhafter Gestik nahegekommen. Es war eine Schönheit in Richtung Klassik. Durch Geri, diese persische Prinzessin, wurde meine Liebe zur klassischen, zur orientalischen Schönheit entfacht.

28 — Der starken Strömung entgegensteuern

In der Zeit, da ich die Hundsgruppe gründete, merkte ich, daß ich im Kunstgetriebe mit dem, was ich machte, ein völliger Fremdkörper war. Ich war ein Fisch, der vergeblich versucht, der starken Strömung der gegenstandslosen Malerei entgegenzusteuern. War das Jahr 1950 im wesentlichen ein Jahr des Entdeckens, so war das folgende – sei es in Paris oder Wien – ein Jahr des Kampfes; mit vielen, weittragenden Folgen.

Auf die Gründung der Hundsgruppe war bald eine Spaltung

gefolgt, eine Trennung und Aufforderung zu weiteren Gruppenbildungen. Zuerst hatte der Art Club versucht, eine neue Zusammengehörigkeit zu demonstrieren. Mein Plan einer Hundsgruppe, den ich auf der Italienreise ausgesponnen hatte, sollte die phantastischen Tendenzen, die durchweg figurativ waren, bündeln und entscheidenden Widerstand leisten gegen die ästhetische, formalistische, vor allem die gegenstandslose Malerei. Dies gelang, und in der Folge wurden mehrere Gruppen gebildet. Damit jedoch wurden Grabenkämpfe in Wien und Paris angefacht. Was vermochte unser Rudel von Hunden gegen ein Heer hungriger Wölfe? Die Händler wollten Ware, Massenware – Bilder, die man schnell herstellen konnte, die schnell in alle «zivilisierten» Länder geliefert werden konnten. Tachismus, Action Painting, alle diese Ausdrucksformen brachten die Möglichkeit mit sich, flinkpinselnden Scharlatanen einen Markt zu öffnen, den es vorher nie gab.

Wir, die Maler der Phantasie, galten zusehends als illustrativ. Von den Kunsthändlern konnte man zudem nicht erwarten, daß sie sich für eine kleine Anzahl von fast miniaturhaften Bildern schwierigen, hermetischen Inhalts engagierten. Diese Künstlerpäpste hatten sich geradezu kollektiv der gegenstandslosen Kunst verschworen.

Schon 1952 war es kaum mehr möglich, phantastische Bilder in einer Galerie zu zeigen. Diese Entwicklung zu einer einheitlichen Front im Kunstgeschehen erfolgte rasch und erfaßte, wie jede Mode, die Metropolen der freien westlichen Welt. Ganz plötzlich und doch unbemerkt wurden bildnerische Themen aus der Kunst verdrängt. Formalismus, Strukturalismus, Minimal Art: Wohin man schaute, erstand aus der Mottenkiste des Dadaismus das alt-neue Panorama der «zeitgenössischen», «zeitgemäßen» Kunst als ein sinnentleertes Panorama.

Die Surrealisten, Phantasten und Symbolisten und mit ihnen

alle Künstler, die Figuren malten, gerieten in den *underground*. Dort allerdings scharten sie ein Heer von Begabungen um sich, das Jahrzehnte später vehement hervortreten sollte. Mein Glaube, daß es so kommen würde, gab uns die Kraft zur Geduld und den Mut, diese jungen nachfolgenden Talente auszubilden und sie das alte Handwerk der Kunstmalerei zu lehren. So wurde ich ganz unfreiwillig zum (selbst noch lernenden jungen) Lehrer vieler begabter Menschen, die etwas lernen wollten, um ihre inneren Bilder sichtbar zu machen.

Heute weiß ich, daß diese unterirdische Entwicklung jenseits aller öffentlichen Anteilnahme besser für das Gedeihen der phantastischen Kunst war als eine öffentliche Akzeptanz. Es ist für den Laien schwer nachzuvollziehen, welchen Hindernissen die Künstler unserer Kunstauffassung damals begegneten. Ein Hervortreten aus dem Untergrund wurde geradezu als Verbrechen angesehen, als Versuch, den Kulturauftrag der öffentlichen Kulturhüter zu unterwandern. Denn aller Welt sollte eingebleut werden, daß die Kunst der Zukunft gegenstandslos zu sein habe.

Die Hundsgruppe – und später das Pintorarium – bewiesen das Gegenteil. Im Untergrund, unter Ausschluß der Öffentlichkeit, gedieh der Phantastische Realismus prächtig.

29 — Die schlecht vernarbten Spuren des Krieges

Kaum daß ich zwei Wochen in Wien ertragen hätte. Im Vergleich zu Paris, Turin oder Venedig war Wien zu Beginn der fünfziger Jahre immer noch ein finsterer Trümmerhaufen. Die Spuren des Krieges waren noch nicht überall beseitigt. Die geistigen Spuren blieben ein schlecht vernarbtes, verschämt verborgenes, aber auch stolz zur Schau getragenes Stigma, das sich bis heute immer wieder enthüllt. Mein Vater, der schon seit zwei oder drei Jahren wieder in Wien lebte, fand alles halb so schlimm. Bei seinen Erinnerungen an die heiß-feuchte Hölle der Emigration in Shanghai mußte ihm Wien wie ein Paradies erscheinen.

Anders verhielt es sich mit seiner Schwester, meiner Tante Liesl. Mit ihrem Mann, Ernst Herzog, lebte sie in New York, und jedes Angebot, Wien wiederzusehen, lehnte sie entrüstet ab. Mit Sicherheit kann ich sagen, daß ihr eine unheilbare Wunde zu schaffen machte, daß ein unvergeßlicher Schmerz sie daran hinderte, nach Wien zurückzukehren. Die Stadt zu betreten, und sei es für einen kurzen Besuch, hätte sie als Beschämung, ja als Verrat an ihrem Vater, dem seligen Sigmund Fuchs empfunden, der seine Heimat zwei Jahre vor seinem Tod verlassen und all seine Habe zurücklassen mußte. Tante Liesl hätte es gewiß als entehrend ihm gegenüber angesehen, wäre sie aus irgendwelchen nostalgischen Gefühlen, die sie sicher auch hatte, in diese Stadt zurückgekehrt.

Und hätte sie sich die Baulücke des vom Brand der Kristallnacht zerstörten Pazmaniten-Tempels in der Leopoldstadt ansehen sollen, oder das Haus, in dem sie alles zurücklassen mußte, alle liebgewordenen Möbel und Bilder? Nein, sie war in dieser Hinsicht ganz anders als mein Vater, der als Lebemann ein anderes, schwärmerisches Leben, ein typisch wienerisches Genießerdasein in dieser Stadt verbracht hatte. Für ihn hieß die Rückkehr, endlich wieder in Wien sein zu können, ohne irgendeinen Terror fürchten zu müssen. In denselben Gasthäusern und Cafés zu verkehren, die er vor seiner Emigration frequentiert hatte, war für ihn eine Art der Genugtuung und ein Triumph. Wenn er dann dort, was ab und zu geschah, alte Nazis wiedererkannte, bereitete es ihm eine Art Vergnügen, sie zu beobachten und das Tausendjährige Reich ihres «Führers» lautstark zu verhöhnen.

Die tiefe Frömmigkeit seines Vaters, die er stets bewundert

hatte, kam ihm oft in den Sinn. Tränen der Rührung liefen über seine Wangen, wenn er von ihm sprach. Die Ereignisse der vergangenen Jahre hatten indes seinen Zweifel an einen gerechten Gott verstärkt. Oft hörte ich ihn sagen: «Wenn es einen Gott gibt, wie konnte er all dieses Leid, dieses völlig sinnlose, unverschuldete Leid dulden? Wie konnte dieser Gott sein Volk im Laufe der Geschichte, von Abraham bis heute, immer wieder Haß, Verleumdung und Vertreibung erdulden lassen?»

Als er das Bild des Ahasverus sah, hatte er Tränen in den Augen und seufzte: «Ja, der arme Vata.» Dieser Sigmund Jekutiel ben Mordechai stand wie ein Monument des absurden Glaubens in seiner Seele. Mein Vater war der Meinung, diesen Glauben nicht zu besitzen, und dennoch hat er sein Judentum niemals verleugnet. Die Treue zu den Vätern war seine Art des Glaubens, was ihm gar nicht bewußt wurde. Aber als er sah, daß ich den Glauben an den Sinn des Schicksals Israels geradezu im Blute hatte, versuchte er nie, mich vom Gegenteil zu überzeugen. Ich hatte sogar den Eindruck, daß er sich, um seines Vaters Andenken willen, nach einer solchen Gewißheit sehnte.

Wir sprachen oft darüber, welchen Sinn die Katastrophe haben konnte.

Doch er war letztlich zu sehr Genießer, um sich allzu tief in solche Fragen zu verwirren. Er liebte es, im Wirtshaus an seinem Stammtisch zu sitzen, sein Beinfleisch, das zart und saftig und ein wenig unterspickt sein mußte, in cremigem Spinat dampfen zu sehen. Genüßlich sog er den Duft durch die gewaltige, schnabelartige Nase ein und aß mit Genuß seine Lieblingsspeise. Essen und Trinken schienen bei ihm den Rang einer religiösen Handlung zu haben. Er liebte die einfache Wiener Küche und den österreichischen Wein. Das Urteil über ein Gasthaus hing von der Rindsuppe ab: «Ist die Suppe gut, dann ist alles gut. Ist sie wäßrig oder mit Suppenwürfel künstlich gewürzt, dann ist auch alles andere gefälscht.» In solchen Belangen war mein Vater wählerisch, auch beim Wein liebte er das Schlichte, Gute, Ungeschönte. Die «feine» Küche war ihm suspekt. Nichts konnte ihn mehr ärgern als gepanschter Wein, denn er war ein Kenner des österreichischen Weins und geriet in fröhliche Euphorie, wenn er – wie im Wienerlied so oft besungen – bei einem Glaserl Wein mit mir schwelgerisch von längst vergangenen Zeiten sprach.

Er war Monarchist, obwohl er wußte, daß die gute alte Zeit so gut nicht war. Gegen Aufmärsche revolutionärer Art hatte er eine Abneigung, denn er wußte, wie hohl die Phrasen waren, Schlagworte wie: «Alle Räder stehen still, wenn dein starker Arm es will!» Dazu bemerkte er: «Ja, nicht überall; irgendwo stehen sie nicht still, und die sind es, die euch überrollen und überholen, und dann gibt es noch mehr Arbeitslose.» Denn die Zeit der Armut und Arbeitslosigkeit hatte ja Massen zu Adolf Hitler geführt. Meines Vaters politische Meinung hatte mit seinem Judentum wenig zu tun. Im Antisemitismus sah er eine Krankheit, ein Neidsyndrom, das vielen Völkern Europas anhaftete.

Wenn wir im Wirtshaus beisammensaßen und diskutierten, glänzten seine Augen fröhlich und stolz. Dann sang er mit seiner schönen vollen Baritonstimme die alten Heurigenlieder: «*Schaut's eich den Huad an, den trog i schon zwanzig Joa, schaut's eich an guat o, des is Friedenswoa.*» Betrunken sah ich ihn nie, aber er konnte «was vertragen», wie der Wiener sagt – und das schätzte er über alles, das war sein Lebensinhalt, seine Lebenslust!

Oft meinte er, daß es ihn langweilte, in ein Theater zu gehen, um die Unfähigkeit der Schauspieler ansehen zu müssen. «Nein», sagte er, «da lese ich es lieber und sehe es mir in meiner Vorstellung an, da bin ich dann nicht enttäuscht.» Was den Film anging, lobte er Charly Chaplin über alles, das war für ihn das Genie – Mittelmaß wollte er nicht sehen. Neben Chaplin lobte er Charles Laughton und Spencer Tracy. Das waren seine Stars, die ließ er sich gefallen. Schon als ich ganz klein war, hatten meine Eltern mich als «Schoßkind» in Filmvorführungen mitgenommen.

Von den berühmten Sängern der Vorkriegszeit liebte er Schaljapin, Richard Tauber, Jan Kipura, Enrico Caruso, die Welitsch, Marta Eckert, das waren Stimmen; wie überhaupt Gesang (weil es ja auch seine Kunstform war) eine ganz besondere Rolle in seinem Kunstverständnis spielte. Mit der bildenden Kunst war er hingegen nicht besonders vertraut, und er tat auch nie so, als verstünde er etwas davon. Dichtung, Schauspiel, Oper, Gesang – das war seine Welt, davon verstand er sehr viel. Wir sprachen oft davon, und sein Wissen hat auch das meine stark geprägt.

Abgesehen von der Kunst im allgemeinen liebte er das Denken, bewunderte er die Philosophen – besonders Sartre und Nietzsche. Das eigene, selbständige Denken und Philosophieren im Gespräch, in der Form des sinnenden Dialogs, war ihm das wichtigste. Ein Zeichen von Klugheit war es in seinen Augen, wenn ungebildete, unbelesene Menschen im Gespräch Tiefsinn bewiesen. «Lesen kann heute fast jeder», meinte er, «aber denken tun nur wenige.»

Er sprach oft mit Wehmut und Bedauern über sein abgebrochenes Thorastudium, und daß er seines Vaters sehnlichsten Wunsch nicht erfüllen konnte, nämlich Rabbiner zu werden. «Ich konnte nicht», sagte er mit Tränen in den Augen. «Ich konnte nicht glauben und meinem Vater zuliebe ein Heuchler sein. Ich wollte Sänger werden, Opernsänger, Liedsänger.» Es war sein eigentliches Leben, das Singen der «Winterreise», des «Müllerliedes» seines geliebten Franz Schubert. Seltsamerweise, ganz untypisch für das Wien der dreißiger Jahre, hatte mein Vater eine besondere Neigung zum schwarzen Jazz. So waren Duke Ellington und Louis Armstrong seine Lieblinge. Karawan sang er, die Jazzinstrumente imitierend und dazu auf der Sitzfläche eines Sessels den Rhythmus trommelnd. Ebenso tanzte er gern, besonders Charleston, und konnte flink allerlei Steppschritte vorführen. Das war im damaligen Wien eine Seltenheit, denn allgemein sprach man von «Negermusik» und «Katzenmusik».

Obwohl er der Religion seiner Väter skeptisch gegenüberstand und sich als «Freidenker» bezeichnete, war für ihn der Kultgesang der Tempelsänger die höchste Form der Sangeskunst. Im Gespräch mit mir wies er immer wieder darauf hin, daß Jan Kipura und Richard Tauber ihre Karriere als Kantoren im Tempel begonnen hatten. Hebräische Gebete und deren Singsang, der «Nigunim» genannt wird, konnte er – wohl aus der Erinnerung an sein Elternhaus – anstimmen. Ich hatte jedoch das Gefühl, daß er die Bedeutung der Worte nicht mehr kannte. Er war eben ein Freidenker geworden und sah es als sein Schicksal an, Jude zu sein ohne den Glauben an den Gott der Juden. Seine Unfähigkeit zu glauben, hat er immer wieder tief bedauert.

In philosophischen Gesprächen näherte er sich einem pantheistischen Gottesbegriff, ähnlich dem des Baruch Spinoza, den er als Freigeist verehrte.

Eine Anekdote, die mein Vater mir wiederholt erzählt hat, betraf seine Flucht aus der Jeshiva in Schwabach. Im Naturgeschichte-Unterricht erfuhren die Schüler vom Aussterben verschiedener Arten von Tieren, etwa der Saurier. Im Thorastudium aber wurde ein unumstößlicher Satz der Schöpfungsgeschichte behandelt: «Nach jedem vollendeten Tag, an dem Gott der Herr die Geschöpfe gemacht hatte, hieß der Ewige das, was er geschaffen, gut mit den Worten: Und so soll es bleiben ...»

Mein Vater wagte zu fragen, was einem Vergehen gleichkam: «Aber Rabbi, wie kann das So-soll-es-bleiben in der Thora stehen, wenn wir doch in der Naturgeschichte lernen, daß schon vor vielen Millionen Jahren unzählige Kreaturen ausgestorben sind und die Schöpfung sich seither auch ständig weiterentwickelt hat?» Diese Frage zog einen strengen Verweis nach sich, denn das rabbinische Judentum gestattete Fragen, die den Unglauben erwecken oder zum Ausdruck bringen, überhaupt nicht. Erst ab seinem dreißigsten Lebensjahr darf ein Mann solche Fragen stellen. Der strenge Verweis war der Anlaß dafür, daß mein Vater die Jeshiva fluchtartig verließ, um nach Wien zurückzukehren.

Da er nicht wagte, seinem Vater unter die Augen zu treten, versteckte er sich – mit Wissen seiner Mutter – in der geräumigen Wohnung in der Pazmanitengasse im II. Bezirk, bis nach einigen Tagen sein Vater plötzlich fragte: «Ist der Maxl da?» und von der Mutter lakonisch die Antwort erhielt: «Ja, aber er traut sich nicht zu dir, denn er will nicht Rabbiner werden.» – «Er soll zu mir kommen», soll der Vater gesagt haben, und so trat mein Vater vor ihn. «Warum bist du davongelaufen?» fragte ihn sein Vater, und die Antwort war: «Papa, ich kann nicht glauben.» – «Was, du kannst nicht glauben? Schau mich an, ich bin alt und ich kann glauben und vor mir mein Vater, sein Vater und alle Väter haben geglaubt, und du kannst nicht glauben? Aber, nun da du da bist, bleibe da.» Und gottergeben trug er die große Enttäuschung in seinem Herzen, daß sein Wunsch, sein ältester Sohn, Maximilian Mordechai ben Jekutiel, möge Rabbiner werden, von Gott nicht erfüllt wurde.

30 — Ein Fürst der Demut

Ein Hiob war dieser Sigmund Fuchs, dessen Traurigkeit ich tief betroffen fühlte, wann immer ich ihn in der Pazmanitengasse besuchte. Er war der heilige, der duldende, der adelige Freund der Menschen, der alle Sorgen und Schmerzen in unendlicher Demut und Gottergebenheit seinem Gott zu Füßen legte.

«Der Großpapa spricht mit dem lieben Gott», sagte meine Großmutter, wenn ich vor der Wohnzimmertür stand und auf die Erlaubnis wartete, ihn endlich sehen zu dürfen. Denn ich liebte und verehrte ihn mehr als alle anderen Menschen. Endlich, nachdem der Gesang der Gebete verstummt war, durfte ich eintreten. Ich sah noch, wie er den schwarzgestreiften Gebetsschal abnahm und sorgfältig gefaltet in einer Lade der großen Anrichte verstaute, in der auch die Gebetbücher lagen. Dann setzte er sich, zierlich, langsam und gebrechlich, wie er war, in den Lehnstuhl, der vor dem Schreibtisch am Fenster stand, sah mich an und fragte mich die gewohnte Frage: «Was hast du gelernt, Ernsterl, erzähl mir!»

Dann fragte er mich, ob ich denn wüßte, wer Noah war. Da ich die richtige Antwort wußte, gab er mir ein Fünfzig-Groschen-Stück. Das war viel Geld – fünf Tafeln Bensdorp-Schokolade konnte man dafür kaufen.

Der Wert der Münzen aber war mir gar nicht wichtig. Ihre silberne Schönheit war es, in der ich die Belohnung sah, und daß ich den stacheligen Bart seiner Wangen küssen durfte. Sigmund Fuchs hatte ein fürstliches Charisma; er war ein Fürst der Demut. Als junger Mann hatte er als Hauslehrer und Hausierer im Ghetto von Mattersburg gelebt. Er wäre gern Rabbiner geworden, doch das teure Studium machte ihm, der aus ärmsten Verhältnissen kam, diese Laufbahn unerreichbar. Erst die Heirat mit der Tochter des wohlhabenden Abraham Fischer brachte ihn aus der Enge und Armut des Ghettos nach Wien.

Da sollte ihm der erstgeborene Maxl seinen Traum erfüllen und Rabbiner werden. Wer kann sich denn heute vorstellen, was das für ihn, den Gottesmann, bedeutete? «Oh, mein Gott», seufzte oft mein Vater noch im hohen Alter, «mein armer Vater!» Aber er konnte nicht glauben, und nichts war ihm fremder als Verstellung, denn der Maxl war ein stolzer Mensch – ganz nach dem Wahlspruch seiner Mutter Franziska: Chavet ist mehr als Geld! Ehre ist mehr als Geld! Und meines Vaters Ehre war es, der Sohn des frommen Sigmund Fuchs zu sein.

Ich war vier Jahre alt, als mir dies bewußt wurde. Bis zu diesem Alter war ich nicht sauber und wurde deswegen immer wieder bestraft. Die Unfähigkeit, mich auf die anerzogene Weise auf der Toilette meiner Exkremente zu entledigen, befiel mich meist in der Situation angstvoller Erwartung. Erst gegen Ende meines vierten Lebensjahres, so erzählte es meine Mutter, wurde ich dieses oft beanstandete Übel los. Mein Vater schalt mich jedoch nicht und nannte mich nachsichtig-liebevoll «mein kleiner Stinkadores». Hingegen schämte meine Mutter sich, als wäre es ihre Schuld, daß ich im Alter von vier Jahren noch immer nicht «hundertprozentig rein» war.

Erst mit dem Besuch des Kindergartens, wo kollektiv auf den Topf gegangen wurde, endete diese Phase meiner Kindheit. Meine Mutter war prüde, mein Vater eher das Gegenteil. Er machte ungeniert Bemerkungen über ihre schönen Beine und verglich sie mit denen der Wirtin oder irgendeines anderen Fräuleins. Ja, er machte mich, den kleinen Buben, sogar darauf aufmerksam: «Schau, die hat Beine, die hat einen schönen Gang ...»

Meine Mutter mochte das wenig leiden. Sie erzog mich eher streng, und mein Großvater sah es gern, daß die «Poldi» eine sehr sorgsame, fleißige Mutter und gewissenhafte Erzieherin war. Es war mein Großvater, der strenggläubige, der eines Tages – ich war schon zwei Jahre alt – seinen Sohn, meinen Vater, gefragt haben soll: «Max, warum heiratest du deine Poldi nicht? Sie ist ein anständiges Mädchen.» Seltsam ist diese Frage, diese Aufforderung. Vom Standpunkt des rabbinischen Judentums mußte er eine solche Heirat eher als unakzeptabel ansehen, es sei denn, ein Übertritt der Frau zum Judentum wäre der Hochzeit vorausgegangen. Doch mein Großvater war der Meinung: «Das bist du ihr schuldig.» Sein Sohn sollte keine Bedingung daran zu knüpfen. Beide Elternteile haben mir das später berichtet.

31 — Sie hatten beide recht, lebten aneinander vorbei

Die Verschiedenheit in Alter und Herkunft war sicher einer der Gründe, die während meiner frühen Kindheit zu den vielen schrecklichen Szenen zwischen meinen Eltern geführt haben: Meine Mutter vergoß Tränen des Zornes und der Enttäuschung über meinen Vater. Er dagegen konnte nicht begreifen, daß sein Polderl ihn anders haben wollte, als er war. Er war zu alt, um sich zu ändern. Er brauchte nun einmal das Wirtshaus, seine begehrten Auftritte, seinen Gesang beim Heurigen. Meine Mutter haßte all dies, es war nicht ihre Welt. Sie hatte ein völlig anderes Verhältnis zum Wein und zum Lebensgenuß und warf ihm «Saufen bis zur Bewußtlosigkeit» vor. Mein Vater wies alle Vorwürfe wütend und beleidigt zurück.

Sie hatten beide recht und lebten aneinander vorbei. Das fühlte ich und litt darunter. Denn ich liebte Papa und Mutter und weinte, wenn sie aufeinander losgingen. Ich war drei Jahre alt und konnte schon laufen, da entbrannte eines Abends oder Nachts wieder einmal ein heftiger Streit zwischen meinen Eltern. Papa war spät und schlechtgelaunt in unsere Wohnung gekommen, die sich in Liesing in der (heutigen) Ketzergasse befand. Zornig riß er die Fensterflügel auf und verlangte lauthals nach frischer Luft. Da nahm mich meine Mutter auf die Arme und lief weinend mit mir aus dem Haus. «Mich siehst du nie wieder», schrie sie verzweifelt. Ich erinnere mich, daß ich diese «Entzweiung» als äußerst schmerzhaft empfand und heftig weinte. Meine Mutter brachte mich zu einer Freundin, die in der Nähe wohnte. Dort muß ich wohl trotz meiner Übermüdung kaum geschlafen haben.

Auch meine Mutter fand keine Ruhe, denn immer wieder forderte ich sie auf, zu Papa zurückzukehren: «Der Papa ist ganz allein, wir dürfen den Papa nicht allein lassen. Gehen wir zum Papa zurück!» Gegen Morgen wurde ich wieder in die Decke gepackt, und wir kehrten heim. Was dann geschah, erinnere ich mich nicht. Wahrscheinlich war ich eingeschlafen. Doch ich erinnere mich, daß ich meine Ärmchen um meine Eltern geschlungen hatte, vom Wunsch bewegt, sie wieder zu vereinen. Später sah ich darin ein Gleichnis – doch davon später.

32 — Rauschhaft, ohne Grenzen, wollte ich leben

Vor meinem geistigen Auge sprang aus den Illustrationen des Hoffmannschen Struwwelpeters ein kleiner, schwarzer, furioser Mann hervor, den ich sieben Jahre später mit Adolf Hitler identifizierte. Neigt ein Charakter dem Friedensfürsten zu, ist die Fähigkeit, seine Gegner zu ahnen, von Natur geschärft.

Parteilichkeit folgt selten Entscheidungen des Willens. Sie ist Ausdruck ursächlicher Neigung. Ade freier Wille, ade Selbstbestimmung! Aber ist denn das Angeborene von geringerer Bedeutung, weil es keine bewußte, reflektierende Moral voraussetzt? Hast du diesen oder jenen Körper, weil du wußtest, daß du jenen, den du bewohnst, in all seiner individuellen Beschaffenheit brauchst?

Analogien ohne Zahl begleiteten meinen Weg scheinbar als Entwicklungshilfe für die Ausbildung manueller Geschicklichkeit: Als Kind habe ich Drachen gebastelt und steigen lassen, habe Segelflieger bewundert. Als ich zehn Jahre alt war, mußten wir im Fach «Zeichnen und Werken» aus den bedruckten Ausschneidebögen die Rumpf- und Tragflächenteile der englischen und deutschen Kampfflieger und Bomber ausschneiden, zusammenfügen und mit Uhukleber verbinden, um sie schließlich von der Decke des Klassenzimmers pendeln zu lassen. Zur gleichen Zeit tobte die Luftschlacht über England. Ich bewunderte die riesigen Kampfflugzeuge, die fliegenden Festungen der Tommies wesentlich mehr als die Messerschmitt der deutschen Luftwaffe, einfach weil ich sie «schöner» fand. War das ein rein ästhetisches Urteil?

Schiffe zu zeichnen war meine Passion zu dieser Zeit. Während die «Herren der Weltgeschichte» die Invasion der Briteninsel planten, sangen wir im Musikunterricht: «Wikinger sind wir und fahren hinaus», «Ännchen von Tharau ist's, die mir gefällt», «Ich hatt' einen Kameraden», «Bomben auf Engelland», «Ran an den Feind». Da wir auch Englisch hatten, sangen wir Lieder wie: «It's a long way to Tipparerri», «My Bonnie is over the ocean» oder «There was a little girl, called Goldilocks».

Der Zeitgeist und seine markanten Merkmale treten erst dann hervor, wenn ein Gegenwärtiger die Sicht auf das zu vernebeln sucht, was er im Jetzt bestimmt. Zusammenhänge zu erkennen, bedeutet auch, die oberste Ebene der Wirklichkeitserkenntnis zu erreichen, bedeutet, die stete Präsenz des Mystischen als bestimmend für den persönlichen Werdegang zu erkennen. Der Mythos kennt keine Zeit – wie auch die Zeit keinen Fortschritt bedeutet. Wenn es auch so scheint, daß noch nicht alles dagewesen ist, wenn auch die Ausformungen der mythologischen Wirklichkeit auf der untersten Ebene, der Gegenwart, als neuartig erscheinen – ein tieferer Blick in den Behälter des Weltalls belehrt uns bald eines Besseren. Dies ist ganz wertfrei zu verstehen, denn einen besseren Inhalt als das All kann der Behälter ja nicht haben; er ist ja das ganze Sein.

Die Maske der Euphorie und die Maske des Ekels – sie bilden das Haupt des janusköpfigen Gottes, dessen Aufforderung «Wenn du hier eintrittst, lasse alle Hoffnung fahren» über dem Eingang zum Heiligtum geschrieben steht. Zugleich aber hält er jene ebenso bedeutsame, scheinbar andere Aufforderung bereit:

«Erkenne dich selbst, dann erkennst du Gott.» Diese Botschaft der absoluten Hingabe ist in vielen Varianten überliefert worden.

In der christlichen Mystik bin ich dieser Haltung zum erstenmal im Wort des Meister Eckhart begegnet: «Entleerst du dich nicht deines Selbst, hat Gott in dir keinen Ort der Bleibe.» Wie merkwürdig, daß mich solche Figuren wie Janus und Meister Eckhart gerade während meiner Pariser Zeit beschäftigten!

Wie widersprüchlich scheinen diese geistigen Neigungen doch zur Lebensweise des vagabundierenden Bohémien, der viele Liebesverhältnisse unterhielt!

Vor allem an Gerti Sedlmayr, die treue Seele, dachte ich immer wieder intensiv zurück. Immer wenn meine Wege mich nach Wien führten, sah ich sie wieder. So ein Wiedersehen genossen wir mit einer Intensität, die alle anderen Beziehungen in den Schatten stellte. Denn unser Verhältnis hatte bereits 1948 bestanden, als ich Trude zwar schon kannte, aber noch nicht mit ihr verheiratet war.

Gerti war die Verkörperung des mystischen Eros. An sie schrieb ich unzählige Briefe, die mein geheimes, unterschwelliges Verhältnis zu ihrer unvergleichlichen Sinnlichkeit zum Ausdruck brachten. Sie wartete auf mich, oft monatelang, und wir feierten unser Wiedersehen in wunderbaren, glücklichen Umarmungen. Wie der sprichwörtliche rote Faden zog sich unsere Beziehung durch alle anderen Beziehungen hindurch. Wie das geschehen konnte, mit oder ohne Wissen, mit oder ohne Duldung der «Haupt-Frauen», ist mir heute ein Rätsel. Aber Eros ist auch der Gott der geheimen Wege und der Gott des Fleisches. Und wider Willen führt er eines Tages zur Agape, der göttlichen Liebe.

Mein erstes Buchprojekt war eine Lichtdruck-Mappe, in der die Zeichnungen des Zyklus «Metamorphose der Kreatur» mit Sprüchen des Meister Eckhart versehen waren. Jacques Damas, den ich damals anläßlich meiner Ausstellung in der «Galerie du Siècle» kennenlernte, plante die Ausführung dieses Vorhabens und produzierte auch meine ersten Platten. Leider ging ihm das Geld aus, und die luxuriöse Mappe blieb ein Fragment, dessen Teile ich später nicht mehr auffinden konnte. Auch die schillernde Person des Jacques Damas kreuzte meine Wege nie wieder. Er wurde Verleger für Erotik, romantische Pornographie und ähnliches.

Gerti Sedlmayr – eine Gefährtin, die mir auch im Geiste bis heute treu geblieben ist, obwohl ich sie viele Jahre lang nicht wiedergesehen habe. Ich weiß es zu schätzen, diese Zusammengehörigkeit hinter den Kulissen der sichtbaren Bühne. Es ist naheliegend, die Bedeutung dieser Frau als Personifizierung meines Verhältnisses zu Wien in den fünfziger Jahren anzusehen, als lebendes Symbol für die makabre Erotik, die sich damals in Kollision mit meiner christlich betonten Mystik befand. Diese Polarisierung meiner Thematik, die noch vor dem Themenkomplex «La belle et la bête» meine Thematik in der Kunst bestimmte, ist typisch für diese Zeit und meine Liebe zu Gerti. Damals war mir dies überhaupt nicht bewußt. Wie in allen anderen Belangen folgte ich meinen Wegen triebhaft, unbewußt.

Rauschhaft, ohne Grenzen wollte ich leben. Die Katastrophe des Krieges im Rücken und vor mir eine ungewisse Zukunft, war ich ein Seiltänzer über den Abgründen des täglichen Überlebens. Die Akademie der Bildenden Künste am Schillerplatz in Wien war ein Pandämonium, mein Kalipygodrom, dessen täglichen Vorführungen und Verführungen ein phantastisches Theater schufen, wie ich es in späteren Jahren selbst in Paris nicht wiederfand. Es war nicht bloß meine Jugend, die mir das so erscheinen ließ. Es war diese explosive Aufbruchstimmung, dieses Verlangen nach dem Außer-sich-Geraten, dem Außer-Rand-und-Band-Sein.

In der Hochschülerschaft der Akademie gab es politische Zugehörigkeiten und Ordnungsmechanismen, gegen die niemand aufzubegehren wagte. Man begann damals «Kunsterzieher» werden zu wollen; jeder suchte ein Arrangement zu finden, das ein bequemeres Leben versprach. Mein Ausbrechen war ein verrücktes Unternehmen. Die ersten Jahre nach dem Krieg waren ein unorganisiertes Abenteuer, das durch keinerlei Verbote oder Gebotstafeln behindert wurde. Bald jedoch machte sich sehr ein wienerischer Bürokratismus breit, der mir äußerst zuwider ist.

Wenn ich die zeitliche Abfolge befrage, die meine langjährige, ja lebenslange Beziehung zu Gerti Sedlmayer einleitete, so wird mir klar, daß unsere erste Begegnung schon 1946, also vor meiner ersten Ehe, stattgefunden hat. Dies war in der Zeit meiner Bekanntschaft mit Trude Baschnegger. Noch keines meiner Kinder war geboren. Meine Lebensform hat mich weit von ihr weggeführt, und dennoch ist sie mir immer noch nahe. Ihr Wesen näher zu beschreiben, ist mir nicht möglich, denn alles, was sie betrifft, bleibt mir bis heute ein Rätsel. Wahrscheinlich geben zwei Bildchen, die ich für sie geschaffen und ihr geschenkt habe, ihre Person und unser Verhältnis besser wieder, als Worte es zustande bringen könnten.

Fast alle meine Freunde und Freundinnen waren damals älter als ich; besonders jene, die eine Art Gewalt über mich hatten. So verlor ich einige von ihnen an jene Welt, die man das Jenseits nennt. Alle Fragen, die ich ihnen so gern hatte stellen wollen, bleiben daher unbeantwortet. Oft denke ich an die vielen, fast namenlos gewordenen Gefährten meiner Jugendjahre. Sie alle müssen jetzt zwischen siebzig und achtzig Jahre alt sein, wenn sie nicht schon verstorben sind. Solche Gedanken erzeugen eine Wehmut in mir, die mich oft bedrückt. Ich quäle mich dann mit Selbstvorwürfen: Warum habe ich diese und jene Beziehung derart vernachlässigt, so daß jede Spur verlorenging?

So geschah es, daß Franz Schwarz, einer meiner frühesten Gefährten und mindestens fünfzehn Jahre älter als ich, plötzlich spurlos verschwunden ist. Es ist mir trotz intensiver Nachforschung nicht gelungen, auch nur die geringste Spur von ihm zu entdecken. Er wechselte oft den Wohnsitz, zumeist von Ortschaft zu Ortschaft im Burgenland. Und dennoch konnte ich keine Spur von ihm finden. Mitte November 2000 erreichte mich die traurige, aber kaum anders erwartete Nachricht, daß Franz Schwarz nicht mehr unter uns weilt.

Eine seltsame Form der Trauer um einen endgültigen Verlust befällt mein Gemüt. Wir waren selten einer Meinung, aber es ist ja nicht das Übereinstimmen ein Motiv unzertrennlicher Partnerschaft. Neid und Haß können ebenso unzertrennliche Gemeinschaft stiften. Das alte Wort von der Haßliebe, die sich in flammenden Protesten äußert, kann ebenso zur Festigung einer Beziehung beitragen wie harmonisierende Übereinstimmungen. In diesem Sinne fühlte ich mich meinen Gegnern ebenso verbunden wie meinen Seelenverwandten.

33 — Das Déjà vu ist eine Umkehrung der Zeit

Ich suche unter den Rollenbüchern die Bilderbücher meiner frühesten Kindheit, das Spielzeug jener Zeit in meinem Leben, da ich gehen und die ersten Worte sprechen lernte – und ich finde sie nicht. Doch nein, da liegt der Teddy, angetan mit dem Pulloverl aus der gleichen Wolle wie jener Sweater, den ich trug. Da sind sie, die ersten Schulbücher. Die Rollenbücher riechen nach bitterer Tinte. Ich kann mich erinnern.

Das Déjà vu ist eine Umkehrung der Zeit. Das Jetzt wird zum Einst, das Einst zum Jetzt, das Leben zum zeitlosen Mythos. Sehe ich Menschen wieder, die ich vor Jahrzehnten gekannt und seither nicht wiedergesehen habe, erkenne ich meist jenes ewige Gesicht hinter allen Masken des Alterns, der unverwechselbare Klang der

Stimme ist wieder da, als wären die Jahre spurlos vorübergegangen.

In diesem Sinne kann kein Wiedersehen enttäuschend sein. Es kann Schmerzen verursachen, aber es sind jene, die uns schon zugefügt wurden oder die wir zugefügt haben. Und so ist es wohl besser, den Verstorbenen Ruhe zu wünschen und Ehrfurcht zu bezeugen, als sie in nekromantischer Absicht zu belästigen. Sollte es ihnen gestattet sein, uns ein Zeichen zu vermitteln, werden sie es auch ungebeten tun. Gott allein weiß, wie zahllos diese Zeichen sind, diese Bausteine vom Fundamt menschlicher Religiosität.

Gedenke ich jener, die mich um das Jahr 1950 begleitet haben, so kommt mir Helmut Winkelmaier in den Sinn. Ihm verdanke ich zahlreiche Anregungen, die vor allem seltene und seltsame Literatur betrafen. Er war es auch, der mich mit der Literatur der deutschen Mystiker versorgte. Er brachte die Bücher mit und las daraus vor. So verstand er es, meine Bilder mit literarischen Werken zu vergleichen. Er erweiterte meinen Horizont in jene Richtung, die mir die Vorstellungswelt der Alchemisten, wie der Magie im allgemeinen, nahebrachte. Seine Interpretationen meiner Bilder erbauten mich. Aber nicht nur ich, der ganze Freundeskreis profitierte von seiner Umsicht und von seinem Spürsinn für geistige und künstlerische Verwandtschaft. Winkelmaier kannte jeden, er trieb sich in allen Ateliers und Cafés herum. Er war eine Künstlernatur ohne Kunst, ein Zuträger, ein Zuhälter der Musen, der seltsamste Charakter in jenen Tagen. Er besuchte mich in Paris und nahm die schwierige Lage dort mit einer bewundernswerten Selbstverständlichkeit hin. Er war es auch, der mein Mappenwerk «Metamorphose der Kreatur» mit auf den Weg bringen sollte.

Winkelmaier – sein Name war ein Synonym für seinen Charakter und seine Funktion. Er verbrachte Anfang der fünfziger Jahre einige Monate in Südfrankreich, wo er Gast bei einem damals sehr berühmten französischen Abstraktmaler war und eine

Art Assistent von ihm wurde. Als er wieder in Paris auftauchte, erzählte er Wunderdinge, unter anderem, daß er Picasso im Valauris besucht hatte, um ihm Photos von meinen Bildern zu zeigen. Picasso hatte mit großem Interesse sehr lange die Photographien angesehen und angeblich gesagt, daß diese Bilder ihm sehr gefielen. Winkelmaier rühmte sich dieser Tat nicht wenig, sprach oft davon, in der Hoffnung, ich würde ihn nach Valauris begleiten, um Picasso kennenzulernen.

Wohl hegte ich diesen Wunsch, doch war ich in jenen Tagen mit Mia und Geri derart belastet, daß ich an ein solches Unternehmen gar nicht denken konnte. Ich bedaure dies auch heute noch sehr, denn Picasso war – nach Dalí – einer der wenigen Künstler, die ich kennenlernen wollte. Dafür lernte ich 1950 in Venedig Giorgio de Chirico kennen. De Chirico hatte eine ziemlich umfangreiche Ausstellung im Napoleonischen Pavillon am Canal Grande; eine große Zahl seiner vielgeschmähten neobarocken Bilder war dort zu sehen. Diese Schaffensperiode, die bis auf den heutigen Tag fast ausschließlich auf Ablehnung stößt, gefiel mir sehr. De Chirico stand hoch aufgerichtet im Zentrum der Napoleonischen Rotunde, sah auf alles von oben herab.

Eines meiner kleinen Bildchen, «Hinter dem Schweißtuch der Veronika», das ich de Chirico unter die gewaltige Nase hielt, sah er kaum an und reichte es mir wortlos zurück. Ich nahm es und war sehr enttäuscht, denn ich sah ein, daß dieser Künstler, den ich auch heute noch bewundere, ausschließlich sich selbst betrachtete und keinerlei Interesse an Werken anderer Künstler hatte.

Ich fühlte eine abgehobene Einsamkeit von ihm ausgehen – er wollte mit sich allein sein. Es war nicht Überheblichkeit, sondern ein Narzißmus, der wahnhafte Züge hatte. Insofern war es doch ein großes Erlebnis, diesen Ur-Surrealisten kennengelernt – und doch nicht kennengelernt zu haben.

Helmut Winkelmaier hatte auch eine Vorliebe für Abstruses, unter anderem für Schwarze Magie, Satanismus und die Schriften des Marquis de Sade. Jedoch war sein Interesse nie tiefgreifend. Eines Tages kam er, vor Empörung zitternd, in eines jener Cafés, die ich als Unterschlupf wählte, und berichtete, daß Serge Bernard ihn vergewaltigen wollte. Serge sei ungeheuer stark, in jeder Hinsicht überwältigend gewesen, und nur mit knapper Müh und Not sei Winkelmaier dem Unhold entkommen. Mit Winkelmaiers Sinn für das Abwegige, dem de-Sadeschen Lust-Bild, war es offenbar nicht so weit her. Eher war er an allem oberflächlich und dennoch mit großer Anteilnahme interessiert. Ein seltsamer Charakter, an den ich immer wieder denken muß. Vor vielen Jahren kam er durch einen Unfall ums Leben.

Seine Persönlichkeit und seine Lebensform waren typisch für jene frühen Jahre des Aufbruchs in Wien und Paris. Im übrigen gilt dies auch auf für den gewalttätigen Serge Bernard, der – als ein aus dem Elsaß stammender Jude – vorzüglich Deutsch sprach und ein ebenso seltsamer Charakter war, eine Symbolfigur jener Tage. Hünenhaft von Statur, hatte er riesige, prankenartige Hände von rötlicher Farbe, dicke, ungelenke Finger. Schwerfällig und dennoch raffiniert waren seine Bewegungen. Seine vollkommen anarchistische Gesinnung war von Fanatismus und Grausamkeit geprägt. Sein Vergnügen bestand darin, die Größe seiner Genitalien zu preisen; und welch begehrtes Werkzeug seine Freundinnen darin sahen. Sein Gehabe war zuweilen marktschreierisch prahlend, dann wieder sanft poetisch. In der Literatur sah er vor allem in Marcel Proust seinen Gott. Seine sodomitische Attacke, die den Winkelmaier so gewaltig erschreckt hatte, war, so schien es mir, bloß seiner Freude am Schockieren zuzuschreiben. Er wollte panisches Erschrecken verursachen, und dazu war ihm jedes Mittel recht. Seine dunklen, kleinen Äuglein schauten durch dicke Brillengläser. Er war kurzsichtig, hatte volle Lippen, über denen sich eine große, fleischige Nase wölbte. Dunkles Kraushaar, ein wenig zottelig, zierte seinen Schädel, so daß er mir wie eine babylonische Statue erschien, die in den kleinen Cafés schwer Platz fand. Mir erschien er zuweilen als eine urtümliche, altorientalische Schönheit und dann wieder wie ein klobiger Landwirtsgehilfe. Er mochte mich besonders gern und sprach viel mit mir, obwohl ich nie mit ihm einer Meinung war. Seinen militanten Atheismus gab er in meiner Gegenwart nie zum Besten, obwohl das zum vordringlichen Gesprächsstoff für alle Freundeskreise, in denen er verkehrte, gehörte.

Serge war eine der bekanntesten Persönlichkeiten des Quartiers. Er hinterließ außer einem von ihm entdeckten und bis dato unbekannten Manuskript von Marcel Proust – das sich aber bald als eine geschickt gemachte Fälschung von seiner Hand erwies – keine Spur im Paris jener Tage. Bis Ende der fünfziger Jahre sah ich ihn kaum wieder. Man hörte nur skandalöse Berichte von ihm. Das letzte, was ich von ihm, oder über ihn, erfuhr, war, daß er im Gefängnis eine Strafe wegen Autodiebstahls abzusitzen hatte. Ich mochte ihn sehr, obwohl ich keinerlei Übereinstimmung mit seiner anarchistischen Philosophie finden konnte. Bei allem hatte er etwas Rührendes, Unbedarftes, Aufrichtiges. Er schien auch selbstlos hilfsbereit zu sein, ein überdimensionales, unfolgsames Kind, dessen revolutionäre Taten mir eher als Lausbubenstreiche erschienen. Ob es angebracht erscheint, ihn zu bedauern, ist fraglich, da er ja an allen seinen Streichen ein großes Vergnügen fand und nie irgendeine Reue oder ein Bedauern zeigte. Trotz aller Unvereinbarkeit unserer Charaktere war er mir ein guter Freund.

Mir ist von seinem Wesen ein starker Eindruck geblieben, vor allem seine eindringliche Stimme – ich höre sie deutlich, als säße er mir jetzt gegenüber, vorgebeugt über ein Glas Bier, die oberste seiner Thesen verkündend: Der Staat ist kriminell, er ist die legalisierte Kriminalität, ist Gewaltherrschaft über die Schwachen. Nie darf der Mensch sich dem Staat beugen, sein Recht auf Freiheit aufgeben. Diese feige Haltung hat den modernen Menschen zum Krüppel gemacht, zum gesinnungslosen Duckmäuser. Serge

Bernards rührender Heroismus war nicht unähnlich der Geisteshaltung seines großen Zeitgenossen Jean Genet. Damals wie heute ist das alte Lied ein unverändert neues. Jede Jugend singt es und glaubt daran, daß die Gewalt des Staates die Kriminalität der Menschen erzeugt. Wie denn auch nicht, ist doch der Staat letztlich die Summe der Menschen, die ihn hervorbringen. Niemand hat Macht über dich, wenn du sie hast. Doch Serge Bernard und ich waren uns bewußt, daß dieses Wissen noch lange nicht die Kraft war, durch die wir Sieger hätten sein können über unsere Schwachheit und widerwilliges Dulden. Im Grunde waren alle seine Aktionen unbedacht, spontan und unvorsichtig, denn jede dieser Haltungen war in seinen Augen eines Serge Bernard unwürdig. Waren alle Bedenken beseitigt, stürzte er sich in das Abenteuer der Revolte, um dann alle Strafen mit Genugtuung über sich ergehen zu lassen.

Kurze Zeit bevor ich ihn kennenlernte, hatte er an einem Sonntagvormittag die Kanzel von Notre-Dame de Paris erstürmt, um von oben herab, wie ein Priester Satans schreiend, den versammelten Gläubigen im Hochamt den Tod Gottes zu verkünden! Er wiederholte einige Male die nicht wenig abgedroschene Phrase «Dieu est mort» – bis sich aus den verdutzten, ja erschrockenen und alsbald wütenden Gläubigen eine Gruppe von Entschlossenen rekrutierte, die ihn von der Kanzel zerrte, verprügelte und schließlich durch die herbeigerufene, verhaßte Polizei abführen ließ. Dieses Ereignis machte noch lange die Runde in Saint-Germain, wurde auch in den Zeitungen besprochen.

Ebenso war sein Versuch in aller Munde, den Eiffelturm zu sprengen. Serge sah sich als Revoluzzer, aber wenn er zu seinen Freunden sprach, hatte seine Stimme einen sanften Klang. Bescheiden trat er hinter das Monument, das er sein wollte, zurück und war den Tränen nah, wenn er einsah, daß alle diese Heldentaten von Eitelkeit und Schwäche zeugten. Dann seufzte er und stöhnte, als peinige ein Dämon seine Seele. Man konnte ihm ansehen, daß er all diese Peinlichkeiten gar nicht wollte, daß er unter Zwang handelte. Mit meinen amerikanischen Freunden hatte er wenig Kontakt, auch sah ich ihn selten in den Cafés des Montparnasse. Sein Milieu war Saint-Germain-des-Prés. Er bewohnte einen fensterlosen, billigen Verschlag im Hotel der Céleste Albaret, jener sagenhaften Aufwartefrau, die Marcel Proust bedient hatte, die jeder Verehrer dieses Dichters kannte und verehrte. Dieses Hotel war das schlimmste, völlig verkommene Verlies der Allerärmsten. Doch da es billig war, war es ständig überbelegt. Céleste war eine strenge Herrin, eher eine Gefängnisaufseherin als eine Hosteß. In den winzigen, stinkenden Kammern wurde das Licht von einem Schaltbrett in ihrer Concièrgenloge aus um zehn Uhr abends abgedreht.

Zwischen 1952 und 1953 wohnte ich ab und zu für einige Wochen mit Vali Meyers, Hans Neuffer und Marilyn Meeske dort. Céleste mochte mich, denn sie sah, daß ich viele Stunden zeichnend auf meinem Zimmer verbrachte. Sie hegte tiefe Verachtung für die nichtsnutzige Bohème, die bei ihr Zuflucht fand. Denn alle diese «Individuen» hatten nicht die geringste Ähnlichkeit mit ihrem lordhaften Monsieur Proust, von dem sie sprach, als wäre er der Liebesgott in Person gewesen. Serge wohnte in diesem ruinösen Haus, um auf diese Weise seinem verehrten Dichter nahe zu sein – und hier war es auch, wo er das verschollene Manuskript von der Hand seines Meisters «fand». Später, als der Schwindel aufflog (auch uns, seinen Freunden, hatte er versucht, den Bären aufzubinden), meinte er, daß dieses Schriftstück so hervorragend verfaßt sei, daß es durchaus von der Hand des Meisters stammen könnte.

Die Lektoren aber kamen zu einem anderen Schluß, und Serge, der einen saftigen Vorschuß vom Verleger kassiert hatte, wurde beinahe ins Gefängnis gesteckt. Dies war die letzte Episode im Quartier, die ich hautnah miterlebt habe, und auch diese war bezeichnend für das Leben dort. Unter allen Anarcho-Existentialisten, die ich kannte und mit denen ich befreundet war, hatten nur wenige einen ausgeprägten Schaffensdrang. Fleiß wurde vielmehr als eine Art von Schwäche angesehen. Meine Emsigkeit zog so manchen Spott auf sich. Hätte ich Geld verdient, wäre auch dies kaum als Motiv für mein Tun anerkannt worden.

Der Oberfatalist, Pierre Feuillette, strafte mich unablässig mit Verachtung, wenn er mich arbeiten sah. Als seine Herzdame Vali Meyers zu zeichnen anfing und rasch Fortschritte in dieser Kunst machte, erregte es in ihm die gleiche Verachtung. Nichtstun war seine Form der Revolte gegen die Gesellschaft, deren oberstes Gebot «Arbeit» hieß. Pierre war ein sehr schöner Mensch, Verachtung und Stolz prägten sein Gesicht. Er wußte, daß er ohne etwas zu tun die Bewunderung aller Mädchen im Quartier auf sich zog. Er rühmte sich, daß er jedes Mädchen haben konnte, wo und wie er wollte, und damit hatte er nicht ganz unrecht. Seine Freundin Vali, die nicht eifersüchtig war, übte keinerlei Kritik an seinem Gebaren, ließ ihn tun, was er wollte, und tat desgleichen. Pierre gab vor, er bemerke es nicht. Das gehörte zum Ehrenkodex der Gruppe. Mir war dies völlig fremd, im Grunde sah ich darin den Ausdruck völliger Sinnlosigkeit.

Binnen weniger Jahre wurde der Freundeskreis immer kleiner. Viele kamen in der Gosse um, starben an einer Überdosis Heroin, durch Selbstmord, nach Schlägereien, die mit schweren Verletzungen endeten. Das waren die Endstationen einer raschen Reise zur schrankenlosen Freiheit, die sich bald als Fessel einer Versklavung erwies.

Diese Freiheit entpuppte sich oft als ein früher Tod. Kam einer um, wurde er als Held gefeiert. Zuweilen betrachte ich die Photographien, die Ed van der Elsken von unserem Freundeskreis machte, und denke: Zwei Jahre nach dieser oder jener Aufnahme starb Pierre Weber, ein Amerikaner, an einer Überdosis Heroin. Pierre verlor fast alle Zähne durch Schlägereien, die er provozierte. Auch ein Ohr büßte er ein, denn in einem Anfall von Eifersucht hatte seine Freundin es ihm abgebissen.

Diese Dramen waren das tägliche Martyrium auf dem Weg in den frühen Tod. Der Existentialismus war eine Seuche, eine Krankheit, der sich kaum einer entziehen konnte. Pierre Feuillette erzählte von seiner Kindheit. Er kam aus reichem Hause, und trockenes Brot war für ihn ein Leckerbissen, weil er mit Süßbrot aufgezogen wurde.

Unsere kleine Gruppe, die Saint-Germain-des-Prés und Montparnasse ihren Stempel aufprägte, war für schaulustige Touristen und sonstige Outsider das Vorzeigesymptom des Existentialismus – obwohl wir uns kaum als dessen legitimen Auswuchs sahen. Auch wußte doch noch keiner von uns, wer aus diesem losen Haufen als beachteter Zeitgenosse eine unvorstellbare Zukunft erreichen würde, denn nur wenige, zu denen gehörte ich, hatten diesbezügliche Ambitionen. Diese erwartungslose Lethargie war ja das unausgesprochene Credo der Gruppe.

Wir waren bekannt, wurden photographiert und in allerlei Dokumentationen festgehalten als eine Art Visitenkarte des Quartiers Saint-Germain-des-Prés. Der holländische Photograph Ed van der Elsken, ein in unserer Mitte lebender «Existentialist», war stets mit seiner Leica gegenwärtig und machte unzählige Photos, die er schließlich veröffentlichte. «Love on the Left Bank» hieß diese Auswahl der veröffentlichten Bilder. Ein halbes Jahrhundert ist inzwischen vergangen. Das Paris jener Tage ist verschwunden. Nur einige jener Kumpane haben das existentialistische Ghetto des schrankenlosen Freiheitselends verlassen – und überlebt.

34 — Allmählich hatten einige von uns Erfolg

Niemand konnte ahnen, daß James Baldwin, Mati Klarwein, Vali Meyers und andere bald zur Berühmtheit aufsteigen würden. Sie hatten die Zähigkeit der Kunstbesessenen. Was ist dagegen aus Louis Moyano, aus Carlos Torroba und vielen anderen geworden? In den Erinnerungen an die sechziger Jahre wird davon die Rede sein.

Allmählich begannen einige von uns Erfolg zu haben. Vor allem waren es Hundertwasser, René Brô, Arik Brauer, Le Maréchal, Mati Klarwein und Vali Meyers. Einige konnten sich rühmen, vom Verkauf ihrer Werke zu leben, aber schon in jenen Jahren zeigte sich, daß Hundertwasser einen Bekanntheitsgrad erreicht, hinter dem wir in einigem Abstand zurückbleiben. Er fuhr bald einen Citroën und nannte einige Häuser auf dem Lande sein eigen.

Mati Klarwein war ein «bel homme», wie er im Buche steht. Mit erstaunlichem Fleiß und ungewöhnlichem Geschick hatte er Mischtechnik, Tempera und Glasurtechnik erlernt und malte mit großem Erfolg die reichen und schönen Damen der Schickeria. Vielseitig begabt als Tänzer und Jazzer, war er allseits beliebt. Als 1954 der Stern Pierre Fenettes zu verblassen begann (nach dem Verlust seiner Ohrmuschel), wurde Mati sein Nachfolger an der Seite Valis; und das war eine weithin sichtbare Auszeichnung.

Le Maréchal war ein stiller, in sich gekehrter Charakter, der wie ich von unablässigem Fleiß geplagt wurde. Und genau wie ich mußte er schmerzhafte Reibungen aushalten. Jedenfalls hatten alle «Ausreißer», denn um solche handelte es sich bei fast allen Mitgliedern dieser Anarchogruppe, enorme Belastungen zu ertragen. Heute kann ich sagen, daß sich das Durchhalten, daß sich alle Mühe gelohnt hat. Entbehrungen aller Art hatten damals auch ein völlig anderes Gewicht als heute. Die meisten waren direkt oder indirekt von weit schlimmeren Szenarien des Krieges geprägt – ob es Holocaust, Bombardements, Vietnamkrieg oder Koreakonflikt hieß. Lebensangst und Lebenshunger hielten sich die Waage, Eros und Thanatos wogen einander auf, als Spannungspole des alltäglichen Daseins.

Für mich, der die Weltmetropole der Kunst als sein Hauptquartier betrachtete, war Paris das «Palais Idéal», obwohl ich bloß als Bettler an der Schwelle saß.

Aber von den damals sehr berühmten Künstlern, die sehr wohl vom Verkauf ihrer Werke leben konnten, sind nur wenige über die Nachkriegsjahre hinaus berühmt geblieben. Die damals jedem Kunstfreund bekannten Namen sagen der nachgeborenen Generation nichts, jedenfalls nicht das, was ihre damalige Glorie ausmachte. So gelten die Namen der Maler Wols, Riopelle, Mathieu usw. nicht mehr als Synonyme für die etablierte Kunst.

Dieses allzu bald erfolgte Überschreiten der Schwelle, dieses Eintreten in das «Palais Idéal» führte in einen kurzen, schmalen Gang, nicht aber in eine Zukunft. Allzuoft landeten Bilder in der Abstellkammer berühmter Galerien. Darunter waren auch Galerien, die so berühmt waren, daß alles, was sie zeigten, als hervorragend galt. Doch die Zeit war kurzlebig, und die Moden überholten einander sehr schnell. Mancher Künstler war stolz, von einer Galerie einen Kontrakt zu erhalten; und doch modert sein Werk heute noch in der Abstellkammer. Was einst zu hohen Preisen angeboten wurde, ist heute weit unter dem damaligen Preisniveau zu haben, das meist durch dubiose Versteigerungsergebnisse manipuliert war. Nur ganz wenige sind von diesem «Jüngsten Gericht» nicht verurteilt worden. Lasse ich die vielen Künstler und Werke, die ich kannte und sah, Revue passieren, so bedaure ich in manchen Fällen diese meiner Meinung nach allzu rasch gefällte Verurteilung. So mancher meiner Kollegen von anno dazumal sitzt noch immer bettelnd vor dem Tor. Das «Palais Idéal» ist eben nicht so ideal, wie es sich die jungen Künstler erträumen. Richard Matouschek, Raimund Gregor Ferra, Maître Leherb und viele andere, die ich nach Paris lockte und die sich mit ihrer außerordentlichen Begabung durchaus auf dem Weg zum Erfolg befanden, sind verhältnismäßig jung verstorben, und ihr Wert harrt bis heute der Entdeckung. Denn das Schicksal ist der Feind des Idealen. Wie sagte doch Wilhelm Busch: «Denn erstens kommt es anders und zweitens als man denkt.» Im Jahrhundert des «L'art pour l'art» konnte eben alles passieren: Ein gewisser Vincent van Gogh, der zeit seines Lebens nur ein einziges Bild verkaufen konnte, erzielt heute Höchstpreise, während in der Zeit kurz nach seinem Tod seine berühmten Zeitgenossen als Kitsch in die Abstellräume der Museen wanderten. Denn jede Generation widerspricht der vorangegangenen – ein letztes Urteil wird nie gesprochen.

Letzten Endes drängt der Geist nach Wirklichkeit in der Welt. Wer kann schon einen Einfall, eine Idee für sich behalten? Hätte denn das «L'art pour l'art» nicht seine Kunst für sich behalten sollen – ja, müssen? Eine Kunst um der Kunst willen schließt doch eine Veröffentlichung aus. Doch jeder will erkannt, jeder will entdeckt werden.

Paris wirkte wie ein Magnet. Die Anziehungskraft dieser Metropole wirkte weltweit. Erst als der letzte Exponent der «École de Paris» starb – Picasso –, ließ der Magnetismus nach, und wer heute diese Weltstadt besucht, kann kaum noch ahnen, welch ein Star unter den Hauptstädten der damaligen Welt Paris war.

DRITTER TEIL

1 — Meine ersten starken Kunsteindrücke

Neulich war ich mit Moritz unterwegs, meinem zwölfjährigen Sohn. In einer Straße, die direkt zur Wiedner Hauptstraße führt, sah ich sie wieder. Da stand sie ganz unverändert, meine Taufkirche St. Thekla. Ich wollte sie Moritz zeigen, aber auch nach vierzig Jahren Abwesenheit meine Erinnerungen auffrischen. Und vor allem wollte ich die Bilder über den Altären sehen. Sie waren meine ersten starken Kunsteindrücke. Da war ich selbst zwölf Jahre alt.

Und nun war ich plötzlich hineinversetzt in ein ewiges Leben und Staunen: Diese Kirche schien mir eine Insel zu sein, ein Riff, das aus dem wechselvollen Häusermeer des Stadtgebildes als sicheres Zeichen eines Allen-Wandel-Überdauerns ragte. Denn rings um dieses Kirchlein und den Pfarrhof hat sich fast alles verändert – und nicht zum Besten. Kunstlos, kalt und anonym stehen die Klötze da, als Ausdruck einer Nivellierung.

Die Stimmung in der Kirche aber war voll von wundersamen Momenten und von meinen Erinnerungen getragen. Der «Wink des Schicksals» flog mich an. Ich dachte an den Pfarrer Edelmann, der mich hier getauft hatte. Störrisch, weil ich «mußte», hatte ich den Taufunterricht – einige Stunden in der Woche – besucht. Ich verstand nicht, daß der Priester mich darauf vorbereitete, ein unvergängliches, unauslöschliches Siegel der Erlösung durch den Opfertod des Judenkönigs, Jesus Christus, zu empfangen.

Pfarrer Edelmann hatte eine strenge Art zu unterrichten; er machte es seinem «Schäfchen» Ernst Fuchs nicht leicht. Jeder

Schwärmerei war er abhold, und ich hatte alles so zu lernen, wie es im Katechismus steht. Als ob es sich um eine Rechenaufgabe handelte, wurde ich geprüft. Das Beichten fiel mir besonders schwer: Alles zu sagen, ohne zu lügen – ob mir das möglich war? Ich weiß es nicht, ja, ich bezweifle es. Mir schien das eine Formalität zu sein. Zu meinem Schutz vor den Nazis war dies alles gedacht. So jedenfalls kam es mir damals vor.

Und jetzt, während der feierlichen Sonntagsmesse, sah ich verstohlen nach dem Beichtstuhl, einem Verschlag aus josephinischer Zeit. Mundgeblasene Glasscheiben aus dem achtzehnten Jahrhundert, als die Kirche St. Thekla gebaut wurde. Was ich in meiner Kindheit bewundernd wahrgenommen hatte, war vor allem das Altarbild, das die heilige Thekla darstellt: «Mein Gott, ist das ein schönes Bild!» Das Kleid erstrahlt im goldigen Weiß eines heiligen Lichtes. Es quillt aus den gebauschten Falten eines roten Mantels. Die Farbkombination ist himmlisch schön, und da das Bild angestrahlt war, sah es überirdisch aus, wie die ganze Kirche, die vor nicht allzu langer Zeit restauriert worden sein muß, denn alles glänzte festlich herausgeputzt. Der zelebrierende Priester fand Worte, die ihm ein Engel – gleich einer Hostie – in den Mund gelegt hatte.

Schlicht, ohne jedes Pathos, sprach er die heiligen Formeln der Wandlung und die Gebete. Unaufdringliche Bescheidenheit eines Verwalters unvergänglicher Güter umgab ihn mit einem Licht, das von den Gewändern der heiligen Thekla vom Bilde hinter ihm auf ihn herabstrahlte.

Ich erinnerte mich, wie diese Kirche zur Zeit meiner Taufe (1942) und in den Jahren während des Krieges aussah: Als kalt, düster, ja, als abweisend hatte ich sie empfunden. Und jetzt dieser überirdische Glanz – ganz wunderbar! So teilte ich meine Empfindungen meinem Sohn Moritz mit, der einiges ganz anders sah. Die Bilder gefielen ihm; jedoch wollte er wissen, warum das «Auge Gottes», die Stilisierung eines kleinen Fensters über dem

Rahmen des zentralen Altarbildes, nicht kräftiger strahlte als das Bild darunter. Der theologische Gehalt dieser Frage erstaunte mich. Tatsächlich machten Tageslicht und Kunstlicht einander da Konkurrenz. Als Erinnerungsbildchen an die Taufe erhielt ich als Kind die Darstellung des letzten Abendmahles. Jesus inmitten seiner Apostel an einem langgestreckten Tisch. Das Bild war sehr klein, in schummrigem Schwarzweiß gedruckt und auf der Rückseite von der Hand des Pfarrers mit Segen und frommer Ermahnung versehen. Die Schrift Pfarrer Edelmanns war zierlich und sehr gut leserlich. Mir gefiel dieses Bildchen sehr, und lange noch besaß ich es; es gehörte zu jenem Schatz, den ich besitze, ohne ihn berühren zu können.

Der Geistliche, der damals die heilige Messe zelebrierte, war ein Liturge vom alten Schlag; seine Worte und Gesten prägten sich mir als unvergeßlich, unvergänglich ein.

Auf meinen Zeichenblättern als Zwölfjähriger tafelten die Stutzer des siebzehnten Jahrhunderts, hoben die Humpen voll köstlichem Wein. Tranken einander zu, die flamboyanten Gewänder umwallten ihr Wohlsein. Indianer und Trapper mischten sich darein. Wie Ritter reckten sie ihre Waffen.

Doch mit meiner Taufe wandelte sich auch meine Bildwelt. Der kreuztragende Christus tauchte auf, auch der am Ölberg weinende. Mein Interesse für das Dämonisch-Groteske erwachte. Neptun tauchte, den Dreizack schwingend, aus den schäumenden Fluten der See. Doch Moses und die Propheten überragten alles. Ein Wandel fand statt, eine Wendung hin zum Professionellen – das Kindhafte schwand bei mir schon mit zwölf Jahren.

Die entscheidende Wende fand in Düsseldorf statt. Meine Mutter ging mit mir in die rheinische Stadt, weil sie dort Geschäftsführerin eines Modesalons in der Königsallee werden konnte. Paul Spanier war es, der meine Aufnahme in die Akademie der Bildenden Künste Düsseldorf ganz systematisch betrieb. Er ordnete meine Zeichnungen, versah sie mit Daten, verfaßte einen kurzen Kommentar – und siehe da: Eine außerordentliche Aufnahme wurde mir zugesagt. Paul Spanier war ein Mentor, wie man ihn sich effizienter und eifriger nicht vorstellen kann. Er war Frontsoldat gewesen, jedoch aus Gründern der Abstammung aus der Wehrmacht ausgeschieden und in die «Organisation Todt» (welch ein Name!), überstellt worden, die in vorderster Front Schützengräben auszuheben hatten. Paul Spanier, der Halbjude, betrieb mitten im Kriege meine Aufnahme in die Akademie, als hätte er keine anderen Sorgen.

In Düsseldorf gab es keine Nazis. Seltsam, «das Reich» hatte die «Schnauze voll». Trotz aller Bombardements war es eine Art Himmel für mich. Als wir in Düsseldorf eintrafen, begannen die Bombenhagel. Wir wurden mehrere Male verschüttet und ausgebombt. Trotzdem war es eine schöne Zeit für mich. Im Gegensatz zu Wien hatte ich im «Reich» nicht unter schikanösen antisemitischen Angriffen zu leiden.

Als ich in die Schule kam, sagte der Lehrer nur zur Klasse: «Wir haben einen Neuen, seid nett zu ihm.» Aus Wien war ich gewöhnt: «Judenbub steh auf, nimm die Judenkreide, geh an die Judentafel und schreib den Judentext!»

Die Bomben jedoch bereiteten Paul Spaniers und meinem Traum ein jähes Ende. An dem Tag, als ich zum erstenmal akademischen Boden betreten sollte, standen wir vor einer Ruine. In der Nacht zuvor hatte ein Bombenangriff das Gebäude zerstört. Düsseldorf war nach diesem, einem der schwersten Bombenangriffe des Krieges, nicht wiederzuerkennen. Mit meiner Mutter wohnte ich nahe der Elisabeth-Kirche. Dann wurden wir «ausgebombt», und wenig später entschloß sich meine Mutter, nach Wien zurückzukehren. Nach zehn Monaten verließen wir die völlig zerstörte Stadt.

2 — Trauma eines immerwährenden Krieges

Die Rückkehr nach Wien erwies sich als fataler Entschluß. In der ersten Nacht, da wir in der heimischen Johann-Strauß-Gasse zu Bett gegangen waren, ertönte Luftalarm, und ein verheerender Bombenangriff ging über die Stadt nieder, schlimmer noch als alle Bombardements, die ich in Düsseldorf erleben mußte. Die Amerikaner warfen keine Ladung unter fünfhundert Kilo ab, und das hatte verheerende Folgen. Diese schweren Bomben durchschlugen alle Stockwerke, drangen bis in die Schutzräume ein und hatten eine vernichtende Wirkung.

Der Traum vom Endsieg war ausgeträumt. Das Naziunkraut welkte, ließ die Distelköpfe hängen. Die Ahnung, daß alles verloren war, verbreitete sich rasch. Der Schleichhandel begann, «Feind hört mit»-Parolen, das Schwarzhören, der Widerstand. Die Verzweiflung ließ alle Stummen, Mütter und Witwen, schreien zum Gotterbarmen. Der Wahnsinn wurde offenbar.

Wir waren vom Regen in die Traufe gekommen. Von der zerbombten Mansarde des Hauses Johann-Strauß-Gasse 7 konnte ich über die Trümmer des Johann-Strauß-Palais die Thekla-Kirche sehen. In einer Zeichnung habe ich das als Vierzehnjähriger festgehalten.

An all das mußte ich nun wieder denken, als ich in der Thekla-Kirche stand und mich dem festlichen Treiben der heiligen Messe hingab, indem ich Gott dafür dankte, daß ich all das überleben durfte.

Während unseres Aufenthaltes in Düsseldorf war eine fremde Familie in unserer Wohnung in der Johann-Strauß-Gasse einquartiert worden. So wurden wir einen Stock tiefer bei der Familie Buchtel eingewiesen. Die eigentliche Wohnung aber war der Luftschutzkeller. Was für ein Wort: *Luftschutzkeller*. Was können sich die nachgeborenen Generationen noch unter dieser seltsamen Bezeichnung vorstellen? Ein Kellerraum wurde als Zufluchtsort für die Zeit des Alarms bestimmt. Blockwart und Lüftungswart wachten darüber, daß alle Hausparteien sich dort einfanden, sobald die Warnsignale ertönten. Meist wurde am Mittag Alarm gegeben: Der «Kuckuck», ein erstes Warnsignal aus dem Radio, danach die Sirenen. Im Radio hieß es: «Feindliche Flugzeugverbände nähern sich Wien von Stein am Anger» – und bald darauf hörte man das Heulen der Sirenen, das Pfeifen der Bomben. Die Erde bebte, die Häuser schwankten unter den Wellen der Bombeneinschläge. Unablässig dröhnten die Fliegerabwehrkanonen.

Angst, erdrückende Depression, eine schier unbegreifliche, unbesiegbare, unüberwindliche Furcht befällt die Seele in solchen Augenblicken. Angst vor der nächsten Stunde, Angst um sich, um alle, die sich irgendwo im Bombenhagel ducken und die in eben derselben Angst gefangen sind, im Netz einer teuflischen Spinne. Bei Alarm gibt es kein Entkommen. Das Dröhnen der nahenden Geschwader klingt zunächst wie ein Brummen, als wären viele Hummeln im Anflug. Es kommt rasch näher, der Boden schwankt, als würden unterirdische Wellen die Stadt durchdringen. Mutter, wo bist du, wo seid ihr Lieben, seid ihr noch bei mir? Werde ich euch wiedersehen? Unzählige Male, als wär's ein einziges, ewig dauerndes Bangen, das sich im Magen und Gedärm als unverdauliche tödliche Speise festsetzt, wird die Angst zum Leben im Tode.

Hoffen? Ja, auf was denn hoffen?

Den Kopf zwischen den Knien haltend, im feuchten Moder der Katakomben – Tag für Tag. Der Krieg nimmt kein Ende. Wie romantisch waren doch die roten Lampen, die phantasievollen Phosphorabzeichen, die jeder an seinen Rockaufschlag steckte – welch eine lustige Zierde, wenn nachts diese glühwurmartigen Sichtzeichen auf den Gehsteigen vorüberschwankten. Jetzt war Tag, 1943 – nicht 1939 –, da half keine Verdunkelung mehr.

Das «Jüngste Gericht» war über uns gekommen, und so sahen es viele – nicht alle, aber ich sah es so, und so steht es heute noch vor meinem inneren Auge. Also muß ich es beschreiben, obwohl ich weiß, daß den Nachgeborenen ein Nachvollziehen kaum möglich sein dürfte. Wohl ihnen, denn der Mensch lernt ohnehin nichts aus der allgemeinen wie auch aus der persönlichen Vergangenheit. Angstverdrängung – «Schmerz laß nach!» –, das gelingt so manchem. Mir aber will ein Vergessen nicht gelingen. Es sind die Tränen einer unbezähmbaren Trauer, die meine Augen trüben. Der Blick in die Zukunft ist umflort von einem schweren Schleier. Schlaff fällt er vor meinem angstvollen Blick ins Bodenlose, als trennte mich ein Abgrund von dem Morgen.

Der Kriegsalltag fordert seinen Tribut: Anstehen vor dem Laden der Frau Pascha, die Lebensmittelkarten parat, in den klammen Fingern. Es ist sechs Uhr morgens. Gedämpftes Getratsche verkürzt die Wartezeit. «Dräng di net fua, wir müssen alle warten.» – «Ich muß zur Schule, ich komm ja zu spät!» – «Loßt's eam fua!» – Ich komme dran – ich freue mich! Ist das nicht seltsam und verrückt? Das Leben geht weiter, bis um elf Uhr dreißig der «Kuckuck» schreit. Und wieder: Alarm! Die Versammlung der Toten. Und wieder auf dem Weg nach unten.

Es gab da viele Einstiege in die Unterwelt der Katakomben. Die Treppen führten in die Tiefe, in Abgründe voll Gebein, das aufgestapelt, geordnet da lag. Elle an Elle, Schädel auf Schädel. Die Toten warteten auf dich und mich. Dieses tägliche Untertauchen in trüben Gewässern empfand ich wie das Eingehen in ein bienenstockähnliches unterirdisches Gebilde mit unzähligen Waben und Kammern, in das der Tod die Schalen des Lebens sorgsam eingelagert hatte.

Diese Luftschutzräume im unterirdischen Wien wurden von vielen Menschen aufgesucht, denn sie galten als bombensicher. Doch sie waren es nicht. Die schweren Fünfhundert-Kilo-Bomben durchschlugen die alten Häuser, deren Fundament diese Keller waren. Für Verschüttete bestand kaum die Hoffnung auf Rettung. Dieses unterirdische Wien kannte ich ebenso gut wie die verträumten Gassen, die darüber hinwegführen, als gäbe es diese kalt-feuchte Hölle unter ihnen nicht.

Weit verzweigt führten diese Gänge von Halle zu Halle. Rollte die Angriffswelle der Bombeneinschläge heran, wogte der Boden unter den Kellern. Staub verdunkelte das flatternde Notlicht. Trocken und sandig knirschten die Zähne, wenn man nach Luft rang. Das Verlöschen des Notlichts zeigte an, daß man unmittelbar unter oder neben einem «Volltreffer» lag. Erst dann hörte die Stille des Zitterns auf und machte sich in Angstschreien Luft, und in Panik trampelten die Menschen auf der blinden Flucht allen Widerstand in den Staub.

So geriet ich eines frühen Nachmittags in den Katakomben im I. Bezirk unter der Fischerstiege in die Fänge des Todes. Die ganze Häuserzeile war ein einziger Trümmerhaufen. Der Staub war zum Ersticken dicht, die Menschen waren besinnungslos und in Panik. Ich hielt mir den Ärmel meines Rockes vor Nase und Mund, still in eine Ecke geduckt, in mich selbst verkrochen. Plötzlich hörte ich durch einen Luftschacht die Kommandos eines Bergungstrupps. Die angrenzenden Schutzräume waren völlig eingestürzt. An ein Seil geklammert, das durch den Schacht zu uns heruntergelassen wurde, wurde ich aus dem Schacht gezogen. Heute stehen an dieser steil abwärts führenden Fischerstiege Häuser aus den frühen fünfziger Jahren. Sind die Menschen, die darin wohnen, ahnungslos? Dort wohnt mein Freund, der Künstler Georg Chaimowicz, ein Schüler Professor Sergius Pausers. Chaimowicz ist nach dem Krieg aus Südamerika zurückgekommen.

Nach dem «Jüngsten Gericht» sprach man nicht über diese Details des schrecklichen Schicksals, denn man war ja noch einmal davongekommen.

Solche Erlebnisse haben mich geprägt. Obwohl ich mit der Macht des Lebens diese Paukenschläge der Vernichtung verdrängte und bekämpfte, blieb der Tod in meiner Bildwelt ein beherrschendes, dämonisierendes Wesen. In allen Zeichnungen und Bildern taucht er auf, wie als stummer Verfolger unter der Falltür des Grabes lauernd.

Die Rückkehr nach Wien kam mir als Höllenfahrt vor. Sie war ein Abstieg, denn der Bombenterror, der alle Tage seinen Schrecken verbreitete, wurde noch von häufigen Kontrollen ergänzt – «Ihre Papiere vorweisen!»

Die ständige Präsenz der Hitlerjugend, der «Schupos», die ständigen Perlustrierungen – sie zeigten mir, daß «im Reich», in Düsseldorf, der sinnlose Kadaver-Gehorsam nichts war im Vergleich zu Wien. Die Menschen, die ich im Rheinland kennengelernt hatte, schienen frei von jener makabren Dumpfheit zu sein – ganz im Gegensatz zu den Wienern. Ich bekam eine Art Heimweh nach Düsseldorf, denn in Wien hatte sich nichts verändert. Die Angriffszeiten – in Wien bei Tag, in Düsseldorf bei Nacht – rundeten sich auf schaurige Weise zum Bild totalen Untergangs.

Hatte ich in Düsseldorf eine normale Hauptschule besuchen können, so war dies in Wien unmöglich: Hier wurden die «Nürnberger Gesetze» strikt angewandt. So war ich hier in der Phorusschule in eine Sonderklasse eingeschult worden. Und das war noch der einzige Lichtblick in Wien. Denn diese Klasse war schon dadurch eine bemerkenswerte Ausnahme, daß unser Lehrer, Herr Swossil, uns nicht mit dem «deutschen Gruß» begrüßte. Auch nannte er uns Kinder nicht «Judenbengel». Er war also demonstrativ kein Nazi. Meine Mitschüler waren auch keine Raufbolde, sondern schienen, so wie ich, einer als «Untermenschen» bezeichneten Randgruppe anzugehören. Leise wurde gewitzelt, heiter war der Unterricht.

Viele Jahre später erfuhr ich, daß unser Lehrer Swossil ein Mundartdichter war. Ein halbes Jahrhundert später traf ich ihn auf einem Spaziergang durch Baden bei Wien.

Das Trauma eines immerwährenden Krieges und seiner Bombardierungen, im Verein mit dem immer stärker werdenden Druck des Naziterrors zermürbte meine Seele. Wie ein bröckelig gewordenes Gemäuer schien mein Bewußtsein in den Flammen des Krieges zu zerfallen. Und auch später wollte es mir nicht gelingen, diese unheilbare Wunde zu vergessen.

Bis eines Tages, als ich mich in Paris auf der Suche nach der Schönheit befand, zögernd und zaghaft das Thema «La belle et la bête» vor mein geistiges Auge trat.

3 — Das graue Gespinst des Gespenstes

Fatal nur, daß die Schöne das Tier war – und ich ein Suchender, der dies nicht wahrnehmen konnte.

Die Feuer des Krieges hatten mich geblendet – bis zum Grad der Verblendung. Wenn alles Sichtbare zur Maske wird, zum Typus, wird selbst der manieristische Seher für die Schönheit des Banalen blind. Nur das Erfundene zählt dann, das Selbstgeschaffene, Irrationale, die Wirklichkeit der subjektiven Welterfahrung. Man hat keine Augen mehr für die Schönheit der Welt. Alles scheint eine Maske zu tragen.

In diesem Abschnitt meiner künstlerischen Entwicklung hatte ich die größten Schwierigkeiten, eine Blume zu malen. Die einzige Blume, die ich in dieser Zeit gemalt habe, ist die Iris der «Bar Mizva», die der «Sohn des Gebotes» in der Hand hält – die andere Hand ist um das Zepter geschlossen. Erst als ich zu Beginn der achtziger Jahre Rosenknospen malte, die aus der Dornenkrone sprangen, war diese Hemmung überwunden. Als ich für eine Inszenierung des «Parsifal» das Bühnenbild zu «Klingsors Zaubergarten» gestaltete, nahm diese Entwicklung ihren Anfang. Ich malte einen «Lohengrin», und von da an brach die Welt der Flora in meine

Bildwelt und ihre Qualen ein – entgegen vielen inneren Widerständen und der anfangs ablehnenden Haltung meiner Anhänger.

Die Kriegszeit hatte im krassen Gegensatz zur heilen Welt der frühen Kindheit gestanden. Doch auch diese helle Kindheit war keinesfalls monochrom «*en rose*» gewesen. Mein Paradies in Liesing-Azgersdorf hatte seine Gewitterwolken gehabt, angsterfüllte Einschläge der Dämonenwelt. Die Dämonen hatten mich, so wie ich sie, im Behälter des Weltalls entdeckt. Ihre kalten Fratzen spiegelten sich zuweilen in meinen fieberglänzenden Augen. Doch der Duft der Rosen wehte vom Garten her und vertrieb das graue Gespinst des Gespenstes. Es überwogen der Sonnenschein, die Küsse der Mutter und der Stolz des Vaters. Beide hatten keine Ahnung von den bedrückenden Augenblicken, in denen meine empfindsame seherische Seele auf die Verdammten traf und ihren eifersüchtigen Angriffen schutzlos ausgeliefert war. Sie, die bedrückenden Alben, hatten es auf mich abgesehen. Sie kratzten mit ihren Tigerpfoten an dem Gestell meines Bettes und störten hämisch, genußvoll meinen Schlummer.

Im Schlaf betrachtete ich sonst die wunderbaren, in abertausend Farben prangenden Räder himmlischer Mandalas. Die Farben waren zu einem prunkvollen Teppich ständig wechselnder Pracht verwirkt. Muster reihte sich an Muster, eines ging aus dem anderen hervor; eine Sprache der Formen und Farben, die jenseits der Worte zu mir sprach, mich belehrte und erbaute, damals wie heute. Ob solche Inspirationen allgemeiner Bestand der Kindheit sind? Doch ich weiß, daß für mich bis zum schulpflichtigen Alter dieses Hinübergleiten in den Schlaf einer Übung gleichkam, die mich geradezu auf den Beruf des Künstlers vorbereitete.

Schon als kleines, vierjähriges Bübchen war ich ein «Seher» – und ein Sänger. Der Trost des guten Wiener Weins und die Wienerlieder, die mein Vater im Genuß von sich gab, waren auch mein Trost. Auch die Euphorie, die den Vater zuweilen erfüllte, übertrug sich auf mich. Das war ein Vorgeschmack auf das pneumatische Wohlseins, das ich viel später in ganz neuer Fülle kennenlernen sollte. Dieses Erstaunen im Lichte eines göttlichen Funkens, diese Aussicht auf einen Einbruch unbeschreiblicher Transzendenz hat mein Vater mir schon im frühesten Kindesalter übertragen – oder er hat ihn in mir aufgelesen, wie einen Fund sakralen jüdischen Tempelschatzes.

Er, der Ungläubige, hatte eine göttliche Seele, besaß den Stolz des Auserwähltseins. Ohne eine Religion, die man hätte beim Namen nennen können, war er dem unsichtbaren Gott vor allen Vätern ein herrlicher Sohn. Dies zu fühlen, ja zu erkennen, war das allüberstrahlende Licht meiner Kindheit.

Für meinen Vater war alles, was vom ekstatischen Genuß in den alltäglichen Alltag führte, eine sinnlose Belastung. Mein Vater hatte Gott erkannt; doch nicht den Gott der Väter, sondern jenen unbekannten Gott jenseits aller Tradition. Denn als Gott Abraham erschien, war er ihm unbekannt. Mein Vater kannte das, was im System der Kabbala das «Zimzum» genannt wird; das Unbekannte.

Über den Vater «geht nichts», wie über die Mutter «schon gar nichts» geht. Du bist aus ihnen in das Jetzt gekommen, deine Zukunft ist das Werden ihrer Vergangenheit. Ihre Hoffnungen sind gebündelt ins Leben eingebracht, und alle Erinnerungen sind in den Farben ihrer Empfindungen dargestellt.

«Was weißt denn du, was ahnst denn du, wie ich mich sehne, nach einem Kuß, nach einem Blick, nach einer Träne» – ein alter Schlagertext, den mein Vater oft sang. Ich war damals erst vier Jahre alt, aber in dieser Melodie und ihrem Wortlaut ist doch alles Erbe seiner Gegenwart eingefangen. Mag sein, daß alles von «fernher» zu uns kommt. Doch in uns wird es für alle, die mit uns leben, zur Offenbarung des Ewigen im Jetzt. So hat Parmenides recht, wenn er sagt: Aller Wechsel, aller Wandel ist bloßer Schein.

Schon der Glanz der Träne vermag das Einerlei der ewigen

Wiederholung zu überstrahlen. Der Glanz dieser Träne ist entzündet vom Lichte jenseits der astralen Welt. Seltsam, schon als Kind hatte ich eine Ahnung davon. Und darum war mir auch die Todesfurcht nicht fremd, die Angst, dieses Leuchten, den Glanz des Hoffnungsschimmers zu verlieren. Wer meint, einem Kinde seien solche Gefühle und Gedanken nicht eigen, der hat keinen Zugang zu meinem Wesen. Denn all das habe ich nicht im bewußten Sinne erfahren wollen – ich konnte es nicht erfinden – alles, was ich konnte, war, es zu fürchten und zu ersehnen.

4 — Herr Lechner, der Portier vom Sacher

Vieles ist, weil schon oft erzählt und beschrieben, zur Leier der Anekdote geworden; wie jenes Wort, das mein Lehrer Albert Paris Gütersloh an den Fünfzehnjährigen richtete:

«Sie und ich, wir wissen: Gottvater hat einen langen weißen Bart.» Sprach's mit erhobenem Zeigefinger und verschwand aus der Klasse. Momente wie dieser sind Meilensteine auf dem Weg der Erinnerung.

Es gibt Erinnerungen banalster Art, die doch das Leben durchwirken, weil sie Personen betreffen (aber auch Gegenstände), die uns im Alltag durch Jahrzehnte begleiten. Wie zum Beispiel Herr Lechner, der Portier des Hotels Sacher, eine überaus lustige Person. Seine wienerische Eigenart des Portiergehabes, die vielen Anekdoten über die Gäste des Hauses, sein Leben – alles in unnachahmlicher Schusselei vorgebracht – haben etwas Wesentliches an Stimmung und Atmosphäre in mein Leben gebracht. So ist es kein Wunder, daß ich des öfteren an den Herrn Lechner denken muß. Dann erzähle ich von ihm als von einem Wiener Original, mache ihn nach, imitiere seine Stimme, seine Art des Erzählens. Er ist uns unmerklich ans Herz gewachsen. Immer hatte er etwas zu berichten – vertraulich wichtig: «Die Queen ist da», sprudelte er hervor, «sie liebt mich. *Du* – hat sie zu mir gesagt, denn – *you* – heißt auf Deutsch – *du*. Und so lieb hat sie mich angeschaut. Trotzdem sie schon einige Jahre nicht im Hause war, hat sie sich sofort an mich erinnert. Die müssen Sie kennenlernen, die Queen. Ich werd sie Ihnen vorstellen.»

In diesem Sinne gab er die komischsten Geschichten von sich, sie würden ein herrliches Büchlein ergeben.

Wie wenig beachtet man doch diese Begleiter, deren Bedeutung für die Kunst-Welt, für Freunde in der Kunst äußerst gering zu sein scheint. Mir aber will der Lechner häufiger einfallen als so mancher bedeutende Zeitgenosse. Den Lechner habe ich eine Zeit lang fast jeden Tag gesehen, denn über zwanzig Jahre fanden meine wichtigen Verabredungen im Sacher statt.

«Schaun Sie», sagte er einmal, «ich kann Ihnen verstehen. Ich hätte sollen in Paris bleiben. Ich war dort während des Krieges Schneider. Das ist mein eigentlicher Beruf, den hab ich ja gelernt. Ich bin dort gleich am Anfang vom Krieg in Gefangenschaft gekommen. Da war ich froh, mir ist es in Paris als Schneider gut gegangen. *Parlez-vous français?* Ich kann ja Französisch. Ich wollte gar nicht mehr nach Hause. Erst zwei Jahre nach Kriegsende bin ich zurück. War ein Blödsinn, ich hätt sollen dort bleiben, da ist was los! Hier? Na, ich kann Ihnen verstehen. Sie san immer unterwegs. Sie wissen warum. Ich versteh's. Nix wie weg und wiederkommen. Ja, Wien ist schon schön, aber über kurz oder lang muaß ma gehen.»

Unzählige Male hatte er mich eingeladen, bei ihm zu Hause Marillenknödel zu essen, denn was die Zubereitung dieser Mehlspeise betrifft, könne seine Frau einmalig Köstliches zuwege bringen. Von seinem Mansardenfenster am Wiedner Gürtel im IV. Bezirk könnte man bis auf den Kahlenberg sehen.

Eines Tages nahm ich die Einladung an und aß die besten Marillenknödel der Welt (die meiner Mutter kann allerdings niemand übertreffen), sah den Kahlenberg und fand das ganze hinreißend schön, denn es brachte mir die gemütlichen Jausestimmungen im Atelier von Onkel Schiemann in Erinnerung. Belangloses gibt es ja nicht. Titel, Nimbus, Berühmtheit usw. können mich nur höchst selten derart faszinieren, daß ich Lechners überragende Rolle im Allerlei des Wiener Alltags vergessen könnte.

«Schau'n Sie, diese Dame kommt jeden Tag in der Mittagspause. Eine Figur, so wie Sie's malen. Die ließe sich sicher malen.» Er beugte sich vor und flüsterte: «Soll ich's fragen? Sie wird net na sagen, soll ich?».

Nein, heute nicht, denn die Schöne war gar nicht geschaffen, in eines meiner Bilder zu steigen. Obwohl er, der Lechner, wissen müßte, welche Wesen mir zum Modell taugten, denn ich hatte im Sacher so manche Porträtstudie angefertigt. So blieb Lechners Augenweide ohne Beziehung zu den meinen. Da hätte ich noch eher *you* zur Queen gesagt.

«Der Orson Welles sitzt da, gleich wenn'S reinkommen, rechts beim Fenster. Den müssen'S kennenlernen. Wie im Film schaut er aus.» – «Kennen'S den Theo Lingen? Der war gestern da. Am selben Tisch ist er g'sess'n.»

Seine Aufmerksamkeit hatte etwas Rührendes. «Man hört zuwenig von Ihnen. Von de Schmierer hört man jeden Tag 'was Neues. Kennen Sie den Nitsch, g'fällt Ihnen das? So was bleeds. Wie kann man so die Leit zum Narren halten. Sie verstehen, was ich mein'? Was sagen Sie? Die Freiheit, was für Freiheit; eine Frechheit ist's, und die Leit sind bleed, net? Die lass'n sich ja alles einreden. Mia g'fällt auch net, was der Hundertwasser macht. Nein, was Sie machen, des is a Kunst!» Kommt das *Net*? aus Lechners Mund, hörte ich die Meinung der neunundneunzig Prozent. Er war die «Kronenzeitung» in Person.

Noch häufiger als Herrn Lechner sah ich das Ehepaar Hawelka, die Cafétiers in der Dorotheergasse im I. Bezirk. Aber auch diese Wegbegleiter und alle Ober, die im Hawelka dienten – waren sie in der Erinnerung nicht viel bedeutender als die meisten ihrer Gäste? «Was darf's sein?» fragte der Ober Theo. «So, da ist er, der kleine Braune. Die Wuchteln kommen gleich, die Chefin hat sie g'rad aus dem Rohr genommen – brennheiß.» Derlei hat sich mir stärker eingeprägt als so manch tiefsinniges Gespräch, manch hitzige Diskussionen.

5 — Auch das Erträumte, Ersehnte ist eine Wirklichkeit

Erinnerung tut wohl und weh, denn jeder Augenblick des Glücks will Verewigung, der Rest – der gewaltige – wird flugs verdrängt. Erinnerung, die verschweigt, ist auch ein Schutz vor dem Einbruch der Dämme, die wir aufbauen, um den Lebensmut nicht zu verlieren. Erlittenes zu verzeihen ist schwerer, als es nach und nach zu vergessen.

Meine Mutter war, wenn erzürnt, bald «wieder gut», doch manches Erlittene kam ihr immer wieder in den Sinn – es war nicht wirklich überwunden. So sprach sie zuweilen von meiner Geburt und den unbeschreiblichen Schmerzen, die sie bis zum Wahnsinn gepeinigt hatten und die der Grund dafür waren, daß ich ohne Geschwister blieb. Sie wunderte sich über jede Frau, die erzählen konnte, daß es ein «Kinderspiel» gewesen sei zu gebären – ja, eine befreiende Lust.

Erinnerungen dieser Art steuern unser Lebensschiff, sie bestimmen den Kurs unseres Weges durch den Ozean des Möglichen. Du siehst, was du erträumst. Es ist der Fluch und der Segen des Künstlertums, solchen Welten einer Fata Morgana ausgeliefert zu sein. Denn ich bin sicher, daß meine Frauen und meine Kinder allesamt in meiner Wunschbild-Welt Wirklichkeit wurden, ehe ich ihnen in dieser Welt, in dieser Sphäre des Daseins, des Wachseins, begegnet bin.

Anhand von Bildvergleichen läßt sich dies leicht beweisen, und so bin ich sicher, daß viele Betrachter die Ähnlichkeit von Wirklichkeit und Wunschbild-Vorstellungen nicht wahrnehmen können. Besonders bei Geri, «la belle», war dies der Fall. Als ich sie sah, erkannte ich sie wieder als jenes Wesen, von dem ich schon Jahre zuvor geträumt hatte. Die Ähnlichkeit war frappant. Der Wunsch, diese Entdeckung in Bildern festzuhalten, war sofort bestimmend für meine Kunst.

Vor den fünfziger Jahren war meine Suche nach dem Schönen überlagert, ja verschüttet durch das Trauma der Kriegszeit. Im Krieg projizierte ich kein erträumtes Bild in das Antlitz der Wirklichkeit. Inge Pace, Gertrude Baschnegger oder die Gestalt der Maria Prophetissa – sie waren überwältigende Wirklichkeit und Fortsetzungen meiner Lebensqual und Angst. Ihr Erscheinen in meiner Bildwelt konnte mir nicht «schön» geraten. Mit den später entdeckten Idealen haben sie kaum eine Ähnlichkeit. Wie fromme, jüdische Kinder wurden wir einander in die «Ehe» gegeben, ohne daß der eine des anderen Traum war. Und das war gut so, denn gerade die Unstimmigkeit mit später Erträumtem bot meiner Kunst die nötige Reibefläche zur Überwindung des Schreckens. Noch durfte Schönheit nicht das Thema meiner Bildnerei sein; Bewältigung der Kriegsverwundung durch neue Wirklichkeit war mein Weg gewesen.

Ein Pol besonderer Anziehungskraft sind Träume, die sich wiederholen – und Wunschträume; beide speichern einen Erinnerungsschatz, der jener Welt angehört, die wir «die andere» nennen. Erträumtes, Erwünschtes, das sich immer wieder regt, wird

Auch das Erträumte, Ersehnte ist eine Wirklichkeit

zum Erinnerungsbereich, der so mächtig werden kann, daß seine Wirklichkeit die des Diesseits verdrängt. In solchen Augenblicken ist man der Kaiser, der man sein wollte, schon gewesen – vor langer Zeit.

Es ist ja durchaus möglich, daß manche, so wie ich, Träume auf mehreren Ebenen gleichzeitig leben. Und jene Ebene des Diesseits ist ebenso ein Traum wie jede andere Dimension. Auch das Erträumte, Ersehnte ist eine Wirklichkeit, eine unverrückbare Bildtafel im Reich der Erinnerungen.

6 — Ich war Rubens

Sobald feststand, daß ich getauft werden und ich mir einen Taufnamen aussuchen sollte, fiel meine Wahl sofort auf die Namen Peter Paul, denn in meinem zwölften Lebensjahr war ich Rubens. Die festlich schwelgerische Welt des niederländischen Barockmalers hatte mich völlig in Bann geschlagen, obwohl ich nur wenige Abbildungen aus Büchern und von Kunstpostkarten kannte. Mein Lieblingsbild war «Das Fest des Bohnenkönigs» von Jacob Jordaens, eines Trabanten von Rubens. Da waren alle Dargestellten zum Platzen feist.

Daß es einen anderen Peter und einen anderen Paul gab – extreme Gegner der Sinneslust –, davon wußte ich damals kaum etwas. Ich war Rubens, betrachtete die Werke, die ich vor einigen Jahrhunderten geschaffen hatte. Die Laufbahn des erfolgreichen, weltbekannten Künstlers wollte ich fortsetzten. Wenige Monate später sollten Leonardo und Michelangelo an die Stelle des Flamen treten.

Mein Freund Fernand Picauld, ein französischer Kriegsgefangener aus Bordeaux, hatte in Sepiakreide den Ausschnitt eines Sybillenkopfes aus den Fresken der Sixtina kopiert. Fernand war ein stiller künstlerischer Mensch, mit dem ich des öfteren im Luftschutzkeller im Palais Angeli zeichnete. Eine seiner Zeichnungen besitze ich noch – er hat sie mir zum Abschied geschenkt. Oft denke ich an ihn, den ersten Zeitgenossen meiner Kunst, der meine Arbeit sah, noch ehe ich die Malschule St. Anna und die Unterrichtsstunden im Modellieren bei Emy Steinböck besuchte. Picauld bewunderte meine Fähigkeit, alles «aus dem Kopf» zeichnen zu können, während er immer eines Vorbildes bedurfte. Ich wiederum fand seine Neigung zur zarten Nuancierung und die sorgfältige Arbeitsweise höchst bewundernswert.

So saßen wir ein bis zwei Stunden schweigend im Keller, in unsere Arbeit vertieft, als gäbe es keine Bomben, keinen Alarm – als sei alles in diesem bedrohlichen Chaos nur dazu da, damit zwei Künstler sich in einem Bombenkeller in die Welt der Kunst versenken. Seltsam auch, daß dies allen, die mit uns in der Falle saßen, keineswegs absurd erschien; auch sie fühlten, daß Kunst die Zuflucht, die Rettung und das Überleben bedeutet.

Du mußt alles überstehen, alles durchmachen und alles überleben, um Rubens, um Leonardo und Michelangelo zu sein, sagte ich mir. Alle meine geliebten und verehrten Künstler saßen mit bei mir im Keller. Ihre Botschaft wurde zu Bildern. Die Kunst ist Mittel der Erlösung, Bote des Friedens, Morgendämmerung überirdischer Welten – und nicht Weltflucht, Welterlösung. Sie ist etwas Göttliches, Unsterbliches, das allein als Zeichen für den göttlichen Ursprung des Menschengeschlechts gelten darf.

Dieser Krieg war nicht, wie ehedem, «der Vater aller Dinge», sondern die Vernichtung aller Väter. Es war kein Krieg der Menschen, nein, es war der Satan, der aus der Hölle stieg, um den allesverschlingenden Brand auszugießen. Das Künstlersein aber blieb unversehrt, es wurde zur Überlebensweise. Als ich Fernand zwei Wochen nach dem Einmarsch der Roten Armee in Wien zum Südbahnhof begleitete, wo er mit seinen Mitgefangenen auf den

Abtransport in die Heimat wartete, hoffte ich noch, ihn bald wiederzusehen. Wir waren ja Künstlerkollegen. Doch als er, auf dem Puffer des letzten Waggons sitzend, meinen Augen entschwand, war es ein Abschied für immer. Lieber Fernand Picauld, adieu! Adieu, Kabarett der französischen Gefangenen im I. Bezirk in der Riemergasse, wo du auf der Bühne gestanden oder im Publikum gesessen bist, von Heimweh geplagt. Was gab es doch für seltsame Inseln der Menschlichkeit, wie Fronttheater und dergleichen. Guter Freund, lebe wohl, wo immer du jetzt bist. Au revoir, mein erster Kollege! Auf Wiedersehen! Zurück nach Bordeaux fuhr er, auf einen anderen Stern. Nicht nach Sibirien, denn auch dahin wurden französische Kriegsgefangene «irrtümlich» verschickt. Nein, in die Heimat ging's. Wohl war bald alles Gefangenensein in der Fremde vergessen, oder? Dachte Fernand noch zuweilen an unsere Rettung durch Kunst?

7 — Zwei Arten von Befreiern

Kaum waren unsere französischen Freunde in Richtung Heimat verschwunden, kam die neue Zeit in Form von schön gebügelten, wohlriechenden Uniformen, chic geschnitten – die Amerikaner waren endlich da. Auch die Engländer kamen und schließlich die Franzosen – als Sieger, nicht als Gefangene. Diese Neuigkeiten brachten ein ganz anderes, angenehmeres Leben mit sich. Der IV. Bezirk blieb sowjetische Besatzungszone, aber das Gepräge, ja Gepränge der Stadt in Trümmern wurde überstrahlt von der umgänglichen Höflichkeit der Amerikaner. Nicht Sieger kamen zu Besiegten, nein, als Helfer und Befreier wurden die Amerikaner empfunden, empfangen und gefeiert. Hatte ich mit meiner Kunst in den ersten Monaten nach dem Einmarsch der Roten Armee in Wien von seiten der Soldaten überhaupt keine Resonanz, sei es aus Sprachschwierigkeiten oder aus Furcht vor Kontakten mit der Armee im allgemeinen, so änderte sich dies sofort.

Der sowjetische Major, der bei uns einquartiert war, pflegte auf mürrische Art die kulturelle Überlegenheit der Sowjetmacht zu bekunden. Einige Male erschien er nachmittags, wenn ich von der Akademie zurückgekommen war – ich befand mich im ersten Semester – und sah meine Zeichnungen an; dann verkündete er pathetisch: «Tu nix gut! Tu Faschista, Kapitalista, dekadjent! Tu nix Rembrandt, tu dekadjent!»

Er schüttelte den Kopf, saß breitbeinig in einem Lehnstuhl und trank seinen Fusel mit Wasser vermischt. Um ihn bei Laune zu halten, tat ich so, als tränke ich dieses Gemisch mit, als Zeichen der Freundschaft. Doch ich tat nur so, denn das scharfe Zeug war ungenießbar. Er war politisch vollkommen indoktriniert und trug eine Brille der Sowjetideologie, die alles unsichtbar machte, was nicht mit ihr vereinbar war.

Der brummige Major ging mir auf die Nerven, er gewährte jedoch auch Schutz vor den betrunkenen Soldatenhorden, die Lieder grölend und Weiber suchend durch die Straßen zogen. Welch ein Kontrast, die freundlichen, an allem interessierten, ja beflissenen Amerikaner zu sehen! Mit ihrem *«Fine, Baby!»*, *«That's really something!»* und anderen neuen Redensarten brachten sie einen geschmeidigen Ton in jede Begegnung. Die Kunst war auch hier ein Prüfstein, Stolperstein – oder Erbauung.

8 — Die Akademie im verborgenen Dämmer

«Monster», «Adlati», «Ohrenbläser» – so nannten wir, die eingeweihten Oppositionellen an der Akademie, gewisse Personen. Jenen Kreis von Vertrauten nämlich, den jeder Professor, je nach seinem Charisma, um sich scharte.

Ehe Wien in vier Besatzungszonen geteilt wurde, lag die Akademie in verborgenem Dämmer. Professor Robin C. Andersen hatte nur einen Adlatus. Der war eine Art Feldwebel und kontrollierte mit der Taschenuhr in der Hand Beginn und Ende der stündlichen Pausen von zehn Minuten. Auf die notwendige Stille und Ernsthaftigkeit legte er größten Wert. Ordnung war von großer Bedeutung, denn die Klasse war stark belegt.

Jede der etwa vierzig Staffeleien hatte ihren Besetzer, der seinen Namen auf das Stellbrett gemalt hatte. Da ich aber vorwiegend, so wie ich es gewohnt war, sitzend, auf einem Reißbrett zeichnete, brauchte ich nicht um einen «Platz an der Sonne» (günstige Aussicht auf das Modell) zu kämpfen. Ich blieb ambulant. Von nah und fern, aus jedem Blickwinkel konnte ich meine Aktstudien machen. Diese Form des Arbeitens unter Kollegen, inmitten vieler Menschen, war eine Art Fortsetzung der Zeichenstunden im Luftschutzkeller, wo ja ebenfalls, neben dem vertrauten Fernand, viele Menschen um mich waren.

Mich störte dieses Getriebe überhaupt nicht, ich empfand es sogar als anregend. Auch heute arbeite ich meist in Gesellschaft. Natürlich wurde im Aktsaal auch viel geschwatzt – vor allem zogen wir die «Ohrenbläser» durch den Kakao. Es gab aber auch Schwätzer, die kaum jemals arbeiteten. Der gebildetste unter ihnen, dessen Wissen über Antiquitäten auch sehr anregend auf mich wirkte, war ein gewisser Fridolin Wipplinger. Er soll, wie ich viele Jahre später hörte, einen sehr interessanten Antiquitätenladen eröffnet haben. Seine Zeichnungen waren bemerkenswert skurril, von der barocken, grotesken Art eines Herzmanovsky-Orlando. Er war sanft und liebenswürdig. Seinen Tratsch trug er in diskretem Flüsterton vor.

Nach den ersten Semestern, die ich bei Professor Gütersloh absolviert hatte, bildete sich im Aktsaal rechts vom großen Fenster eine Diskussionsrunde heraus. Wir erörterten dort die Beobachtungen, die wir in den anderen Klassen gemacht hatten. In seiner humorvollen Weise konnte Fritz Janschka dabei auf allen Tratsch noch ein witziges Pointchen setzen. Er war der Meisterspötter, der Humorist der Surrealisten-Gruppe. Wer seine Arbeiten aus jener Zeit betrachtet, wird leicht verstehen, was ich meine. Ziel seines Spottes waren die beiden Adlati von Professor Boeckl: Claus Pack und Herbert Tasquil. Letzterer wurde «das Lungenblut» genannt. Er war ein sehr gebildeter, leise sprechender Künstler, dessen Aquarelle mir großen Eindruck machten. Er zeigte seine Werke nie im Sinne des «Herzeigens», es war eher ein beiläufiges «Versehen». Viel lieber sprach er über die Kunst, und dies tat er mit beachtlicher Eloquenz. Claus Pack hingegen war ein verschlossener, wortkarger, äußerst kritischer Künstler. Er fungierte als offizieller Assistent des völlig unbeholfenen, stets um das rechte Wort ringenden Herbert Boeckl. Pack und Tasquil waren Boeckls leibeigene Minister, «Aug und Ohr und Mund des Pharao Boeckl», wie wir spotteten. Über die beiden konnte man stundenlang witzeln.

Legenden entstanden. Anekdoten – ob wahr oder nicht – waren das Gewürz der Akademie, der Grundstein eines Mythos, der noch viele Jahre lebendig blieb.

Da nun die «Amerikaner» gekommen waren und sich eine gewisse Weltoffenheit an der Akademie breitmachte, kam es zuweilen zu kabarettreifen Ereignissen. General Clark, der Oberkommandierende der amerikanischen Besatzungsmacht, war sehr kunstinteressiert und besuchte des öfteren die Akademie am

Schillerplatz. In Begleitung seiner Frau und seiner Tochter, beide sehr hübsch, fuhr er im Cadillac vor. Solch einen Wagen sah man in den Jahren 1946/47 sonst nicht in Wien. In den Jahren des Krieges war man einem luxuriösen «Personenkraftwagen» solcher Art – einer Limousine – nie begegnet, nicht einmal im Film. Die Clarks strahlten Eleganz und Luxus aus, sie waren ein umwerfendes Erlebnis.

Eines Tages lud Claus Pack zu einer Lesung aus Thomas Wolfes Roman *Look Homeward, Angel* in den Aktsaal ein. An einem düsteren Winternachmittag fand dieser erste Einblick in die symbolisch anmutende Romanwelt amerikanischer zeitgenössischer Literatur statt. Wir waren sehr beeindruckt. Auch John Dos Passos' *Der 42. Breitengrad* trug Pack im Aktsaal vor und kommentierte ihn. Er tat sehr viel für unsere Bildung. Der Saal war an solchen Nachmittagen voll besetzt. Die Fenster öffneten sich; wenn auch erst langsam, mit zitternden Flügeln, die teilweise noch mit Pappe vermacht waren, die gegen die Kälte schützen sollte. Die weite Welt kam wie ein fahles Licht in die düstere Akademie, die noch im Ziegelstaub der Bombardements im Dunkel lag. Mir wurde schnell bewußt, was der Naziterror alles verdunkelt hatte.

In Wien wußte man damals nichts vom Kunstgeschehen in der Welt. Jede Nachricht wurde erschreckt, zaghaft und ungläubig, ja mißtrauisch, dafür aber um so neugieriger in Empfang genommen. Alles wurde mit Bemerkungen quittiert wie: «Wird das bestehen, wird das bleiben – hat das Ewigkeitswert?» – «Das wird sich nicht halten, das kann sich niemals durchsetzen!»

Die meisten Menschen waren allerdings mit der Jagd nach Eßbarem beschäftigt. Unser Idealismus aber blieb von jener Ignoranz unbehelligt. Wien war trotz allem ein Treibhaus der Talente. Unsere vielfältigen Ideale und Ziele waren ein Tempelgebäude für uns, das weithin sichtbar sein und alle Ruinen des Krieges überragen sollte. Die Parolen der «Ohrenbläser» nahmen wir gläubig hin. Sie lauteten: *Ursprünglich, echt, Form erringen, nur nicht gefallen wollen, nur nicht gefällig sein, ehrlich sein, alles prüfen, nur das Beste behalten, alles vernichten, was nicht kraftvoll ist.*

Dagegen galt es als verwerflich, die Kunst als Spiel und Abenteuer oder als erotisches Ausdrucksmittel zu betrachten. Kunst durfte nicht gefallen. Das Gefällige mußte ausgemerzt werden. Daß all dies ein Nachhall der Naziideologie war, wurde nur wenigen bewußt.

Natürlich wurde ich, der ja das Sprachrohr der gefürchteten «Moderne» und in allen Klassen der Provokateur war, von den Konformisten unter den Professoren und den Studenten mit äußerstem Mißtrauen verfolgt.

Jakowitsch war mein größter und verbissenster Widersacher. Er verfolgte mich auf Schritt und Tritt: «Laß mich deine Mappe sehen!» Er war begierig, meine surrealistischen Zeichnungen zu begaffen. Neugier und Abscheu prägten seine Züge, wenn er meine Arbeiten sah, und immer wieder sagte er zu mir, wie zu sich: «Das wird sich nicht halten.»

Die Palette und ein Bündel Pinsel in der Linken, steht der Künstler breitbeinig vor der Staffelei. Ein Auge kneift er zu und führt den Pinsel in der lang vorgestreckten Rechten rasch und sicher über die Leinwand. Dabei stöhnt, seufzt, ringt er – mit sich, mit dem Modell und mit der ganzen Welt: So und nicht anders konnte damals nach allgemeiner Ansicht Kunst entstehen. Alles andere waren Hirngespinste, dekadent, eine teuflische Verführung. Dieser Generalbaß des Studienbetriebes blieb lange Zeit, ja bis heute, tonangebend.

Manche Protagonisten der damaligen Zeit leben noch. Was sie wohl heute über diesen «Schmafuh» denken? In den Köpfen der Ideologen der gegenstandslosen «l'art pur» – der reinen Kunst – spucken die Irrgeister von damals immer noch ihre rasch verglimmenden Funken aus. Ein halbes Jahrhundert einer Pseudoentwicklung, die dem Fußtritt Cézannes nach einem am Boden stehenden Gemälde van Goghs folgte, verlieh diesen Ideologemen eine lange Lebenszeit. Der legendäre Cézannesche Fußtritt, ein heroischer Akt einer vernichtenden Kritik, war ein Akt der Barbarei; intolerant, von boshafter Pragmatik, Ausdruck eines die Vielfalt verneinenden Dogmas.

Als Herbert Boeckl eines Tages stolz berichtete, daß er eines seiner Bilder zerstört hatte, wurde mir plötzlich klar, welch eine Verachtung des Menschen sich darin verbarg; indem alles, was gefiel oder gefallen konnte, schlecht sein mußte, vernichtet werden mußte. Dieses *Müssen*, die *lustvolle Plage*, stand immer im Vordergrund, als eine Pose, die für Reinheit und völlig unkommerzielle Kunst-Absicht stand.

Ich konnte diesen Standpunkt nie akzeptieren. Dazu reichte meine Toleranz nicht aus. Wollten denn alle, die sich in den zum Bersten vollen Atelierräumen der Akademie, mitten im Trümmerhaufen Wien, der Kunst verschrieben hatten, allein eine Kunst haben, die niemandem gefiel? Die Pose des unverstandenen, über alle Reaktion der Mitmenschen erhabenen Künstlers, hat mir nie gefallen. Ich fand diesen Pseudo-Heroismus einfach dumm.

Resonanz ist wichtig. Aus ihr läßt sich so manches lernen, denn sie schenkt der Kunst das «Leben». Das hat mit Aufrichtigkeit oder Unaufrichtigkeit nichts zu tun. Denn umgekehrt ist die Aufrichtigkeit, wie jede Form des Idealismus, noch lange keine Begabung.

Du sagst, du hast diese Pose nie gemocht? Dabei weißt du doch, daß der Monolog die einzige und letzte Form der Unterhaltung ist, die dir bleibt, um die Einsamkeit zu überstehen, in der du dich immer wieder befindest. Auch du bist unverstanden, dir selbst unverständlich, und sprichst zu dir selbst, indem du den Erstbesten ansprichst, als den Partner, der er nicht sein kann. Dabei ist er es doch manchmal. Du sprichst zu ihm, um dich selbst zu erfahren, um dich aus deiner Einsamkeit zu erlösen: Die Mitteilung wird zum Rettungsboot im Meer der Einsamkeit. Der Dialog wird zum Vehikel der Selbsterkenntnis. Deine Feinde müssen dir lieb sein. Du sollst sie lieben wie die Finsternis der Höhle, die den Schein einer Leuchte umgibt. Die Dunkelheit sei dein Partner. Tritt zurück in ihr schattenreiches Sein. Nimm die Schwäche als Dunkelheit hin, als ein dir höchst notwendiges Zuhause. Laß es dich nicht verdrießen, deine Rolle zu spielen, auch dann nicht, wenn du in der Dunkelheit vor dem Vorhang keine Zuschauer siehst. Verhalte dich so wie der Mime, der, ohne sein Publikum im Dunkel da draußen zu sehen, seiner Rolle das Beste des Daseins zu verleihen gewillt ist, als würde alle Welt die Aufführung erleben.

Ein altes Sprichwort sagt: «Wer schimpft, der kauft.» Mein Vater hat dieses weise Wort oft zitiert – immer dann, wenn du traurig ob einer schlechten Kritik den Kopf hast hängen lassen. «Dein Schaffen gilt doch nicht dem Jubel, oder?» mahnte der Vater. «Würdest du, oder könntest du etwas verändern, dein Werk verstellen, um einen Verriß zu vermeiden? Glaube an dich!»

Letzteres wollte dir nie so recht gefallen, denn es bedeutete Einsamkeit. Wer will schon allein sein mit sich! Alle Welt will gefallen, oder auffallen, denn jede Form der Frechheit ist verkapptes Gefallen-Wollen. In diesem vertrackten Verhältnis zur Kunstkritik und dem Zeitgeschmack des Modischen hast du dich immer befunden – in einer nicht enden wollenden Opposition, in der dir der Glaube an dich wohl das Durchhaltevermögen schenkte, aber keine wahre Zufriedenheit.

Dieses prüfende Auge, als sähe es dir über die Schulter, war einem Wesen eigen, das dir ständig folgte. Wer und wo ist dieses kritische Wesen, das, nie zufrieden, deine Werke betrachtet? Alle schlechten, gehässigen Bemerkungen in der Presse zu deiner Kunst sahst du verärgert als Mißverständnis an, als Zeichen von

Neid oder Bosheit. Die positiven aber, sie waren nicht selten. Waren sie ebenfalls Mißverständnis, oder sinnlose Lobhudelei? Selten hast du Kommentare gelesen, die dir bei der Erkenntnis deines Tuns halfen. Aber denke nur an die positive Resonanz deiner Werke in Japan! Wahrscheinlich ist die Entfernung von der Neidgenossenschaft die Ursache. Denn das Wort des Laotse im Tao Te King lautet: «Klar sieht, wer von ferne sieht, und nebelhaft, wer Anteil nimmt.» Und so hast du deine eigene Betrachtung immer als eine nebelhafte eingestuft. Selbst ist man mit der Nase allzu nahe dran (und was stinkt da nicht?). Ja, ein Dorn im Fleische der Kunst ist die Kritik – eine schmerzhafte Wohltat. Erdulde sie, denn eine Kunst, die jedem gefällt, kann es nicht geben. Jeder Ansporn würde erlöschen, jeder Eifer erlahmen. «Allen Menschen recht getan, ist eine Kunst, die niemand kann» – auf solchen und ähnlichen alten, wundgelaufenen «Plattfüßen» schleppt sie sich hin, die Kunst, die alte, ewig neue – immer wieder umgedeutete Kunst, die dennoch das einzige ist, das den Säugetierrumpf des Menschen überragt. Sie ist und bleibt des Menschen einzige Gabe, das wahrhaft Göttliche in seinem Wesen von Ewigkeit zu Ewigkeit in ein stetes Irgendwo zu transportieren.

9 — Hintergründigkeit des Gewöhnlichen

Wien – Nizza, Nizza – Wien. Wie oft bin ich in den letzten zwölf Jahren diese Strecke geflogen und gefahren – im Auto, in der Bahn; meist lesend oder schreibend. Doch heute habe ich Abschied genommen von Hans Carl Artmann, dem Freund und Dichter. Seinen langsamen Sterbensweg wollte ich nicht sehen. Doch gefühlt habe ich ihn.

Was ging mir nicht alles durch den Sinn, als ich im Feuilleton der «Frankfurter Allgemeinen» den Nachruf auf den Freund H. C. (so wurde Artmann von den Seinen genannt) las. Die kühlen feierlichen Worte der abschätzenden Anerkennung seines Ranges als eines der bedeutendsten (plötzlich sind alle die bedeutendsten) Dichter der Nachkriegszeit; ziemlich unpersönlich. Wie aber soll so ein Epitaph denn ausfallen? Der Tod kam plötzlich, und ebenso schnell mußte der Schreiber einspringen. H. C. war Sherlock Holmes und Rolf Torring in einer Person. In vielen anderen Rollen stand er mit mir auf der imaginären Bühne. Nun ist er ins Dunkel der Hinterbühne getreten. Hinter die Kulissen, da wo die Rollenbücher liegen.

Vor neunundvierzig Jahren habe ich ihn im Atelier von Wolfgang Hutter bei einem der Atelierfeste kennengelernt, die Hutters Frau Traudl fast jede Woche arrangierte.

Sie konnte das, ihr Sinn für fordernde Geselligkeit, «open house», gab ihr die richtige Hand. Großzügig, freigebig verstand sie es, die Gruppe der geistig Verwandten zu betreuen. Ihre geräumige Etagenwohnung in einem herrschaftlichen Haus war ein beliebter Treffpunkt. Es gab immer reichlich zu essen und zu trinken. Das Ambiente war geschmackvoll, wohlhabend. Ihr Mann fühlte sich darin offensichtlich sehr wohl.

H. C. war schwarz gekleidet, «gestylt», wie man heute sagen würde. Es war ja existentialistische Zeit. Er war – das sah ich gleich auf den ersten Blick – einer von uns. Sein besonderes Talent: Er war ein Verwandlungskünstler. So war er, als ich ihn Anfang der sechziger Jahre einmal auf dem Bahnhof traf, als Sherlock Holmes gekleidet: Pelerine, Schirmkappe mit hochgeklapptem Ohrenschutz, ins Auge ein Monokel geklemmt. Es amüsierte ihn, mich in diesem Aufzug zu überraschen. Wir sprachen über die Abenteuerliteratur unserer Kindheit, die U-Boot-Abenteuer, *detective stories* oder Rolf Torring, den Afrikahelden, und seinen Diener Panza. Wir gerieten ins Schwärmen. Artmann hatte eine

Sammlung dieser als «Schundheftln» geschmähten Literatur. Man las sie in der Schule, unter der Bank. Wenn der Herr Lehrer sie entdeckte, wanderten sie in den Ofen, vom höhnischen Gelächter der «Kameraden» begleitet. Nach dem Einmarsch Hitlers (1938) wurden die Heftln selten, weil verboten. Es kamen zu viele Anglizismen darin vor! Sie fanden aber Fortsetzung in den Serien *Alaska*, *Jim* und *Sturmvogel*. Artmann war ein ausgezeichneter Kenner dieser Heftchen, einer abenteuerlüsternen Subkultur des Proletariats. Ja, er sah sogar einen künstlerischen Wert darin. Denn phantastisch waren sie, diese Abenteuer. Drastisch, unlogisch – spannend. Seltsam, daß fast alle Jugendlichen seiner und meiner Generation (er war mehr als zehn Jahre älter als ich) diese Hefte lasen. Erich Brauer etwa berichtet, er habe sich einen sehr hohen Beliebtheitsgrad unter den Schulkollegen dadurch erworben, daß er beschädigte Titelbilder dieser Hefte von Hand wiederherstellen konnte. Reparierte Exemplare hatten zwar, so bemerkte Brauer, keinen so hohen Wert wie die guterhaltenen, waren aber dennoch begehrt.

Dieses seltsame Hobby, das H. C. Artmann zeit seines Lebens pflegte, ist ein wesentlicher Teil der Wiener «Folklore» und hat einen nachweislichen Einfluß auf so manche seiner Dichtungen. In der Wiener Vorstadt in der Rosensteingasse gab es einen Umtauschladen; da diese Schundhefte ob der großen Nachfrage für uns sehr teuer waren, kauften wir sie fast ausschließlich «second hand». Es waren sehr zerfledderte Kostbarkeiten. Während mein Interesse mit etwa zwölf Jahren abflachte, hat H. C. in seiner Neigung für die Hintergründigkeit des Gewöhnlichen diese Literatur der Straße später geradezu wissenschaftlich untersucht.

Artmann entwickelte sich binnen kürzester Zeit zum Guru der Wiener Literaturszene. Sein Hauptsitz war das Café Hawelka. Sein Einfluß jedoch reichte in den fernsten Winkel dieses verborgenen Wiens. Konrad Bayer, Elfriede Gerstl, Oswald Wiener –

kurz, alle die damals zu dichten, zu schreiben begannen, vor allem aber die Künstler, waren seine Apostel.

Ich begegnete ihm außer in Wien auch in Berlin, Paris, Klagenfurt, Eisenkapl – oft mehrmals im Jahr. Er war ein Freund der abenteuerlustigen, romantischen Mädchen, von denen es in der turbulenten Bohème, die leider nach und nach verschwand, nicht wenige gab. Der beginnende Wohlstand hielt sich von ihm fern, als hätte er ihn auf geheimnisvolle Weise aus seinem Leben verbannt. Er lebte stets ärmlich und bescheiden, ließ sich aber nicht die geringste Bedürftigkeit anmerken. Für seinen Lebensunterhalt fertigte er Übersetzungen aus allen Sprachen an. Denn dieser Verwandlungskünstler konnte sich mit Leichtigkeit Sprachen und Dichtungen anverwandeln. Er lebte in Schweden, Spanien und Irland – immer auf magischen, sprich mystischen Pfaden wandelnd. Er war ein spurensuchender Abenteurer. Wolfgang Schaffler, sein Verleger, war übrigens auch einer seiner Retter und Wegbereiter zum Erfolg.

Ich darf mich rühmen, daß H. C. Artmann meine Kunst liebte, und daß es ihn freute, als ich seine *Grünverschlossene Botschaft*, sein Traumbuch, illustrierte; ein Büchlein, das zu den schrulligsten Surrealismen und phantasmagorischsten Fabeln zählt, die in der deutschen Sprache erdichtet worden sind. Dieses Werk erschien im Residenz Verlag in Salzburg.

Ich nehme nicht gern Abschied. Mir graut davor. Auch vor Begräbnissen; ich kann mit dieser Art von «Frieden finden» nicht friedfertig umgehen. Ich erinnere mich an zahlreiche Begräbnisse, und jedes fand ich grauenhaft. Nur jenes von Julien Green in Klagenfurt hatte etwas Rührendes, Ruhiges – als wäre einer, der müd geworden, zu Bett gegangen. Tränen kommen, um – Männer weinen ja nicht – hinuntergewürgt zu werden. Ein Schluchzen wird laut, zu einem seelebegleitenden Gebet ohne Worte.

Gütersloh Abschied war ein Kampf, da konnte niemand beistehen. Es war schrecklich, heroisch, zuletzt feierlich dramatisch. Fast schien es mir, als würfe Milena Hutter-Dedowich den Kranz weißer Rosen wie einen Rettungsring nach einem, der schon untergegangen und ertrunken war.

Und schließlich fand auf dem Jüdischen Friedhof in Wien das Begräbnis meines Vaters statt. In einem weißen Totenhemd lag er da in einer Kiste. Ein Unsterblicher, der unverwest im Grabe liegt. Die Liebe durchdringt das Gefängnis des Grabes. Fleisch und Bein des Verstorbenen machen ihn unsterblich, besser noch als alle Bandagen und Zeremonien des pharaonischen Mumifizierens.

10 — Tag und Nacht ein immer wiederkehrender Traum von Einsamkeit

Im Gespräch mit jungen Menschen, die sich in einer schwierigen Situation befinden, weise ich auf jene ganz ähnlichen, ausweglos erscheinenden Situationen in meinem eigenen Leben hin und ende nicht selten mit dem lakonischen Sprichwort: «Die Zeit heilt alle Wunden.»

Dabei weiß ich doch, daß die Zeit selbst die tiefste, nie heilende Wunde ist, indem sie durch Wiederholungen das kaum Verheilte wieder aufreißt.

Was ist da Vergangenheit, was Zukunft? Wo ist da ein Ausweg aus immer wiederkehrenden Zwängen? Stand da nicht in einem sehr kleinen Raum ein Spinett, vor vielen Jahren, in einem ganz ähnlichen kleinen Raum? Zog ich aus der Enge nicht aus, die Harfe geschultert? Es hatte geschneit. Der Himmel war grau. Oh, Tag und Nacht ein immer wiederkehrender Traum von Einsamkeit: die Mandelbrotsche Menge, ein Teig ohne Ende, ohne Grenzen – uferlos.

Was gemeinhin «Privatleben» genannt wird – jenes «für sich leben» – habe ich nie gekannt. Schon von den ersten Lebensjahren an will mir mein Leben als unentwegtes Arbeiten erscheinen.

Die gemalten, gezeichneten Väter, Mütter, Freunde und Bekannten habe ich aus Freude am Zeichnen, Malen, Modellieren porträtiert. Der Spaß an der Sache, die Freude, wenn das Abbild gelang, war alle Mühe wert. Menschen, ob vertraut oder fremd; immer sind es Welten, die dir begegnen.

Meinen ersten Porträtauftrag vermittelte mir mein Vater, kurz nach seiner Rückkehr aus Shanghai. Da ich vom Anfang an aus reinem Vergnügen das Porträtieren übte und im Treffen der Ähnlichkeit sehr geschickt war, eröffnete sich mir eine Möglichkeit, Geld zu verdienen, denn meine schrecklichen «apokalyptischen» Bilder fanden nur selten einen Käufer. Meine Porträts, die eigentlich nebenher entstanden, ob im Auftrag oder selbst gewählt, würden einen Bildband füllen.

Dieses nach der Natur ein Konterfei zu schaffen, war eine Leidenschaft, und dennoch habe ich mich nie als Porträtist gesehen. Ich bin aber froh, meine Lehrer, Kunstfreunde, meine Familie in Bildnissen festgehalten zu haben. Es wäre wohl gut gewesen, von H. C. Artmann eine Maske abformen zu lassen.

Es ist für mich immer wieder ein tiefgehendes Erlebnis, Rembrandts Bildnis seiner Mutter zu sehen. Durch die Kunst erst kommt man zur Anschauung und Erkenntnis der Natur. Wäre dem nicht so, könnte der Künstler die Kunst nicht «aus der Natur reißen», wie Albrecht Dürer es formuliert hat.

11 — Die Sommer in Jerusalem und auf Deya

«Erst Gestank und dann Gebeine, jeder bringt sich selbst ins Reine.» – Verlassen wir das Trauerspiel, wenden wir uns dem Leben zu, dort wo es unüberbietbar herrlich ist.

Da hat doch der liebe Gott dem Brauer Erich ganz wunderbare Töchter geschenkt – wahre Himmelsvögel, die engelgleich ihre Arme breiten, wie Schwingen in der Vogelwelt. Was verdanken wir in dieser ein halbes Jahrhundert dauernden Freundschaft nicht alles den Kindern, unseren allernächsten Erben, den Erben alles dessen, was wir ererbt in uns tragen. Und sie, die Kinder, tragen es weiter, so wie und von den Vorfahren her alles zugetragen wurde. Jedes Kind ein Meisterwerk des Schöpfers, der Möglichkeit aller Schöpfungen und dann eben von Papageno und Mamagena.

Die Sommer, die ich Ende der fünfziger Jahre mit Erich Brauer in Israel verbrachte, sie waren noch friedlich, nicht politisch verhetzt. Ich erinnere mich an einen Sommer in Jerusalem, die klare Sonne stand über trockenen Himmeln, über durstiger roter Erde. Brauer war in Israel, ich im Heiligen Land. Was doch Gott für ein Zankapfel sein kann; dieser Gott Israels, der Propheten, der Heiligen – derer, die vormals hier lebten und das Wort aus Gottes Mund erfahren und überliefert hatten. Was haben wir diskutiert über Jesus, den Christus – ist er Messias, ist er Erlöser, ist er der Sohn des ungeschaffenen Gottes?

So auf der Reise nach dem Toten Meer. Brauer malte in glühender Farbe. Ich zärtelte winzige Tafelbilder: «Moses vor dem brennenden Dornenstrauch», «Eremit», «Kreuzigung».

Erich fand in Israel eine wunderbare, eine schöne Frau: Neomi. Ich fand ein Kloster, das Benediktinerkloster Dormitio am Zionsberg; da, wo einst die Essener gelebt hatten, wo sich das Grab Davids befindet, wo das Letzte Abendmahl stattfand, wo die Gottesmutter entschlafen ist. Dort fand ich vier Monate Ruhe. Und dies gab auch unserer Freundschaft Kraft.

Unbeschwerte Tage verbrachten wir auch auf Deya, im Sommer 1963. Wir malten gemeinsam auf der Terrasse. Aus Rom stieß Mati Klarwein zu uns und malte an seinem «Tempel Alef». Er war der Frauenhit. Ganz Deya lebte von seinem Dasein. Und jene, die von Kunst etwas verstehen, sahen in ihm das Genie der tiefsten Leichtigkeit. Mati Klarwein, dem ich 1952 die erste Unterrichtsstunde gegeben hatte, ist ein Metarealist.

Er kam in Begleitung von Piccio (Domenico Gnoli), dem Repräsentanten römischer Dekadenz im Sinne der antiken Hofkunst. Piccio war eine Kennerschaft für Bella Pittura eingeboren. Er hatte Geschmack. Ihm gefielen unsere Werke sehr. Piccio ist bald nach diesem Wundersommer gestorben. Er war ganz und gar frühreif gewesen, im wahrsten Sinne des Wortes.

Auch der englische Schriftsteller Robert Graves besuchte uns auf Deya, der Autor des Romans *Ich Claudius, Kaiser und Gott*. Fast jeden Abend sah er sich die Fortschritte auf den Gemälden an. Er war eine Erscheinung wie aus einer anderen Welt. Ein Sir unter jugendlichen Granden. Seine Kommentare zu meinen biblischen Themen: Alles falsch verstanden, weil alles falsch gelesen.

La vie bohème, das klingt so leicht, doch die Kunst ist eine unverstandene Arbeit. Eine Ausbeutung des Menschen durch die Musen treibt mächtig an.

Aber vom Leben, vom schönen Künstlerleben der Bohème dieser Zeit will ich berichten. Deya war billig, so daß unsere bescheidenen Finanzen langten, ein Haus zu mieten – ein einstöckiges, sehr geräumiges. Dort zelebrierten wir das schöne Leben, welches der Enge der Pariser oder Wiener Verhältnisse eine Art Krönung verschaffte. Auf Deya wurde nachts getanzt bis in den frühen Morgen. Mittags gingen wir an die felsigen Buchten. Auf einem Stein hockend beobachteten wir die Jagdfalken, die Augenkünstler. Spöttelnd neidete ich dem Brauer seine Sportlichkeit. Mit großer Selbstverständlichkeit war er bereit, den Gipfel der Insel zu erstürmen. Keuchend folgte ich meinem unwiderstehlichen Führer in das gelobte Land des Sportes: das Gebirge. Er, der geübte, gestählte Bergsteiger, Schifahrer usw. ist zugleich der verweichlichte Stubenhocker, der Mythologe, der Landschaft allein durch die Brille des Oscar Wilde betrachten konnte und der heute noch glaubt, daß die Natur eine Erfindung der Kunst sei. Ja, daß Religion Natur hervorbringt. Wir haben es hier mit einem verbohrten Monarchisten und Anarchisten, fast noch einem Kommunisten und fast schon einem Juden zu tun.

Wir hatten die Höhe der Erhebung unterschätzt. Erst gegen Sonnenuntergang erreichten wir das Hochplateau, an dessen herrlichem Anblick wir uns nach Anbruch des Morgens erfreuen wollten. Doch vorerst kam die kalte, feuchte Nacht. Tau fiel wie Regen. Brauer riet mir, meinen Kopf im Hemd zu vergraben: «Der Atem wärmt!» Ich fror und drohte am Luftstau unter dem kopfbedeckenden Hemd zu ersticken.

Anders als Israel vermittelte das Leben auf Deya keine Heiligkeit. Ja, nicht eine Spur davon, selbst auf dem Plateau der «Erhebung» nicht, das wir an jenem Tag erklommen. Denn kaum waren wir auf der platten Höhe, fanden wir uns umringt von einer riesigen Schar blökender Schafe, die uns dreist bedrängten, anrempelten und die jeden Zipfel unserer Gewandung mit ihren mahlenden Zähnen zermürbten. Die wannenartigen Vertiefungen im Felsplateau waren von Tümpeln mit Regenwasser gefüllt. Sonst gab es nur Schafe; Schafe ohne Ende. Wir ergriffen die Flucht. So endete unsere Entdeckungsreise im Lande der heidnischen Vergnügungen.

Am späten Nachmittag standen wir wieder auf der Terrasse

unseres Hauses vor der Staffelei. Ich arbeitete an meinem Bild «Cherub wie ein Malach» – meinem Lieblingsbild im Reigen der Cherubsköpfe. Da hatte ich das Bild dessen, nach dem die Natur erschaffen ward. Auf der Terrasse stand auch der «Cherub, wie auf blauen Flügeln», den ich – wie die ganze Serie der Cherubsbilder – im Jahr zuvor schon begonnen hatte.

Für uns und viele andere erschien ein Leben zwischen Wien, Paris und Mallorca in jenen Tagen unvergleichlich. Nach New York wallte, wer dort das Mekka der Neuen Welt sah. Ich liebe und lobe das Abendland. Obwohl ich in der Neuen Welt das Ungeheuerste erlebt habe. Etwas Unbeschreibliches.

12 — Strategische Zusammenarbeit

Mein Atelier in Paris war damals noch ein dunkler Raum im «Hotel de Londres» in der Rue Bonaparte, nahe dem Quai. Im Kontrast zum harten Pflaster von Paris war Deya ein wahres Honiglecken. Das Ende der fünfziger Jahre war noch schlimmer gewesen. Ich hauste sehr bescheiden. Aber auch Hans Bellmer, der berühmte Surrealist der Erotik, den ich an der Place de la Contrescarpe besuchte, um ihm meine Arbeiten zu zeigen, lebte in ärmlichsten Verhältnissen. Sein Hotelzimmer war freilich ein wenig luxuriöser als meine Bleibe. Dennoch überzog bei ihm eine pedantische Schmuddeligkeit der feinsten Art alle Gegenstände mit einem rosa-grauen Staub. Eine sehr schöne Dame, schon im Verblassen, lebte mit ihm. Hans Bellmer und seine Gefährtin waren ein Paar von zartem Biskuit, würdig, von Marcel Proust geschildert zu werden. Seltsam war auch Bellmers typisch deutsche Art der Sprache. Im Gespräch klagte er über den Verlust der Zeichenkunst in «unseren Tagen».

Er war einer aus der Gruppe der orthodoxen Surrealisten. Wie seinen Freund Max Ernst hatte ihn André Breton, der Übervater der Surrealistenbewegung (die sich nicht als Kunstrichtung, sondern als permanente Revolution verstand), verstoßen. Auch von Salvador Dalí hatte Breton sich getrennt und ihm das Anagramm «Avida Dollar» als Scheidungsbrief mit auf seinen Weg zur Malkunst gegeben.

Die wenigen Künstler, die aus der Bewegung ausgeschlossen wurden, waren jene, die es nicht lassen konnten, «schöne» Bilder zu malen. Mitte der fünfziger Jahre hatten alle talentierten Ratten das sinkende Schiff einer theoriebeladenen Freibeuterbesatzung verlassen, um über den Existentialismus hinaus sich als schöne Kunst – auch was den thematischen Inhalt anlangte – fortzupflanzen. Der Bruch war vollzogen.

Der Surrealismus, der König der Ismen im «l'art pour l'art», war damit gestorben. Seine Erben sahen sich als die Fortsetzer einer Kunst der Imagination, als Meister vorbildlicher Vorstellungen, der sichtbar machenden Verbindlichkeit. Neben Picasso das einzige Phänomen des «l'art pour l'art». Die Kunst wurde wieder zur Sklavin höchster Ansprüche des Kunsthandwerks. Hans Bellmer, Max Ernst, Victor Brauner, Leonor Fini, Salvador Dalí – das war die Riege meiner, unserer Vorläufer auf dem Weg zur Kunst jenseits aller grauen Theorie. Außerdem ist jede Vereinsmeierei eine Haltung, die das Gähnen eines Künstlers provoziert.

Unter der Uniform des Revolutionärs verbirgt sich nicht selten behäbige Bürgerlichkeit. Hat der Revolutionär alles erreicht und graue Schläfen bekommen, will er partout für Ruhe und Ordnung sorgen.

Wir wurden uns der oppositionellen Position unserer Kunst bewußt, aber auch der minimalen Chancen, die wir gegen die gigantische Welle der «Minimal art» hatten. Uns stärkte indes der gegenseitige Zuspruch: «Eines Tages kommt der Durchbruch.»

Legendär die gegenseitige Bestärkung durch die Wertschätzung des einen für den anderen.

Während des Krieges hatte der Austausch der Kunstinformation von Schule zu Schule das künstlerische Überleben gesichert. Später erklang die Buschtrommel zwischen Paris, Israel, Mallorca, Los Angeles und Tokio.

Vor allem aber unsere Ausstellung in der Kestner-Gesellschaft, die Wieland Schmied im Jahre 1965 organisierte, erregte großes Aufsehen: auch in Form massiver Gegnerschaft seitens der damals tonangebenden Kunstpäpste. Sie ahnten damals schon, daß hier eine Gegenbewegung begann allgemeines Interesse zu erwecken, die ihrer Sicht von Kunstentwicklung widersprach.

Zwischen Erich Brauer und mir entwickelte sich strategische Zusammenarbeit. Die anderen Mitglieder der Gruppe waren eher die Mitläufer, was Aktivitäten betraf. Sie machten alles mit. Als ich 1957 meine kleine Galerie in der Millöckergasse im VI. Bezirk eröffnete, waren sie schon ein wenig erschrocken gewesen. Doch fanden sie hier ein Forum – das erste in Wien. Mein Vater überließ mir zu diesem Zweck einen kleinen Lagerraum für Elektromotoren.

Eine Bewegung streckte ihre Fühler aus. Und damit wurde eine Gegnerschaft ins Leben gerufen, die uns geradezu haßerfüllt entgegentrat. Denn wir hatten ein Publikum – ja, eine Menge begeisterter Anhänger unter Künstlern und anderen Menschen, die die Rückkehr der figurativen Malerei und Bildnerei herbeisehnten. Obwohl ich ein Propagandist der Pluralität war und in meiner Galerie auch Künstler vorstellte, die keineswegs Phantasten oder Realisten waren, wie Nitsch oder Hundertwasser, Chaimowicz und Nagy, lag der Schwerpunkt unserer Ausstellungen doch auf den Werken der Phantasten: Le Maréchal, Richard Matouschek, Robert Doxat, Heinz Stangl, Karlheinz Pilcz usw. Aus der Distanz von fünfunddreißig Jahren besehen, entfalteten wir eine beachtliche Tätigkeit, die den Nachwuchs – und dessen Nachwuchs – ernährte, geistig und seelisch stärkte, das Gewitter der gegenstandslosen Kunst zu überleben. Bestärkung kam nicht von den Kritikern, sondern von seiten eines zunächst kleinen, aber von überschwenglicher Begeisterung erfüllten Publikums. Bald war meine kleine Galerie der Gegenpol zur Allmacht der «Galerie St. Stephan», der von Monsignore Mauer geführten Hochburg des Informellen. Anfang der sechziger Jahre war meine pragmatische Position klar und allgemein bekannt; die Fama, ich sei der Begründer der «Wiener Schule des Phantastischen Realismus», nahm ihren Anfang.

Bald machten Zweigstellen, die geschäftsmäßig richtig geführt wurden, meine kleine elitäre Galerie überflüssig. Dazu kam der hinderliche Umstand, daß ich noch immer Paris als mein Hauptquartier betrachtete, wenig in Wien war und meine Galerie von Künstlern, meist Literaten und Dichtern, «geführt» wurde: ein kunterbunter Haufen stets streitbarer, diskutierender Maler und Dichter, deren Argumentation oft in Tätlichkeiten ausartete, so daß einmal Raimund Ferra, der zeichnende Metaphysiker mathematischer Phantasien, vor der Attacke eines sehr begabten Hitzkopfs fliehen mußte, um Hieben mit einem gußeisernen Kleiderständer zu entkommen. Um Handbreite verfehlte der gewaltige Streich dieser Streitaxt das edle Haupt des Raimund Gregor Ferra und riß ein beträchtliches Stück Mauerwerk aus der Abkantung des Durchgangs, der die beiden kleinen Ausstellungsräume verband.

Argumente gab es also die Fülle, Ideen erfüllten die Köpfe der streitbaren Künstler. Es fanden auch Lesungen von Dominik Steiger, Hermann Kopf, Theo Sapper, Gütersloh und so manchen anderen statt.

Wie rasch geht solch eine lautstarke, heftige Aktivität im Trubel der Ereignisse wieder flöten! Das Fernsehen kam und veranstaltete eine parteiergreifende, meist gegen uns gerichtete Kunstkritik. Der schon erwähnte grobe Kampf erreichte das Ausmaß eines Stellungskrieges. Schwere Geschütze wurden aufgefahren – so wie einstmals Klimt als Kitsch verdammt worden war, so wurde auch unsere Arbeit als Kitsch geschmäht.

«Viel Feind, viel Ehr» – das alte Sprichwort bewahrheitete sich wieder einmal. So gewann unsere Gruppe zunehmende Bedeutung. Die Freude über die um sich greifende Resonanz wog den Ärger über den Schmäh, die sich über uns ergoß, schließlich auf.

Die Wiener Schule wurde im In- und Ausland bekannt und gewann immer mehr Anhänger im Bereich des jungen Nachwuchses. Aus aller Welt kamen Schüler, die in den Persönlichkeiten unseres zunächst kleinen Kreises ihre Vorbilder sahen. Dies waren die erfreulichsten Seiten unserer starken freundschaftlichen Gemeinschaft. Ähnlich den englischen Präraffaeliten hatten wir es nach langem Kampf endlich zu der Resonanz gebracht, die wir für unser Werk ersehnten. Aus den Gruppenausstellungen entwickelten sich die «Engelauftritte»: Einzelauftritte – und zuweilen beträchtliche Rivalitäten.

Doch die geistige Verbundenheit und gegenseitige Wertschätzung überwogen. Die Kollegialität behielt die Oberhand, wenngleich es immer wieder zu Rivalitäten kam, wie ehedem, als ich mit der Hundsgruppe aus dem Art Club auszog. Die Bruderschaft, die uns fünf – Brauer, Hausner, Hutter, Lehmden und mich – verband, vermischte sich so schnell nicht mit den anderen Künstlern unserer Bewegung, auch wenn wir ihre Arbeit schätzten. Da spielte auch die private, weit zurückreichende Freundschaft eine Rolle. Uns verband nicht ausschließlich die Kunst, sondern uns verbanden auch gemeinsame Urlaube, Reisen, Weibergeschichten und Atelierfeste – von denen es nicht wenige gab.

13 — Die dreidimensionale Patronanz des Papageno-Tores

Vernissagen waren Happenings. Das «Zebra» tanzte, das Saxophon röhrte, da war was los! Unsere Galeriefeste wurden oft im Café Hawelka oder in der Ade Bar fortgesetzt. Die Wiener Schule wurde allerorts zum verbreiteten Ferment der Kunstgesellschaft.

Betrachte ich heute das Programm meiner kleinen Galerie, die ich mit einiger Mühe aus dem Materiallager meines Vaters, der sie mir zu diesem Zweck überließ, verwandelt hatte, so muß ich staunen. Das alles geschah nebenher aus bloßer Sympathie mit jungen talentierten Künstlern, deren Nöte ich, ein eben der größten Not entwachsener Künstler, sehr wohl verstand. Es geschah sogar zuweilen, daß ein Bild oder eine Skulptur verkauft wurde. Ein Sammlerkreis entstand. Georg Fischhof, der ab 1964 mein galerieführender Partner werden sollte, war der erste Sammler, und ihm folgten noch einige, die jene Künstler zu sammeln begannen, die ich protegierte.

Mein Unternehmen als Galeriedirektor fand unter der dreidimensionalen bildhaften Patronanz des Papageno-Tores statt: einer sehr gelungenen Darstellung des Papageno. Seltsam, daß eben dort, wo Mozarts *Zauberflöte* unter Emanuel Schikaneders Regie und Direktion ihre Uraufführung erlebt hatte, meine kleine Galerie ihre mit Eisenblech beschlagenen Läden öffnete.

Die Einrichtung gestaltete der Architekt Theo Gabler, ein alter Freund und Weggenosse, auch Sammler der edlen Kunst. Meine Galerie war, wenn man so will, eine Voliere, eine Nachbildung des Papageno-Tores gegenüber. Ich war der Papa der Künstler – der Papa Geno: In meinen zwei kleinen Räumen konnten die jungen Vögel gemeinsam zwitschern, oder sich das Gefieder zerzausen. Es war eine wunderschöne Zeit; Jahre, in denen ich das

Hand- und Kopfwerk des Ausstellungmachens – nicht aber des Kunstverkaufens – erlernte. Verkaufen konnten in dieser ökonomisch schwierigen Zeit andere besser als ich. Manfred Scheer, Richard Hartmann und vor allem Heinrich von Sydow-Zirkwitz, der in seiner Frankfurter Galerie die Wiener Schule und deutsche Phantasten zeigte, verstanden es, diese Kunstrichtung zu protegieren und zu vermarkten. Diesen wenigen, aber eifrigen Anhängern unserer Arbeit verdankten wir erste Verkaufserfolge.

Wir standen politisch nicht rechts, nicht links, auch in keiner Mitte. Wir waren Außenseiter im wahrsten Sinne des Wortes, und was unser Publikum betraf, so war auch dieses total «daneben». Von jenem «Daneben» zu leben, verlangte von unseren Händlern echtes Kunstverständnis und Begeisterung – und ich darf sagen, die genannten hatten all das alles und die nötige Kraft zum Durchhalten.

Leider blieb der eine oder andere auf der Strecke, wie George McGuire, der Anfang der siebziger Jahre in der Bäckerstraße im I. Bezirk die Galerie «Ariadne» eröffnete. Ihn trieb der Konkurs in die Verbannung, er verschwand bei Nacht und Nebel und hinterließ einen Koffer Schulden. Auch er war ein Idealist bis zum letzten Hemd. Reich geworden ist mit uns keiner. Das lag daran, daß wir allesamt gegen den Strom zu schwimmen hatten. Bekanntlich ist für solche Schwimmer der Blick ans Ufer stets derselbe. Gegen den Strom kommst du, vom Lande aus besehen, nicht voran. Was aber die Zuschauer am Ufer nicht bedenken, weil sie es nicht sehen, nicht erleben, ist der Umstand, daß die Schwimmer immer kräftiger werden. Die einen, die anderen gehen unbemerkt erschöpft unter. In Zeiten, da der Fluß (so wie heute) fast ausgetrocknet ist, gehen wir flott in unsere Richtung, der Quelle entgegen. Denn jeder Strom hat Quellen. Die Gegenbewegungen sind immer jene, die den Weg zum Ursprung suchen – so ist es in der Kunst. Sobald eine Bewegung stark wird, bewegt sie sich reißend, als Fluß von den Quellen hinab ins große allgemeine Meer. Ein großes Talent muß gegen den Strom schwimmen. Bleiben wir bei dieser Metapher. Ich bin ein guter Schwimmer. Das ist übrigens der einzige Sport, in dem ich es wage, mit Erich Brauer im Wettkampf mich zu bewähren. In meiner Galerie schwammen wir nicht (schon gar nicht im Gelde), sondern saßen in einem Boot und ruderten aus Leibes- und Geisteskräften. Wie schön doch, daß am Ufer immer das Papageno-Tor stand – so wie heute, da ich des Erichs Kinder im Hause dahinter, im «Theater an der Wien», singen hörte: Die *Zauberflöte* – sie verstummt nicht, nie!

13. Dezember 2000: Der gestrige Abend ein Symbol für das Symbol, übrigens ein dreizehnter – an einem dreizehnten bin ich geboren. Im Februar vor einundsiebzig Jahren. Besinne dich und schreibe du, mein Double Ernst Fuchs. Laß dir alles Entfallene wieder einfallen, sieh nach in den Büchern, die da auf den Tischchen und Requisiten, den Kulissen, Projektoren und Scheinwerfern liegen, sieh darin nach, und du wirst sehen, so mancher tanzt zumindest für Fußnoten. Denn im Fluß der Erzählung treiben die Daten schnell flußabwärts. Das kann man dem gegen den Strom Schwimmenden nicht abfordern – das müssen, das sollen andere besorgen: die Historiker, die Vermesser der Daten und Distanzen.

Mein Archiv ist geordnet, zum Bersten voll, aber die Zeit reicht nur für die Gegenwart, für die Erinnerung des Gelebten, und letzteres ist schon mühsam genug. Hast du viel erlebt, mußt du entweder alles vergessen oder sterben, was wiederum letztlich das einzige ist, was «hilft».

VIERTER TEIL

Des Feuers Kern ist Finsternis,
ja muß es sein,
denn allein im Dunkel erleuchtet
    sein Schein.

Der Gnosis Geheimnis es ist,
daß Licht der Sterne
ist Finsternis.

1 — Das Kaffeehaus ist ein Leichenhaus

Das Kaffeehaus ist ein Leichenhaus, wenn gerade kein heiter-feierlicher Fünf-Uhr-Tee getrunken wird. Diskrete Damen und Herren finden sich dann zur geheimen Feier des gepflegten Lebens ein – zum Stelldichein, zum Seitensprung. Damals, als es noch Gigolos (Lämmchen der Zärtlichkeit) gab, ich keine vier Jahre alt, da gab es diesen Zauber des Tangos wie das stramme Getrampel des Charleston. Die Keckheit der Josephine Baker, den stummen Augensternaufschlag der Garbo. Und da spielt ein Neger Saxophon! An solches erinnere ich mich, wenn ich heute in den Stubenhocker-Cafés nostalgisch gestimmt an jene Zeit zurückdenke, da mein Vater zum beflügelnden Charleston steppte. Lebensfreude flackerte, noch ehe der Bombenteppich alles zudeckt! Da knirschen keine gepflegten Kieswege unter den Füßen, sondern die Zähne.

Ich plane, in einem sehr schönen alten Rolls-Royce in die Kulmgasse zu fahren. Eine Triumphfahrt soll es sein, und ich ahne schon, daß es ein Trauerzug wird, der einem Leichenwagen folgt, hinaus zum Hernalser Friedhof. So wie es damals war, als die Livreen der «Pompes funèbres» in schwarzen Uniformen, silberverbrämt, links und rechts des Haustores standen. Sie trugen schwarze Staußenfedern auf dem Kopf, hatten weiße Strümpfe und Kniehosen, hielten Laternen in der Hand. Traurig und starr blickten sie vor sich hin, als gäbe es kein wahrnehmbares Leben um sie her. Das Haustor, «Einfahrt» genannt, mit schwarzem silberbefranstem Stoff ausgeschlagen, gähnte in die Gasse. Die vielen neugierigen Menschen, die alle Trauer mimten und vieles zu erzählen wußten, verbreiteten leise in Ehrfurcht innigliche Gerüchte über den Verstorbenen; und wie es denn möglich war, eine so schöne Leich zu haben. Die schwarze Karosse im Barockstil fuhr vierspännig an, der Sarg wurde von den Pagen geschultert und in den verglasten Kutschenraum geschoben. Die schwarzen Federbüsche zwischen den Ohren der Rappen wippten feierlich. Die schöne Leich setzte sich in Bewegung auf ihrem Zug in die Vergangenheit.

Eben noch hatten die vielen Trauergäste Geduld, da gab es kein Gedränge. Jeder kam an die Reihe. Jeder warf einen Blick durch das Fenster im Sargdeckel auf das blasse, buntgeschminkte Gesicht eines Mädchens. Tuberkulose, so jung, wurde geflüstert, und daß die sich das leisten können. Der Weg zum Friedhof dauerte länger als eine Stunde, und immer wurde Chopins Trauermarsch gespielt, und alle schlichen in Zweierreihen hinterher bis hin zum Grab und gaben der Toten, die sie nicht kannten, die letzte Ehre.

Ja, so eine schöne Leich, das war ein Ereignis, das mochte niemand versäumen. Die Kulmgasse war menschenleer, wie ausgestorben. Alle gingen hinter dem Leichenwagen her. Es schien, als wäre ganz Wien ein einziger feierlicher Leichenzug und eine schöne Leich das einzige Vergnügen, das noch blieb, die schönste Gruselgeschichte.

Die folgenden Tage waren überschattet. Und daß die sich dies leisten können, begründete einen Ruhm, der Neid erweckte. Vor allem die Frauen sangen die schwermütigsten Kirchenlieder, die Leich wurde eingesegnet und ins Grab versenkt. Der Pfarrer sprach die tröstlichen Worte: «Ruhe sanft in Frieden.» Die es sich leisten konnten, gingen zum Leichenschmaus in eigens dazu bestimmte Wirtshäuser, die anderen schauten noch eine Weile dem Treiben zu. Ein stiller Abend der Heimkehr für die Armen endete im Grölen der Betrunkenen, die sich's leisten konnten, recht lang im Wirtshaus zu sitzen, denn das mußte auch sein, bei einer schönen Leich.

So etwas habe ich in der Kulmgasse nur einmal erlebt, obwohl es typisch war für Wien, auch nach den dreißiger Jahren. Die große Arbeitslosigkeit vertrieb endlich auch die Straßensänger. Und Adolf Hitler machte all dem Brauchtum bald den Garaus. Der Reichsarbeitsdienst marschierte mit geschulterten Spaten in eine neue Zeit. «Mamatschi, schenke mir ein Pferdchen» verklang, wie auch «Ich bin ein armer Straßensänger».

2 — Man mußte Schwein haben

Die neue Zeit brach an. Endlich, der Erlöser war gekommen! Allgemeiner Jubel, aber auch Furcht vor dem Unbekannten. Der Arbeitsdienst marschierte, die Hitlerjugend sang neue Lieder. Ein junges Volk steht auf, zum Sturm bereit, reißt die Fahnen höher. Der Dichter heißt Baldur von Schirach. Die Kameraden, die Rotfront und Reaktion erschossen, marschieren in unseren Reihen mit.

Ein Taumel erfaßte das lethargische Wien. Wir mußten in der Schule oftmals «Ich hatt' einen Kameraden» singen. Ein gefühlvoller Junge in meinem Alter konnte das Schluchzen nicht unterdrücken. In der Pause verprügelten sie ihn.

Die Zeit des unsentimentalen Lebens begann mit strengen Strafen. Die Lehrer wurden zu tapferen Kommandanten. Sie hatten die Schüler zu Helden zu erziehen. Zahllos waren die Klischees der Herzlosigkeit, die wir zu hören bekamen. Gehorsam zum Führer war der Sinn des Daseins.

Die schöne Leich war im Straßengraben, im Massengrab verscharrt. Alle Klischees wurden aufgehoben, die das nahestehende Grauen eines nie dagewesenen Krieges verdecken sollten.

Alle Fenster wurden verdunkelt, die Glühbirnen rot gefärbt. Der Luftschutz kontrollierte von der Gasse aus. Später, als Fenster und Türen dem Luftdruck der Explosion nachgaben, wurde alles mit Kartons und schwarzem Papier verschalt. Die Kulmgasse glich einer Straßenschlacht im Orkus, alles wurde Unterwelt. Doch nur wenige merkten dies.

Ich war sehr verliebt, schon mit neun Jahren, und vergaß allen Terror. Nichts vermag mir jene Zeit so nahe zu bringen wie die Schlager, die damals aus dem «Volksempfänger» drangen, mit Grüßen an die Front.

Die Helden empfingen die wärmenden Fäustlinge aus der Heimat vom Winterhilfswerk, WHW genannt. Wir Kinder hielten den Erwachsenen Sammelbüchsen unter die Nase, in denen wir die Pfennige rasseln ließen. Wir liefen durch die Gassen und hefteten mit klammen Fingern die Spendenzeichen an die Aufschläge der ärmlichen Kleidung, denn sehr bald schon gab es nur noch Gewendetes. Alles wurde restauriert, und dennoch gab es auf dem Schwarzmarkt Mode, Nagellack, Korkkeil-Schuhe. «Das Leben geht weiter» – auch so ein Klischee, das fürs Überleben taugte.

Die Sprache bestand aus Parolen: *Kohlenklau. Groschengrab. Volksschädling. Drückeberger. Ostmärker. Endsieg.* (Das Ende siegte bald.) Obwohl ich noch ein Kind war, sah ich das Ende nahen, den Untergang dieses stolzen tausendjährigen Reiches.

«Irgendwo auf der Welt ist ein kleines bißchen Glück» – ja, wo? In meiner Kindheit, mitten im Krieg.

Fast täglich ging ich ins Kino, um jene Ufa-Filme zu sehen, die das Grauen hinter der «Maske in Blau» verbargen. Marika Rökk («Hoch die Rökk», hieß es im Volksmund) tanzte den Csardas. Zarah Leander sang mit tiefer Stimme aus vollem Busen. Ihr «Ich weiß, es wird einmal ein Wunder geschehen» war auch eine Parole, eine geheime Botschaften für das *Durchhalten* bis zum *Endsieg.* Den Müttern wurde das Kreuz verliehen. Das Mutterkreuz. Die Söhne fielen an der Front. Alles wurde zur Parole: *Fronturlaub. Erzenes Schweigen. Frontbegradigung. Brückenkopf.*

Invasion. Hinterhalt. Schweinehund. Verräter. Volksgericht. Enthauptet. Todesurteil im Namen des Volkes. Für Volk und Vaterland. Klischeehaft jede Perspektive.

Wir, die wir zwischen dem achten und dem vierzehnten Lebensjahr standen, lebten von einem Alarm zum anderen. Alles war ein Stakkato. Man gewöhnte sich daran.

Noch hatte ich die Bombardements, das Dröhnen der Flak nicht erlebt. Das lag noch in einer furchtbaren Zukunft. Das Wort Zukunft wurde zum Synonym für Untergang. Aber auch dieses Im-Kino-Sitzen und *Wienerblut*-Sehen, Hans Moser, Theo Lingen, Johannes Heesters und Oskar Sima – «Kauf dir einen bunten Luftballon, nimm ihn fest in deine Hand» – war voll böser Ahnungen.

Sieg und Niederlage waren austauschbare Begriffe für ein und denselben Untergang. Lilli Marleen stand vor der Laterne, das war die Erotik des Krieges. Huren, Schleichhändler, ein Heer von Typen scheinbar neuer Art, stets auf der Flucht vor der Streife. Die «Schupo» (Schutzpolizei) kontrollierte auch während der Vorstellung im Kino jeden, und es war nicht gut, daß in meiner *Kennkarte* der jüdische Vater stand, Maximilian Fuchs, «mosaisch».

Man mußte täglich mehrere Male «Schwein» haben. Das war das neue Wort für Glück.

3 — Ich erinnere mich an die Akademie hinter den Kulissen

Was gestern Kitsch war – wie damals Makart und das gesamte Fin de siècle – wurde jetzt wieder zur Kunst erklärt. Was hätte Herbert Boeckl wohl gesagt, wenn er die Renaissance des verpönten Jugendstils und der Präraffaeliten noch erlebt hätte? An der

Akademie gab es gleich nach dem Krieg mehrere Protagonisten der Moderne, die schon während der letzten Kriegsjahre in einer Art Untergrund gewirkt hatten. Da war zum Beispiel Paul Otto Haug aus Stuttgart, der mit einer Kopfschußverletzung aus der Wehrmacht entlassen worden war und an der Akademie Unterschlupf gefunden hatte. Er war der einzige im Haus, der Picassos Werk aus den dreißiger Jahren kannte und, von der klassischen Periode Picassos beeinflußt, sehr interessante Bilder schuf, aber die Quelle seiner Inspiration geheimhielt. Als Picassos Werk 1946, allgemeines Entsetzen verursachend, in Wien bekannt wurde, verschwand er, und ich bedaure es bis heute, daß dieses Talent so völlig verschwunden war und blieb. Was ist aus ihm geworden?

Das Turmatelier, das er 1946 noch wie eine Festung innehatte, war geräumt, die vielen Bilder – dick aus Farbe modelliert und lasiert; er war in dieser Technik ein Meister – waren über Nacht mit ihrem Schöpfer verschwunden. Das Turmatelier wurde nach dem Einzug von Professor Albert Paris Gütersloh zur Festung der Phantasten. Mit meinen Freunden, Lehmden, Brauer, Steinwendner und Karl Stark (der die Boeckl-Position vertrat und eigentlich unser Gegner war, sich aber sehr kollegial benahm), hielten wir die einstige «Hausfestung» und traten der beginnenden Invasion der «Abstrakten» entgegen.

Es gab da eine Akademie hinter den Kulissen. Amor fehlte nicht, er spitzte seine Pfeile. Wo er war, knisterte die Erotik. Der Aktsaal wurde zum Ort, wo man die kostbarsten Beziehungen anknüpfen konnte. Olli war das berühmteste, das schönste, wenn auch nicht mehr das jüngste Aktmodell im Hause. Altgedient und in allen Klassen tätig, kannte sie Geschichten, Liebesgeschichten ohne Zahl. Ihr Wahlspruch lautete: «Wie die Nase eines Mannes, so sein Johannes.» Mir mochte der Spruch nicht so recht gefallen. War denn meine Nase groß genug? Außerdem verband sich der Name mit dem Evangelisten, den ich am liebsten hatte und dessen

Ikonen ich immer wieder zu malen versuchte. Olli mochte mich sehr, vor allem meiner «schönen» Aktstudien wegen. Aber alles hatte seine Grenzen bei ihr. Keiner konnte sich erinnern, ihr wirklich nahe gekommen zu sein, obwohl sie der erotische Mittelpunkt des Hauses war. Ich war der jüngste und vielleicht auch einer der schönsten Jünglinge (wovon ich allerdings damals keine Ahnung hatte). Ich kannte auch unter den älteren Künstlern keinen, der mit Olli intim geworden war. Ob dies der Diskretion zuzuschreiben ist, weiß ich nicht, denn diese Generation meiner damaligen Zeitgenossen ist nicht mehr zu befragen. Sie ist unbekannt und unerkannt verschwunden.

Mir aber war das Modell immer der hinreißende Grund zum Anfassen, der faszinierende Anfang eines umfassenden Erkennens. So waren auch alle Frauen, die ich liebte, meine Modelle. Alle Modelle die ich liebte, sollten ganz und gar mein sein, kein anderer Künstler durfte sie malen oder modellieren. Nun gab es aber auch eine nicht geringe Zahl von männlichen und weiblichen Modellen, die keineswegs in irgendeiner erotischen Beziehung zu den Malern standen, die bloß Anlaß zur Übung, zum Sehen und Darstellen waren.

So war der Abendakt weder erotisch noch akademisch, und nur hinter den Kulissen war der Aktsaal eine Erotikbar. Hier sah man die neuen Gesichter. Quer durch alle Klassen wurden hier Bekanntschaften geknüpft, Tratsch und Klatsch ausgetragen. Das «Anbandeln» war oft wichtiger als das Ringen um die Form.

Bedenke ich das Umfeld, die Situation, so erscheint es mir grotesk, daß wir uns mit solchem Ernst der Kunst und aller damit verbundenen Problematik bedenkenlos hingaben. Wir fanden es nicht fragwürdig, daß wir uns in dieser unbeschreiblichen Zeit, in einer von Hunger und Zerstörung heimgesuchten Stadt, der Kunst verschrieben hatten.

Wir fragten nicht, ob wir eine Zukunft mit unserem Tun erobern oder sichern konnten. Ich glaube, daß mir damals derlei

Überlegungen gar nicht in den Sinn kamen. So war es auch für meine Mutter eine fraglose Selbstverständlichkeit, daß ihr «Ernstl» jedes Opfer auf sich nahm, um allein der Kunst zu dienen. Sicher war es ein Privileg meiner Jugend, daß ich handelte, ohne zu fragen. Aber ich war mit dieser Haltung nicht allein. Wir alle kamen in diesem ersten Jahr nach dem Kriege inmitten der Ruinen des schwer zerstörten Wiens gar nicht auf die Idee, zu fragen, ob es einen Sinn hatte, Künstler zu sein. So standen wir, Schulter an Schulter, dichtgedrängt im Wald der Staffeleien und kämpften um einen guten Platz mit Sicht auf das Modell.

Die Staffeleien waren allesamt schon an die hundert Jahre alt, bedeckt mit verkrusteter Farbe, die Generationen vor uns, an ihnen Pinselabstreifung, hinterlassen hatten. Es kam mir auch nie der Gedanke, daß unser Tun heroische Züge hatte, nein, das alles war selbstverständlich, nur so konnte es sein.

Nicht alle Studenten hatten, so wie ich, an Nahrungsmangel zu leiden. Einige kamen vom Lande, aus der Provinz. Sie hatten besseres Essen, waren nicht angewiesen, im «Grenadier», einem Wirtshaus neben der Akademie, vis-à-vis der Wiener Secession, die wurmigen Erbsen zu essen, die wir gegen Essensbons bestellen konnten. In jeder Erbse saß ein schwarzer Käfer. Mich ekelte dermaßen davor, daß ich Erbse für Erbse mit dem Löffel spaltete, um die Käfer auszulösen, und die Erbsen schwammen in einem braunen Sud, und etwas anderes gab es nicht. Das war des ersten und zweiten Semesters bittere Kost.

4 — Die Wendung vom alchemistischen, archetypischen zum heiligen Bild

Victor Miller verstand meine Sehnsucht nach dem heiligen Mysterium, von dem ich mich angezogen fühlte und das aus meinen Bildern sprach: Die Wendung vom alchemistischen, archetypischen zum heiligen Bild hatte sich angebahnt. An Sonntagen besuchte ich die russisch-orthodoxe Messe in der wunderschönen Kirche St. Alexandre Newsky nahe dem Park Monceau. Die Chorgesänge, Gebete und die tiefe Frömmigkeit der russischen Gemeinde zogen mich in ihren Bann, als wollte Gott mir einen Ausweg aus dem sich anbahnenden Verhängnis zeigen.

Victor Miller schenkte mir damals ein wunderbares Buch in deutscher Sprache – «Die Hymnen an Gott» des heiligen Simon, des Theologen und Mystikers aus dem elften Jahrhundert, dessen Worte mich begeisterten. Victor Miller war über die Maßen gebildet, sprach sehr gut Deutsch, jedoch machte sein Chicago-Akzent seine Sprache fast unverständlich. Er war ein Tröster in dieser schrecklichen Zeit, ein Wegweiser. Erst viel später wurde mir klar, daß er ein Heiliger war. Dieser Taxichauffeur aus Chicago war wohl die rätselhafteste und himmlischste Persönlichkeit, der ich in den Pariser Jahren begegnet bin. Ob er noch lebt, ob es ihn noch gibt, ob es ihn überhaupt gegeben hat, ist ein Rätsel, denn nach meiner Rückkehr aus Amerika habe ich ihn nicht wiedergesehen. Das Buch aber besitze ich noch. Es hat mich auf allen Reisen begleitet und ist bis heute mein Trost und meine Stärkung im Glauben. Unter allen Werken der Frommen, die ich kennengelernt habe, ist es das köstlichste und schönste, ein wahrer Schatz, den der Himmel mir bescherte.

Neben diesen erbaulichen Aspekten meines Lebens gab es noch so manches mir vage in Erinnerung behaltenes Rätsel. So war es möglich, daß ich neben Geri alle meine anderen Beziehungen aufrechterhalten konnte. Gerti war keineswegs vergessen – auch Mia nicht. Ich schrieb ihnen, und zwar so, als hätte ich die Last meiner unglücklichen Liebe zu Geri nicht zu tragen. Ja, ich flüchtete mich in meine Haßliebe zu Wien, in lustvolle Vorstellungen von einem Wiedersehen mit meinen anderen Geliebten dort. Bei gelegentlichen Wien-Besuchen ging ich auch meinen zügellosen Liebesgewohnheiten nach – als gäbe es keine drohende Katastrophe. Ich fühlte ihr Nahen und lebte dennoch in meiner chaotischen Situation, als wäre dies die einzige Möglichkeit des Überlebens.

Es war ja auch eine Art von Flucht. Daß dieses flüchtige Eilen zu nichts führen konnte, war mir noch nicht bewußt. Zu sehr schien es die mir gemäße Lebensform zu sein. Diese Einstellung des Sich-Hingebens an das Triebhafte war mir dermaßen zur Natur geworden, daß ich meinte, es sei die einzig mir gemäße Form des Daseins. Wenngleich ich auch sah, daß ich durch diese Lebensform zu keinem Trost, zu keiner Ruhe kommen konnte, fühlte ich dennoch kein Verlangen, mein Leben zu ändern.

Geri nahm an meinem Lebenswandel keinen Anstoß, ja, sie förderte meine «Seitensprünge». Sie hoffte mich loszuwerden. Sie liebte mich nicht. Ihr war alles recht, sie wollte bloß von mir in Ruhe gelassen werden, um im besten Fall mein Freund zu sein. Darin war sie sicher aufrichtig, und genau das war es, was ich nicht wollte. Alle sollten mich bedingungslos lieben, mir treu sein, auf mich warten – und indem ich dies erwartete, entfachte ich das Höllenfeuer meiner Qualen. Denn was ich erwartete, wurde mir nicht zuteil. Alles hat seinen Preis, nur die Gnade nicht.

Mein bevorzugtes Bild, an dem ich damals malte, war «Der Psalm 69». Neben diesem Bild malte ich am «Porträt der Venus», an der «Hochzeit des Einhorns» – auf diesen beiden Bildern habe ich unseren Sohn Dou-Dou wiederholt und genau dargestellt. Da wir zwei Zimmer hatten, die allerdings nicht miteinander verbunden waren, sondern ziemlich weit auseinanderlagen, konnte ich für meine Malerei und Dou-Dous Unterbringung einen separierten Platz gewinnen. Nach dem Einkaufen kochte ich für Dou-Dou und mich das Frühstück auf einem kleinen Spirituskocher. Der «Psalm 69» zeigt deutlicher als die anderen Bilder, daß meine Beschäftigung mit den Psalmen und Evangelien zugenommen hatte.

Meine Bilder erfüllte ein mystisches Dunkel. In der unmittelbaren Nähe vom Boulevard du Courcelles befindet sich der Park Monceau. In diesem sehr schönen, klassisch-französischen Park machte ich mit Dou-Dou meine morgendlichen Spaziergänge. Gegen Mittag stand Geri auf, meist übel gelaunt.

Die Mißstimmung führte zu heftigen Streitereien. Geri wollte auf keinen Fall in diese Häuslichkeit involviert werden. Meine närrische Liebe zu unserem Sohn teilte sie nicht. Eine Bauchhöhlenschwangerschaft und der damit verbundene schlechte Gesundheitszustand, gegen den sie nichts unternehmen wollte, verschlechterte unser Zusammenleben bis zur Unerträglichkeit. Nach einem kurzen Spitalaufenthalt im American Hospital, der Geris Leiden endlich die Heilung brachte, kam es zum ersten Fluchtversuch – Geri verschwand, und niemand wußte, wohin.

Ich war, mit meinem Sohn allein gelassen, in fürchterlicher Unruhe. Da ich es in unserer Miniaturhäuslichkeit nicht aushielt und wegen der täglichen Versorgung Dou-Dous nicht nach Geri suchen konnte, brachte ich den Jungen für einige Tage zu Vali Meyers in das Hotel von Céleste Albaret.

Durch den Tip eines Freundes fand ich heraus, daß Geri mit Fred le Gros nach Brüssel getrampt war. Ich folgte ihr und fand sie total betrunken, am Boden liegend, unter einem guten Dutzend völlig verkommener Typen. Geri war überrascht, daß ich sie gefunden hatte. Mir schien, daß sie ihr schlechtes Gewissen loswerden wollte, denn die Gesellschaft, in der ich sie antraf, war auch für sie beschämend. Sie folgte mir, ein wenig geknickt, bereitwillig nach Paris. Dieses Intermezzo infernal nahm drei Tage in Anspruch und kittete unsere Beziehung immerhin soweit, daß wir gemeinsam die Vorbereitungen für unsere Amerikareise in Angriff nahmen.

Vor meiner Abreise von Paris hatte ich einige meiner «Miniaturen» in einer Galerie ausgestellt, darunter auch «Der Fischer». Auf meinen Streifzügen durch das Quartier Latin besuchte ich wiederholt die Galerie in der Rue des Beaux Arts, um eine Verkaufsmeldung zu erhalten, doch die ersehnte Mitteilung blieb aus. Als ich wieder einmal vor meinem Bild «Der Fischer» stand, hörte ich ein Ehepaar, das hinter mir stand und dieses Bild über meine Schultern hinweg betrachtete, folgendes sagen: «Das ist sehr gut gemalt – so ähnlich, wie unser Freund Charles Shoup es kann.»

Ich fragte das Paar, wer denn dieser Charles Shoup sei, und erhielt seine Telephonnummer. Nach einem Anruf besuchte ich ihn in seinem Atelier. Bei seinen in Mischtechnik entwickelten Bildern arbeitete er mit Höhung und Lasur in mehreren Schichten, deren Unebenheiten er mit feinem Schmirgel glättete. Nachdem ich ihn mit Kasein und Eitempera als Materialien für die Weißhöhung vertraut gemacht hatte, wurde er mein Schüler.

Charles Shoup sah sehr bald, daß es mir, trotz meiner Erfolge im kleinen Kreis des «Figurativen Widerstandes», sehr schlecht ging. Es blieb ihm auch nicht verborgen, daß mein Dilemma durch mein unglückliches Verhältnis zu Geri gesteigert wurde. So versuchte er, mir unter Aufbietung aller seiner gesellschaftlichen Beziehungen zu helfen. Er war rührend um mein Wohlergehen besorgt. Er führte mich in seinen Kreis ein, der aus einflußreichen und wohlhabenden Personen bestand – zumeist Männer, die keine Frauen mochten und eine seltsame Altjüngferlichkeit an den Tag legten. Sie alle waren der Meinung, ich sollte mich meiner Karriere wegen von Geri trennen. Eine belastende Beziehung schien ihnen für einen Künstler geradezu unschicklich.

Mein Einfluß auf Charles Shoup wurde von seinen Freunden mit einer gewissen Eifersucht verfolgt. Dennoch stellte mir Pierre Farman, sein bester Freund, all jene vor, von denen er wußte, daß sie meine Kunst schätzen würden. So bekam ich manchen Porträtauftrag. Doch mein unstetes Leben machte auch diese Hilfe zunichte. Charles Shoup dagegen malte das Porträt des sagenhaft reichen und überaus kunstverständigen Paul Getty.

Während ich noch mit Hundertwasser und René Brô eine Atelierbaracke teilte, konnte ich über Vermittlung Pierre Farmans zwei Chambres de bonne im Haus 80, Boulevard de Courselles, beziehen.

Mein Quartiergeber war ein steinreicher Türke namens Corso. Er war in der Gesellschaft fast so berühmt wie der Baron de Rede und sehr großzügig, indem er mich die beiden Räume kostenlos bewohnen ließ. So kam der Zeitpunkt, da es Geri und mir möglich schien, unser Söhnchen zu uns zu nehmen. Diese Zeit, 1954 bis 1955, war von vielen positiven Begleitumständen erhellt, ohne daß ich eine Besserung meiner Pariser Situation erkennen konnte, denn Geris Schatten verdunkelte alles, indem er meine Liebe und Hoffnung lichtlos machte.

5 — Die Flucht nach Amerika

Mein «Kalifornischer Sommer» sollte der wichtigste Abschnitt in meinem Leben werden. Die Ahnung vom Überschreiten einer Grenze sollte sich dabei auf mannigfache Weise erfüllen. Diese Ahnung war erwacht im zitternden Stampfen des Ozeanriesen über dem Abgrund bodenloser Tiefe. Wir hatten nicht viel Gepäck, besaßen keine nennenswerte Garderobe, bloß meine unfertigen Bilder hatte ich in einer Mappe dabei, mein Malzeug – das war alles.

Fünfundvierzig Jahre – bald ein halbes Jahrhundert – trennen mich von jener Überfahrt nach New York. Geri und Michael mit mir an Bord der «Liberté», der ehemaligen «Europa», des größten deutschen Ozeanriesen jener Zeit. Ein Beuteschiff, das nun unter französischer Flagge fuhr. Dieses riesige Schiff sollte die rettende Arche für eine völlig zerrüttete Ehe sein. Dieser Riese der Meere geriet in einen Sturm, der die Wellen des Atlantiks zu zwanzig Meter hohen Wellen in unüberschaubaren Bergen auftürmte. War der Riesenkasten auf dem höchsten Punkt eines solchen Meeresgipfels angekommen, verlor jeder Körper sein Gewicht; gleichsam schwebend verließ man den schwankenden Boden. Teller, Gläser, Besteck, aber auch Suppe und andere Speisen hoben sich vom Tisch und flogen davon. Danach folgte das Immer-Schwerer-Werden des Abstiegs ins Wellental, dem alles verschlingenden Abgrund, an dessen tiefster Stelle der Riesenrumpf an seiner Schwere zu zerbrechen drohte. Ein Beben und Zittern, ein Ächzen aller Körper erfaßte das Schiff, um danach wieder hochzufliegen – im Zeitlupentempo der Schwerelosigkeit entgegen. So vergingen die Tage der Überquerung des Atlantiks.

Eine Höllenfahrt in den Siebten Himmel scheint es mir heute noch zu sein, ein notwendiges Erlebnis auf dem Weg zu Gott. Denn die Pariser Jahre hatten mich zermürbt. Geri konnte ich nicht retten, schon darum nicht, weil der Ertrinkende kein Rettungsschwimmer sein kann. Hoffnungslos verstrickt in das Fatum einer Ehe, die nicht halten wollte, was ich mir davon versprochen hatte. Die Relativität und Ambivalenz der Schwerkraft sollte ich auf eine sehr drastische Art erfahren.

Meine Hoffnung, die ich mit dieser Reise verband, war, die Gemeinschaft Geri – Michael – Ernst zu erhalten. In den geordneten Verhältnissen, die ich im Hause meiner amerikanischen Schwiegereltern zu finden hoffte, so nahm ich an, würde dies viel leichter zu erreichen sein. Die Überfahrt dauerte sechs Tage. Drei Tage tobte der Sturm. Die Mahlzeiten konnten nicht serviert werden. Die Passagiere waren fast alle krank. An Bord herrschte eine angstvolle Stimmung. Mir war bange – nicht so sehr des Sturmes, sondern eines unbestimmbaren Gefühls wegen. Ich hegte diffuse Abschiedsgefühle.

Nachts im ächzenden Leib des Schiffes schien es mir, als hätte mich ein gewaltiges Untier verschlungen. Eine erschreckende Gewißheit wurde in mir wach: Ich hatte eine Grenze überschritten, es gab nun kein Zurück mehr – als wäre Europa aus dem Gefüge des Planeten Erde herausgelöst worden. Plötzlich wollte ich zurück nach Paris, nach Wien – zu Vater und Mutter, wie ein hilfloses Kind.

Auch Geri zeigte keine Spur von Freude. New York und ihre Familie schienen ihr eher drohend zu nahen. Selbst als die Skyline von New York am Horizont auftauchte, schlingerte die «Liberté» in hohen Wellen, immer wieder in Wellentälern versinkend. Unsere Stimmung war ohne jeden Optimismus. Zwar hatte ich wiederholt ermunternde Worte gehört. Man hatte mir versichert, meine Kunst werde in Amerika großen Erfolg haben. Derlei Hoffnungen hegte ich an Bord zwar noch – doch der graue Wintermorgen zeigte ein grimmiges Gesicht. Grimmig erschien sogar das Gesicht der Freiheitsstatue.

Die Amerikanerin Sally Higgins hatte mir das Bild «Untergang von Sodom» abgekauft – schweren Herzens habe ich mich davon getrennt, da es noch nicht fertig war. Außerdem hatte ich ihr Porträt auf Pergament gemalt, um mit diesem Geld die Überfahrt zu finanzieren. Dieses Bild von Sodoms Untergang im Flammenmeer war gleichnishaft; das Reisebillett unserer Flucht nach Amerika. Sally Higgins hat es eines Tages – wohl kurz nach unserer Abreise – mit nach Boston genommen, und dort ist es verschollen – wie fast alle meine Bilder, die in die USA gelangten. Das ist in Amerika so. Es ist zu groß. Die Neue Welt ist ein aufgerissener Schlund – ohne Mühe verschlingt es alles; vor allem Europa. Keines der Bilder, die ich nach Amerika verkauft habe, sah ich je wieder.

Die Flucht nach Amerika

6 — Die Ahnung vom Überschreiten einer Grenze

So kamen wir bei meinen Schwiegereltern, den Krongolds, an. Geris Vater, ein hellhaariger rotblonder Jude aus dem Teil Rußlands, der einst zur österreichischen Monarchie gehört hatte – im Kindesalter mit seinem Vater Baruch in die USA eingewandert –, und Esther, seine Frau, eine dunkelhaarige, verhärmte, wortkarge Person, machten sich sofort Sorgen um den «artist» aus Paris, der nichts hatte und nicht wußte, wovon er leben sollte. Ich merkte, daß meine Ankunft, die offenbare «Bohème», die man uns leicht ansehen konnte, sie in Verwirrung und Besorgnis versetzte. Kunst als Broterwerb schien ihnen ein Ding der Unmöglichkeit zu sein.

Schon nach wenigen Tagen drängte mich Herbert Krongold, eine Arbeit zu suchen. Es sei zwar sehr schwer, meinte er, aber ich sollte es unbedingt versuchen. Denn er könne uns nicht unterstützen.

Vor meiner Abreise hatten mich die wenigen einflußreichen Freunde, wie Charles Shoup, Pierre Farman, Robert Godet und Boris Gregorowich, mit Empfehlungen ausgestattet. Gregorowich, der kurz vor uns Paris verlassen hatte, schickte uns zu seiner Mutter. Sie führte eine Schneiderwerkstatt und arbeitete für reiche jüdische Damen der New Yorker Gesellschaft.

Eine meiner Empfehlungen führte mich auch zur «Edwyn Hewitt Gallery». Edwyn L. Hewitt war ein sehr gebildeter Kunstkenner, der mich sofort unter seine Fittiche nahm. In seinen Räumen traf sich die Crème de la crème von Manhattan. Dort lernte ich Osbert und Edith Sitwell, George Tacker und Eugen Bermand kennen.

Mit einer schriftlichen Empfehlung an den Mäzen des New Yorker Balletts Lincoln Kirstein ausgestattet, erlangte ich – was meine Schwiegereltern in höchstes Erstaunen versetzte – eine

Börse von fast dreihundert Dollar monatlich. Davon konnte ich mit Frau und Kind leben. Ich mietete ein kleines Loft Ecke 10th Street / Broadway, nah dem Washington Square, der damals schon Treffpunkt der Künstlergesellschaft war. Hier herrschte ein leichtes, lustiges Treiben.

«Take it easy!» war das beherrschende Motto. Keine existentialistische Schwärze, sondern fatalistische Heiterkeit war en vogue. Mir gefiel dieses Leben, das – im Gegensatz zu Paris – die Mühe, Lebensmittel zu beschaffen, nicht kannte.

Als «Pariser» Künstler war ich sofort ein gern gesehener Exot. Ich kam ja aus dem Mekka der Kunst. Einige meiner Bilder wurden bei «Edwyn Hewitt» ausgestellt. Man bewunderte meine altmeisterliche Technik im Zeichnen und Malen. Hier fand ich mehr Verständnis als in Paris, und es schien, als sei mir ein guter Anfang geglückt. Alles, was meine Kunst betraf, entwickelte sich zufriedenstellend – ganz im Gegensatz zu meiner Ehe.

Geri wollte sich endgültig von mir trennen. Ich aber hing an ihr in sklavischer Liebe. Wir beschlossen, uns auf unbestimmte Zeit zu trennen. Indem ich in Greenwich Village in meinem Loft schlief und nicht jeden Tag in die 190th Street ans Ende von Manhattan fuhr, also die Zügel locker hielt, meinte ich, Frieden zu stiften. Doch ihr Drogenkonsum stieg, die Zerwürfnisse nahmen kein Ende. Meine Schwiegereltern waren ratlos. Sie meinten, daß Geri nicht für das Familienleben geschaffen sei und daß ich es endlich einsehen und sie in Ruhe lassen sollte.

Geri hatte sofort nach unserer Ankunft in New York ihre alten Freunde und Bekannten, die sie vier Jahre lang nicht gesehen hatte, wiedergefunden. Dies vergrößerte nur die Kluft zwischen uns. Und wir mußten die Verschiedenheit der Welten erleben, denen wir entstammten.

In New York City war Geri völlig unabhängig und lebte in ihrer Welt; ich hingegen entsprach zweifellos dem Bilde des weltfremden Europäers. Wir sahen uns seltener. Gelegentlich schlief ich noch in der Wohnung meiner Schwiegereltern, vor allem um meinen geliebten Dou-Dou zu sehen.

Die Wohnung der Krongolds war sehr klein. Wohnzimmer, Küche und zwei Zimmer; das war alles für fünf Personen. Gesprochen wurde wenig, denn in New York dominierte schon damals, 1954, das Fernsehen das Familienleben. Die Bierdosen leerende Versammlung der Fern-Glotzer hatte etwas Gespenstisches an sich. Zunächst jedoch konnte ich dem etwas abgewinnen, denn in Europa gab es das nicht. So saß ich denn unter den fernsehenden Familienangehörigen und zeichnete an «Christus vor Pilatus» und anderen Blättern, wie der «Hexe» oder «St. Georg, den Drachen tötend». Es wurden skurrile, hochmanieristische Kompositionen.

In meinem Loft entwickelten sich die Bilder, die ich aus Paris mitgebracht hatte, weiter: «Der Engel über dem Eingang zum Purgatorium» und «Bar Mizva». Ich hatte alle meine Arbeiten, fertige und solche, an denen ich noch zu malen gedachte, über das Meer geschleppt und war trotz der komplizierten Lage nach der Trennung von Geri sehr fleißig. Noch wußte ich nicht, wie sehr ein «social standing» des Künstlers ausschlaggebend für den Erfolg sein konnte. Nachdem ich Miss Ahrenstein im Modesalon der Gregorowichs kennengelernt hatte, waren wir übereingekommen, daß ich ein «chimney piece» für ihren Salon malen sollte. Ich sah darin eine Möglichkeit, meinem Lieblingsthema «La belle et la bête» ein großformatiges Wandbild zu widmen. Wie immer war ich Feuer und Flamme.

Auch schien es verlockend, ein paar hundert Dollar zu meinem Monatsgeld hinzuzuverdienen. Frau Ahrenstein war eine Dame von Welt. Perlenketten, breitkrempige Hüte, wertvolle Ringe und Armbänder zierten ihre schlanke Gestalt. Ein Werk von meiner Hand in ihrem Salon versprach Erfolg auf der ganzen Linie. Ein Besuch ihres Apartments an der Fifth Avenue wurde vereinbart, Telephonnummern ausgetauscht. Mit meinen vier-

Ernst Fuchs mit seiner Familie im Speisezimmer seiner Wiener Wohnung, ca. 1970. Hintere Reihe (v. l. n. r.): Fuchs, Tochter Angelika, Ehefrau Eva-Christina, Sohn Michael, Tochter Lucretia. Vorne die Söhne Elias und Daniel.

Ernst Fuchs mit Frau Eva-Christina und Kindern in der Wiener Wohnung, ca. 1970. V. l. n. r.: Michael, Eva-Christina, Tillmann, Emanuel, Angelika, Lucretia, Daniel, vorne unten: Marie.

1972

Fuchs malt den Fürsten von Liechtenstein, 1972

Mit Anton Lehmden, Arik Brauer und Rudolf Hausner
(v. l. n. r.), 1972

Mit Freunden, ca. 1973, in der Mitte H. C. Artmann

Ca. 1973 mit Irene Gerling in der Kölner Baukunst-Galerie, links die Fuchs-Plastik (Bronze) «Große Esther».

Salvador Dalí, Ernst Fuchs und Arno Breker. Teatro-Museo Dalí, Figueras 1974

Fuchs und Dalí, ca. 1974

Ernst Fuchs bei einer Porträtsitzung im Düsseldorfer Atelier von Arno Breker, 1976

Wien 1977

Auf der Frankfurter Buchmesse 1978

Porträtsitzung Placido Domingo als «Samson», 1987

Fuchs malt Edward Teller, Wien 1981

Fuchs vor seinem Selbstporträt, 1981

Mit dem amerikanischen Komponisten Moondog, in der Mitte Ilona Göbel, dessen Muse und Managerin. Aufgenommen in Oer-Erkenschwick, 1983

Mit dem Dichter und Literaturwissenschaftler Hubert Fabian Kulterer anläßlich einer Gütersloh-Lesung in der Fuchs-Villa in Wien-Hütteldorf, Anfang der achtziger Jahre

In Monaco, 1987

Ernst Fuchs an seinem 5 x 3 Meter großen Bild
«Paradiso» in Köln, 1988

In Monaco,
2000

Im Atelier

Fuchs schreibt an seiner Autobiographie
in einem Café in Monaco, 1999

undzwanzig Jahren war ich ein sehr gut aussehender junger Mann – mein Auftreten jedoch entsprach nicht den New Yorker Usancen. Mein volles Haar reichte mir bis an die Schultern. Mein Gesicht erschien im Rahmen eines existentialistischen Bärtchens – eine gewisse Existentialisten-Schwärze haftete mir noch an.

So empfahl mir Herbert Krongold schon am zweiten Tag nach unserer Ankunft, mich auch optisch den neuen Verhältnissen anzupassen. «You must shave and get yourself a cute cut», mahnte er.

Fast kahlgeschoren kam ich mir vor. Der Friseur hatte bloß über der Stirn ein Büschel widerspenstiger Haare stehenlassen. Das Gesicht glatt rasiert, T-Shirt, Blue jeans und Mokassins angezogen – in diesem ungewohnten Aufzug begegnete ich Miss Ahrenstein in Gregorowichs Salon. An dem Nachmittag, an dem ich sie in ihrem Apartment besuchte, trug ich, entgegen meiner Gewohnheit, einen leichten Sommeranzug – ich wollte angepaßt wirken. Miss Ahrensteins Augen ruhten wohlgefällig auf mir, während ich die Maße der Wand um den Kamin abnahm. Wir besprachen das Thema «La belle et la bête». Ich schilderte es der Miss im Stile eines Edgar-Allan-Poe-Gedichtes, erweckte begeisterte Zustimmung und wurde huldvoll entlassen.

Die den Originalmaßen eins zu eins entsprechende Zeichnung eines Entwurfes gelang; ausgeführt in roter Kreide und schwarzer Pinselzeichnung, war sie in wenigen Tagen fertig und gab eine exakte Darstellung meines Vorhabens wieder. Ja, diese Zeichnung war an sich schon ein Kunstwerk. Für den Zeitpunkt der Übergabe wurde ein Treffen mit ihren Innenarchitekten vereinbart, denn die «boys» sollten mitentscheiden, ob denn mein Entwurf auch zum gesamten, in Planung befindlichen «interior decor» passen würde.

Ich war zuversichtlich, ohne zu wissen, was die Innenarchitekten vorhatten – in welchem «styling» sie den neuen «look» der Wohnung planten. Doch meine Idee gefiel den «boys» nicht. Das fängt ja gut an, dachte ich.

Ich habe die Zeichnung dann 1962 in einer Ausstellung in der Galerie Raymond Cordier in Paris verkauft. In den ersten Wochen war mein Studio im Village ein Gefängnis gewesen. Erst der Sommer brachte Kontakte. Manche Tage verbrachte Michael, der sich im Winter den «Dave Kroket»-Titel erworben hatte, bei mir im Village. Ich ging mit ihm auf den Spielplatz am Washington Square. Dann wieder wohnte ich einige Tage bei den Krongolds. Als es unerträglich heiß wurde, zog ich zu Harold Meeske, denn er hatte Klimaanlage und eine große Badewanne, die Abkühlung boten. Schön war's da bei Meeske, seine Plastiken umgaben mich – aus Tierknochen geklitterte Fabelwesen. Ich malte dort am «Engel des Todes über dem Eingang zum Purgatorium». Es war sehr heiß; ein Wahnsinnsfleiß trieb mich an, dieses Bild zu vollenden. Ich fing an, sehr plastisch zu sehen, Farbe als Raum zu erleben. Das hatte auch damit zu tun, daß ich im Kreise der Pariser Freunde in Gregorowichs Wohnung vom Peyote-Kaktus gegessen hatte. Dieser Wurzelkaktus, der unter anderem Meskalin enthält, hatte mir Farb-Raum-Erlebnisse vermittelt, die sich in meiner Malerei nun spiegelten.

Bei Meeskes herrschte künstlerische Hochstimmung. Unsere Freundschaft tat mir wohl und lenkte mich von meiner Entfremdung von Geri ab. Schon meinte ich, mich von ihr trennen und ihren Verlust verschmerzen zu können.

Doch dann fiel ich aus allen Wolken, als sie plötzlich verschwand, ohne ein Wort zu sagen. Ihre Eltern waren besorgt: «She just left. She said: Don't look for me, you will never find me.»

Ich mußte sie finden. Wie konnte sie unseren süßen Buben sitzenlassen? Mein Bitte-bitte-komm-zurück hatte sie in die Flucht getrieben. Sie hatte mir meine Unabhängigkeit von ihr nicht geglaubt.

Der Bruch war da. Ich wußte das und versuchte das Unerträgliche hinunterzuwürgen, diesen steinernen, trockenen Brocken, der mir im Halse steckenblieb. Es befiel mich ein Grauen, eine tiefe Depression. Tag und Nacht war ich unterwegs, um eine Spur von Geri zu finden. Informanten waren überall dort zu finden, wo man Heroin kaufen konnte. «Connections» brauchte man – Menschen, die über viele Staaten hin ein Verbindungsnetz bildeten, das jeder Abhängige benutzen mußte, um seine Versorgung mit Drogen aufrechtzuerhalten. So erfuhr ich nach Wochen des Forschens, daß Geri nach Los Angeles gefahren sei und sich dort wahrscheinlich bei Norman Rose verstecke, einem Freund aus Paris, auch er ein Junkie.

Das war ein Hoffnungsschimmer. Trotz der Dürftigkeit meiner Informationen war ich entschlossen, mit Dou-Dou nach Los Angeles zu fliegen.

Ich mußte Geri finden und noch einmal Frieden schließen. Dann würde sich der Stein in meiner Kehle auflösen – ich könnte wieder schlucken, trinken, atmen, frei sein; frei wie Geri.

Auf dem Flug, dessen Kosten mein gesamtes Geld verschlangen, hatte ich eine seltsame Erscheinung. Schräg über uns flogen drei weiße Punkte in derselben Richtung wie das Flugzeug. Ihre Geschwindigkeit betrug ein Vielfaches der unseren. Für den ganzen überschaubaren Horizont des Himmels genügte ihnen eine Minute. Diese Punkte standen in einer pfeilartigen Position zueinander. Sie hinterließen keinerlei Streifen kondensierter Luft. Es hatte den Anschein, daß sie außerhalb der Erdatmosphäre flögen. Ich bemerkte, daß einige Passagiere dieselbe Entdeckung gemacht hatten, also fragte ich den Steward, ob er denn dieses Phänomen zu erklären wußte. «Yes Sir, we see this quite often. But who knows? Don't worry.»

Bald danach landeten wir in Phoenix, Arizona. Die kurze Zwischenlandung wirkte auf mich wie der Besuch eines anderen Planeten. Der klare, tiefblaue Himmel, Weltraumstille, trockene Luft – für einige Minuten fühlte ich mich von den Fesseln meiner Liebeskrankheit befreit und verspürte den Wunsch, wieder hierher zurückzukommen. Etwas Kosmisch-Himmlisches erfuhr ich hier und würde es nie vergessen. Viele Jahre später kam ich diesem Himmel wieder näher. Von Arizona aus betrachtet, war das Village von New York ein labyrinthisches Schlangennest. Ein rötliches Halbdunkel verband dort die Räume, führte von einem zum anderen Haus, von einem Matratzenlager zur anderen, nächsten Kommune – alles gehörte allen, denn niemand hatte etwas. Heiß und grau war die Smogdecke über New York City. Hier in Arizona hingegen war der nächste Tag!

Doch dann, während des Fluges nach Los Angeles, befiel mich wieder diese schreckliche Sehnsucht nach Geri. Was würde mich in Los Angeles erwarten? Ich hatte kaum noch Geld bei mir. Meine Bilder hatte ich in der Wohnung meiner Schwiegereltern zurückgelassen und nur das Nötigste mitgenommen.

Da meiner überstürzten Abreise wegen ein Beschaffen von Geld unmöglich war, da außerdem der Entschluß, Geri auf diese verrückte Art zu suchen, ohne wirklichen Anhaltspunkt, bei meinen Freunden auf keinerlei Zustimmung stieß, konnte ich mir auch kein Geld borgen. So kamen wir vollkommen mittellos am Main Square in Los Angeles an: ein paar Dollar, mein Kind und ich.

In Los Angeles war die Polizei allgegenwärtig. Alles war strengstens verboten. Auf dem Square gab es eine Parkanlage ohne Park, darunter befand sich in einer Art Tiefgarage eine geräumige Polizeistation. Das hatte seine Gründe, die mir zunächst allerdings noch nicht einleuchteten. In Greenwich Village, downtown New York City, war im Vergleich zu Los Angeles alles locker verdeckt und offen versteckt. So viele verschiedene Einwanderer zeigten keinen Hang zum Puritanischen. Schlamperei und Toleranz waren dort zu Hause. Man kannte einander.

In Los Angeles war alles ganz anders. Ich fand mich schwer zurecht. Meine Erkundigungen nach Kontaktpersonen auf dem Drogenmarkt stießen auf befremdetes Kopfschütteln. Was sagt der da? Was will der wissen? Ausgerechnet von mir?

Ich gab es auf; irgendwo hörte ich einem schwarzen Prediger zu, der wie von Sinnen seine Botschaft verkündete. Er sprach von Gottes Gericht über die gottlosen Menschen. Und heiser schrie er Verse aus der Heiligen Schrift in die Menge, so laut, daß man es weithin hören konnte.

Der Schwarze stand hoch aufgerichtet, als hätte er ein Gerüst erklommen. Doch es waren zwei Holzkrücken, die er unter seine Achseln eingeklemmt hatte und mit denen er seine hagere, hochgewachsene Gestalt stützte, um seiner Erscheinung prophetische Größe zu verleihen. Dieser Mann machte Eindruck auf mich. Wahrscheinlich war er aller Fesseln ledig, frei von den Zwängen, von denen ich mich gebunden fühlte. Der Mann war blind. Seine blinden Augen waren nach oben verdreht; sein blinder Blick war in einen uns allen unsichtbaren Himmel gerichtet. Lange stand ich vor ihm, während die Schar ergriffener Zuhörer anwuchs.

Plötzlich spürte ich einen harten Griff um mein rechtes Handgelenk.

Ein Polizist zog mich aus der Menge: «Follow me to the station!»

Ich folgte dem Cop, der sich eines guten Fanges sicher zu sein schien. Doch mein österreichischer Paß und mein gültiges Visum glätteten die Wogen. «From Paris, a real artist.» Okay. Außerdem wurde geklärt, daß ich heute angekommen war und eben das Hotel verlassen hatte. «Um den Prediger zu hören?» fragte der Cop, nun wieder mißtrauisch geworden. Ich mußte die Ärmel hochkrempeln. Offenbar hielt er mich für einen Junkie. Meine Venen wurden peinlich auf Einstiche untersucht. Sie fanden aber keine. Nun mußte ich alles, was ich in den Taschen hatte, auf den Tisch legen. Ich erschrak: Ein altes Päckchen Heroin lag unter den zahlreichen Papieren im geöffneten Brieftäschchen. Ein Stoßgebet aus angstverkrampftem Herzen zu dem, der immer dann «der Wahre» ist – und der Cop klappte mein Täschchen zu.

«Okay, you can go.»

Ich rannte zum Hotel. Dou-Dou saß auf dem Bett und erzählte sich in seiner perfekten Babysprache, die niemand verstand, Geschichten. Er war so lieb und brav, mein Engel, mein Trost, mein Liebespfand. Seinetwegen würde Geri umkehren. Sie würde sich melden, ich war zuversichtlich. Ich rief meine Schwiegereltern in New York City an, um zu fragen, ob irgendeine Nachricht von Geri eingetroffen wäre. Doch sie hatten nichts von ihr gehört. Wie konnte sie Dou-Dou, das liebste Kind mit dem Silberblick, verlassen? Dou-Dou war ein Engel. Seine blonden Locken, die hellen Augen schienen mir ein Lebensmagnet zu sein, der alle Menschenherzen anzog. Alle liebten ihn. Vor allem halfen mir die Menschen um seinetwillen. Wir beide zusammen waren eine außergewöhnliche Erscheinung: der hagere Jüngling, der stolz und behend einen blondgelockten Engel auf den Schultern trägt, ihn wäscht und füttert. Wir waren unzertrennlich. Wir führten ein Vagabundenleben, hatten jeden Tag ein anderes Dach über dem Kopf. So wurde ich die schwermütigen, fatalistischen Chansons meiner Pariser Streifzüge los.

7 — Ein Tummelplatz wahrer und gefallener Engel

Ich befand mich auf einer Gratwanderung: Das düstere Paris, in dessen winkeligen Gassen ich Nacht für Nacht Jagd nach Geri gemacht hatte, krank vor Angst, sie zu verlieren, war in mir noch lebendig. Wenn ich sie dann in einem der vielen Nachtcafés fand, begrüßte sie mich mit den Worten: «Fuchsi, so here I am, so what? Why can't you leave me alone? I am sick of you!»

Oder sie ging mit mir in die Jazzkeller. Wie oft war sie doch mitgegangen, wenn es mich zu Django Reinhardt in den Club

«St. Germain» zog! Das war eine Höhle der Jazzmagie, wo die besten Paare des Quartiers Bebop tanzten. Diese Akrobaten des Tanzes boten eine frenetische Feier der Jazzkultur. Noch gab es keine Diskotheken. In allen Lokalen traten Berühmtheiten auf: Duke Ellington, Sidney Bechet, Django Reinhardt. Im «Tabu» oder im «Rose Rouge-Noir» sangen Künstlerinnen wie Juliette Greco. Wir hatten wundervolle Nächte in diesem schwarzen, rotglühenden Paris, von dem Jacques le Maréchal – verwundert über meine Jazzbegeisterung – fast flüsternd sagte: «Mais ça, c'est du diable, c'est l'enfer» – «Ernst, ich verstehe dich nicht. Merkst du es nicht, daß du nach der Pfeife des Teufels tanzt?» Ein Staunen leuchtete aus seinen Augen, wenn er mir beim Tanzen zusah. Geri tanzte nicht gern; sie war verschlossen. Und für ihr «Cool»- und «High»-Sein ziemte es sich nicht, «coney» oder «flipped» zu agieren.

Jazz war zu dieser Zeit nicht mehr «hot». Seit 1951 war er «cool» geworden und nicht mehr wirklich tanzbar. Meine Begeisterung für Bebop hielt sich in Grenzen. In New York begeisterte mich dann die volksnahe «funky tradition» der Schwarzen, wenngleich im «Riviera Club» Cool Jazz stärker vertreten war. Miles Davis und Charly Parker entfalteten ihre «Cool»-Magie, die nicht weniger intellektuell war als der sehr kühle West-Coast-Jazz eines Dave Brubeck. Diese beiden Klangwelten und ihre gesellschaftlichen Begleiterscheinungen hatten wenig Gemeinsamkeiten. Auf solchen Gratwanderungen verirrte ich mich oft in die Höhlen der Verzweiflung, die der Hölle zum Verwechseln ähnlich sehen – besonders in Paris war dies zu fühlen.

Kalifornien war hingegen ein Open-air-Ereignis. Die Höllen waren da geräumige Apartments von Callgirls, die dem Pariser Künstler die Exotik des Außergewöhnlichen vermitteln wollten und die in ihrer naiven Neugier aufrichtige Zuneigung zeigten. Doch alles blieb stets an der Oberfläche, «Take it easy!» Alles erschien mir faszinierend neu, und überall war die Rede davon, daß

Ein Tummelplatz wahrer und gefallener Engel

Kalifornien das neue Heilige Land sei. Dieses Gerücht war um so merkwürdiger, als es durch die unüberschaubare Fülle von Sekten und ihren Tempeln und Zusammenkunftsorten bestätigt wurde. Sie gaben sich Namen wie «Temple of the Hidden Wisdom» und waren nicht kleinlich mit ihren Angeboten: «Come and ask for a message from another world, or from one of your dearest friends, which have passed away, into a glorious reincarnation!»

Alle meine kalifornischen Freunde hatten eine esoterische Schlagseite. Diese allgegenwärtige, mystische, aber oberflächliche Erwartungsstimmung fand ihre Nahrung im Drogenhandel oder in einschlägigen Bücherläden, die vor Kuriosa überquollen. In Kalifornien begegnete ich fast allen Sekten, die es damals gab. Von «Krishna Murti» bis «Vedac.» und dem «Bahai Ulah», der Bahaisekte, erfreute sich alles großer Beliebtheit. Als ich später bei meiner Rückkehr nach Europa Franz Werfels Roman *Stern der Ungeborenen* las, wurde mir klar, daß der Schriftsteller dieses Treiben schon fünfzehn Jahre vor mir erlebt hatte.

Los Angeles schien ein Tummelplatz wahrer und gefallener Engel zu sein. Mein «Kalifornischer Sommer» hielt für mich ein turbulentes Programm bereit. Nebenbei erhielt ich einen Unterricht in Esoterik, wie ich ihn anderswo nicht erhalten hätte. Auch Palmer Hals Buch über die geheimen Kulte aller Kulturen wurde in Los Angeles und San Francisco damals viel gelesen.

Geri blieb weiter verschwunden. Manchmal traf ich Bekannte, die sie gesehen hatten, aber nichts Genaues berichten konnten oder wollten. Alle fanden meine Verbohrtheit lächerlich, fast allen meinen Freunden wurde ich zum Gespött: «Looking for Geri? She isn't here!» Vieles ist mir entfallen, denn allzu hastig war mein Suchen, allzu stark meine Besinnungslosigkeit. Einmal hieß es, sie wäre in einer Bar downtown «nepp girl» geworden, was ich mit Abscheu als «passend» beurteilte. Prompt durchstreifte ich, meinen Dou-Dou auf der Schulter, die lange Kette der Bars.

Den Mädchen in den Bars, Geris vermeintlichen «Kolleginnen», zeigte ich ein Photo von ihr, das ich stets bei mir trug. Ein paar Mädchen bestätigten, sie gesehen zu haben. Aber ganz überzeugt war ich doch nicht.

Die Suche nach Geri wurde zur Paranoia. Sie schien überall und nirgendwo zu sein. Vielleicht war sie schon wieder in New York, weil sie erfahren hatte, daß ich sie suchte. Da sie über Informanten stets wußte, wo ich gerade nach ihr suchte, blieb sie für mich unerreichbar. Ich empfand meine Freunde als Verräter. Fast alle, die ich nach Geri fragte, wußten, wo sie war. Doch alle logen oder schwiegen achselzuckend.

Da ich ob meiner ständigen Suche keine bleibende Adresse hatte und fast täglich bei irgendeinem Freund oder einer Freundin nächtigte, konnte ich mich auch dem Malen und Zeichnen nicht so hingeben, wie es meine Gewohnheit war. So wurden mystische Texte und seltsame geheimwissenschaftliche Bücher meine geistige Nahrung. Außerdem besuchte ich alle Tempel und esoterischen Veranstaltungen, denn ich hatte einen eifrigen Jünger all dieser Kreise kennengelernt: Rod Usher, Sohn einer Star-Porträtistin, die ein sehr schönes Haus in den Hollywood Hills bewohnte. Rods Freundin, Cleo genannt – denn sie glaubte, eine Reinkarnation von Kleopatra zu sein –, nahm uns zu allen Veranstaltungen mit. Sie schwebte auf goldenen Sandalen, und ein türkisblauer Tüllschal umwehte sie. Sie hatte auch Zugang zu geheimen Manuskripten. So sah ich in einer Esoterik-Bibliothek in der University of Southern California ein Manuskriptfragment des Johannes-Evangeliums auf Griechisch. Es handelte sich um einen Papyrus aus dem ersten Jahrhundert.

Bei allen diesen Unternehmungen war jedoch ein großes Hindernis zu bewältigen. Ich hatte kein Auto. Ein Mensch ohne Auto war geradezu undenkbar und eigentlich verloren. Wie sollte ich die großen Distanzen überwinden, die die Orte der Ereignisse voneinander trennten?

So war es ein Geschenk des Himmels, als am glühenden Mittag, da ich am Ende meiner Kräfte war, auf dem schier nicht enden wollenden Marsch von downtown nach North Hollywood, Michael auf meinen Schultern tragend, mir die wahre Menschenliebe entgegenkam – in der Gestalt eines Mannes, der seinen Wagen anhielt, um mich nach meinem Ziel zu fragen. Er würde mich gern dahin bringen. Da ich aber kein bestimmtes Ziel nennen konnte, bot er sich an, mir in seinem Haus Quartier zu geben. Nachdem ich in seinen Wagen zugestiegen war, stellte er sich als Rabbi des Bezirks vor. In seinem Einfamilienbungalow übergab er mir die Schlüssel seines Hauses mit den Worten: «Do as you please, eat and take a bath, do your phone calls and then drop the keys in the letterbox at the entrance.» Dieses geradezu selbstverständliche Wohlwollen empfand ich wie eine heiligende Ölung, wie Balsam auf den vielen Wunden meiner Seele.

Im Hause des Rabbi verbrachte ich einige Stunden, nahm ein Bad mit Dou-Dou, dann aßen wir uns aus dem reichlichen Inhalt des Kühlschranks satt.

Ich hatte selten Geld, denn nur in den ersten Tagen meiner Ankunft konnte ich durch Betteln ein paar Dollar ergattern. Die Heilsarmee war meine Zuflucht. Später, uptown in North Hollywood, war ich gänzlich auf die Hilfe jener Freunde angewiesen, die ein Auto besaßen, und diese Freunde waren rar. Die meisten waren, so wie ich, sehr arm und noch dazu Künstler, die von ihrer Kunst auch nicht leben konnten. In dieser Hinsicht waren die Künstlerszenen von New York und Los Angeles einander sehr ähnlich.

Vor meiner überstürzten Abreise aus New York hatte ich in der Wohnung von Boris Gregorowich Peyote-Experimente mitgemacht, und in meinem Gepäck befanden sich noch einige Wurzeln des Peyote-Kaktus. Diese halluzinogene Droge war auch in Los Angeles bekannt und stand noch nicht auf dem Index der verbotenen Drogen. Sie war daher auch nicht besonders begehrt.

Eine Bestellung bei der Firma «Tropic Plant Company Arizona» wurde mit sofortiger Lieferung eines Kartons, gefüllt mit den erdig duftenden Kakteenwurzeln, beantwortet. Zwanzig Dollar kostete dieser den Indianern heilige Spaß. Ich kochte die Wurzeln und trank den Sud. Diese Prozedur hatte ich übrigens in Greenwich Village kennengelernt, denn dort war ein Zauberlehrling schon damit beschäftigt, den Wirkstoff Meskalin aus der Pflanze zu extrahieren. Dies geschah in einem Apartment, das dem Kabinett des Dr. Caligari zum Verwechseln ähnlich sah.

Der Selfmade-Chemiker und -Drogist hatte die Wände seiner Wohnung mit makabren lebensgroßen Darstellungen skelettierter Menschenkörper bemalt, deren Konturen schwarz, deren Leiber aber in fahlem Graugrün gehalten waren. Wie menschliche Spinnen hockten sie in einem schwarzen Strichenetz, das alle Flächen der Räume, die von einem Gewirr von Schläuchen, Gasrohren und Pumpen erfüllt waren, umspannte. Ein abscheulicher Eindruck, der mir von damals noch immer Schauer des Ekels über den Rücken jagt, hat mir seither jedes Interesse an synthetischen Rauschmitteln genommen. So waren auch die letzten Reste der Drogengemeinschaft in New York keine erhebende Tröstung. Ganz das Gegenteil war der Fall: Geri wurde zum Gespenst, das mich verfolgte, so wie sie in mir den Verfolger sah. Ich sah sie überall, hinter jeder Tür vermutete ich sie.

Noch war Dou-Dou bei mir – mein himmlisches Pfand. Doch Geri verstand, ihren Sohn an sich zu bringen. Gegen Ende des Sommers passierte die Katastrophe. Ich hatte in Rod Ushers Haus, das an den Hang eines Canyons gebaut war, eine Art Bleibe gefunden und lebte seit einigen Tagen unter einer festen Adresse. Alle Freunde wußten das und daher auch Geri.

Ein Bulle von Mensch, ein «strong arm man», kam mir im militärischen Schritt die schmale Treppe zu meinem Zimmer herunter, drängte mich an die Wand und sagte lakonisch: «I am a war veteran, a bullet hit my head. Don't touch me!» Er konnte mich also umlegen, ohne dafür belangt zu werden. Ich war starr vor Schreck. Entsetzt mußte ich mit ansehen, wie er meinen Dou-Dou an sich riß und die Treppe hinauf zur Straße eilte. Ich stürzte hinter ihm her, doch als ich den Gehsteig vor dem Eingang erreichte, sah ich nur noch ein dunkelblaues Auto davonrasen.

Ich hatte meinen Trost und meinen Trumpf verloren. Ich war außer mir. Was mich so betroffen machte, war die eiskalte Planung der Aktion. Ich sah nicht die Sorge Geris um das Kind, ihre Reue, es bei einem wahnsinnigen Vagabunden verlassen zu haben. Sie sah mich ja nicht so, wie ich mich sah. Mein Tun erschien ihr beängstigend und unerklärlich. Wahrscheinlich hatte sie gedacht, daß ich unseren Sohn in New York zurücklassen würde, um nach einigen Wochen vergeblichen Wartens nach Paris zurückzukehren.

8 — Mein Leben in diesen Jahren war ein einziges Suchen nach Geri

Unter den zahlreichen Telephonnummern, die ich notiert hatte, fand ich schließlich doch eine, die eine Verbindung mit Geri herstellen konnte. Geri war am Telephon! Ja, sie behauptete, sie suche mich auch und würde gleich zu mir kommen. Ich sah die Rettung nahen, konnte es kaum erwarten.

Und tatsächlich – per Taxi kam sie an. Sie schien mir kühl, sachlich und distanziert. Nach wie vor war sie entschlossen, nicht mehr in die Gemeinschaft mit mir zurückzukehren. Allein das Glück, sie wiedergefunden zu haben, überwog. Ja, sie arbeite downtown, aber ich solle mir keine Sorgen machen, sie habe alles im Griff. Sie werde sich melden. Das war's.

Das positive Gefühl aber, es hielt nicht an, so wie auch einige Anzeichen ihrer unsichtbaren Gegenwart mich nicht beruhigen konnten. Im Gegenteil, das Ereignis des Kindesraubes zeigte es mir deutlicher noch als je zuvor, daß Geri mich aus ihrem Leben verbannt und mich des meinen beraubt hatte. So sah ich es damals, und mein Gemütszustand war ein Sterben – ein Liebestod.

Heute weiß ich, daß Geri aus Mutterliebe – aus Instinkt – so handeln mußte, denn mein «Zigeunerleben» war selbst ihr, der unsteten Tramperin, unheimlich und für die Entwicklung unseres Sohnes untragbar geworden. Außerdem hatte die wochenlange Trennung von Dou-Dou ihr bewußtgemacht, wie sehr sie den lieben Engel vermißte, und sie fühlte sich in seiner Schuld, weil sie nicht bei ihm war. An mein Elend dachte sie nicht, denn sie wußte, daß ich das Kind als eine Art Pfand betrachtete. Daß ich ihn genauso wie sie liebte, daß ich sie in ihm sah, das wollte und konnte sie nicht nachvollziehen, denn sie begehrte mich nicht.

Der Überschwang meiner Gefühle war ihr zuviel; daß ich nicht «cool» war und der Drogenwelt letztlich nichts abgewinnen konnte, gefiel ihr nicht; daß ich nicht willens war, ihre Lebensweise anzunehmen, machte ihr Probleme. Ich hatte ja meine Kunst, ich würde mich schon trösten. Wenn sie sich, zusammen mit ihrem Kind, von mir fernhielt, so mag sie wohl gedacht haben, würde dies letztlich auch zu meinem Vorteil sein. Ihr Vorgehen war eigentlich korrekt, und alle meine Versuche, meinen Sohn über eine Anzeige bei der Polizei wiederzubekommen, auch meine Vorsprache bei den zuständigen Ämtern, brachten keine Ordnung in den Fall.

Ich blieb von Ängsten und Sorgen geplagt im Hause der Ushers zurück. Die Tage vergingen, ohne daß ich ein Lebenszeichen von den beiden erhielt. Ich war am Ende. Jetzt war ich frei – und wollte doch unter allen Umständen ein Sklave sein. Mir kamen die vielen beschwerlichen Reisen in den Sinn, die ich auf der Suche nach ihr immer wieder unternommen hatte. Mir graute davor, darin ein Muster furchtbarer Wiederholungen sehen zu müssen.

Mein Leben in diesen Jahren war ein einziges Suchen nach Geri. Ich war verrückt nach ihr, und genau das schlug sie in die Flucht. Alles, was sie von mir wollte, waren Verständnis, Freundschaft, Kumpelei. Vor allem war ihr wichtig, «cool» eingebettet zu sein in die Gemeinschaft der Hipsters. Als sie schwanger wurde, war das eine Katastrophe für sie – sie wollte dieses Kind nicht. Sie haßte ihren Zustand, der allein durch meine Schuld über sie gekommen war. «You have knocked me up», sagte sie. «You made me have this baby.» Ja, ich wollte das Baby um jeden Preis, hatte darum gekämpft wie ein Löwe. Es war ja auch mein Kind. Es würde ein besonderes Kind sein, ich versprach es ihr.

Damals wohnten wir zu dritt im Atelier von Peter Moore: Mia, die schon im dritten Monat von mir schwanger war, und Geri, die ihr Kind von mir auf keinen Fall austragen wollte, und ich. Ich habe in autobiographischen Texten schon des öfteren versucht, meine Verzweiflung zu beschreiben – auch das Entsetzen Geris, die mir immer wieder versicherte, das Kind gleich nach der Geburt wegzugeben; sie wollte es nicht einmal sehen. Und so geschah es auch.

Sie sah es nicht an. Sie drehte sich zur Seite, als es gebracht wurde, und nur auf Drängen der Kinderschwestern und Hebammen, die solche Ablehnung als erste Reaktion auf das Trauma einer Geburt kannten, nahm Geri das Kind an sich. Doch kaum war das Wochenbett um, mußten wir unseren Michael in ein Säuglingsheim bringen.

Während der ersten Monate der Schwangerschaft, die in die Winterzeit fielen, hatte uns eine Freundin besucht, die Exfreundin von Sidney Bechet. Sie versuchte, bei einer Abtreibung behilflich zu sein. Doch als ich merkte, was da geplant war, drohte ich damit, mich zu erhängen. Nach dem dritten Monat war ich froh, das Schlimmste verhindert zu haben. Daß ich in jeder Hinsicht das Richtige getan hatte, sehe ich heute mit froher Genugtuung. Denn Michael gedieh – er hatte den Segen Gottes, wie mir verheißen worden war.

Zum Zeitpunkt der Geburt hatte sich dann schon einiges zum Besseren gewendet. Wir hatten ein Dach über dem Kopf, eine winzige Chambre de bonne. Aber es reichten weder der Platz noch das Geld. So mußten wir, der Not gehorchend, unseren Sohn in ein Säuglingsheim bringen. In Épernay in der Champagne war's, wo wir die preisgünstigste Unterbringung fanden. Eine Horde schreiender Kinder, auf ihren Nachttöpfen herumrutschend, zeigten dort ihre wunden Hintern. Ich besuchte meinen Dou-Dou, sooft ich nur konnte. Ich wollte, daß er mich kennenlernte. Doch sah er mich immer ein wenig befremdet an, wenn ich ihn hochhob und hegte. Er streckte seine Ärmchen hilfesuchend nach der Kinderschwester aus. Er war der Liebling der Säuglingsstation, und darum hatten die Schwestern ihn verwöhnt. Sie hatte ihm auch den Spitznamen Dou-Dou gegeben. Inmitten all des Geschreis, der chaotischen, nach Urin stinkenden Atmosphäre, war mein Dou-Dou ein fröhliches Kind.

Rundlich und fest waren seine Glieder. Sein Brustkorb wölbte sich schon über einem feisten Bäuchlein. Ich war verliebt in dieses Kind und wollte es um jeden Preis bei uns haben. Aber obwohl ich nach jedem Besuch Wunderdinge von ihm erzählte, konnte ich Geri nicht dazu überreden. Vali Meyers, die gelegentlich bei uns wohnte, aber auch Erich Brauer rieten uns ebenfalls davon ab. Sie sahen, daß Geri nicht bereit war, seine Mutter zu sein.

Vor diesem Hintergrund erschien mir der Kindesraub drei Jahre später geradezu als Fortschritt, und ich tröstete mich mit dem Gedanken, daß Geris Flucht doch etwas sehr Positives mit sich gebracht hatte: ihr Bekenntnis zur Mutterschaft. Ich wußte ja nicht, daß Michael bei seiner Tante Flo untergebracht war. Dies erfuhr ich Jahre später. Flo lebte in einem entlegenen Randbezirk des Großraums Los Angeles.

9 — Mein Freundeskreis wuchs zu einer Fangemeinde heran

Unterdessen wuchs mein amerikanischer Freundeskreis zu einer Fangemeinde heran. Ich hatte wieder zu malen begonnen: Miniaturgemälde von einzigartiger Rein- und Feinheit, die allseits Bewunderung erregten. Ein Gesicht tauchte auf, das ich «Maria Prophetissa» nannte. In einem Unterschlupf bei Freunden im Coldwater Canyon malte ich für Geri ein Aquarell auf Pergament. Ich wollte es ihr schenken, wenn ich sie und unseren Sohn Michael wiedersah. Es war ein Bild der Beschwörung. Es hatte seinen Vorboten schon in Paris in einem Selbstbildnis mit dem Titel «Bar Mizva» gefunden.

Meine Ölfarben hatte ich in New York gelassen. Das einzige, was ich zum Malen mitgebracht hatte, waren mein Aquarellkasten, einige Pinsel und Papiere zum Zeichnen. Die kleine Mappe trug ich immer und überall bei mir. Und weiterhin lebte ich ein ruheloses Zigeunerleben, noch verwirrter als jenes, das ich in Gemeinschaft mit meinem Söhnchen geführt hatte: Meine Suche nach Geri uferte aus, während mein Fankreis anschwoll. Ein Kreis von «Jüngern» hatte sich um mich geschart. Ich war das Wundertier, ein «natureboy». Meine Haare waren bis zur Schulter gewachsen, mein Bart sproß wild um das Gesicht. Auf mein Äußeres zu achten war mir zuwider.

Meiner Gewohnheit gemäß, las ich vor meinen «Jüngern» aus der Heiligen Schrift vor, denn die Worte Jesu brachten uns Kraft und Hoffnung. Ihre Schönheit war die Wurzel aller Kunst. Keine Kunst ohne Christus. Das Credo war fast vollkommen, ich konnte es guten Glaubens rezitieren. Der Stein vom leeren Grab des Erlösers verschloß das Grab, in dem ich gefangenlag. In diesem Zustand flog ich dahin; sei es im Greyhound-Bus nach San Francisco, sei es zu Fuß in die verschiedenen Bezirke des Großraums Los Angeles. Ich wohnte überall im Kreise meiner zahlreichen Freunde, war überall begehrt, bewundert – das Wundertier aus Paris.

Ich wurde zum Guru einer Gemeinde von Gottsuchern. Sie fühlten, daß ich auf der Suche nach dem Ewigen ein aufrichtig Fragender war. Einer, der sich mit den gewohnten Antworten und Redensarten nicht abfinden konnte. Mit den Worten, die ich laut aus der King-James-Version der Heiligen Schrift vorlas, versetzte ich die Menschen um mich herum in eine Art Trance.

Ohne es zu merken, hatte ich in meinem Freundeskreis jene Stellung eingenommen, die jener schwarze, blinde, auf Krücken gestützte Prediger am Main Square zum Ausdruck gebracht hatte.

Die Schauplätze wechselten. Ich wurde herumgetrieben, stets umringt von meinen «Aposteln». Immer häufiger fand ich Trost in meiner Kunst und den Lesungen alter heiliger Texte. Vor allem in ihnen wurde meine Vermutung bestätigt, daß Gott – oder wie immer einer den unsichtbaren, allgegenwärtigen Ungeschaffenen nennen mochte – kein «leerer Wahn» sein konnte.

Immer wieder kam mir Turin in den Sinn, das Haus, vor dem Nietzsche dem Wahnsinn nicht mehr widerstanden hatte. Wie konnte Gott tot sein? Konnte er, der gar kein Geschöpf war, kein Wesen unter Wesen, denn sterben? Aber wie konnte dieser Gott, der keinerlei Gestalt im Sinne des Geschöpfes an sich hatte, der Zeit und Raum nicht kannte, überhaupt schaffen? So landete ich in den Urgründen der alten Gnosis, ohne zu ahnen, daß ich am Ende einer ungestümen, rasch durchmessenen Reise angekommen war.

Noch immer war ich auf der Suche, wollte um jeden Preis Geri und meinen Engel finden. Wie unverständlich, ja fremd erscheint mir heute der junge Gequälte, Suchende, Gehetzte, stets Unzufriedene, dessen Leben das meine gewesen sein soll!

Der Kontrast zwischen Ostküste und Westküste erschien mir auf allen Gebieten dermaßen groß – vor allem was Kunst und das Leben der Künstler betraf –, daß man von *einem* Amerika kaum reden konnte. Gewiß gab es sehr viele allgemeine, alles betreffende Charakteristika, wie das Aussehen der Küchen à la Westinghouse, die gleichen Automarken, dieselben Automaten für Cola und Ginger-Ale. Die Fast-Food-Versorgung mit Hamburgern und von Ahornsirup triefenden Waffeln, Hotdogs, die Art des Servierens mit Ketchup usw. waren so wie in New York, auswechselbar – doch das Wetter war immer mild, Palmen, Blumen, weitläufige Straßen, Geräumigkeit überall: dies alles war anders. Die Menschen, die diese Atmosphäre atmen, an einer stets sonnigen Küste leben, entfalten eine völlig andere Lebenslust – auch ihre Bedrängnisse, Ängste und Phobien sind anders geartet, als dies im Osten der Staaten zu spüren war.

Auch ich veränderte mich. Das stete Gastsein, ohne Geld dahinzuleben, von Tag zu Tag – eigentlich ohne Sorgen –, ließ mich mein sonst so beschwerliches Dasein völlig anders hinnehmen. In dem Maße, wie ich hier in Los Angeles als Exot wirkte, hatte ich in New York nicht den Eindruck des interessanten, auf allen Parties umschwärmten Künstlers aus Paris gemacht. Die ungeheure Ausdehnung, die Vielfalt der Gruppierungen in der Künstlerwelt, auch die Orientierungslosigkeit, die daraus resultierte, verfehlten ihre Wirkung auf mich nicht. Ein Zerfließen, ein Überall-Sein, war die Folge. Verstärkt durch das ständige Suchen und Ausschwärmen – denn Geri zu finden war meine Hauptbeschäftigung, mein Beruf geworden.

Und nun wird es mir bewußt, daß ich heute sehr wahrscheinlich genauso, unverändert – als gäbe es keine Entwicklung des Charakters, keine Besserung des eigenen Wesens – so handeln würde; von der gleichen Unruhe getrieben, mich der Jagd nach der unerreichbaren Geliebten, von Eifersucht erfüllt, hingeben müßte. Nein, ich habe mich nicht geändert, gebessert – meine

Schwächen sind immer noch die alten, bloß kenne ich sie inzwischen, weiß Gott, zum Überdruß viel besser, ohne den geringsten Nutzen daraus zu ziehen. Es wäre doch zu schön, frei zu sein und ein ungetrübtes, von all den geschilderten Plagen freies Leben zu führen.

10 — Mystiker der schwarzen Art

Dan Morand war ein Studiofriseur, kein Damenfreund, sehr kultiviert und fein: «A man of style». Seine Schwester, eine Hollywood-Schönheit, sehr wohl erzogen und scheu, war mit Waly Berman verheiratet. Waly war ein Mystiker der schwarzen Art – ein Seelenfänger. Er baute Objekte, wie heute die Installateure der Pseudokunst sie herstellen. Doch seine seltsamen Schreine waren Türe zu Räumen «of no return». Etwas Unangenehmes, Gefährliches strahlten sie aus. Mit dem Giftzeichen-Totenkopf hätten sie markiert sein sollen, wie sie als Warnung auf Giftbehälter angebracht werden.

«Vorsicht! Tapp da nicht in die Falle!» dachte ich und lebte in ständiger Furcht vor Voodoo-Beschwörungen, deren Opfer ich gekannt hatte. Einer hatte sich von einer Brücke auf den darunterliegenden Highway gestürzt. Oder war er gestürzt worden, nachdem er im Wagen eines Freundes an einem Messerstich beinahe schon verblutet war? Nie wurde aufgeklärt, was da vorher in seinem Hause geschah – alles Gerüchte, aber immer im Schatten des Voodoo.

Sie rühmten sich ihrer Erfolge, die Hexenmeister jener Zirkel – und waren gefürchtet, bis sie selbst als Opfer ihrer vertrackten Religion verschwanden. Dieses Treiben blieb mir nicht verborgen, obwohl ich es für ein kindisches Getue hielt. Alister

Crowleys Schriften waren in den Zirkeln überall verbreitet. So fühlte ich mich geradezu herausgefordert, aus der Bibel vorzulesen, die ich stets bei mir trug. Die wunderbaren Worte des englischen Textes der King-James-Version begeisterten mich und wirkten wie eine Gegenmedizin. Obwohl ich vor manchen Passagen der Heiligen Schrift kapitulieren mußte, fand ich dennoch in den Worten Jesu jenes Licht, das meiner Seele die Kraft des Überlebens schenkte. Meine Freunde hörten mir zu, gesenkten Hauptes lauschend, stumm und nachdenklich – sprachlos, im wahrsten Sinne des Wortes. Die Schemen der falschen Propheten, denen sie so gern ihr Interesse widmeten, verblaßten. So kam ich zu den Worten: «Du bist Petrus. Auf diesen Fels will ich meine Kirche bauen, und die Pforten der Hölle sollen sie nicht überwinden.»

11 — Vergesset nicht

Vergesset nicht
den in bodenlose Tiefe
Versunkenen,
dessen Hoffnung erloschen ist,
im Dunkel des Feuers Kern.
Er, der den Ursprung nicht fand,
den Funken vom Licht,
das nicht von dieser
Weltleuchte stammt,
deren schattenloses Licht
nichts beleuchtet,
Nichts kann keinen Schatten
werfen.

Gedenket sein,
rufet ihm zu – Jesu!
Dem Ursprung
ist das Unteilbare,
in ihm ist alles eins.

Erlösche Brand der Welten,
versiege Meer!
Ein neuer Himmel wölbe
sich dem ungetrübten Auge,
die schattenlose Welt
des Einen
sei dein Paradies.

12 — Eine Erfahrung der Wahrheit

Spätsommer war es, an einem frühen Nachmittag, im Hause einer Schauspielerin, bei der wir uns zu einer Lesung getroffen hatten. Wenn ich mich nicht irre, war ihr Name Barbara Hunt. Ein großes Haus in Beverly Hills war das, dort wo die Schauspieler wohnten; Swimmingpool, gepflegter Rasen, alles weiß – innen und außen, sauber, nichtssagend wie T-Shirts. Wir saßen auf dem Boden im Kreis: Samuel Berger und einige Freunde.

Die Luft war sonnendurchflutet (obwohl es damals schon den gefürchteten Smog gab). Wie ein Ölteppich lag die träge Luft über der weitverzweigten Stadt. So mancher sehnte schon damals die Wüste herbei, und nicht wenige zogen hinaus, um in die Einsamkeit auszusteigen.

In mir sahen sie eine Art Symbolfigur. Schwer zu sagen, wie sie mich sahen. Teils wollten sie mich beschützen, indem sie mir Unterkunft gaben, Kleidung und Nahrung, denn ich war völlig mittellos und noch dazu im Dilemma der Jagd nach Geri – sie wollten es für sie und mich «aussitzen».

In dieser Gesellschaft halbherziger «Jünger» befand ich mich – abhängig von ihrer Hilfe, hin und her gehetzt im Igel- und Hasenspiel, kam nicht zur Ruhe; allein die Bibel war mein Trost und Schild. In dieser Zeit – am Ende angelangt, so sehe ich es heute, sah es schon bald danach wie heute – kam wie ein Blitz aus dem sprichwörtlichen heiteren Himmel, unerwartet, daß ich emporgerissen wurde, ein unbeschreibliches Erlebnis auf mich zu, mit dem ich nichts vergleichen kann. Weder vorher noch nachher wurde mir eine solche Welt offenbart: eine Sphäre, deren Wirklichkeit alles in den Schatten stellt, was wir im allgemeinen «Realität», «Wirklichkeit» nennen. Ohne Verbindung zu irgendeiner seltenen Erfahrung – und deren hatte ich nicht wenige gemacht und wohlbedacht hinter mir – war dieses Erlebnis, von dem ich bis zu diesem Tag lebe und zehre und jeden Trost empfange, so daß ich heute wie damals von der Gewißheit erfüllt bin, daß Gott lebt. Kein Wahn, keine Vorstellung – eine Erfahrung der Wahrheit, die keines Kommentars bedarf und jeder Erklärung trotzt.

Wir hockten, saßen am Boden, auch auf Hockern und Polstern im Hause der Schauspielerin. Ich las laut vor – aus dem Text der Heiligen Schrift. Die Worte Jesu an Petrus, der auf die Frage «Und wer sagst du, bin ich?» antwortet: «Du bist der Sohn des lebendigen Gottes.» Und Jesus sagt: «Nicht Fleisch und Bein haben dir dies offenbart, sondern mein Vater, der im Himmel ist.»

Während ich dies sprach, mußte ich einen tiefen Atemzug holen – und es war mir, als würde ich zum erstenmal in meinem Leben atmen. Mein Brustkorb hob und wölbte sich wie nie zuvor, mein Bauch füllte sich – eine nie gefühlte oder geahnte Kraft hob mich auf, so daß ich auf meinen Füßen stand, während ein goldenes Licht mich umgab, dessen sanfter und dennoch durchdringender

Glanz alles zum Verschwinden brachte, was mich noch Sekunden zuvor umgeben hatte.

Ich war erfüllt von einem Leben, aus dem jeder Schatten und jede Schwere genommen war – ein unbeschreibliches Gefühl unsterblichen Lebens erfüllte mich vom Scheitel bis zur Sohle; ich war neugeboren und unsterblich in einem Augenblick. Ein Mann trat aus dem Licht schräg rechts seitlich an mich heran und schloß mich in sein Sein. Seine Worte, sein Tanzschritt, der meine – wie ein einzig Wesen war sein und mein Eins-Sein.

Was aber vermögen Worte? Seine Krone sah ich, seine Worte kamen aus meinem Mund, in einer Sprache, wie ich sie nie zuvor vernommen hatte. Und dennoch wußte ich um jedes Wort, ja mehr noch, ich wußte, daß ich Gottes Sprache sprach und verstand, alles war so deutlich klar und unverrückbar wahr, daß ich es mit keiner mir bekannten sogenannten «Wirklichkeit» vergleichen kann.

Nach dieser Umarmung sah ich ihn, wie er seine rechte Hand hob, und sein (wie mein) Gesang lautete: «Und dies lebt ewig.»

Und ich wußte, das Fleisch, der Leib war damit gemeint, und diese Botschaft war begleitet von abertausend Stimmen der Heiligen, die ich sah wie ein Meer aus Wesen, die, so wie ich, dieses Reich um ihn bildeten, in einer ewigen Lobpreisung. Ja, mehr als das: sie alle teilten seine Majestät. Ich sah nicht ein Prinzip – nicht etwas Vages – ich sah ein Wesen ganz bestimmten Charakters, und in der Sprache, die mir als Muttersprache geläufig ist, muß ich sagen: ein königliches Wesen, eine königliche Erscheinung war es, die sich jeder Beschreibung versagt.

Zeit und Raum waren dahin; das, was sich mir auftat, war eine andere – völlig andere – Welt, in der all das, was ich kannte, nicht zu sehen, nicht zu empfinden war. So als entstammte es nicht der mir bekannten Schöpfung: «Mein Reich ist nicht von dieser Welt.» Was diese Worte bedeuten – wie könnte ich es je bedenken, hätte ich dies nicht erlebt?!

Sprache und Melodie, die Verwandlung meiner Stimme in die seine, dieses Eins-Sein in einer völlig neuen unbekannten Kraft und Herrlichkeit war und ist bis heute jener Wendepunkt, der an Bedeutung für mein Leben alles überragt, ja alles auslöscht, was mich je vorher oder nachher glücklich oder unglücklich machte.

Dieses Erlebnis erfüllte mich mit einem übermenschlichen Enthusiasmus – und jedes Gebet galt dieser Erinnerung: Ich habe den Ewigen gesehen. Und dennoch, was sollen all die Worte? Ist doch sein Wesen unbenennbar. Ich hätte ihm auch keinen Namen geben können.

Meine ersten Worte in simplem Englisch: «I have seen God.» Ich rief es immer wieder aus. Meine Freunde erwachten aus einer tiefen Trance. Samuel Berger war der erste, der ein Wort sagen konnte: «You have seen God – I heard it!»

Sie alle wußten um die Wahrhaftigkeit dessen, was ich gesehen hatte, sie entnahmen es meinem (seinem) Gesang – sie hatten, so wie ich, «verstanden», ohne diese Sprache jemals zuvor gehört zu haben. Das Gefühl aber, daß es so etwas geben mußte – eine Spur, einen Kult, jemanden, der diese Sprache eventuell verstehen könnte –, dieser Gedanke suchte mich heim, kaum daß das goldene Licht verblaßte und ich in die wohlbekannte Welt entlassen war.

Denn was wie eine Ewigkeit schien – jenseits aller Zeit –, hatte in der Zeit nur wenige Minuten gedauert. Nun war ich wieder in dieser Welt, und ich wußte nicht, was tun. Was soll das bedeuten: «Ich lebe ewig, das Fleisch ist unsterblich wie das seine, wie jener Königsleib»? Noch konnte ich es mit keiner mir bekannten Religion vergleichen, kannte ich doch nur Bilder, Metaphern, Hüllen – Verhüllungen und Entstellungen –, Spuren vielleicht, aber Namen kannte ich keinen, konnte ich der Unvergänglichkeit wegen auch gar nicht geben. Alles dergleichen erschien mir als eine Beeinträchtigung.

Erst nach und nach wagte ich ein Erforschen. Denn diese andere Welt, dieses andere himmlische Sein hatte mit der Welt, in die ich zurückgekehrt war, keinerlei Berührungspunkte. Daß ich den «Auferstandenen» erfahren hatte, kam mir zunächst nicht in den Sinn.

Nur einer Sache war ich gewiß: «Ewiges Leben im Fleische» – ein mir völlig ungeläufiger Begriff; im besonderen für mich, obwohl ich das göttliche Wesen Jesu doch oft betrachtet hatte. Aber wozu denn das Fleisch? – All diese Überlegungen setzten nach und nach ein, mein Lesen und Forschen nahm eine neue Wendung.

Nicht aber meine Lebensweise. Für meine elende – nun doppelt elende – Natur hatte dieser Himmel keine sofortige Wirkung. Was sollte ich tun? Was immer ich auch tun würde, sagte ich mir, nichts könnte dieses Erlebnis erhöhen oder entkräften. Nichts es wieder herbeiführen (obwohl ich es immer wieder in Meditation versuchte). Es blieb ein einmaliges Geschenk. Es war immer gegenwärtig als unvergänglicher Glanz meines Lebens und Erinnerns.

Das Denken begann nur allmählich, und dies auf die seltsamste Weise. War es Christus –? Wie sollte ich es wissen, kannte ich, wie ich meinte, doch bloß Bilder, Dinge, und Worte, die eine Imagination hervorrufen. Jener aber war unfaßbar, und kein Bild, kein Wort, außer dem seinen, konnte Zeugnis von seinem herrlichen ewigen Leben geben. Und würdest du ihn ewig suchen – nur wenn er dich trifft, siehst du ihn.

Warum gerade ich, der ich doch ein völlig Unwürdiger war, fern jeder Bereitschaft, jeder Eignung oder Ergebenheit? Es blieb mir unerklärlich, es mochte keinem verständlich sein – im Rahmen der kausalen Zusammenhänge, «Welt» genannt, hatte dieses Erlebnis keinen Platz. Was sollte diese Welt, in die ich mich nun zurückversetzt fühlte, die sich nicht verändert hatte, über der ein Himmel sich wölbte, der in keiner Weise jenem durchdringenden sanften Goldhimmel ähnlich war, dessen Licht von keinem Feuer stammte und in dem es keine Schatten gab?

Wo war ich gewesen, als ich dies sah, und wo war ich jetzt? Nun verstand ich's besser, dieses: «Selig, die glauben und nicht sehen ...» – Worte Jesu an den ungläubigen Thomas. Alles Metapher, ich weiß es heute. Aber auch damals empfand ich es wie eine Verurteilung, eine Verbannung in die Natur, die mir so wohl vertraute. Derlei Gedanken schließen aber nicht jene Form des Gott-Seins jenseits der geschaffenen Welt ein. Ich ahnte, daß ich in jene andere versetzt war, die nicht von dieser Welt ist – in jene, von der es heißt, daß Aug sie nicht geschaut und Ohr nicht gehört.

Und so war es auch, denn meine Augen hatten in dieser Welt, die scheinbar sieht und hört, vieles Herrliches gesehen – allein schon die Fülle der Werke höchster Kunst. Ich hatte Gedanken gedacht, Geschriebenes gelesen von geradezu übermenschlicher Schönheit und Perfektion. Jetzt erschien mir all das lediglich als Verhüllungen, Vorhänge. Alles war nur aus jener Welt, die beschienen ist von Sonne und Mond, in der alle Wesen miteinander um das Dasein ringen, wo Yin und Yang – wie Gog und Magog – alles beherrschen, in ständiger Spannung zwischen Plus und Minus.

Ich formuliere es heute, da ich über siebzig Jahre alt bin, so: Damals war ich sechsundzwanzig und hatte keine Ahnung, wie das Erlebnis der Erscheinung des Ewigen (denn so nannte ich den lebendigen Gott) in dieser Welt einzuordnen war – ob überhaupt. Auch heute könnte ich, nachdem ich viele Bücher theologischen, esoterischen und historischen Inhalts gelesen habe, nichts anderes sagen, als daß meine Erfahrung seiner Person die Botschaft beinhaltete, daß das Reich Gottes in seinem Geiste und in unsterblicher Leibhaftigkeit dem Menschengeschlecht eröffnet ist.

Und bald begann ich, Gelesenes und vormals nicht Verstandenes zu verstehen. Wie ein Schlüssel wirkte dieses Erlebnis. Tage vergingen, in denen ich kaum Schlaf finden konnte. Eine unbeschreibliche Sehnsucht verlangte: «Erscheine mir wieder, wieder und ewig wieder.» Jenes Wort von Ewigkeit zu Ewigkeit wurde mir wahr wie nie zuvor, als ewiges Gottestrunken-Sein, in dem Zeit und Ewigkeit in schattenlosem Licht verschmelzen. Die damals mit mir waren, alle fünf oder sechs, hatten den Gesang, die Worte gehört, und hatten begriffen, daß nicht ich es war, den sie hörten, denn meinem Mund war ein neues, unerhörtes Wort gegeben; in Kaskaden von Trillern, Koloraturen, Arabesken, wie sie ein Menschenmund nicht hervorbringen kann.

Alles, was ich bisher war und dachte, geriet ins Wanken. Alle Erfahrungen, auch meine Drogenerlebnisse mit Peyote, Opium und Cannabis erschienen belanglos.

Mein Erlebnis war ein neues Sein, es hatte mit dem bekannten Sein nichts zu tun. Es bedurfte keiner Voraussetzung – denn die vom Licht Ergriffenen waren gleich einem Meer von Wesenheiten, deren Sein diese Erfüllung war. Daß das Fleisch darin Eingang fand, war wie ein Gipfel der Erhebung in das allumfassende Erhaben-Sein.

Es sprach sich herum. Ich wurde in alle magischen Zirkel eingeladen. Es gehörte zu den Gepflogenheiten in Los Angeles, Mystisches zu besprechen – denn, wie gesagt, es war dem Existentialismus nicht gelungen, ins neue Heilige Land Kalifornien vorzudringen.

Diese Stimme, die aus mir geklungen hatte, war eine einzige himmlisch glänzende Träne, und sie war zugleich der goldene Gürtel um die Brust. Gewiß war es nicht meine Stimme. Sie war unerhört – anders und doch vertraut, unverständlich, selbstverständlich. Da gab es kein gesprochenes Wort, alles war Gesang in Hymnen. Später kam mir der Gedanke, daß diese ewige Melodie, dieses ewige Wort weder Anfang noch Ende haben könne, daß ich einbezogen worden war in ein Geschehen, das jenseits der Zeit ein immerwährendes Jetzt ist.

Kaum in die Zeit zurückversetzt, begann ich zu erforschen, wer denn dieser lebendige, erlebte Gott sein könne, denn ich kannte keinen nennbaren Namen, es war ja alles, was ich hörte, Er und bedurfte keiner Bezeichnung.

13 — Bewahre es auf, du könntest es vergessen

Rod Usher, in dessen Haus mir Michael entführt worden war, half mir bei meinem Versuch, das Vorgefallene zu verstehen. Die wenigen Bücher, die er mir empfahl, taten ihre erklärende Wirkung, auch darin, daß ich die vielen falschen Propheten zu erkennen begann, die sich meinem Ohr durch einen einzigen Mißton verrieten, den sonst kaum jemand wahrnahm. In dem Millieu, das hier in Los Angeles, anders als in Paris, nicht an einem Ort, den alle kennen, angesiedelt war, sondern allerorts, war es allgemein bekannt, daß ich meine Erinnerungen an den «Lebendigen» übte – die Koloraturen, den Summgesang, die tanzenden Schritte. George Alawakien, den ich von Paris her kannte, ein Jazzjournalist und Kritiker, stellte – wenn ich mich recht erinnere – eine Beziehung zu Dave Brubeck her.

Mit seiner Empfehlung besuchte ich diesen hervorragenden Musiker und Jazzpianisten in seinem «Baumhaus» am Rande von San Francisco Bay. Er lud mich ein, da er meine Mittellosigkeit erkannte, einige Tage in seinem Haus zu verbringen, und da er des Morgens meine Gesänge hörte – Erinnerungen, die ich übte – sagte er spontan zu mir: «You got to record this.» Dave Brubeck wollte damit sagen: «Du könntest es vergessen, bewahre es auf Tonband.» Er telephonierte mit seinem Studio «Fantasy Records» in der Altstadt von San Francisco und gab Anweisung, meine Gesänge auf einem Tonband aufzuzeichnen. Einspurbänder waren damals etwas Neues. Da ich davon keine Ahnung hatte, spielte ich mit diesem Medium, ohne Wissen, ob ich auf «Aufnahme» war oder nicht.

Meine Reise nach San Francisco hatte natürlich nicht allein mit diesem Besuch bei Dave Brubeck und den ersten Tonbandaufzeichnungen zu tun, sondern – wie konnte es denn anders sein – mit der Jagd nach Geri und meinem Sohn Michael. Und wieder hatte ich sie nicht gefunden, streunte nach dem Besuch des «Fantasy Records»-Studios durch das International Settlement, lief von einer Stripperin zur anderen, ohne mir einer Unvereinbarkeit mit meinem vorangegangenen Erlebnis bewußt zu sein.

Darüber aber schwebte jene Erinnerung an das ganz Andere, völlig Rätselhafte. Ich fing wieder zu malen an und schrieb euphorische Briefe an meine Eltern und Freunde. Die qualvolle Suche nach Geri und unserem Sohn beschäftigte mich jedoch ebenso. Diese dissonanten Quellen und Einfluß-Sphären meines Lebens brachten mich in ungeheure Verwirrung, bis ich eines Nachts – ich wohnte damals bei einem Ehepaar in North Adams, das ich aus Paris kannte – in eine tiefe Depression fiel.

Mir war, als sähe ich all meine Sünden wie einen Engel des Gerichts vor mir stehen. Es gab keinen Weg zurück; mein ganzes bisheriges Leben stellte sich mir in neuen schrecklichen Bildern dar. Ich sah mich gefangen, von unzähligen Abhängigkeiten ausweglos gebunden. Und eine panische Allangst befiel mich, so daß ich zu beten begann. In diesem Sinne hatte ich oft, während der Bombardements in Düsseldorf und Wien, um mein Überleben angstvoll «Mein Gott» gestammelt. «Hilf!» Jetzt aber wähnte ich mich auf immer getrennt von ihm, der mir erschienen war. Ich wagte nicht, ihn zu bitten. Seltsam, ihn, den Lebendigen, wagte ich nicht anzurufen – allzu fern, ja, unvereinbar mit meinem Sein, unendlich fern erschien mir der Ewige – unerreichbar, weil unvereinbar.

In meiner Angst rief ich Abraham an, nannte ihn meinen «Stammvater», fühlte mich in einen – in die Tiefe der Erde gegrabenen – Stollen gezogen.

Da sprach Abraham zu mir. Er gab mir Anweisungen, was ich zu tun hätte, um aus meinem Gefängnis befreit zu werden: Ich sollte mich jeder Form der sexuellen Befriedigung entziehen, dem Ewigen in der Dunkelheit, in der ich mich befand, blind die Treue erweisen, Haare und Bart nie mehr schneiden.

Und in meiner Angst entstand Hoffnung. Abraham hatte für mich Befreiung erbeten, und so gelobte ich, seine drei Forderungen – besser: Empfehlungen – wie ein Gelübde zu halten. Dann endlich wich der Stein von meiner Brust. Der Atem kehrte wieder – eine Beruhigung stellte sich ein, eine Hoffnung.

Von meiner Depression jedoch wurde ich noch wochenlang immer wieder befallen, und von Tag zu Tag wurde mir klarer, daß es eine Verbindung gab zwischen allem, was ich über Jesus von Nazareth gelesen hatte, und dem, was ich in meiner Entrückung erlebt hatte. Eine chronologische Übersicht, die alle damaligen Ereignisse verband, konnte ich nicht gewinnen; allzu dicht gedrängt und unüberschaubar kam das Geschehen, wie brandende Wellen, über mich.

Eine Art Besinnungslosigkeit löschte den Zeitbegriff, raubte mir den Schlaf, hielt mich pausenlos in der Betrachtung all der Übel fest, die ich mein bisheriges Leben lang wie eine Krankheit, eine unheilbare, ja wie eine nicht erkannte Seuche in mir getragen hatte.

«Reinige dich», sprach die Stimme des Abraham. – «Reinige dich, weine! Die Träne wasche allen Schmutz von deinen Augen.»

Diese Nacht wollte kein Ende nehmen. Ich lag wach und wartete auf den Morgen. Die Stimme sagte mir, daß ich beichten sollte. Etwas, das ich seit meiner Eheschließung mit Trude, meiner ersten Frau, nicht getan hatte. Damals war ich achtzehn Jahre alt gewesen.

Dies sollte der erste Schritt auf dem Weg in ein neues Leben sein. Ein Leben ohne Sexus schien mir zunächst unvorstellbar. Ein schier unerreichbares Ziel lag vor mir: Die Selbstüberwindung, mich zu lösen von aller Gesetzlosigkeit, dem triebhaften Wesen der «Natur», auszubrechen aus dem Gefängnis der Zweiteilung von Geist und Trieb. Mir schien das unmöglich.

Doch die Angst vor der Verdammnis hatte mir gezeigt, daß ich keine andere Wahl und daß ich diesen Weg – und allein diesen – vor mir hatte. Ich hatte eine echte Trennung von allem Bisherigen vollzogen, und eine Gewißheit begann in mir zu erwachen: Gott würde mir helfen, mein Gelübde zu erfüllen – das Unmögliche würde er möglich machen.

So wurde ich gegen Morgen zuversichtlich.

14 — Mein chaotisches Leben nahm allmählich ruhigere Formen an

Alle Decken, die einst Moses trug, sein Haupt verhüllend, wenn er aus dem Zelt des Bundes trat, fielen von meinem geistigen Auge ab – und Jesus von Nazareth, seinen Namen offenbarend, trat hervor und gab meiner Vision sein Siegel. Die Kirche des heiligen Petrus nahm mich auf.

Dies war mein Ziel geworden: ganz klein zu werden mit allen Christenleuten, die nichts gesehen hatten, und doch alles glaubten – so wollte ich werden. Und ich wurde es.

Mein chaotisches, gehetztes Leben, dieses ständige Unterwegs-Sein auf der Suche nach Geri, nahm allmählich ruhigere Formen an. Zwar suchte ich weiter nach Geri und dem Kinde, doch faßte ich Vertrauen – Jesus würde mir helfen. Täglich ging ich zur Kirche, kommunizierte und erlernte rasch die Gebräuche des «normalen» Christenlebens eines römisch-katholischen Pfarrgemeinde-Mitgliedes.

Rückschläge gab es einige, denn mein Entschluß, den von

Abraham mir empfohlenen Weg in Keuschheit zu gehen, reizte alle, vor allem die Frauen, die ich kannte, mich zu versuchen. Und sie taten dies mit allem Raffinement, das ihnen meist dann geläufig ist, wenn sie fühlen, daß ein Mann sich den Zwängen der Sinneslust entziehen will.

Es war um die Zeit der österlichen Feste, daß ich – dem Rat der Geistlichen folgend, bei denen ich immer wieder meine Beichte ablegte – mich in meine Kunst vertiefte. Mein unstetes Leben aber erschwerte die Verwirklichung dieses Vorsatzes ungemein. Dieses ständige Reisen, die forschenden Besuche bei meinen «Freunden», den geheimen «Komplizen meiner Frau auf der Flucht», brachten es mit sich, daß ich stets nur für einige Tage Gast bei diesem oder jenem war. Sie alle hatten mich lieb gewonnen und wollten mir helfen. Doch was mir fehlte, war ein Raum, in dem ich mich ohne Unterlaß der Malerei widmen konnte. Außerdem bestand die Schwierigkeit des Zurückfindens zur Bildnerei vor allem darin, daß alles Unterfangen dieser Art vor der Gewalt meiner unbegreiflichen Gotteserfahrung keinerlei Bestand finden konnte.

Was sollte ich malen, um diesem unfaßbaren Eindruck eine anschauliche Form zu geben? Bescheidene Andachtsbilder wollte ich schaffen, hatte aber keine Ahnung, wie ich, der Phantast, mich dieser Aufgabe stellen sollte. In diesen Wochen des Umbruchs, da ich wieder zu zeichnen und zu malen begann, kam es zur Wahrnehmung eines Gesichtes, das ich geradezu zwanghaft einige Male darstellte.

Ich nannte dieses Gesicht «Maria Prophetissa», nach jener mythischen Person, die in den Texten der Alchemisten erwähnt wird. Das erste Mal, daß ich dieses Gesicht «sah», war unter dem Einfluß von Mozarts Musik in jenen Tagen vor meinem «Seßhaft-Werden» in der katholischen Kirche, eines Nachmittags in San Francisco.

Einige Male schon habe ich versucht, diese Erlebnisse zu beschreiben – ein schwieriges Unterfangen, da, wie gesagt, schnittmusterbogenartig sich hier viele Linien überschneiden und einen Knoten bilden, der kaum auflösbar scheint. Und so will ich es nach vielen Jahren noch einmal versuchen.

Ich saß auf dem Fußboden in einem kleinen Zimmer, zwischen einem Bett, an dem ich lehnte, und der Wand knapp vor mir. Rechts von mir stand ein «Pick up»-Plattenspieler, ich hörte die *Kleine Nachtmusik*. Während ich den Klängen lauschte, erschien mir Mozart – eine Halluzination ganz klarer Art. Ich sah ihn so deutlich, daß ich das Bedürfnis hatte, ihn zu porträtieren. Mit einem Bleistift entstand sehr rasch Mozarts Gesicht, genau so, wie ich ihn sah. Er trug einen moosgrünen Rock – ein sehr angenehmes Tuch von fast flaschengrüner Tiefe. Sein Gesicht – blaß, die Haut ein wenig teigig – war von einer ziemlich stark aufgetragenen Schicht weißen Puders bedeckt und sah «mehlig» aus. Mozarts Bewegungen waren flink und ungemein leichtfüßig, tänzerisch. Es fiel mir auf, daß jede seiner Bewegungen – wie eingelernt – einem Zeremoniell folgten, das scheinbar die vorgeschriebene Umgangsweise seiner Zeit war. Seine Augen waren hell graugrün, von der Farbe, wie sie meist den hell rötlichblonden Menschen eigen ist. Mozart war sehr klein von Wuchs und überaus kindhaft in allen seinen Bewegungen. Mir schien er wie ein flinker Zwerg.

Sein Gesicht aber wurde zur Formel der «Maria Prophetissa». Übrigens war damals die Musik – auch die von Richard Wagner – meine Erlebniswelt, und ich erinnerte mich immer wieder an die akustischen Halluzinationen, die ich ein Jahr zuvor in Paris im Lärm der Métro vernommen hatte. Die Musik Wagners, der ich bislang geradezu aus dem Wege gegangen war, wurde mir in diesen halluzinatorischen Erlebnissen plötzlich erschlossen.

15 — Die Welt, eine einzige Schlangengrube

Die wunderschönen Schwestern Aida und Dinorah Ferrera und ihr Bruder Gus gaben mir Unterkunft in ihrem geheimnisvollen schwarzen Haus. Dort witterte ich immer wieder die Präsenz von Dämonen, wie ich überhaupt in der Zeit «danach» eine animistisch-magische, von Geistern und Dämonen bevölkerte Welt entdeckte, wie sie mir vorher nur selten entgegengetreten war. Zunächst versuchte ich, nicht darauf einzugehen, denn dieser Zustand der Doppelbödigkeit, der Transparenz des Diesseits hatte etwas Unheimliches, Beängstigendes.

Nicht daß ich mich fürchtete, doch die Welt, in der ich lebte, war eine einzige Schlangengrube, beherrscht und bis zum Rande mit gefallenen Engeln und Dämonen quirlend erfüllt. Auf jedem Gesicht sah ich ein hämisches, gieriges Grinsen, und die Augen dieser Wesen hatten einen listigen rötlichen Glanz, so als ob eine Bindehautentzündung ihnen die klare Sicht geraubt hätte und ein heftiges Jucken verursachte, denn sie rieben sich ständig die Augen.

Betrat ich ein Zimmer, fand ich in ihm nicht selten das Pfand des Teufels. Magisch angezogen, fand ich die Hinweise sofort, auch wenn sie noch so gut versteckt waren. Diese Hellsichtigkeit hatte etwas Unheimliches, gleichzeitig aber auch etwas Belustigendes.

Daß ich Keuschheit gelobt hatte und auf Abrahams Geheiß mein Haar und meinen Bart wachsen ließ, reizte meine Gastgeberinnen. Sie stellten mir nach, als ob sie eine Wette darüber abgeschlossen hätten, wer von ihnen mich zu Fall bringen würde. In ihren Augen war es ein einfaches Spiel.

In der Tat war es bloß ein Kampf von wenigen Tagen – und ich konnte nicht widerstehen. Dinorah meinte, daß ich auf der Couch zuwenig Platz zum Schlafen hätte, während ihr Bett doch groß genug für zwei wäre. Vorsorglich hatte sie sich ihrer Kleider nicht entledigt, um zu zeigen, daß sie auf keinen Fall mit mir intim werden wollte. Doch die Nacht brachte anderes zutage. Gedemütigt lief ich am Morgen zur Kirche. Beichte, Buße – neuer Anfang. Zwei Tage später brachte mich Aida, die Jüngere, zur Strecke. Sie sprach von Liebe, und daß doch gar nichts Böses daran sei. Ich solle nicht so weltfremd tun, und das Fasten sei ein Blödsinn. Ich sähe ohnehin viel zu abgemagert aus. Ich sollte es mir doch gutgehen lassen. Hatte ich es nicht schön bei ihnen? Sie würden für mich sorgen. Doch ich ließ nicht ab von meinen Gebeten, ging täglich zur Frühmesse in die Kirche. Als sie nun merkten, daß es mir ernst war und mein Entschluß feststand, das neue Leben zu leben, erwachte die Furie in ihnen. Sie fingen an, mich zu kratzen und zu beißen, und ihr Gelächter kam mir höllisch vor. Ich fühlte mich verletzt, und meine Haut brannte. Waren sie mir erst schön und begehrenswert erschienen (und sie waren ja wirklich sehr schön – nicht nur ich bemerkte dies, es war allgemein bekannt), so sah ich jetzt durch ihre Masken das goldene Haupt eines Dämons. Seltsam, daß eine kindliche Harmlosigkeit, ja, Unschuld dies verhüllte. Eines Morgens, die beiden hatten das Haus verlassen, fühlte ich die Gegenwart des Dämons. Ich betrat durch eine Tapetentür, die ich plötzlich entdeckte, einen schwarzen, schmalen, fensterlosen Raum im Hintergrund des Wohn- und Schlafzimmers. Es war dies eine Art schwarzgestrichener Wandschrank, voll von Kleidern und Klamotten aller Art. Meine Hände glitten durch die Fächer, teilten Bündel von Kleidern und Wäsche, Wolken von allerlei Parfum erhoben sich. Da fühlte ich (denn es war in diesem Raum völlig finster) die Maske des Dämons, die Hörner, die aus seiner Stirn traten, die glotzenden Augen – wie Taubeneier. Ich zog die Maske ans Licht. Es war ein mit Goldfarbe lackierter Teufelskopf. Stil und Ausdruck waren geradezu klassisch – ein Utensil aus der Filmindustrie, denn die Mädchen hatten beruflich mit «Columbia Pictures Entertainment» zu tun.

Als ich die Maske gefunden hatte, ging ich die folgerichtigen Schritte weiter. Ich mußte den Bann brechen, meinte ich, indem ich die Teufelsmaske zerstörte. So tat ich es dann auch, zerbrach sie und warf sie in einen Kanal, dessen vergitterter Schacht sich unweit des Hauses befand. Ich weiß nicht, ob die beiden das Verschwinden dieser Maske je bemerkt haben. Die magische Prozedur aber wirkte befreiend auf mich. Da ich wußte, daß die Schwestern einem magischen Zirkel von Voodoo praktizierenden Menschen angehörten, war ich auf der Hut, aber auch ständig bemüht, ihnen meinen Glauben und mein «neues Leben» nahezubringen.

Die Ferreras waren spanischer Herkunft. Wahrscheinlich waren sie aus Mexiko gekommen. Sie hatten im Filmgeschäft einiges erreicht – besonders Gus, der Bruder, der ein außergewöhnlich schöner und eitler Mann war. Er stand täglich lange und oft vor dem Spiegel, rasierte sich, kämmte sein Haar, prüfte gewissenhaft, ob vielleicht ein Haar im Kamm geblieben war – denn er fürchtete die Glatze, in ihr sah er das Ende seiner Karriere.

«The Heart of a Woman» war sein Lieblingslied. Ein Sänger, den er sehr mochte, stand bei ihm unter Vertrag. Eine LP wurde produziert – es war eine außergewöhnliche Schallplatte, der jedoch kein Erfolg beschieden war: zu seriös, zu gut gesungen, einfach vom Feinsten, aber scheinbar nicht für Hollywood. Gus war gekränkt. Im übrigen sah Gus es nicht gern, daß seine Schwestern sich so intensiv um diesen Künstler aus Paris bemühten. Sicher war er der Meinung, daß Dinorah und Aida etwas Besseres zu tun hätten. Die beiden ließen es sich dennoch nicht nehmen, mich zu pflegen, zu ernähren und mit allem Nötigen zu versorgen.

Unterdessen hatte ich wieder zu malen begonnen. «Der Auferstandene» nahm Form an. Auch ein Aquarell in hellen, leuchtenden Farben war bereits weit fortgeschritten, als die beiden Schwestern zu der Überzeugung kamen, daß ich ein «ganz Großer» sei und sie mir eine eigene Bleibe finanzieren sollten. Sie fanden einen Bungalow, einige hundert Meter von dem ihren entfernt, an dessen Rückseite ein kleines Gartenhäuschen angebaut war. Es war ein kleiner Raum mit Küche, einem Tisch, einem Sessel, einem Bett, einem Fenster – von Heckenrosen umrahmt, mit Blick in den typischen Hollywood-Garten. Der Rasen war gepflegt und geschoren. Zwergpalmen, Orangen- und Zitronenbäume belebten die Szenerie. In dieser Idylle trieb ich die Arbeit am «Auferstandenen» voran.

Das Gesicht dieses «Auferstandenen» trug die Züge der Mozartschen «Maria Prophetissa». Sein Leib strahlte in reinen, hellen Farben, wie ich sie bis dahin noch nie verwendet hatte. Dieses Bild war für mich ein sichtbares Zeichen der Umkehr – eine Art magische Beschwörung des neuen, des keuschen Lebens.

So vergingen zwei Wochen.

Doch ich hatte meine Suche nach Geri und Michael nicht aufgegeben, und das Seßhaftwerden fiel mir einigermaßen schwer. Das tägliche Malen als Übung der Reinigung wirkte indes befreiend. Dazu kam noch, daß mir mein Beichtvater den Rat gegeben hatte, neun Tage lang gewisse Gebete zu sprechen, mit dem Wunsch, Gott gebe mir ein Lebenszeichen von meiner Frau und meinem Kinde: «You will see, that the mother and the child will come to you.»

Es geschah wie verheißen. Schon nach einer Woche klingelte das Telephon. Es war Geri. Sie wußte natürlich genau, wo ich war. Sie fragte ganz ruhig und freundlich: «You want to see the boy?» Ja, ich wollte ihn und sie sehen. Geri gab mir Ort und Zeit für ein Wiedersehen an einem Ort an der Küste – wenn ich mich recht erinnere, «Ocean Beach», ein Badeort nahe dem damaligen Flughafen.

Just in diesem Moment holte ich eine Kinderkrankheit nach. Eine Beule wuchs aus der Seite meines Halses – ein Drüsengeschwulst trat hervor. Ein Arzt kam und diagnostizierte Mumps.

Bettruhe, Schwitzen, usw. – ich tat wie befohlen. Dabei hatte ich die seltsamsten Träume. Ich hörte eine Stimme, die laut und deutlich dreimal die Worte sprach: «Er ist angekommen.» Die Stimme sprach durch den Schädelknochen hinter meinem rechten Ohr, und während ich sie hörte, dachte ich an Michael, meinen Sohn, den ich unbedingt taufen lassen wollte. Doch Geri, die genau dies wohl geahnt hatte, ließ uns keine Sekunde aus den Augen.

Wir saßen am Strand. Ich weinte vor Freude, als ich meinen Dou-Dou sah, beschwor Geri, doch bei mir zu bleiben. Sie aber sagte, ich solle ganz beruhigt sein, unser Kind wäre gut bei ihr aufgehoben. Sie sprach mir Mut und Zuversicht zu und riet mir, nach Europa heimzukehren. Sie würde mir, wenn ich mich beruhigt hätte, bald folgen. Diesen Worten schenkte ich Glauben, indem ich dachte, daß es wohl das Beste wäre, endlich Ruhe zu geben – und das Drängen und Suchen ein für allemal sein zu lassen.

16 — Träume und prophetische Eingebungen

Schweren Herzens sah ich ein, daß Geri recht hatte, und faßte den Entschluß, Kalifornien zu verlassen. Aber ich hatte nicht vor, dahin zurückzukehren, woher ich gekommen war.

Nein, das Heilige Land wollte ich sehen – Jerusalem, Bethlehem, Nazareth – alle jene Orte wollte ich erkunden, wo der Lebendige im Menschenleib gewirkt hatte, da, wo er mit seinen Aposteln den wunderbaren Weg des Erlösers gegangen war.

Die äußerst exaltierten Seelenzustände, in denen ich mich meist befand, brachten es mit sich, daß ich mit meinem «Neuen Leben» Träumen und prophetischen Eingebungen offenstand.

Die Schlangenbilder, die mich während meiner Mumps-Erkrankung heimsuchten, waren durchaus eine Analogie dessen, was sich in meiner Seele ereignet hatte: Ich stand in einer Grube ohne festen Boden unter meinen Füßen. Schlangen ohne Zahl bildeten Knäuel, die ich übersteigen mußte, um an den steilen Kraterrand zu gelangen, über dem der Himmel glänzte. Einige Male verlor ich den Halt und stürzte zum Grunde der Grube – ekelerfüllt, von Angst und Abscheu gepeinigt –, bis ich mich endlich aus allen Knoten gelöst hatte. Über dem Rand der Schlangengrube gelangte ich in eine Ebene – ich war frei.

Dieser Traum war ungewöhnlich eindrucksvoll, und schon folgte ihm ein anderer, ein Traum von der äußersten Kraft eines Dämons, der meine Seele überwinden wollte. Gleich einer Leuchtschrift prägte sich mir sein Zorneswesen ein, dessen Freude es war, Furcht und Erschrecken zu verbreiten. Sein Wesen war gleich einem Wirbelwind, welcher durch die Stimme des Dämons zu mir sprach. Ein Mißtönen des Sausens entstand, wie das orgelnde Gurgeln eines Wasserstrudels. Ich sah diesen Strudel, einen Wirbelsturm, wie er Menschenmassen, die seinem Sog zu widerstehen suchten, erfaßte und mit seiner Wirbelkraft an sich raffte. Da er auch mich zu erfassen drohte, stimmte ich jene Melodien an, die mir aus der Gottesschau im Gedächtnis geblieben waren und deren Tonfolgen ich eingeübt hatte. Doch der Wirbeldämon stimmte mich um, so daß meine Stimme sich vor Anstrengung überschlug und ich mit einem Schrei aufwachte. Seltsam, das feurige Zeichen seines Profils, von einem Diadem gekrönt, stand leuchtend vor meinen geöffneten – vor Staunen starren – Augen, noch eine ganze Weile. Dann erst verblaßte die Leuchtschrift des Zeichens von seinem Wesen. Dieser nachhaltige, noch Minuten währende Eindruck, der mich in das völlige Erwachen begleitete, war ganz ähnlich wie jener, den der Schlangengruben-Traum auf mich gemacht hatte.

Auch dieser Traum war von Wahrnehmungen begleitet, die mir bis ins völlige Erwachen folgten, mich in diesem Fall sogar Stunden, ja Tage hindurch verfolgten – denn das schleimige, weiche Gekröse unter meinen Fußsohlen, das feuchte Schlingern blieb mir gegenwärtig. Auch war der Geruch meiner Ausdünstung scharf wie der eines wilden Tieres – mein Schweiß rann wie ätzendes Gift aus meinem Körper.

Solche und ähnliche Vorkommnisse machten einen nachhaltigen Eindruck auf mich, dennoch – so ungewöhnlich mir all diese Erlebnisse erschienen, sie waren nicht jenem anderen Lebenszeichen vergleichbar, das ich erfahren hatte. Denn alles, was mir in den folgenden Jahren an Außergewöhnlichem widerfahren sollte, stand im Schatten dieses unbeschreiblich goldenen Lichtes – die «ganze Welt» wurde zum Schatten dieses Lichtes.

Das Leben selbst schien mir wie ein trüber Schein, obwohl ich alles, was es bot, wie in den Jahren zuvor, teils glücklich, teils gequält annahm, stets von der Hoffnung auf dieses ewige neue Leben getragen.

Ich weiß, wie naheliegend es ist, all dies als Einbildung, einer allgemein erfahrbaren verbindlichen Wirklichkeit widersprechend, beiseite zu schieben. Denn auch ich habe dies immer wieder versucht und bin dem Sein-verneinenden Diabolus gefolgt, der alles in Frage stellt. Allein es blieb mir nach allem Prüfen und Zweifeln ein unvergleichliches Lebenselixier.

17 — Amerika war ein Wendepunkt geworden

Die außergewöhnlichen, seherischen Träume unterschieden sich deutlich vom üblichen Geträume. Schon während des Erwachens wurde ich mir der Besonderheit bewußt. Ich schrieb sie, so gut ich konnte, in meine Notizbücher. Solche Träume beschäftigten mich noch Jahre hindurch, und ich konnte sie nicht abtun, bis ich ihren Sinn ergründet hatte. Etliche sind mir bis heute jedoch undeutbar geblieben. Sie alle zu erzählen würde ein Traumbuch füllen. Soweit diese Träume aber in erkennbarer Weise mit meinem bewußten Leben in Verbindung standen, werde ich sie erzählen, denn sie sind ein fester Bestandteil meiner Erinnerungen – gewissermaßen die Monumente, die meinem Lebensweg entlang errichtet wurden.

Was aber Einbildung ist, woher sie stammt und wer sie bewirkt – und schließlich, ob das Sein als solches und ganzes nicht eine einzige Einbildung ist, das bleiben Fragen, die mich stets beschäftigt haben. Diese Fragen verursachen eine Art saturnischer Melancholie.

Amerika war ein Wendepunkt geworden. Kalifornien, Los Angeles, die Wüste ringsum wurden von Künstlern und Outsidern als eine Art heiliges Land erlebt. Mir schien das ein Hinweis zu sein, Israel, das Heilige Land, zu bereisen – das Land, in dem mein Erlöser als Mensch geboren worden war. Mein latenter, immer schon vorhandener Philosemitismus wuchs, seit ich die Ähnlichkeiten des jüdischen Tempelgesanges mit jener tönenden Sprachwelt meiner Gotteserscheinung «rekonstruiert» hatte.

Die Wochen, die hingingen, während ich an der «Maria Prophetissa» malte, waren von so manchen ungewöhnlichen Erlebnissen begleitet. Dinorah und Aida sahen mit Erstaunen, wie das Bildnis des auferstandenen Christus wuchs. Von ihrem Standpunkt betrachtet war das, was ich tat, etwas so Ungewöhnliches, daß sie es für eine Art von Gegenmagie hielten, deren Wirkung stärker war als aller Voodoozauber.

Ihr Vertrauen in meine Ernsthaftigkeit wuchs. Anfangs war es sicher bloß Neugier gewesen, die sie für mich empfanden. Mag sein, daß sie mich auch exotisch und fremdartig schön fanden, jedenfalls wollten sie eines Tages, daß ich sie zu den großen Familientreffen im Hause ihrer Mutter begleiten sollte.

Diese Versammlungen, die ich aus ihren Erzählungen kannte, hatten einen séancenhaften Charakter. Ich stellte mir darunter etwas Gespenstisches vor, so daß meine Bereitschaft, diesen Einladungen zu folgen, nicht so recht von Herzen kam. Eine Ahnung, daß ich dort nichts Gutes zu erwarten hätte, sollte sich auch gleich nach Betreten des Hauses bewahrheiten. Als ich, durch ein kleines Gärtchen schreitend, den dunklen Vorraum betrat, sah ich eine überaus realistische Darstellung des dornengekrönten Heilands, der schmerzerfüllt sein Haupt zur rechten Schulter neigte. Es war eine jener Büsten aus Wachs, wie sie in den Prozessionen während der Semana Santa in Spaniens Kirchen und Umzügen zur Schau gestellt werden. Diese Skulptur war dermaßen realistisch ausgeformt, daß sie zu leben schien. In Christi Augen und an den Wimpern glitzerte hell eine Tränensaat, die so täuschend dem Leben nachgebildet war, daß ich meinte, ihren Fluß verfolgen zu können.

Da stand ich und wagte nicht den Salon zu betreten. Doch dann erhob sich aus einem Lehnstuhl eine mächtige, schwarzgekleidete Matrone von spanisch-mexikanischem Aussehen. Sie sah mich stumm und forschend an. Dann forderte sie mich mit einer Geste auf, Platz zu nehmen.

Ich hatte den Endruck, daß in diesem Hause exerzitienhaft eine satanische Unempfindlichkeit gepflegt wurde. Die stille Séance war gerade beendet, ein lautes Gemurmel und Geplapper, eine Mischung aus spanisch-amerikanischen Sprachfetzen drang an mein Ohr. Seltsamerweise wurde ich scheu, wie eine Berühmtheit, betrachtet. Der weinende Jesus hatte sich mir eingeprägt, er war hier lebendig gefangen und litt seine Qualen, indem er sein Gefängnis in der Nische über der Tür mit unendlicher Geduld hinnahm. In mir erweckte der Anblick dieser Wachsfigur ein Erschrecken, ein Schuldgefühl, das besagte: «Wir alle quälen ihn, den Schuldlosen, indem wir, Sünde um Sünde Schuldtürme in unserer Seele errichtend, an seinem Leid vorübergehen.»

In diesen Tagen erreichte mich eine Nachricht meiner Anwältin, Madame Metzger, aus Paris. In der Galerie waren nicht wenige meiner Bilder verkauft, aber nicht abgerechnet worden. Es galt also das Geld, das man mir schuldig geblieben war, einzutreiben.

Da ich in diesen Tagen immer wieder daran dachte, nach Europa zurückzukehren, wurde die Frage, wie ich denn die Kosten für die Reise beschaffen konnte, dringlich. Das einzige fertiggestellte Bild, ein Aquarell auf Pergament, «Maria Prophetissa» darstellend, hatte ich als Gast in einem Hause am Coldwater Canyon gemalt und Geri bei unserem Wiedersehen geschenkt. Es war ein kleines, miniaturartiges, seltsames Bild, das gewiß keinen Käufer gefunden hätte. Alle anderen unfertigen Bilder, wenige Kleinformate, wollte ich auf keinen Fall zurücklassen – und so bat ich Madame Metzger, das Geld von der Galerie einzutreiben und mir die für die Rückkehr nötige Summe zu überweisen. Ich dachte wohl, daß dies sehr bald möglich sein würde, und bereitete meine Abreise vor.

Die Nachricht aus Paris besagte, daß man das Kunsthändler-Ehepaar unter Anklage eines «kriminellen» Aktes gestellt hätte und im Falle des erwarteten Schuldspruchs mit einer hohen Gefängnisstrafe belegen würde. Das Datum der ersten Verhandlung im Palais des Justice stand nahe bevor. Vor meiner Abreise in Paris hatte ich einige meiner Miniaturen in einer Galerie in der Rue des Beaux Arts ausgestellt, darunter auch «Der Fischer». Dieses Kleinformat war lupenscharf und fein, so daß ich damals dachte, keiner meiner Zeitgenossen wäre imstande, etwas Ähnliches zu malen.

Es sollten noch Wochen vergehen, bis es soweit war. Inzwischen blühten die Heckenrosen vor meinem Fenster im Garten. Sie «standen mir Modell» zu jenem Dornenkronen-Kranz, der Blüten trieb und der auf dem Gesimse vor dem «Auferstandenen» unter seiner rechten Hand lag. Das Bild war nahezu fertig. Dieses Symbol meines Eintritts in die Kirche leuchtete in reinlichen Farben, die sich von den Gemälden der Pariser Zeit deutlich unterschieden, und so machte ich es zum eigentlichen Reisebillett – doch das erkenne ich erst heute.

18 — Es jubelt himmelwärts

Nachdem ich das für meine Rückkehr notwendige Geld zusammengekratzt hatte, verließ ich Los Angeles, um im Kreise meiner Freunde im Greenwich Village in New York meine Abfahrt nach Europa vorzubereiten. Der Abschied von meinem Freundeskreis war herzlich und brachte noch einmal zum Ausdruck, wie sehr sie mich alle ins Herz geschlossen hatten. Offensichtlich schien sie das Entschwinden ihres Gurus mehr zu bewegen als mich. Wie sehr ich unter dem Verlust meines Sohnes und seiner Mutter litt, blieb ihnen verborgen. Sie sahen meine Kunst, erlebten meinen Geist – nicht aber mein elendes Dasein.

Im Village fand ich alles sehr verändert vor. Kein Stein war auf dem anderen geblieben. Vor allem mein Blick darauf aber hatte sich verändert. Die überaus lockere Form der Beziehungen war mir fremd geworden. Die wenigen Freunde, die ich wiederfand, staunten nicht wenig.

Einige Wochen mußte ich noch ausharren. Meine Ungeduld wuchs. In diesen Wochen habe ich viele Briefe geschrieben, um jene, die ich wiederzusehen hoffte, auf eine mir widerfahrene Veränderung vorzubereiten. Dies betraf vor allem Gerti und Mia, aber auch meine Eltern.

Und wieder wurden mir ganz außergewöhnliche Träume zuteil. Gesichte wie schon in Kalifornien, wo hinter freundlichen Gesichtern plötzlich die grinsende Fratze des Bösen erschien, mehrten sich. Erschrocken nahm ich Zuflucht zu jener Form des

Gebetes, die mir aus der Gotteserscheinung verblieben war. Ich suchte diese Stimme in mir täglich zu erwecken, ging zur Kirche und fand darin Trost und Stärkung.

Aus Paris erreichten mich positive Nachrichten. Madame Metzger hatte einiges Geld von meinen Schuldnern einfordern können und sandte es mir, so daß meine Heimkehr nahe bevorstand. Seltsamerweise entschlossen sich auch einige Freunde, die im Zeitraum meiner Abreise von Paris nach New York ebenfalls nach Amerika zurückgekehrt waren, wieder nach Paris zu flüchten – wohl aus demselben Grund wie ich: Sie hatten keinen Halt in ihrer neuen Welt gefunden. Das «take it easy» war nicht mehr ihre Welt. Vor allem Hans Neuffer und Marilyn Meeske hatten Sehnsucht nach der tiefernsten Traurigkeit der Seine.

In New York hatte ich wieder Quartier genommen bei einem aus Ungarn stammenden jungen Maler, der in der Mischtechnik und Eitempera Tintoretto nacheiferte. In seinem Atelier setzte ich die Arbeit an dem in Los Angeles begonnenen und nun schon weit fortgeschrittenen Bild des «Auferstandenen» fort.

Eines Nachts hatte ich dort einen bemerkenswerten Traum: Ich sah über New York City einen Gewittersturm toben, geballte Menschenleiber bildeten dunkles Gewölk – auf Besen reitend, furiose Schreie ausstoßend, fegten sie über mir hinweg, bemüht, mich mitzureißen. Indem sie mit magischer, durch Blicke bewirkter Suggestion sexuelle Erregung provozierten, sah ich in ihnen die Hexen, die als Sturmgewölk die Stadt durchfegten – jenem Wirbelwind gleich, der alles an sich riß und überwältigte, dessen Signum noch glühend nach dem Erwachen bei offenen Augen sichtbar war.

Die Wirklichkeit dieses Traumes hatte etwas Überwältigendes. Diese Leiberwolken erinnerten an Michelangelos «Jüngstes Gericht». Am Morgen nach dem Erwachen sprachen alle Menschen von einem schrecklichen Gewittersturm, der sie aus dem Schlaf gerissen hatte. Ich aber hatte denselben schlafend als Walpurgisnacht geschaut.

Es jubelt himmelwärts — 333

In diesen Tagen zog ich von Kirche zu Kirche, um in jeder ein Gebet zu meinem Gott zu singen. In einer Kirche nahe des Village sah ich einen sehr jungen Mann: offensichtlich in Trance, formte er aus seinem Taschentuch Blüten, die er den Heiligenstatuen mit zartem Fingerspiel vorführte. Er war ganz versunken in dieser seltsamen Form der Anbetung, und mir schien, daß wir beide Entrückte waren, die des Schutzes der Kirche bedurften, um nicht als verrückt erklärt zu werden und in einer Irrenanstalt zu landen. Auch besuchte ich den Tempel Emanuel – die wunderbar mächtige Synagoge im Herzen Manhattans. Es hatte sich nicht nur alles eklatant verändert. Meine Streifzüge durch die Stadt folgten auch einer anderen Orientierung. New York war eine andere Stadt für mich geworden. Das Village begann kommerziell zu werden. Die Maler stellten rund um das Fountainbecken ihre Bilder aus. In den Cafés traf man indisch gekleidete Beatniks. Die neue Freiheit, aus Kalifornien kommend, griff mit Dave Brubeck und einem kühl-romantischen «Modern Jazz» nach dem «Big Apple».

Auch Julian Becks «Living Theatre» hatte große Erfolge. Was vor kurzem noch begleitendes Happening für Kunstausstellungen war, wurde zum spontanen Theater und zur tänzerischen Akrobatik. Noch erhielt der im Underground berühmte neue Kunstzweig keine offizielle Anerkennung, doch war es abzusehen, daß dies sehr bald erfolgen würde. Die Kunst ging in die Breite – ihre Paris-Orientierung war fast verschwunden; selbstbewußt bahnte sich die Pop-art an.

Mir gefiel diese lustvolle Naivität – die problemlose Art des Umgangs mit dem Mitteilungsbedürfnis. Die mystische – zur Finesse neigende – Romantik der kalifornischen Freaks aber hatte in New York keinen Niederschlag gefunden. Mit Julian Beck, seiner Frau und Allen Ginsberg verband mich eine Art Freundschaft, doch teilten sie meine religiös gebundene Lebenshaltung nicht. Sie sahen sich vielmehr als Propheten schrankenloser Sinnlichkeit.

19 — Traum-Erscheinungen auf der «Arosa Star»

So kam der Tag heran, an dem ich in Richtung Quebec aufbrach, um mich auf der «Arosa Star» einzuschiffen. Kanada, das ich für einen Tag und einige Stunden sah, machte mir einen riesigen, menschenleeren Eindruck. Unermeßliche, unbewohnte Weiten unter einem sichtbar jenseitigen Himmelsweltraum muteten mich fremdartig, unverbindlich an. Diese Dimensionen kosmischer Art, die dem nordamerikanischen Kontinent eigen sind, waren hier noch stärker zu verspüren.

Auf der «Arosa Star» dichtgedrängt, sahen sich vor allem «boys and girls» wieder, die von irgendeinem College kamen. Sie sangen zur Gitarre die «folksongs», waren «high and happy», mit der Haltung «take it easy» unterwegs auf ihrer Jungfernfahrt nach Europa. Unter ihnen kam ich mir wie ein alter Pilger vor, der zu wissen glaubte, wohin die Reise führt.

Doch ich irrte mich.

Auf dem Schiff, das in fünftägiger Fahrt Le Havre via Dover erreichen sollte, hatte ich zwei Traum-Erscheinungen. In der ersten sah ich den Pianisten des «Chaplin», einer Pianobar, einige Schritte entfernt vom «Café du Dôme». Er hieß Engel und saß in der schummrigrot erleuchteten Bar hinter dem schwarzen Flügel. Engel war Berliner Jude und hatte sich während der Besatzungszeit in Paris versteckt. Nun spielte er meist Berliner Schlager auf dem Klavier. Engel sah mich im Traum mit seinen strahlendblauen, sternartigen Augen an, und ich wußte, während ich sein freundliches, zufriedenes Lächeln wahrnahm, daß er eben gestorben war.

Ich erwachte aus meinem Traum, um wenige Tage später, als ich in Paris angekommen war, zu hören: «Weißt du, der Engel ist gestorben.» Alle sprachen von diesem traurigen Ereignis, denn

Herr Engel aus Berlin war eine Kultfigur; die Personifizierung wortloser Weisheit.

Der zweite Traum war ebenfalls von seherischer Qualität, jedoch von ganz anderer Bedeutung. Die «Arosa Star» mochte eben die Mitte ihres Weges nach Europa durchfahren haben, da träumte mir, ich stünde in einem Schloß auf dem Grunde des Meeres. Als wäre es Luft, atmete ich im hellen Wassergrün, das mich umgab. Vor mir stand ein Fürst in langen, seltsamen, kostbaren Kleidern, gekrönt mit einer kranzförmigen Krone aus spindelartigen Muscheln. Sein Gesicht zeigte meeresschildkrötenartige Züge, doch waren seine Augen wäßrig blau und leicht aus den Höhlen tretend. Sein Mund aber war von einer Hasenscharte entstellt. Im übrigen sah er majestätisch aus. Trotz seiner Ähnlichkeit mit einer Schildkröte dominierte seine assyrische Königskrone.

Ohne daß er hörbare Worte an mich zu richtete, war mir im Traume klar, was der Fürst von mir wollte. Er hatte mich als Künstler erkannt und gab mir den Auftrag, ihn neu einzukleiden. Ich nahm Maß für seinen Mantel und machte allerlei Vorschläge, die ihm gefielen. Sehr eindrucksvoll waren sein Gesicht und seine Haltung, die etwas ungemein Einnehmendes hatte. Wenn ich auch zu widerstreben suchte, hatte er dennoch Macht über mich. Er wollte, daß ich ihn bewundern sollte, denn er hielt sich für sehr schön und bewundernswert. Scheinbar war er sich seiner Entstellung nicht bewußt. Ja, er wollte, ich solle ihn derart bewundern, daß sein Begehren nach mir auch auf mich übersprang. Und obwohl ich es nicht wollte, ging mir der Samen ab, ohne Erektion und Lustgefühl.

Ich erwachte von Ekel erfüllt und nannte den Fürsten «Monster». Dieser Traum war dermaßen stark und beeindruckend, daß ich heute noch alles klar vor mir sehe. In der großräumigen Mensa an Bord, wo das Frühstück täglich ausgeteilt wurde, lag neben dem Eßbesteck auch eine Bordzeitung. Ein Faltblatt, witzig und unterhaltsam, Pseudoereignisse berichtend. An diesem Mor-

gen lautete die Überschrift der Titelseite: «Monster an Bord».
Dazu war als Illustration eine Zeichnung beigefügt, die genau die
Züge meiner nächtlichen Erscheinung trug. Im Text hieß es, daß
heute nacht ein Monster dem Meer entstiegen war und das Schiff
heimgesucht hatte. Ein scherzhafter Studenten-Alb: als solcher
gedacht, nicht ernst gemeint. Mir aber schien die Tatsache, daß
hier eine eindeutige Parallele zu meinem Traumerlebnis bestand,
eine Bestätigung meiner seherischen Gabe zu sein.

Zwei Tage später landeten wir in Dover, wo viele Passagiere
das Schiff verließen. Die «Arosa Star» erreichte am Tag darauf
Calais. Als die Küste Frankreichs am Horizont zu sehen war,
standen fast alle Reisenden an der Reling und blickten gespannt
auf das immer näher rückende Festland. In chaotischer Turbulenz
löste sich die Gemeinschaft der Passagiere auf. Per Eisenbahn – es
war früher Morgen – ging es nach Paris zurück, in das vermeintlich bekannte alte Paris.

Schon als ich französischen Boden betrat, empfand ich eine
seltsame Rührung. Alles um mich her erschien klein und zierlich.
Der Himmel hing niedrig wie eine Zimmerdecke über mir.
Europa erschien mir wie ein kleiner organisierter Garten, wie ein
gemusterter Teppich. Ich und die Welt, in die ich zurückgekehrt
war, hatten sich auf eine mir geheimnisvoll erscheinende Weise
verändert. Diese Perspektive änderte sich allmählich, und Amerika – besonders Los Angeles – rückte in weite Ferne.

20 — Kein Opfergang in meiner Enthaltsamkeit

Die Rückkehr war schmerzhaft und beglückend zugleich. Die
Dichte der Kultur, die Gegenwart der Jahrtausende abendländischer Kulturstätten – besonders die Kirchen – sah ich in neuer

Bedeutung. Meine Lebensführung war eine völlig andere geworden, und dies besonders durch meine absolute sexuelle Enthaltsamkeit. Ihr verdankte ich eine ungewohnte Abstinenz von jeglicher Zerstreuung. Der alte Freundeskreis in Paris sah dies mit großer Verwunderung, aber ohne Ablehnung. Im Gegenteil, Charles Shoup und Leonor Fini bestärkten mich in meinem Bemühen, dem Gelöbnis, das ich aus dem «Kalifornischen Sommer» mitgebracht hatte, treu zu bleiben.

Es folgten vier Jahre, in denen ich mein Gelöbnis, das Abraham mir nahegelegt hatte, ungebrochen erfüllte. Rückblickend kann ich sagen, daß diese Jahre die glücklichsten waren, und keine Trübung oder Traurigkeit konnte mich von meinem Zölibat abbringen. So sah ich kein Opfer in meiner Enthaltsamkeit, sondern eine Hilfe und Belohnung, denn endlich war ich imstande, das Schöne zu malen. Die Ikone der Heiligkeit.

Die Künstler, die ich vor meiner Amerikareise kannte, sah ich alle wieder. Jean Pierre Alaux gab mir in seinem geräumigen Atelier am Montmartre zuweilen Unterkunft. Auch die Hotels, in denen ich gewohnt hatte, suchte ich wieder auf: Erinnerungen an mein altes Paris. Nostalgie war es, die mich zuweilen dahin zog, wo ich im Elend gelebt hatte. Und eigentlich waren es noch immer Geri und mein Sohn, die ich da suchte, doch war mir dies nicht bewußt.

21 — Eine Farce jagte die andere

Die Galerien des Quartier Latin hatten sich allesamt einer Art Neodadaismus verschrieben; was da geboten wurde, war in meinen Augen keine Kunst. Vor allem war es die Galerie «Iris Clair», die sehr geschickt Künstler kreierte. Ihr bestes Zugpferd war Yves

Klein. Eine Mode der Kunstverneinung, die bald darauf zur «Minimal art» führte, beherrschte diesen absurden Kunstbetrieb.

Eine Farce jagte die andere, und das ging noch eine Weile so, bis «Pop-art» aus Amerika Paris eroberte. Die französische Hauptstadt verlor zusehends ihre Stellung als Mekka der bildenden Kunst – immer öfter hörte man den Ruf: «New York, das ist das neue Mekka.» Nur wenige Künstler wußten, so wie ich, daß diese Verheißung eine Irreführung war.

«Galeristen» wurden zu Kunstmachern hochstilisiert, so wie es mit Dirigenten und Regisseuren gemacht wurde. Auch Museumsdirektoren «machten» Künstler. Die Kultfigur, das große Vorbild fast aller Händler, war Leo Castelli aus New York. Er war es, der Nichtse zu Berühmtheiten machte, und das mit feinem Gespür für eine total dekadente, ungebildete Schickeria. Dieses Treiben widerte mich an. Mir war bewußt, daß meine Kunst nun erst recht nicht Eingang in die berühmten Galerien finden würde.

Eine weite Durststrecke lag vor mir, das wußte ich – und war doch nicht entmutigt. Traurig war ich allerdings über den Zustand der Kunstmetropole, die ihre Kraft verloren hatte. Natürlich gab es noch Galerien, die es sich zum Ziel gesetzt hatten, Talente zu entdecken und zu fördern, aber ihre Chancen, dem Trend zur Unkunst zu widerstehen, waren gering. Die wenigen Künstler, die ich schätzte, waren von dieser Entwicklung ebenso betroffen wie ich. Auch Leonor Fini, Max Ernst oder Victor Brauner, obwohl sie doch alle viel bekannter waren als ich. Selbst an Salvador Dalí ging diese Entwicklung nicht spurlos vorbei.

Das schwarze Paris, in dem ich nie eine Rolle spielte, war eine riesige dunkle Hinterbühne. Das war die Stadt mir immer gewesen, doch vor meiner Abreise konnte ich durch das Loch im Vorhang immerhin ein Welt-Publikum sehen. Das hatte sich nun geändert. Das Quartier Latin schien der Rive Droite ähnlicher geworden zu sein. Fast alle Cafés befanden sich in den Händen neuer Betreiber. Meine Versuche, wieder Fuß zu fassen, waren aber dennoch erfolgreich, und dies verdankte ich in erster Linie Charles Shoup und Pierre Farman; sie gaben mir Unterkunft.

Während des kurzen Aufenthalts in Paris, der – wenn ich mich recht erinnere – zwei Wochen dauerte, kam es zum Prozeß. Meine Anwältin Madame Metzger zeigte sich siegesgewiß, denn die Verhandlung fand vor dem Tribunal für kriminelle Akte statt – nicht vor dem zivilen Handelsgericht. Da die betrügerischen Kunsthändler, Madame de Meriadec und ihr Gemahl, im greisenhaften Alter waren, lispelten sie leise. Zu ihrer Verteidigung wußten sie nichts zu sagen. Sie hatten mit dem Geld, das sie für den Verkauf einiger Bilder erhalten hatten, Schulden bezahlt und gehofft, ich könne warten. Der Richter sah es als schweres Vergehen, Betrug an einem «armen» Künstler usw. Der Staatsanwalt donnerte. Die völlig in sich zusammengesunkene alte Dame wurde von Weinkrämpfen geschüttelt. Ihr «Alter» streichelte ihren Rücken und sprach geduldig tröstend auf sie ein.

Sie taten mir leid. Geld war da nicht zu holen, und der Gedanke, daß die beiden zu einer Haftstrafe, die sie wahrscheinlich nicht überlebt hätten, verurteilt würden, schien mir unerträglich grausam. Auch das Exempel einer hohen Strafe (denn diese kriminelle Ausbeutung junger Künstler, und nicht bloß der jungen, war zunehmend Praxis geworden) schien mir plötzlich meines gnadenreichen Gottes nicht geziemend. Ich durfte es nicht zu einer Verurteilung kommen lassen – meines Gottes wegen –, und so sprang ich plötzlich auf und zog meine Klage zurück, indem ich die beiden ausdrücklich pardonierte.

Doch außer mir war keiner im Saal gerührt, ganz im Gegenteil. Der Richter war vor Schreck und Zorn ganz steif und stumm. Nach einer kurzen Pause ließ er ein Donnerwetter des Zornes auf mich niederprasseln. Madame Metzger wollte mich ohrfeigen, hatte ich doch ihren Sieg zunichte gemacht. Auch würde die exemplarische Strafe für dieses Mode gewordene Vergehen nun nicht in der Presse veröffentlicht werden. Somit war ich den Künstlern, den vielen, die ähnliche Klagen eingebracht hatten, in den Rücken gefallen.

Der Richter fragte mich nochmals suggestiv, mit zum Geschrei erhobener Stimme: «Sie ziehen also wirklich Ihre Klage zurück?» Ich dachte noch einmal an die andere, ganz andere Welt, an jenen Himmel, der allein die Heimat der Erfüllung des ewigen Sehnens ist, und bejahte des Richters Frage.

Die beiden Alten konnten es nicht fassen. Sie waren so starr wie Anwalt, Richter und Staatsanwalt. Nun erhob sich ein orkanartiger Tumult. Madame Metzger sah mich an wie einen armen Trottel, schüttelte mitleidig ihren Kopf und sagte: «Was ist in Sie gefahren, sind Sie übergeschnappt?» Die beiden Alten sahen mich wie einen Engel der Erlösung an. Was war denn in mich gefahren? Ich begriff es selbst nicht. Ich wollte doch nach Wien, ich brauchte Geld. Alles mögliche, völlig Sinnlose ging mir durch den Kopf, während vielstimmig aus dem Publikum das Wort «Idiot!» mir zugeschrien wurde.

An einem der folgenden Tagen besuchte ich Madame Metzger und erhielt noch ein Kuvert mit Francs-Scheinen: Irgendwie war doch noch Geld gefunden worden. Ich entschuldigte mich bei ihr für mein Verhalten, gab auch zu bedenken, daß die Alten wohl ohnehin nichts mehr in der Tasche hatten und ihre Haft ohne Nutzen für mich gewesen wäre. Indem sie nochmals das Kuvert berührte, sagte sie sinngemäß: «Sie Idiot, ich hätte noch viel mehr Geld aufgetrieben, wenn die beiden erst verurteilt worden wären. Sie sind wie alle Künstler, Sie haben ein Herz aus Butter, und was Butter ist, werden Sie ja wissen.»

Ja, ich wußte es und senkte schuldbewußt den Kopf. Aber noch ehe ich etwas zu meiner Rechtfertigung sagen konnte, ergriff sie meine Hände, und sie sah mich liebevoll wie eine Mutter an. Ihr energisches, männliches Gesicht nahm milde, mädchenhafte Züge an, indem sie mir die Hände drückte. «Ich verstehe Sie

Eine Farce jagte die andere — 341

ja. O mein Gott, wie oft habe ich, wenn ich Angeklagte vertrat, deren einziges Vergehen in ihrer Dummheit bestand, gehofft, daß etwas ganz Absurdes, Wunderbares geschehen würde. Ja, selbst ein leichtes Erdbeben, oder so etwas, hätte ich herbeiwünscht, um zu verhindern, wie Gerechtigkeit gegen Dummheit wieder ihren letzten Sieg statuiert.»
So waren wir versöhnt. Es gelang ihr noch, einige Bilder zu requirieren – kurz: sie tat alles, um mir zu helfen, obwohl das ja gar nicht mehr ihre Aufgabe war. Der gewonnene Prozeß war verloren – und doch war nicht alles umsonst.

Kurz darauf fuhr ich nach Wien – in ein freies Wien, denn während meiner Abwesenheit hatte Österreich den Staatsvertrag unterzeichnet, und die Besatzungsmächte waren abgezogen. Ein Aufschwung folgte, der wieder einmal alles veränderte.

22 — Der göttliche Funke

Was war das für ein Wien? Die Stadt schien mir heller geworden zu sein. Eine gewisse Tristesse wie auch Nachdenklichkeit und Grübeln waren seltener geworden. Andere Cafés, andere Cliquen – Treffpunkte neuer «In»-Leute. Ähnliches wie in Paris war auch hier zu spüren. Wien hatte einen «american touch»: Die Beatniks, Freiheit, waren «lucky» und schon bis Wien vorgedrungen. Auf dem legendären «Schritt und Tritt» mußte ich erleben, daß ich ein Verräter an allem «Wirklichem», dem «So-sein-Müssen» geworden war. Ich müsse doch weiterhin Surrealist sein, sagte man mir. Ich dürfe doch keine Heiligenbilder malen. Ich sei unglaubwürdig oder zynisch. Ein Skandal, das war ich ihnen jetzt fast allen. Aber wie im Augenblick des «Pardon» im Justizpalast in Paris wußte ich, daß es der richtige Weg war – und ich war siegesgewiß.

Besonders feierlich war mir zumute, als ich die Kirche St. Thekla betrat. Hier hatte mit meiner Taufe alles begonnen, was mich wieder hierherführte. Nun wußte ich, was die «Taufe im Namen des Herrn» bedeutet.

Mein religiöses Leben schaffte mir viele Feinde, aber auch einen neuen Freundeskreis. Treffpunkt waren hauptsächlich das Café Hawelka und die Ade Bar; aber auch zu den diversen Kirchen, die ich bevorzugte, mußten meine Freunde mitgehen.

Wenn ich spät, gegen Morgen, zur Wohnung in der Johann-Strauß-Gasse ging, machte ich halt an jeder Kirche – Paulaner- oder Karlskirche, St. Thekla, um sie zu grüßen wie ein himmlisches Wesen. So verrückt war ich, daß ich die Türschnallen küßte. Mir aber kam mein Tun in keiner Weise seltsam vor. Ich war auf dem rechten Weg, ob tanzend den Boogie-Woogie, Bebop, Swing – oder betend, singend, malend, dichtend – alles war von zweifelsfreier Selbstverständlichkeit. Im Palais Angeli, Johann-Strauß-Gasse 7/9, wo ich seit meinem neunten Lebensjahr hauptsächlich zu Hause war, wohnte ich wieder mit meiner Mutter. Wie immer war sie mein Schutzengel. Auch sie verstand ihren Ernsterl nicht ganz, und konnte es nicht fassen, daß der keine Weibergeschichten mehr hatte.

Die Folgen sah sie zwar gern; meine «Weltfremdheit» hingegen bereitete ihr Sorgen. «Denn du bist zu jung, du mußt doch leben ...» Mein kleines Mansardenzimmer war die ehemalige Hauskapelle des Hofmalers Ritter von Angeli. Nach und nach wurde meiner Mutter aus den Bildern, die ich dort malte, offenbar, was Worte ihr nicht verständlich machen konnten.

Während meiner Abwesenheit war meine Großmutter Hermine Retzeg gestorben. Mein Vater kränkelte. Ich besuchte ihn fast täglich in seiner kleinen Zimmer-Küche-Wohnung und schlief auch dort, immer in der Hoffnung, daß dies seiner Lebensfreude einen Aufschwung gab. Ich ging mit ihm essen und besuchte sein

Stammcafé Weidinger. Er sah und hörte meine Art des Betens und meinte sorgenvoll, fast ängstlich, ich solle es nicht zu weit treiben, dann würde ich in Trance geraten. Er hielt dies für gefährlich. Wir hatten tiefschürfende Gespräche über den Alten und den Neuen Bund, und nach und nach fand ich einen nachdenklichen, zaghaft gläubigen Ausdruck in seinen Augen.

Eines Tages sagte er zu mir: «Du sagst, man müsse glauben, seine Fehler bereuen, um darin der Begnadigung inne zu werden. Ich aber denke mir, wenn mein Vater, der doch nur ein Mensch war, mir alle meine Fehler verziehen hat ...» (hier dachte er an seine Flucht aus der Jeshiva Schwabach) – «... wenn er, den ich so schwer enttäuscht habe, mir verziehen hat, wie könnte Gott – wenn es einen gibt – mir nicht verzeihen, wo er doch, wie du sagst, die Güte selbst ist?»

Solches und ähnliches war immer wieder der Gegenstand stundenlanger Diskussionen. Da ich meinen Vater häufig besuchte, hatte ich Gelegenheit, sein bescheidenes, diszipliniertes Leben zu beobachten. Er freute sich an den kleinen alltäglichen Genüssen. Er aß täglich im III. Bezirk in einem Wirtshaus an der Ecke Kölblgasse Rindfleisch und Spinat, trank dazu ein Viertel Oggauer Wein, war stets heiter, selten sorgenvoll.

Er war im siebenundsechzigsten Jahr, als der göttliche Funke aus seinen Augen in die meinen sprühte. Und als er sah, daß ich es bemerkt hatte, sagte er: «Gell, da schaust!» Er wußte, daß er diesen Blick hatte – übrigens ein Phänomen, das ich ähnlich in den Augen des Pianisten Engel und bei dem fast einäugigen Edward Teller, als ich ihn porträtierte, beobachtet habe. Ein seltsamer, außergewöhnlicher Funke ist es, wie ein kleiner Blitz.

Mein Aufenthalt in Wien sollte nicht lange dauern. Ich wollte so schnell wie möglich in das wahre, das wirkliche heilige Land Israel reisen. Das dafür notwendige Geld beschaffte ich mir, indem ich den inzwischen zum Modezar emporgestiegenen Fred

Adlmüller porträtierte. Um diese Zeit malte ich auch das Porträt meines Vaters – beide Bilder entstanden in der Meisterklasse meines hochverehrten Meisters Albert Paris Gütersloh.

Er war der einzige, der meine Verwandlung voll und ganz verstand. Als er 1958 meine Ausstellung in der Galerie «St. Stephan» eröffnete, hat er dafür die passenden Worte gefunden.

Mein Trieb zum rastlosen Herumzigeunern hatte sich allerdings noch nicht gelegt. Nach meiner geplanten Reise nach Jerusalem hatte ich vor, in Bethlehem das Weihnachtsfest zu feiern und anschließend in ein Kloster einzutreten, um mich von der Welt zu verabschieden. Aber meine Frau Trude und die Kinder, meine Eltern, die ich so lange vermißt hatte – wie sollte ich alle diese lieben Nächsten verlassen?

Wo war der richtige Weg? Zweifel kamen über mich, die durch meine Hawelka- und Ade-Bar-Runde noch verstärkt wurden. Eine Generation jüngerer Künstler sah in mir den Guru; in ganz ähnlicher Weise, wie ich es in Kalifornien erlebt hatte. Von mir, dem älteren, erfahreneren, bekannten Künstler, erwarteten die jungen Hilfe. Robert Klemmer, Dieter Schwertberger, Raimund Ferra, Helmut Kiess und viele andere sahen sich in Bedrängnis, denn der Neodadaismus, Tachismus, die ganze «gegenstandslose» amerikahörige Betriebsamkeit, die sich im Wiener Künstlermilieu breitmachte, waren für sie eine Existenzbedrohung. Und so wurden die ehemals humorvollen Happenings immer mehr zum Selbstzweck.

So sah ich mich gezwungen, eine Gegenbewegung zu gründen, um dem talentlosen Rabaukentum, das sein menschenverachtendes Gift verspritzte, die Stirn zu bieten. So wurde ich in kürzester Zeit zur Symbolfigur des Widerstandes. In der Akademie standen damals schon viele der jüngeren Künstler im Solde der Gemeinde Wien, das war als Künstlerhilfe gedacht. Sie hatten die Keramikmosaike herzustellen, die das Mauerwerk zwischen den Fensterreihen oder über den Eingängen der Gemeindebauten verzierten. Meinem Rat, sich dem «l'art pour l'art» zu verschreiben, wollte kaum einer folgen.

Die jungen Künstler sahen keine Zukunft mehr für die phantastische Kunst in Wien, denn die Wiener Schule des Phantastischen Realismus hatte kein Forum, keine Galerie – es gab ja auch kaum Galerien. Außer der Galerie Würthle in der Weihburggasse und der Galerie «St. Stephan» (einer Hochburg der Abstrakten) gab es kaum eine Gelegenheit, seine Werke auszustellen. Also sahen alle jungen Phantasten in mir den Retter, der eine Galerie zu gründen hatte. Es war gewissermaßen meine Pflicht.

23 — Dem Sog des Wiener Sumpfes entgehen

Ich aber wollte mich all diesen Bedrängnissen nicht stellen, denn auch ich begann mutlos zu werden. So wurde auch meine nächste Reise eine Flucht. Ich wollte dem Sog des Wiener Sumpfes und allen seinen immer heftiger werdenden Grabenkämpfen entgehen. Diesen Aspekt meiner fluchtartigen Abreise aus Wien sah ich damals kaum oder gar nicht, denn es war ja schon in Kalifornien mein inniger Wunsch gewesen, das wahre heilige Land zu sehen. Ich erwartete Wunderdinge, die meiner neuen Lebensform weit mehr entsprachen als das ewig alte Wien mit seinen neidischen Nörglern, die griesgrämig in ihren Kaffeelöchern saßen und je nach Cliquenzugehörigkeit Lob spendeten, um als eine Lokalgröße zu glänzen. «Da ist der allerärmste Mann dem anderen viel zu reich ...» – so hatte hundert Jahre vorher Ferdinand Raimund ein Lied davon singen können.

Die Wiener Krankheiten: Neid und Bosheit. Nirgendwo, in keiner Stadt der Welt, habe ich da, wo das Künstlervolk sich traf, soviel Eifersucht, Haß und Neid angetroffen wie in der Wiener Bohème. Was das anging, war vor allem Kalifornien geradezu ein Paradies. Andererseits war der Wiener Boden natürlich eine besondere Art von Humus, auf dem Begabungen in einer Dichte hervorsprossen, wie sie anderswo nicht zu finden ist.

In Wien mußte man Gruppen bilden – ja, solche Ballungen entstanden wie von selbst. Die Gruppe der Wiener Schule der Phantastischen Realisten war homogen geblieben, sah es aber nicht gern, als sich eine zweite Welle bemerkbar machte, die an unser Ufer strebte. Denn es waren viele, die uns folgen wollten.

Vor allem «Maître Leherb» (Helmut Leherbauer) stach hervor und machte von sich reden, indem er stets auf seiner behandschuhten Linken eine ausgestopfte Taube und eine weiße Maus spazierenführte. Er hatte einen guten Sinn für jenes Klappern, von dem man sagt, es gehöre zum Handwerk.

Andere wieder, wie Ernst Steiner, waren stille Gesellen, die mit Fleiß und Hingabe ihr edles Handwerk erwarben. So wie Karl Korab waren sie – was die altmeisterliche Technik betraf – meine Schüler. Kurt Regscheck gelangte sehr bald zur Beherrschung dieser Technik. Fast alle Künstler der «zweiten Welle» waren sehr begabt. So wie ich waren sie entschiedene Gegner des Neodadaismus, der sich immer mehr breitmachte und vor allem die Zerstörungswut kultivierte. Den meisten dieser «Kunstvernichter» war nicht bewußt, daß Selbsthaß sie antrieb – denn sie dachten, daß ihr Tun nur dann als Kunst gelten konnte, wenn der Künstlerbegriff selbst als Entartung klassifiziert wurde. Dahinter steckten auch ein bodenloser Puritanismus und ein abstruses Geschichtsverständnis.

Als ich den Modezar Adlmüller malte, kam es während der Sitzungen oft zu Gesprächen, die das Wesen der Kirche im allgemeinen betrafen. Zu meiner großen Überraschung entpuppte sich Adlmüller als praktizierender Katholik, und als ich ihn eines Tages in der Deutsch-Ordenskirche auf der Kärntnerstraße sah –

kniend vor dem Altar, und dann auch eine Kerze anzündend – sprach ich ihn verwundert an, um zu hören, daß er dies täglich tat. Tägliche Andacht vor dem Tabernakel, das hätte ich ihm nicht zugetraut. Seine Frömmigkeit schien mir volkstümlich, schlicht, simpel im Glauben an den lieben Gott verankert. Vertrauensvoll wie ein Kind sprach er zu mir vom unaussprechlichen Ewigen, Ungeschaffenen.

Darin sah ich ein Wort des Erlösers bestätigt: «Wenn ihr nicht werdet wie die Kinder, könnt ihr nicht in das Reich Gottes gelangen.» Sein Umgang mit dem lieben Gott hatte etwas Selbstverständliches. Nie werde ich vergessen, mit welcher Sicherheit er die Einfachheit seines Glaubens mit mir besprach. Wie reimte ein Leben und Wirken wie das seine sich zum Katechismus? Nur er, der Erlöser, weiß es.

Adlmüllers Porträt wurde übrigens sehr schön und ähnlich – es gefiel ihm; besonders der Brille, die seinen Blick vergrößerte, und des eleganten Bärtchens wegen. Auch war ihm das Motiv im Hintergrund recht: Jesus und ein Apostel sahen aus einem Fenster am Ende des Innenraumes, wo ich den Auftraggeber mit einer phantastischen Modepuppe malte. In die Ferne malte ich vage den Atombombenpilz – harmlos anzusehen. Adlmüller nickte ergeben, denn er hörte meine apokalyptischen Reden, furchtsam lauschend wie ein Kind, dem man schaurige Märchen erzählt.

24 — Die Reise in das «wahre» heilige Land

Fred Adlmüller wußte, daß er mir mit der Bezahlung seines Porträts die Reise nach Israel finanzierte.

So machte ich mich denn 1957 auf in das «wahre» heilige Land. Erste Station des Schiffes war Brindisi. Doch kam das Schiff, wenn ich mich recht erinnere, aus Genua. Mein Ziel war aber Brindisi, denn es lag dieser Hafen nahe bei San Giovanni Rolando; dort hoffte ich, den legendären Padre Pio zu besuchen. Padre Pio, ein stigmatisierter Franziskanermönch und -priester, hatte einen sagenhaften Ruf als Wundertäter. Ich dachte, ich könnte seinen Rat für mein zukünftiges Leben einholen.

Die Kirche, in der der Padre jeden Morgen sehr früh die heilige Messe las, war von einem schreienden Heer Hilfe suchender Menschen belagert, so daß man die Tür nicht sehen konnte. Die vielen Menschen belagerten den Eingang, von geradezu kriegslüsterner Aggression getrieben. Sie stießen einander brutal zur Seite, jeder wollte der erste sein, jeder wollte dem Mönch so nahe wie möglich kommen und seine Hände und Füße berühren, die bandagiert waren, und von dem – wie ich wenig später bemerken konnte – ein stark wahrnehmbarer Blutgeruch ausging. Von einem Fliegenschwarm war er förmlich eingehüllt. Die Insekten hatten es auf seine Finger, die aus den Ärmeln der Kutte ragten, und auf seinen Kopf abgesehen. Padre Pio war ständig damit beschäftigt, das summende Heer des Beelzebubs zu verscheuchen. Doch all das bekam ich erst zu sehen, als ich die Kirche als einer der letzten betrat. Zunächst hatten alle Wartenden wie eine Lawine den Kirchenraum geradezu verschüttet, sich aber dann respektvoll verteilt. Und als alles geordnet schien, trat ich, ohne auf irgendeinen Widerstand zu stoßen, an die rechte Seite der hölzernen Stufen des Altars und kniete nieder. So sah ich Padre Pio aus nächster Nähe.

Er sah robust und energisch aus. Sein Blick auf die Menge war stoisch, geprägt vom Erdulden gewohnter körperlicher Schmerzen. Seine Haut war glatt. Er machte einen vitalen, sehr gesunden Eindruck. Er trug keinerlei Leiden zur Schau, obwohl er jeden Schritt mit Vorsicht setzte, denn offensichtlich bereitete ihm das Gehen die größten Schmerzen. In manchen Momenten hatte ich den Eindruck, er wolle sich einer Last entledigen, und diese Last war die Neugier der Meute, die ihn belagerte. So ging ein gelassenes Erdulden von ihm aus, und ich empfand es als eine verhohlene Zurechtweisung – dies war wohl der Grund, warum der lärmende Haufen jäh verstummte und eine Ordnung in das Chaos der Versammlung einbrach, gleich einem donnernden Ruf: «Besinnt euch, es ist der Erlöser, dem wir dienen.»

So begann die heilige Messe. Er zelebrierte rasch, verharrte zwischen den Handlungen der Wandlung in stummer Versenkung, als wäre er allein mit seinem Gott. Wenn er sich dem Volk zuwandte, war sein Gesicht undurchdringlich, so daß ich es nicht zu deuten wußte. Es war sein Gesicht der Spiegel eines Rätsels, das er selbst nicht enträtseln konnte. Nach der heiligen Messe verschwand er in einem Nebenraum links vom Altar, um dort die Beichte zu hören. Es hieß, er verstünde alle Sprachen. Ich mußte nicht lange warten. Als ich an der Reihe war, kniete ich im Beichtstuhl nieder und berichtete von meiner Bekehrung. Ich bat um Rat für meinen weiteren Lebensweg. Seine Antwort vor der Lossprechung gab er nicht in Worten, sondern auf telepathische Weise: Wer sagte mir, ich solle nicht furchtsam sein? Dies war eine Botschaft wie: «Gehe hin – alles okay.»

Erleichtert, gestärkt und frohen Herzens schiffte ich mich ein. Die Fahrt nach Haifa auf dem überfüllten Schiff, das in den Balken krachte, war ein Alptraum. Mein Lagerplatz war an Deck, die Nacht kalt, das Essen schmeckte nach Petroleum. Der griechische alte Kasten wälzte sich durch die Wogen, als wär's die letzte seiner Fahrten.

Endlich betrat ich Israel, das mit Überraschungen aller Art gepflastert war. Mich erstaunte das laute, weltliche Getue. Ohne jede Ehrfurcht betraten die Passagiere den heiligen Boden. Alles drängte ins Freie – so, als ginge es darum, so schnell als möglich einen Platz auf der Wiese zu ergattern. Noch ehe wir an Land gingen, war eine Militäreskorte an Bord gegangen, um die Passagierliste zu prüfen.

Kaum waren wir auf dem Festland, begann eine sorgfältige Prüfung der Reisedokumente. Formulare waren auszufüllen, vor allem was den Zweck der Reise, die Dauer des Aufenthalts und die Angabe der Wohnadresse in Israel betraf. Als der Emigrationsoffizier meine Begründung des Reiseziels las, runzelte er die Stirn. Er sagte bloß: «Bethlehem?! Haben Sie ein Visum für Jordanien?» Ich hatte keines und auch keine Ahnung, daß es eines solchen bedurfte. Ich wollte es nicht wahrhaben, daß ich Weihnachten nicht in der Geburtsgrotte feiern würde, und war zuversichtlich, daß es mir schon gelingen könnte, eine Sondererlaubnis für das Überschreiten der Demarkationslinie am Mandelbaum-Gate zu erlangen. Zunächst wohnte ich in Jerusalem bei den Eltern von Mati Klarwein.

Nachdem ich zwei Wochen bei ihm gewohnt, gemalt, gebetet und gesungen hatte, ging ihm mein närrisches Getue auf die Nerven. Das merkte ich und sah mich nach einer anderen Bleibe um. Zunächst nahm mich das Schottische Hospiz auf, und als Weihnachten immer näher rückte, klapperte ich die Kirchen und Klöster ab. Doch alle diese Stätten waren mit Pilgern überfüllt, die sich alle nötigen Papiere schon in ihren Pfarren daheim besorgt hatten. Da hörte ich, daß viele Israelis zur Christmette bei den Benediktinern in der Kirche am Zionsberg gingen, denn es hieß, daß dort die Gesänge der Liturgie am eindrucksvollsten waren. Diese Nachricht klang gut in meinen Ohren.

Die große stattliche Kirche auf dem Zionsberg hatte ich schon vom Schottenstift aus bewundernd betrachtet. Nachdem ich als Pilger ohne Papiere am Mandelbaum-Gate abgewiesen worden war, war ich entschlossen, die Weihnachtsmesse auf dem Zionsberg zu feiern. Ein überwältigender Anblick bot sich mir, als ich gegen Mitternacht die Kirche betrat. Hunderte junger Israelis warteten schweigend und ehrfurchtsvoll auf den Beginn der heiligen Handlung und der liturgischen Gesänge. Sie, die doch nach weltlichem Verständnis «gar nicht dazugehörten», waren ehrfürchtige und andächtige Zeugen der Geburtstagsfeier meines Erlösers.

Es war ein unbeschreiblich ergreifendes Erlebnis, dies zu sehen; und es bestärkte mich in dem Glauben, daß es keine nennenswerte Unterschiede gab: Juden waren Christen und Christen Juden. Daß ihnen ihre Zusammengehörigkeit verborgen blieb, hatte ja schon Paulus im Römerbrief festgestellt. So kamen nach und nach der verborgene Sinn und das verhüllte Ziel meiner Pilgerfahrt zutage. Vier Monate eines wunderbaren Lebens im Heiligen Land sollten folgen.

Bereits wenige Tage nach meiner Ankunft in Paris hatte ich eine Vorstellung besucht, bei der das Nationaltheater aus Tel Aviv eine Gastvorstellung gab: «Der gute Mensch von Sezuan» von Bertolt Brecht in hebräischer Sprache.

Diese Laute, die wohlgeordneten Endungen hatten mich sehr beeindruckt, obwohl ich kein Wort verstand. Das also war das Hebräische – die heilige Sprache. Die Schauspieler hatten alle die Nase der Maria Prophetissa, alias Wolfgang Amadé Mozart, im Gesicht. Ihre Bewegungen waren plump und doch wieder flink, typisch für rundliche, kurzbeinige Menschen. Sie trugen kegelförmige Kopfbedeckungen, die strohgeflochtene chinesische Bauernhüte darstellen sollten. Die Optik dieses Theaterabends hatte mich völlig verwirrt – wie auch jetzt mein Eindruck vom Leben und Treiben des Gottesvolkes in Verwirrung unterging.

Meinem Aussehen nach konnte man mich für einen Juden halten; für einen verrückten allerdings. Zwar trug ich Bart, wie für Orthodoxe vorgeschrieben, aber keinen breitkrempigen Hut, ja, nicht einmal ein Käppchen, wie es katholische Bischöfe und Kardinäle tragen. Kurz, ich war den Frommen ein Fremdling, ein Verrückter.

Doch ich trieb mich überall herum – ja, wirklich überall. Besonders das Ghetto zog mich magisch an. Dort, bei den Ultraorthodoxen sah ich jene andere Welt, die weit zurück über unsere

Zeitrechnung in jene Dimensionen wies, in die zurückzuschauen eine urromantische Weltanschauung voraussetzt. Überall sah ich das «Es-war-einmal».

Einige Male wurde ich – um die notwendige Zahl der zehn Frommen voll zu machen – um die Zeit des Morgengebetes ins Ghetto geholt, in eine der vielen Schulen (so nennen die Frommen ihre Synagogen oder Gebetsräume) eingeladen, in den Singsang der Betenden einzustimmen. Ein Gebetbuch wurde mir in die Hand gedrückt, und ich tat, so wie ich es bei den eingeweihten «Frommen» sah: ich neigte mich vor und zurück, im Rhythmus mit den Betenden, und vollführte jene Schaukelbewegung, die so typisch ist für die Begleiterscheinung des jüdischen Gebetsritus. Daß ich nicht lesen konnte und die Gebete unverständlich sprach, fiel den anderen in ihrem Eifer gar nicht auf. Mir schien auch, daß die meisten Betenden dem Sinn der Worte keine Aufmerksamkeit schenkten. Das rhythmische, nickende Schaukeln – ein Sich-in-Trance-Versetzen – war das Wesentliche. Sie folgten einem uralten Gebot.

Ich begriff, daß die meisten mit ihrem Tun etwas Uraltes bewahrten, dessen Sinn sie zwar fühlten, aber nicht verstanden. Diese Orthodoxie war Treue zum Brauchtum, Gehorsam gegenüber der rituellen Tradition. Der Sinn des Gottesdienstes schien mir im Bewahren der Überlieferung zu liegen. Ihr ganzes Leben, jede Situation, war geprägt vom treuen Glauben an die überlieferten Formen – und deren gab es sehr viele, auch sehr verschiedene. Ein Heer von Sekten war es eigentlich, das die verschiedenen Viertel des großen Ghettos bewohnte. Ich war Zeuge und Beobachter ihrer Feste, der Hochzeiten, Tänze, ihrer Art der Trauer und ihrer Fröhlichkeit.

Sie sahen sich als das wahre oder verborgene Israel; der Staat dieses Namens aber war nicht ihre Heimat. Diese war nach wie vor in der «Zerstreuung». Der Messias war für sie noch nicht erschienen.

Mit demselben Eifer besuchte ich die verschiedenen Sekten und ihre geistigen Führer. Immer stärker wurde mein Wunsch, die Erfahrungen des «Kalifornischen Sommers» in historischer Verbindlichkeit zu erhellen. Ich wollte herausfinden, ob das, was mir widerfahren war, als bekanntes Phänomen galt. Ich betrieb meine Erkundigungen und Bemühungen mit immer stärker werdendem Wissensdrang. So kamen mir viele Nachrichten zu Ohren, zahlreiche Bücher in die Hände. Ich las und forschte unentwegt. Und das tue ich noch immer.

Die unmittelbare Folge meines Besuches der Christmette aber war, daß ich im Kloster Dormitio bei Abt Leo, dem Hirten, der die kleine Schar der Benediktiner am Berg Zion in strenger Zucht und Ordnung führte, vorsprach. Ich bat um Aufnahme in die Gemeinde der Mönche. Abt Leo von Lindloff war eine hoheitsvolle Erscheinung. Hoch gewachsen, von aristokratischer Eleganz – der Stil seines pastoralen Wirkens dagegen war einfach, schlicht und folgte streng den Regeln des Ordensgründers Sankt Benedikt.

Eigenwillen duldete er nicht, «aus der Reihe tanzen» ebensowenig. Jedes kleine Zeichen für solche Nachlässigkeit wurde bestraft. Kam ein Mönch zu spät zum Essen, wurde er gemäß den Ordensregeln zurechtgewiesen. Dieser Abt war die Pünktlichkeit und Nüchternheit in Person. Im Refektorium saß er aufrecht hinter seinem Tisch, auf einem etwas erhöhten Stuhl, der Zuspätkommende hatte sofort, vor ihm kniend, stumm seine Reue zu bekunden, wurde aber dann mit einer Geste des «Erhebe dich!» entlassen. Die Miene seines Gesichtes war stets freundlich, ja, heiter – alles «lief wie am Schnürchen». Eine andere Bühne war das, ein völlig anderes Leben.

Ich empfand es als eine beruhigende Wohltat, daß Leo von Lindloff mich in die Gemeinschaft als Gast aufnahm. Kam ich zu spät, was sehr oft geschah, war ich von Reuebezeugungen ausgenommen, denn meine Stellung war die des Gastes, ich hatte keinen Gehorsam gelobt. Und dennoch, als er bemerkte, daß ich fastete, verbot er mir dies mit dem Hinweis, daß jeder, der tue, was er wolle, dem Weg des geringsten Widerstandes folge und jener Aufforderung Jesu, sich selbst zu verleugnen, um dem Herrn folgen zu können, zuwiderhandle.

Ich sah es ein und aß. Während des Essens hatte jeden Tag ein anderer Bruder als Vorleser Dienst. In jenen Tagen meines ersten Aufenthaltes in diesem Kloster wurden die Bücher des jüdischen Geschichtsschreibers Flavius Josephus vorgelesen. Ohne jede Hebung oder Senkung der Stimme wurde vorgetragen, so als ob es ein liturgischer Text wäre. Diese Vortragsweise, die das Verlesene ohne jede Emotion zu Gehör brachte, bewirkte eine erhöhte Aufmerksamkeit, die durch die Monotonie der Stimme geradezu hypnotisch eindringlich wurde. An diesem kleinen Detail, das die Bedeutung der Selbstverleugnung widerspiegelt, lernte ich mit Freuden den tiefen Sinn der Unterwerfung kennen.

Kein aufgeblasenes Pathos, keine sentimentale Betonung oder Rührseligkeit war hier zu bemerken. Aber alles, was im Rahmen des «ora et labora» (dem Motto des Ordens) stand, hatte seinen Platz. Als Gegenleistung für meine Unterbringung im Hause des heiligen Benedikt offerierte ich meine Dienste als Restaurator und Maler. Dieses Angebot nahm der Abt mit Freuden an, denn der Befreiungskrieg von 1948 hatte dem Haus schwere Schäden zugefügt.

Die Mauern waren von Granatenexplosionen und Einschlägen aller Art zernarbt. Soldaten hatten den heiligen Bildern die Augen ausgekratzt und unflätige Worte in die Fresken geritzt. All das galt es zu beheben, die Wunden zu schließen, und so machte ich mich mit großem Fleiß an die Arbeit. Als «Zelle» wurde mir das sehr geräumige Turmzimmer zugewiesen. Es lag hoch über dem Kirchenbau, und aus den lukenartigen Fenstern konnte ich die Neustadt bis weit an den Horizont überblicken. Damals lag das

Kloster auf dem Zionsberg in einer Art Niemandsland und war nur durch einen geschützten Laufgraben zu erreichen. Einsam lag es da, für Touristen beinahe unerreichbar, wie überhaupt Jerusalem noch einen fast dörflichen Charakter hatte. Die ruhige Lebensform der klösterlichen Gemeinschaft tat seine Wirkung. Ich kam, trotz meiner forschenden Umtriebigkeit, zur Ruhe und regelmäßigen Arbeit. Die Brüder stammten fast ausschließlich aus Deutschland oder deutschsprachigen Ländern. Das Gebäude selbst war eine Stiftung des deutschen Kaisers Wilhelm II., der auf seiner Reise durch das Heilige Land dem Orden diesen Sitz schenkte. Das Gotteshaus sowie das Kloster waren im Beuroner Jugendstil kunstvoll nach den alten Regeln der Steinbehauung ausgeführt. In allen Bauformen war dieses Juwel wie eine Illustration aus meinem *Missale Romanum* anzusehen. Ich hatte meine geistige Heimat gefunden, und über Jahrzehnte sollte ich immer wieder für längere Zeit meinen Geist darin erfrischen und hier meine Bleibe finden. In diesem Kloster entstand eine Reihe kleinformatiger Bilder, die ich auf Sperrholztäfelchen malte.

Noch ehe ich Wien verließ, hatte ich ein kleines Täfelchen – «Moses vor dem brennenden Dornbusch» – begonnen. Um die ersten Lasuren, die ich bereits aufgetragen hatte, meiner bevorstehenden Abreise wegen rascher zum Trocknen zu bringen, tat ich das Bild ins Backrohr. Diese Prozedur aber tat dem Bilde nicht gut. Der Grund war abgeplatzt.

Lob oder Tadel waren nicht gerade die Ausdrucksformen des Abtes. Seine fröhlich-elegante Beschwingtheit ignorierte ein stetes Streben nach Vollendung im Gehorsam, aber ich merkte, daß er meine Kunst sehr schätzte, und er ließ mich gewähren, obwohl die Sujets im Rahmen der gewohnten Heiligenbilder fremdartig wirkten. Abt Leo hatte einen ausgeprägten Sinn für Ethik im Sinne schlichter Nüchternheit. Für «moderne Kunst» hatte er sich offensichtlich nie sonderlich interessiert. Sein Urteil in solchen

Belangen war also von allen diesbezüglichen Theorien unbeeinflußt. So überraschte es ihn nicht wenig, daß ich in einem «schwarzen Brief» als Freimaurer und Satanist verunglimpft wurde. Der Verfasser dieses Briefes, ein Pfarrer, wurde vom Abt nicht ernst genommen. Er sah die verrückten Unterstellungen mitleidig lächelnd an. Da in diesem «schwarzen Brief» Kardinal König, ja selbst der Papst des antichristlichen Wirkens bezichtigt wurden, war er sicher, daß es sich um einen Verrückten, einen gefährlichen Eiferer handeln müsse. Wie recht der Abt mit seiner Warnung vor fanatischen Eiferern hatte, stellte sich bald heraus. Die drei Altarbilder, die ich nach meiner Rückkehr aus Israel für die Pfarrkirche Hetzendorf in dreijähriger Arbeit gemalt hatte, wurden von einem irregeleiteten Fanatiker zerstört.

Abt Leo sah wohl mein aufrichtiges Bemühen, mich in die Gemeinschaft der Mönche einzufügen. Meinen Wunsch aber, dem Kloster als Oblate (Laienbruder ohne Gelübde) anzugehören, wollte er nicht erfüllen. Er meinte: «Füchslein, Sie müssen zurück in die Welt, zu ihren vier Kindern. Sie müssen ihnen ein Vater sein, für sie sorgen, wie es sich gehört, denn das ist etwas, von dem ich Sie nicht entbinden kann. Denn ich müßte als Ihr Abt in all diesen Belangen an Ihre Stelle treten, alle von Ihnen Abhängigen versorgen, und das könnte ich aus moralischen und finanziellen Gründen nicht erfüllen.»

Über diese Nachricht war ich traurig, sah aber ein, daß Abt Leo ganz und gar recht hatte. Ich mußte zurück «in die Welt», die so gar nicht die meine zu sein schien.

Die wenigen Monate, die mir noch verblieben, um die klösterliche Ordnung in mich aufzunehmen, wollte ich nach besten Kräften nützen, indem ich dem Kloster für das Refektorium ein riesiges Abendmahl-Bild und ein Kreuz schenkte. Das Kreuz konnte ich noch während dieses Aufenthalts vollenden. Das «Abendmahl» blieb als Fragment zurück.

Die Reise in das «wahre» heilige Land

Obwohl ich fleißiger denn je zuvor war, gelang es mir nicht, alle im Kloster begonnenen Bilder dort auch fertigzustellen. Lediglich «Moses vor dem brennenden Dornbusch», «Der Eremit», «Der Auferstandene», den ich aus Kalifornien mitgebracht hatte, «Der Engel über den Toten» und «Der Engel mit einem Kinde in der Wüste spielend» wurden im Kloster vollendet. Eine Pietà und ein kleines Täfelchen mit der Darstellung des heiligen Michael nahm ich unvollendet mit nach Wien, um sie daselbst oder in Paris fertigzustellen.

Das riesige «Abendmahl» ließ ich als Magnet zurück – es sollte mich viele Male zurück ins Heilige Land, zu meinen Klosterbrüdern ziehen. Wie in jeder Gemeinschaft findet man auch im Kloster, wo all die Formen weltlicher Kumpanei verpönt, ja, verboten sind, verwandte Seelen – einen besten Freund. Am Zionsberg war dieser Freund ein uralter Beuroner Mönch, der keine priesterliche Weihe empfangen hatte: Bruder Kolumbian. Nie wieder sollte ich einem frommeren Menschen begegnen. In allem sah er die Güte Gottes und Seinen weisen Rat. Er sprach mir oft von der Seligkeit, die uns erwartet, wenn wir endlich Einlaß in sein Reich finden sollen. Er war dessen so gewiß, daß jedes seiner Worte in mir eine tiefe Erschütterung hervorrief.

Er hatte keine priesterliche Würde und Aufgabe erstrebt, weil er überzeugt war, für solch ein hohes und verantwortungsvolles Amt nicht zu taugen, da er viel zu gering sei, um solchen hohen Anforderungen zu entsprechen. Seine Arbeit als Schreiner des Klosters nahm er so ernst, als wäre es eine Art Priestertum. In seiner Werkstatt arbeitete er trotz seines hohen Alters jeden Tag fleißig an Täfelungen, Ausbesserungen oder Neuanfertigungen. So hat er das Kreuz über dem Abt-Sitz gezimmert («Das hält ewig, so Gott will», sagte er), doch was ich darauf malte, konnte er kaum noch erkennen. Ständig rieb er sich die erblindenden Augen. Mit seinen knochigen, abgearbeiteten Händen versuchte er die nahende Blindheit zu vertreiben.

Im Hof des Klosters befand sich ein kleiner Gemüsegarten. Hier wuchsen Tomaten, Melonen, Stangenbohnen, alle Arten von Kraut und Salat. Aber auch die Saat des Menschen war da zu finden. Die Gräber der Brüder, die hier gedient hatten und die im Garten ihre Bleibe bis zur Auferstehung fanden. Wenn die Brüder dort hantierten und rund um die Gräber das Gemüse pflegten, gab ihnen dies die Gewißheit des Verweilens im Schoße des Klosters für alle Zeit und Ewigkeit, bis die Posaune zum Jüngsten Gericht rief.

Abt Leo nahm mich auf eine Reise nach Galiläa mit. Es galt, dort ansässige Drusen zu besuchen. Diese hatten von früher her alte Verträge mit dem Kloster. Dem Christentum standen sie sehr nahe. So wurde auch der Abt wie ein Papst empfangen. Wir reisten an einem stark verregneten Tag. Wir übernachteten in einem geräumigen Beduinenzelt, in feuchte Decken gehüllt. Nachdem wir Kaffee getrunken und das übliche, zahlreiche Heer der Töpfchen und Näpfchen, in denen stark gewürzte Leckereien angerichtet waren, frequentiert hatten, legten wir uns zum Schlafen auf den mit zahlreichen Teppichen belegten Boden. Ich gedachte der Jahrtausende, die dahingegangen waren und in denen solche Gepflogenheiten unverändert geblieben waren. Selbst in diesen alltäglichen Handlungen schimmerte eine heilige Liturgie durch das Gewebe des Banalen. Das Ritual der Gastfreundschaft wurde zelebriert.

Gesetze der Reihenfolge sah ich da erfüllt; eins nach dem anderen. Der Besuch des Abtes Leo wurde als große Ehre angesehen und gefeiert. Am Morgen sah ich das feuchte, dampfende, von unzähligen Steinen übersäte Hochland. Und ich sah, wie die schwarz vermummten Gestalten aus ihren Zelthöhlen krochen und sich in den Morgennebel entfernten. Es regnete noch immer, als wir schon nahe dem Berg Tabor waren. Ich fühlte das Einerlei des Beduinenlebens, als wär's das meine. Gern hätte ich ihre geheimen Gesänge gehört, aus ihren Büchern etwas erfahren, denn die Religion der Drusen hatte mit dem Islam wenig zu tun. Jedoch erhielt ich ausweichende Antworten, wenn ich danach fragte. Sie wüßten nicht, wo die geheimen Bücher seien. «Die Gesangbücher wollen Sie sehen? Die sind in einem anderen Dorf, nur die Ältesten können sie lesen», sagten sie. Offenbar kannten jene Drusen, bei denen wir zu Gast waren, und die Beduinen waren, ihre Religionsbücher nicht; auch schien ihnen der Umstand, daß sie in den Händen der Alten waren, schon ein wesentlicher Teil ihrer Religion zu sein. Das Wissen, daß es ein Geheimnis gab, machte sie nicht (so wie mich) neugierig. Ihnen verschaffte es vielmehr Genugtuung und Ruhe.

Regentage in Israel können einen schrecklich trostlosen, feucht-kalten Frust erzeugen. In meinem Turmzimmer im Kloster Dormitio sorgte ein kleiner tragbarer Petroleumofen für etwas Wärme. Jedoch half das wenig: Ich bekam an den Fingern schmerzende Frostbeulen. Sie brannten, juckten und näßten. Das Malen ging langsamer voran. Ich machte meine Besuche: Abraham Flusser, der Religionswissenschafter, Verfasser von Büchern über Jesus und die Apokalypsen, der meine Bilder über alles schätzte, und Martin Buber.

25 — Jeckes und Höllenhunde

Da ich mir seine Adresse verschafft hatte, ging ich zu seiner Wohnung in einem alten Haus im deutschen Viertel, klopfte an – Buber selbst öffnete die Tür und fragte nach meinem Begehr. Ich wollte wissen, was er über Jesus dachte. Er sah ein wenig verstört und sehr alt aus. Nachdem ich Platz genommen hatte, hörte er aufmerksam meine Geschichte. In seinen Augen, das fühlte ich, war ich ein sehr junger Mann, ja, fast noch ein Kind. Er sagte nicht viel.

Ein Mann in seinem Alter, in seinem hohen Wissensstand des Spezialisten, sah in mir wohl einen dümmlichen Forscher ohne Methode, also auch keinen ernst zu nehmenden Gesprächspartner. Ich war überrascht von seiner trockenen akademischen Art. Hatte er doch die Thora übersetzt: in ein ausdrucksvolles, nach neuesten etymologischen Erkenntnissen geformtes Deutsch.

Bubers Wesen war mir verschlossen. Er gab mir zu verstehen, daß ich wohl nie ein akzeptabler Exeget sein könnte – zu sehr neigte ich dem Ahnen zu, nicht dem Lernen. Obwohl ich viele Bücher las, waren es die Ahnungen, die zwischen den Zeilen sichtbar wurden, welche mir die Einsicht verschafften.

Flusser hingegen war gesprächig, er teilte mir seine Ansicht mit, daß sehr bald im jüdischen traditionellen Denken über Jesus eine positive Wendung eintreten würde. Ich hatte den Eindruck, daß er – ähnlich wie Werfel – die Jesuanische Botschaft angenommen hatte. Gershom Scholem, den ich wegen seiner kabbalistischen und semantischen Studien gern kennengelernt hätte, schien sich in einem hohen, festungsartigen Turm als ein unerreichbarer Chacham (Weiser) mit seinen Geheimnissen verborgen zu halten. Niemand konnte mir sagen, wie er zu erreichen war. Und so ging es mir auch mit seinen Büchern. Jedenfalls fand ich unter den intellektuellen Juden ein Jesusverständnis, das sich von dem des Rabbinertums durch große Offenheit unterschied, und das paßte genau zu dem Eindruck, den ich von den hundert Zuhörern der Christmette in der Dormitio-Kirche gehabt hatte.

In Jerusalem lebten damals einige deutschsprachige – «Jeckes» genannte – Künstler und Literaten, die allesamt großes Heimweh hatten und den Tag ihrer Rückkehr nach Wien oder sonstwohin herbeisehnten. Es waren sehr viele von ihnen seit 1933 nach Israel geflüchtet. Allen, die für Amerika oder England kein Visum erlangen konnten, den Armen also, und solchen, die keine wohlhabende Verwandtschaft in diesen Zonen hatten, blieben nur zwei Orte: Palästina und Shanghai.

Doch diese alten «Kaffeehausjuden» fanden sich nicht zurecht im gelobten Land ihrer Zuflucht. Sie sprachen mit starkem deutschen oder Wiener Akzent, bildeten Zirkel, kleine Gemeinden, trafen sich – wie sie es von zu Hause gewohnt waren – in den Cafés, so daß an fast jedem Tisch Deutsch oder Wienerisch gesprochen wurde. So lernte ich einige bedeutende Künstler jener Zwischenkriegsgeneration kennen, die beklagenswerter Weise in Vergessenheit geraten sind.

Vor allem ist Anna Tycho zu nennen, eine Wiener Künstlerin, die schon Jahre vor der Judenverfolgung nach Palästina emigriert war. Ihr Mann, Dr. Tycho, war ein berühmter Augenarzt, der in Palästina eine Augenklinik gegründet hatte, denn im Nahen Osten sah man auf Schritt und Tritt blinde Menschen. Kinder vor allem waren es, die bettelnd an den Straßenecken standen, aber auch Greise. Sie alle hatten eine von Fliegen verursachte Blindheit zu erleiden, gegen die Tycho mit großem Erfolg zu Felde zog. Tycho wurde in Jerusalem wie ein Heiliger verehrt; er behandelte jedermann, ohne zu fragen – weder Geld noch Herkunft waren für ihn von Bedeutung; außerdem war damals keine Feindschaft zwischen Juden und Arabern zu bemerken. Es war da ein friedliches Zusammenleben, ruhig und provinziell. Selbst die orthodoxen Juden machten sich noch nicht bemerkbar, indem sie mit Steinewerfen die Sabbatruhe schützten.

Doch die Ruhe sollte nicht lange währen. Die Altstadt war noch nicht erobert, und ich kannte sie nur aus den romantischen Erzählungen und Zeichnungen von Anna Tycho. Anna liebte meine Zeichnungen und Bilder. Wenn ich mich recht erinnere, verdanke ich ihr, daß ich eine Ausstellung meiner in Jerusalem gemalten Bilder in «The Artist's House» nahe der Montessori-Siedlung veranstalten durfte. Diese Ausstellung war stark besucht, ein Ereignis, das mir viele Freunde und lange währende Freundschaften brachte.

Eines Abends, da die Künstler aus Jerusalem sich dort versammelten, lernte ich Marc Chagall kennen, der dort eine Rede auf

Jiddisch hielt. Es ging etwas sehr Witziges von ihm aus, als er da gestikulierend das reine Jiddisch sprach, das in meinen Ohren auch heute noch sehr scherzhaft klingt.

Ossip Klarwein hatte mich gleich zu Anfang meines Aufenthaltes in seinem Haus auf einen jüdischen Maler aus Riga aufmerksam gemacht: Max Busin. Er sprach ein reines Deutsch und malte in der Mischtechnik. Seit vielen Jahren war er darin sehr erfahren. Seinen Lebensunterhalt verdiente er, indem er als Restaurator des Bezalel-Museums arbeitete. Er zeigte mir mit Stolz einen kleinen gotischen Flügelaltar und lobte die deutsche Kunst – um im selben Atemzug ganz Israel und seine miserablen Maler zu verdammen.

Er wollte weg. Er hatte keinerlei Beziehung zu diesem Land und bewohnte ein halbverfallenes arabisches Haus in derselben Straße wie Klarwein. Eines Tages mußte ich, als ich ihn besuchte, aufs Klo. Dort stellte ich mit Entsetzen fest, daß als Klopapier eine Bibel diente. Sie hing an einer Schnur an der Wand und war schon auf die Hälfte ihres Umfangs reduziert.

Ohne Max Busin ein Wort zu sagen, nahm ich sie an mich und bestattete sie in einer rostigen Öltonne auf dem griechischen Friedhof, nahe der Dormitio-Kirche. Dieser Friedhof befand sich zum Teil im Niemandsland und war mit Stacheldraht gesichert. Alles ringsum sah nach Krieg aus, war zerschossen. Dort lag sie nun bestattet, meine geliebte, mißbrauchte Bibel. Und Jahre danach, wenn immer ich das Kloster besuchte, sah ich nach ihr, bis endlich – nach dem Sechstagekrieg – das Niemandsland samt Altstadt erobert war und rasch restauriert wurde.

Die Spuren des «Befreiungskrieges» waren übrigens überall zu sehen. So war zum Beispiel der Turm über dem Kirchenraum des Dormitio-Klosters stets mit Soldaten besetzt. Sie hockten in den mit Sandsäcken verschanzten Luken rings um den Turm hinter ihren Maschinengewehren. Der jordanische Feind saß unter den Zinnen der Altstadtmauer. Zuweilen wurde auf alles geschossen, was sich bewegte. Ich benutzte diesen mit Blech und Steinen gepflasterten Graben fast jeden Tag, und das mit der gebotenen Vorsicht. Auch waren überall Warntafeln angebracht, die auf den kriegsmäßigen Zustand und die Lage des Zionsberges aufmerksam machten. Den orthodoxen Juden galt und gilt dieser Berg als heilig, denn der Legende nach befindet sich Davids Grab darin. Eine uralte Synagoge, deren Fundamente aus herodianischer Zeit stammen, wurde von den besonders frommen Juden als Heiligtum gehütet. Sehr oft, ja, fast täglich, besuchte ich diesen winzigen Raum, in dem ein aus Kalkstein gemauerter Sarkophag stand. Man hatte ihn mit bestickten Tüchern bedeckt und zum Altar umfunktioniert. Auf diesem Sarkophag standen eine große Zahl großer und kleinerer Thorarollen in ihren kunstvoll aus Silber getriebenen Mänteln.

Diese alte Synagoge befand sich genau unterhalb des Abendmahl-Saales, welcher aus der Zeit der ersten Kreuzzüge stammt. In den Wänden dieses Saales waren unzählige Inschriften deutscher und fränkischer Ritter und Pilger eingegraben. Es ist ja gut möglich, und für mich stand es schon zur Zeit meines ersten Besuches fest, daß hier die alte Davidsstadt war und daß später das Quartier der Essener hier seinen Platz fand.

Unter den Fundamenten des Klosters Dormitio fand man schon während der Erbauung Reste altjüdischer und frühchristlicher Grundmauerreste, die das hohe, biblische Alter dieser Siedlung bezeugten. Während ich am «Abendmahl» malte, war dies meine Andachtsstätte. Ich stellte mir Jesus im Kreise seiner Apostel genau da vor, wo ich das große Bild zu malen begonnen hatte.

Damals lag alles noch in beschaulichem Frieden, obwohl von überall das Feuer der Scharfschützen drohte. So wurde auf einmal, so stand es in der «Jerusalem Post», ein amerikanischer Tourist von den jordanischen Scharfschützen erschossen. Er hatte, um die alte Stadtmauer zu betrachten, den Laufgraben verlassen. Sonst aber war alles ruhig.

Mir war es mein kleines Paradies – das wahre heilige Land. Es war mir eine Ehre, die Bilder des Klosters zu restaurieren, und jedes damit zusammenhängende Ereignis schien mir gottgesandt. So lebte ich mit den Mönchen und nahm ganz und gar Teil an ihrem beschwerlichen Leben. Denn diese «Festung» wollte gehalten werden. Eine Heizung gab es nicht – das Petroleum für den Herd der Küche und für die Öfen mußte auf dem Rücken den ziemlich hohen Berg hinaufgetragen werden. Die Brüder, deren Dienst es gerade war, den lebenswichtigen Brennstoff herbeizuschaffen, schnauften nicht wenig und mußten oft länger rasten, bis sie endlich das Kloster erreichten.

Einen Souvenirladen für die Pilger gab es damals auch nicht; das Kloster hatte fast keine Einkünfte. Entbehrungen – alle und alles betreffend – waren an der Tagesordnung. Auch das Wasser, ob zum Trinken oder Waschen, mußte – mittels eines Kübels, der an einem langen Strick befestigt war – aus der Tiefe der Zisterne geholt werden. Bad, Dusche, Waschmaschine – alles, was heute auch dort eine Selbstverständlichkeit ist, gab es nicht. Der Gemüsegarten, an der Rückseite des Klosters gelegen, war mit allerlei aus der deutschen Küche bekannten Pflanzen dicht besät. Zwischen Kraut und Kohlköpfen lagen die Gräber der hier verstorbenen Mönche. Bruder Kolumbian beäugte sie sehnsuchtsvoll, indem er des öfteren unter Seufzen sagte: «Hier will ich liegen und auf den Jüngsten Tag warten.» Er ahnte nicht, daß die Erfüllung dieses frommen Wunsches ihm nicht zuteil werden sollte.

Woher nahm ich die Zeit, all das zu bewältigen, zu erfahren, zu gestalten? Es muß doch alles sehr hastig, ja, hektisch zugegangen sein. Meine Erinnerungen zeigen mir aber ein friedliches Leben – einen reichen Bilderbogen des Geborgenseins. Der damals gehegte Wunsch, Mönch zu werden, so absurd er mir auch heute erscheinen mag, hat mich nie wirklich verlassen. Oft lagen Jahre zwischen meinen Aufenthalten in «meinem» Kloster, aber immer sah ich es als meine eigentliche geheime Wohnstatt an. Es war auch das stets zu vollendende, damals begonnene «Abendmahl»-Gemälde ein willkommener Grund, dahin zurückzukehren, um einige Wochen daran zu malen – und sei es für ewige Zeiten. So ist bis heute das Kloster Dormitio auf dem Zionsberg mein Magnetberg; die Nadel meines Kompaß weist stets dahin. Wenn immer Zeit und Geld, diese leidigen Vaganten des Daseins, es möglich machten, habe ich mein Kloster besucht und meine Erholung gefunden. Abt Leo von Lindloff und die Äbte, die ihm folgten, haben mich immer mit offenen Armen aufgenommen. Von großer Bedeutung für mich war und ist die Bibliothek des Klosters, denn in ihr fand ich bemerkenswerte Bücher – solche, wie sie gewiß in keinem anderen Tresor des Wissens und der Erbauung zu finden sind. Das erste dieser Bücher, das mich sehr beeindruckt hat, war das in Amerika gedruckte Werk eines gewissen Helfenstein, das von einem Salamander handelt. Abt Leo schenkte es mir, und zuweilen nehme ich es zur Hand, um darin lesend jene seltsame, geheimnisvolle Erlebnissphäre meines ersten Aufenthaltes auf Dormitio in Erinnerung zu bringen. Auch gibt dieses Büchlein Aufschluß über die besondere Art des amerikanischen romantischen Mystizismus, den ich – wie schon beschrieben – in Kalifornien erlebt hatte.

Spätere Aufenthalte spielten mir noch andere Bücher zu, so als ob ein unsichtbarer Bibliothekar sie mir zur Lesung empfohlen und in die Hand gedrückt hätte. Ich denke da zum Beispiel an die Erinnerungen der Katharina Emmerich, von Clemens von Brentano aufgezeichnet. Es berührte mich die helle Frömmigkeit, die kindliche Sprache. Dieses Lektüreerlebnis ging Hand in Hand mit der Bekanntschaft einer ziemlich betagten, aber noch sehr rüstigen Dame, die jeden Tag das Kloster besuchte.

In stiller Andacht versunken, saß sie in dem kalten, menschenleeren Rund der Kirche. Eines Tages sprach ich sie an, sie war bekehrte Jüdin des Namens Bath Abraham Esther. In ihrem Wesen meinte ich Katharina Emmerichs Reinkarnation zu begegnen.

Esthers Frömmigkeit hatte etwas Archaisches, ihr Charisma war außergewöhnlich stark, es teilte sich wortlos mit, erhob sich über alle Zeiten und Geschehnisse. Stets hatte ich das Gefühl, daß diese Tochter Abrahams einer Berufung folgte, die im besonderen Maße einmalig war. Nie sprach sie über die Umstände ihrer Bekehrung. Eine Scheu, sie danach zu fragen, hinderte mich daran. Still und fast unbemerkt verschwand sie auch wieder. Bath Abraham Esther ist mir bei meinem nächsten Aufenthalt im Kloster nie wieder begegnet. Als ich einen der Mönche nach ihr fragte, hieß es «Ach die, die Verschrobene.» Niemand konnte mir sagen, was aus ihr geworden war. So lebt sie in meiner Erinnerung als ein legendäres Wesen, ähnlich dem Grafen von Saint-Germain.

Noch eine Person ist mir seit meinem ersten Aufenthalt im Kloster in bester Erinnerung. Eine deutsche Jüdin. Sie unterhielt ein Pflegeheim für ausgesetzte streunende und kranke Hunde. Dieses Tierheim lag unterhalb der Brücke, die über das Hinnonstal zum Zionsberg führte. Das Gekläffe Hunderter Hunde erfüllte das Tal, man konnte es bis hinauf in die Montessori-Stiftung hören. Ein wahrhaft höllischer Lärm. Wie konnte sich ein Mensch in diesem Lärm mit einer solchen selbstgewählten Beschäftigung das Leben zur Hölle machen?

Mähnen ihrer grauen Haare standen wie spitze Strahlen um den Kopf der Wärterin. Hellblaue, fast weiße Augen strahlten aus ihrem Gesicht. Sie hatte einen irren und doch nicht verwirrten Blick. Im Gegenteil, der Ausdruck ihrer Augen zeugte von Geistesschärfe und brachte wortlos ein «Halt, bleib wo du bist!» hervor. Ihr Blick war eine Parole. Wohl war sie das Produkt eines unbeschreiblichen Martyriums, denn die alte Dame wurde von allen Bewohnern der Gegend beschimpft, bekämpft, verlacht, verspottet. Kurz, niemand konnte ihr Tun verstehen, denn es war offensichtlich eine Regung unbegreiflichen Mitleids, die ihr diesen Weg ins selbstgewählte Elend gewiesen hatte. Sie war die Hundemutter von Jerusalem.

Auch sie besuchte ich, wenn immer sie sich blicken ließ, und bezeugte ihr meine Anteilnahme. Nach einigen Besuchen würdigte sie mich einiger Worte; mürrisch geworden, sprach sie diese mit einem harten, norddeutschen Klang. Stets verteidigte sie ihr Tun. Meine Deutung ihres Berufes wagte ich ihr nicht mitzuteilen. Wie denn auch hätte ich einen Erzengel darauf aufmerksam machen dürfen, daß er ein Wesen der göttlichen Gattung «Engel» sei? Auch diese Symbolfigur verschwand samt seiner Institution, und niemand wußte, wo denn nun zwischen dem Höllenlärm der Hunde und der Himmelstür des Klosters Dormitio die Demarkationslinie verlief.

Jerusalem wurde immer weltlicher – so wie ich. Es verlor seinen symbolartigen Charakter. Mein Lebensweg war dem der Entwicklung dieses Gemeinwesens zu einer modernen Stadt in einer modernen Welt nicht ganz unähnlich. Um zu sehen, was aus mir geworden war, brauchte ich nur eine Reise dorthin zu tun, wo mein Weg zum Christentum seinen Anfang genommen hatte.

26 — Ein ganz vernünftiger Weg in die Zukunft

Die kalten, regnerischen Wintermonate gingen zu Ende; die Sonne brach ganz plötzlich hervor, gewann Kraft und erwärmte das erkaltete Gemäuer. Allgemein hieß es, daß dieser Winter ein besonders kalter gewesen sei – gekrönt von einem Schneesturm, der die lieblichen Zypressen spaltete und ihr Gezweig zur Erde brach. Ein unerwarteter Anblick war es, als ich von meinem Turmgemach in die tief verschneite Bergwelt Judäas sah. Wirklich europäisch-winterlich bot sich die Landschaft dar, als wären deutsche Weihnachtstage über Jerusalem hereingebrochen. Nun aber, da die Sonne ihre Kraft zeigte, wurde alles rundum in jenen Bilderbuch-Orient verwandelt.

Frühling im Heiligen Land: Wiesen grünten im hellen Gold, mit vielerlei Blumen besät. In einem Gewölbe an der Ben Jehuda-Road kaufte ich Barockkreide und Zinkweiß, um das «Abendmahl», für das ich schon einige Skizzen angefertigt hatte, ins Werk zu setzen. Bruder Kolumbian zimmerte einen festen Rahmen und verleimte und dübelte darauf einige Faserplatten, die ich mit Leinwand überzog. Dann grundierte ich diese und stellte einen Malgrund her, der für «die Ewigkeit» haltbar gemacht wurde. Von den Brüdern und Abt Leo beäugt, die mein Tun ein wenig übertrieben fanden, begann ich ohne Vorzeichnung große Pinsel schwingend mein größtes Bild. Es sollte noch vor meiner Abreise in der Komposition fertig sein, mein Wiederkommen aber erfordern. Denn es war mir und allen anderen klar, daß dieses riesige Ding im Laufe der nächsten Monate nicht vollendet werden konnte. Es war dies Bild ein Versprechen wiederzukommen. Ich dachte mir, an dieser heiligen Stätte sollte ein Meisterwerk von meiner Hand seine Bleibe finden.

Dieser mein erster Aufenthalt in Israel hatte einen so nachhaltigen Eindruck auf mich gemacht, daß es schon damals für mich feststand: Dieses Kloster wird für immer deine Zuflucht sein. Denn alles, was ich in diesen Monaten erlebt hatte, prägte sich mir auf unvergeßliche Weise ein.

Der unaussprechliche Gott, der mich lebendig gemacht hatte – durch die Mitteilung seines unbegreiflichen Seins hatte er mir einen Weg gewiesen. Mein ungestümes Herz war ruhiger geworden. Abt Leo hatte mir in seiner nüchternen Art freundlich und bestimmt einen ganz vernünftigen Weg in die Zukunft gewiesen: Zurück nach Wien – Ordnung schaffen, um frei zu sein, guten Gewissens auf dem Weg zu Gott.

Als ich eines Nachts, von Zweifeln gequält, mich im Bett aufrichtete, um zu beten, fühlte ich einen furiosen, bösen Geist durch meine Zelle fliegen; im Bruchteil einer Sekunde schlug er mit einem Boliden auf meine Schneidezähne ein. Mit einem kurzen, harten Knall entlud sich seine Kraft im Augenblick, da er meine Zähne erreicht hatte. Ich fühlte eine Auswirkung dieses Schlages, obwohl er meine Zähne eigentlich nicht berührt hatte. In dieser Zeit auf Zion hatte das Böse überhaupt keine Macht über mich. Die Gewißheit, daß ich auf dem rechten Weg war, beglückte mich ungemein.

Unter den Künstlern, die ich in Jerusalem kennenlernte, ist einer mir besonders im Gedächtnis geblieben: Aschheim, ein betagter Expressionist. Seine Prophetenköpfe und die mystischen, rasch hingeworfenen Zeichnungen beeindruckten mich sehr. In den folgenden Jahren war es mir auch möglich, einige der nach Israel geflohenen jüdischen Künstler kennenzulernen.

Bei meinem nächsten Besuch in Israel war mein Freund Erich Brauer mit von der Partie. Somit waren zwei ehemalige Ottakringer Gassenbuben in das Heilige Land «eingedrungen». Brauer, der Sportler, im Freundeskreis auch «Singerl» genannt, regte mich zu Erkundungsreisen an. So meinte er, wir sollten doch den Spuren des Propheten Elias folgen und das Karmelgebirge zu Fuß durchwandern. Ich nahm die Aufforderung an, und wir waren einige Tage im unwegsamen Hochland unterwegs. Drusen weideten im Dornengestrüpp ihre Schafherden. Nachts schliefen wir im dornenbewehrten Schutzwallgestrüpp der Schafherden. Ich fror jämmerlich. Der Gedanke, daß der Prophet Elias ebensolche Pein zu erdulden gehabt hatte, ließ mich das alles ertragen. Doch ich war der Stubenhocker, Brauer der flinke Leichtfuß, dem Beschwernisse dieser Art eher eine willkommene Freude bereiteten. Eines späten Abends, als wir von einer unserer Exkursionen auf dem Zionsberg angelangt waren, sangen wir unsere Gebete. Sie waren weithin hörbar und übertönten sogar das Gekläff der zahllosen Hunde, das uns als «Echo» aus dem Hundespital im Hinnonstal entgegenschlug.

Jerusalem lag dunkel zu unseren Füßen. Nur wenige Lichter glommen in den Häusern der Neustadt. Weiß-grell leuchtend flammte das Licht an der Pforte des Hundespitals auf. Der Erzengel, der die Grenze zwischen dem heiligen Berg und dem Hinnonstal bewachte, hatte uns gehört. Solch eine Begebenheit mag bezeichnend sein für unser religiös-romantisches Verhältnis zum Heiligen Land. Wenn wir auch, gerade was mein extrem katholisch geführtes Leben betraf, oft verschiedener Meinung waren – die Liebe zu diesem Land und seiner Geschichte verband uns. Mir wollte scheinen, daß unsere Begegnung in Israel ein Siegel der Freundschaft war. Dies Zusammentreffen zweier Jugendfreunde im Heiligen Land war keine vorübergehende Schwärmerei.

Es hatte weder politische Gründe noch irgendeinen anderen Sinn. Es bedeutete für uns beide etwas Mystisches: Wir hatten Sehnsucht nach dem Ursprung. Auf ganz verschiedene Weise wollten wir unseren geschichtlichen «Anfang» kennenlernen. Daß wir diesen Ursprung im jüdischen, väterlichen Teil unserer Herkunft sahen, mag auch ein Grund dafür sein, daß wir – wie viele andere Schicksalsgenossen – das «Halbjude-Sein-Müssen» und die damit verbundenen Diskriminierungen als eine Art Auszeichnung empfunden hatten. Dieses erste Entdecken Israels (und für mich im besonderen Jerusalems) verschaffte uns eine gewisse Genugtuung – auch Belohnung. Diese «Landnahme» war eine Wiedergutmachung. Im Lande der Juden zu sein, schien uns als die Erfüllung unzähliger Sehnsüchte nach Heimat und auch ein Zeichen, daß Gott sein Volk im Lande der Verheißung versammeln wollte.

Gewiß, all dies entbehrt nicht der Romantik – doch, wie anfangs des Buches meiner Erinnerungen schon erwähnt: Religion ist romantisch, was die Überlieferung betrifft. Immer stehen am Anfang der heiligen Bücher Erinnerungen an ein Paradies, in das kein Weg zurückführt, daher das schmachtende Verlangen dieses Heimkehren-Wollens zu Gott, dem Vater. Die Romantik will's:

die Funken des verlorenen Paradieses blinken auf, da, wo du sie nicht vermutest. Da standen sie noch an allen Ecken in den schattigen Gassen und boten ihre Speisen an – die Falafel-Araber. In den geöffneten Hälften der arabischen Fladenbrote wurden allerlei würzige Salate und Speisen eingefüllt, und während des Gehens aß es jedermann.

Dieser Straßenhandel verband alle Volksschichten, gleich welcher Religion oder Weltanschauung. Mir schien es wie ein Märchen. Diese Menschen wurden transparente, weitgespannte Seile einer ungezählten Traditionskette. Wasserträger, Eseltreiber – die Zeit stand still, auch wenn es immer häufiger im Lärm der Motoren unterging. Noch war es da. Jerusalem – Tel Aviv: wie oft bin ich dieser (damals noch krummen) Autostraße, Staubwolken aufwirbelnd, gefolgt? Die Reisenden sprachen Hewrith (Neuhebräisch), der deutsche Akzent herrschte vor.

Kibbuz-Ordnung, Arbeitspflicht und Freunde – in der neuen alten Heimat. Eine Stimmung aber war dominant: Der Glaube an das Wunder, die Auferstehung Israels. Die Generation jener Teenager – die ersten im Lande geborenen Israeli – nannte man stolz «Sabre» (die süße stachelige Frucht des «Ohrwaschl-Kaktus»). Die «Sabres» waren ganz andere Menschen: selbstbewußt – und für europäische Begriffe ungehobelt. Aus den Erzählungen ihrer Eltern wußten fast alle um die qualvollen Hintergründe ihrer Herkunft. Doch ein neues, unbefangenes Beginnen war ihr Lebensmotto.

Diese allgemeine Stimmung schätzte ich, sie war dem neuen Kapitel in meinem Lebensbuch sehr verwandt. Max Busin mit seiner Sehnsucht nach Europa – besonders nach dem Wiener Kaffeehaus – war in der jungen «Sabre»-Generation unbekannt.

In den Ghettos war die Stimmung anders. Hier durfte man das Jiddische leben, unbekümmert viele Kinder kriegen und lernen, lernen, lernen. Synagogen – neue, alte, restaurierte – begannen die Stadt zu erobern (die zweite und dritte Reise nach Israel sollte dies beweisen). In den engen Gassen des Ghettos ist es zu verwirrenden Szenen gekommen. Da ich weder Hut noch Mütze trug, mein Haupthaar aber schon über die Schulter wallte, sah ich mit meinem ungestutzten Bart wie ein junger Rabbi aus. Allein der Umstand, daß ich keine Kopfbedeckung trug, verwirrte die frommen Juden. Was ist denn das für einer? Manche auch fragten, warum ich ohne Kopfbedeckung ging. Bald standen sie gruppenbildend und miteinander sich besprechend beisammen und sahen neugierig und verstohlen zu mir herüber. In Wien hatte man mich als Reserve-Christus aus Oberammergau bezeichnet.

In Israel galt ich als eine Art Wunder-Rabbi. Die Mütter brachten mir ihre Kleinsten, daß ich sie heilen solle: «Segne Rabbi, segne! Der heißt Benjamin, der heißt Ruben.» Was hätte ich tun sollen – davonlaufen? Segnen ist doch keine Sünde, dachte ich mir. Was soll ich lange erklären, daß ich ein Gojim, ein Christ bin? Sie hätten es ohnehin nicht geglaubt. Zu dieser Zeit gab es noch keine Hippies; auch sah man mir – so nehme ich an – meine fanatische Religiosität an.

Nach einer solchen Begebenheit erstand ich eine «Palmach»-Mütze, wie ich sie heute noch trage. Alle Kibbuzim trugen diese Mütze – wie ein Standeszeichen. Es gehörte zum alltäglichen Erscheinungsbild junger Israelis; es war eine Kopfbedeckung, die den Religiösen wie den Nichtreligiösen genehm war. Die Palmach-Mütze stammte aus den britischen Militärbeständen, hatte eine olivgrüne Farbe und war aus Wolle. Da es nun heiß wurde, bot sie auch Schutz gegen die Sonne.

27 — Neomi ist sehr schön, sie wird die Mutter deiner Kinder sein

Von meinem Freunde Erich («Arik») Brauer wurde ich gefragt, ob er heiraten solle, denn er hatte seine Neomi gefunden, liebte sie, aber der Vater wollte keinerlei Beziehung ohne Eheschließung dulden. Meine Meinung war: «Heirate! Denn Neomi ist sehr schön, sehr brav und wird die Mutter deiner Kinder sein.» Brauer hörte meine prophetischen Worte, die ich keineswegs scherzhaft, wenn auch heiter, sprach, zunächst mit Skepsis. Aber ich wußte, die Heirat stand bevor, und sprach ihm Mut zu.

In der Situation, in der wir uns befanden, nämlich Habenichtse zu sein, war dieser Zuspruch gewiß nicht ausschließlich vernünftig. Aber ich hatte ein gutes Gefühl, wenn ich die beiden sah.

Neomi lud mich ein, ihren Vater zu besuchen. Der alte Sachowie – ein Jude aus dem Jemen, der schon in den achtziger Jahren des neunzehnten Jahrhunderts nach Palästina gekommen war – wurde im Jemenitenviertel von Tel Aviv als legendäre Gestalt verehrt. In seiner Jugend war er Postkutscher gewesen, und stolz erzählte er, daß er Theodor Herzl höchstpersönlich das ganze heilige Land Ereg Israel gezeigt hätte. Dann habe Herzl den Auftrag gegeben, daß die Juden der ganzen Welt hierher zurückkommen sollten, so wie er, der alte Sachowie, es getan hatte. Der alte Sachowic war sehr fromm – so wie es den jemenitischen Juden eigen ist: Sie beten singend, fröhlich, unisono. Sie sprechen das Hebräische ganz anders als die europäischen Einwanderer. In ihrer Traditionsgebundenheit findet man nichts vom geduckten, versteckten Jude-Sein – kein Stigma der Vertreibung ist zu bemerken.

Auch Neomis Vater hielt mich übrigens für einen frommen jungen Rabbi. Daß ich, so wie sein Schwiegersohn in spe, ein «Zajar» (Maler) war, störte ihn nicht. Die Malerei war ein edles

Handwerk wie das eines Juweliers oder Teppichhändlers. Sänger, Instrumentalisten, vor allem Trommler standen in hohem Ansehen. In den Augen von Neomis Vater gab es keinen Widerspruch zwischen dem Künstlertum und der jüdisch-orthodoxen Frömmigkeit. Daß der Anwärter auf die geliebte Neomi aus Europa, aus der «Vina Stadt» kam, war schon eine gewaltige Empfehlung. Zu Besuch in Israel sein, so ein Luxus – das versprach doch eine gesunde Basis. Wir unterhielten uns in einem Gemisch aus Englisch und Deutsch-Jiddisch über den Arik. Ich pries seine Zukunft als Künstler und als Ehemann. Und da es Gott so wollte, sollte ich recht behalten.

Diese denkwürdige Hochzeit fand am 1. April 1957 statt. Sachowie gab seinen Segen zu einer jemenitischen Feier, wie sie typischer nicht sein konnte: fröhlich, ausgelassen. Meine ehrenvolle Aufgabe als Trauzeuge bestand darin, daß ich mit drei männlichen Verwandten Neomis den Talit (Gebetsschal) über den Köpfen des Brautpaars halten durfte. Die kleine Synagoge war zum Bersten voll, die Bewohner des ganzen Viertels waren auf den Beinen. Es tobte eine jemenitische Hochzeit in aller Würde. Neomis Mutter, eine sehr ernste, stille Frau, hatte Unmengen an orientalischen Spezialitäten zubereitet und sah im stillen Stolz dem Treiben zu. Sie saß an der Seite ihres «Alten», streichelte seine Hände, während er lachte und sang – mit starker, hoher Stimme. Seine lange Nase krümmte sich mächtig über einem stattlichen weißen Schnauzbart, während sein Barthaar gestutzt war. Sein Blick aus tiefen braunen Augen vermittelte eine zufriedene Gewißheit.

Bis zu diesem festlichen Höhepunkt unseres Wurzelsuchens mußten Erich und gelegentlich auch ich als Besucher in einem Verschlag unter der Treppe des Sachowieschen Hauses schlafen. Dieses fensterlose Gemach war gerade so groß wie ein Bett. Nach Brauers Hochzeit mit Neomi durfte ich in einem Gästezimmer des geräumigen Hauses schlafen. Als Aufpasser war ich nicht mehr vonnöten.

Naomi ist sehr schön, sie wird die Mutter deiner Kinder sein — 375

Allen Vorsichtsmaßnahmen der Frömmigkeit zum Trotz und geradezu provoziert durch diese, war das Leben im Verein mit der jemenitischen «Jüdischkeit» immer festlich heiter. Ja, dieser erste Besuch des Heiligen Landes hatte sehr viele, sehr verschiedene Aspekte – und so sollte es auch weiterhin, von Mal zu Mal, jedem Besuch der Wurzeln eigen sein. Im Rückblick besehen scheint es mir wieder einmal unbegreiflich zu sein, daß all das Beschriebene so wie vieles andere sich in der kurzen Zeitspanne von vier Monaten ereignet haben soll.

Auch die Spannungen und Gegensätze, die mir heute unvereinbar scheinen, waren damals nicht gravierend. So konnte ich bei den Meisels vorbeischauen, Apfelstrudel und Kaffee genießen – Frau Meisel führte eine typische Wiener Küche –, um wenig später im Ghetto die Kinder zu segnen und mit den Mönchen um Mitternacht die Psalmen zu beten. Alle diese Aspekte, bis hin zum Besuch der koptischen und armenischen Heiligtümer – alles wurde zum Bild der geistigen Herkunft meiner selbst und meiner Kunst.

Nur der Ewige, der mir erschienen war, gab als Scheitelpunkt jenseits dieser bewußten Welt dem Ganzen einen Sinn. Er war und blieb der Nordstern meiner Orientierung im Getriebe dieser rätselhaften, wunderbar phantastischen Welt.

Die Zeit der Abreise kam – das Osterfest. Ein Jahr lag seit meiner «Bekehrung» zurück. War es wirklich schon so lange Zeit, daß ich über alle «Versuchungen» erhaben war, ein neues Leben lebte – eines, das ich vorher nie gekannt hatte? Eine Sphäre steten Wandels, in der die Klagemauer als ewig gleiches Zeichen eines ewig alten, immerwährenden, gleichen Seins alles überdauert. An den heiligen Stätten, wie die Grabeskirche eine ist, ist das Unwandelbare zu Hause.

FÜNFTER TEIL

1 — Ihnen war ein Surrealist, ein Meister des Grauens verlorengegangen

Israel hatte mir auch, was meine Heimatstadt Wien anbelangte, neue Perspektiven eröffnet. Was ich früher wenig beachtet hatte, tauchte zentral in meinem Blickfeld auf. Vor allem waren dies die neogotischen Kirchen, denn ich fühlte zu den Malern der Nazarener-Bewegung eine tiefgreifende Affinität. Die ungeheure Vielfalt der Neo-Ausdrucksformen, sei es Gotik, Renaissance oder klassisch Griechisches, beeindruckten mich sehr und schienen mir eine Eigenart Wiens zu sein.

Da ich meine Palmach-Mütze trug, konnte ich nun ungehindert als «Inder» alle Lokale besuchen. Manchmal wurde ich vom Personal in englischer Sprache nach meinen Wünschen gefragt: «What can I bring you, Sir?» – «An großen Braunen», diese Antwort, wie jede andere im Wiener Dialekt hingeworfene Phrase verwirrte die Bedienten nicht wenig. Aber im großen und ganzen – im wahrsten Sinne dieser Floskel – ging ich mit Riesenschritten auf die Anerkennung zu.

Meine Phantastik-Jünger, mein Bibelkreis im Hawelka nahmen mit großem Staunen meine Heiligenbilder zur Kenntnis. Nicht alle akzeptierten indes das Fehlen des «Schrecklichen». Ihnen war ein Surrealist, ein Meister des Grauens verlorengegangen. Ihr Anliegen war nicht das Heilige, das Schöne, das makellos Reine. Von Träumen heimgesucht, in Keuschheit lebend, erschien ich den meisten als ein vom heiligen Wahn besessener Irrer.

Jenen aber, die meine Sehnsucht teilten, wurde ich ein Stein des Anstoßes. In diesem Punkte fanden auch meine Eltern Anlaß zum Kopfschütteln. Besonders mein Vater versuchte, meine Aufmerksamkeit auf die Annehmlichkeiten des Künstlerlebens zu lenken: Wie schön doch diese oder jene meiner Kolleginnen anläßlich des Modellsitzens für das Porträt, das ich von ihm in der Akademie malte, aussah! Er schüttelte bedenklich den Kopf, sah mich forschend an und sagte: «Die Kiki Kogelnik hat doch wirklich einmalig schöne Brüste.» Die Frage, ob mir das völlig gleichgültig wäre, schwang in der Frage mit, und ich fühlte ein ungläubiges Unverständnis darin verborgen, das ich – eingehüllt in einen göttlichen Schutzmantel der Gnade – von mir wies. Hatte ich anfangs noch – in Amerika, in den ersten Monaten der Enthaltsamkeit – Gefühle der Versuchung wahrgenommen, so schwanden diese Momente mehr und mehr aus meinem Leben.

Ohne es zu bemerken, hatte ich die Bühne des Lebens betreten, indem ich das Beispiel, die Rolle des Narren spielte. Meine Rolle war der Narr; und das Merkmal des wahren Narren ist, daß er nicht weiß, daß er ein Narr ist.

In der Folge jedoch bekam ich meinen ersten Auftrag von der Kirche. Die Neugestaltung der Rosenkranzkirche in Wien – Hetzendorf wurde als revolutionärer Akt gefeiert. Die Kirche, ursprünglich im Rosenkreuz-Jugendstil ausgestattet, wurde leergefegt. Die reine Form der Räume wurde zelebriert. Mit dieser «Philosophie» hatte ich mich nie identifizieren können. Zur Einsendung von Entwürfen für drei großformatige Altarbilder wurden von Monsignore Mauer unter anderen Rainer, Lehmden und ich eingeladen. Diese Entwürfe, auf die ich viel Zeit und Mühe verwendet hatte, wurden mit jenen von Rainer und Lehmden für kurze Zeit in der Galerie St. Stephan ausgestellt.

Der erste Preis und der damit verbundene Auftrag gingen an mich. Ich sah ein Zeichen des Himmels in diesem meinem ersten Kirchenauftrag und machte mich euphorisch an die Ausführung eines gigantischen Plans. Drei Bilder sollten es werden. Jedes drei mal drei Meter groß und in der Technik der mittelalterlichen

Buchmalerei miniaturistisch und doch gigantisch ausgeführt. Jede der drei Malflächen bestand aus zwölf Pergamenthäuten vom Schaf. Diese großen Flächen, die durch das Zusammennähen der Pergamente entstanden, stellte der Chefrestaurateur der Nationalbibliothek in Wien, Herr Wachter, für mich her. Von ihm erhielt ich auch Hinweise die Maltechnik betreffend. Er zeigte mir, wie Blattgold auf der Schafshaut aufzutragen sei, und begleitete meine Arbeit mit großer Anteilnahme und Unterstützung. Das erste der drei Bilder, «Die Glorie des Rosenkranzes», begann ich auf spektakuläre Weise in der Akademie der Bildenden Künste, in der Freskoklasse von Professor Albert Paris Gütersloh.

Hier versammelten sich meine «Jünger», meine Freunde. Täglich kamen sie, um den Fortschritt der Arbeit zu beobachten. Bucki Salem (die Rotblonde, allseits beliebte) spielte auf der Gitarre Spirituals und sang dazu. Ich spielte Blues auf einem Kornett.

Padhi Frieberger trommelte auf Stühlen und Kisten – es war eine Stimmung, als würde Tag für Tag ein Atelierfest gefeiert. Ernst Bruzek, Cordula Loibl, Leonore Vogler, allen voran aber Gütersloh selbst zählten zu den täglichen Gästen. So wurde die Freskoklasse zur Bühne meines ersten offiziellen Auftritts. Das Stück hieß: «Die Geheimnisses des heiligen Rosenkranzes».

War mein Leben bis zu diesem Kapitel eine Zeit der Lehr- und Wanderjahre gewesen, so begann mit diesem Rosenkranz-Triptychon ein Berufsleben. Und das gleich auf mehreren Ebenen in verschiedenen weit auseinanderliegenden Städten, in Wien, Paris, und London.

Die Bewegung des «Phantastischen Realismus» fand Resonanz – vor allem in Paris. Meinem Rufe folgten Erich Brauer, der viele Jahre seines künstlerischen Werdegangs in Paris verbrachte und damit auch seinen Kindern einen kosmopolitischen Weitblick verschaffte, der ihnen heute noch eigen ist, da sie erfolgreich in der darstellenden Kunst aktiv sind.

Ihnen war ein Surrealist, ein Meister des Grauens verlorengegangen

2 — Einsiedler in einem dichten Menschenwald

Paris war nach wie vor der internationale Knotenpunkt. Hier traf ich Harold und Marilyn Meeske, Hans Neuffer, vor allem aber immer wieder Friedensreich Hundertwasser – dessen Schüler Hans Neuffer war. Neuffers seltsame Bluthunde, denen Drachenzungen aus dem geifernden Rachen rollten, war immer noch im Kreise meiner Adepten. Le Maréchal war der Doyen der Phantasten Frankreichs. Ihn lud ich ein, bei mir in Wien – in der Johann-Strauß-Gasse – für einige Zeit zu wohnen und auszustellen. Noch lebte mein Vater, die Galerie war in der Gründung begriffen.

Das verwirrende Linienspiel des Schnittmusterbogens spannte sich über meinen Lebensweg wie ein Spinnennetz in der Form eines Labyrinthes. Ich band mich in keinerlei Gemeinschaft ein, Freundschaften mit Frauen gab es nicht. In jenen Jahren lebte ich wie ein Einsiedler in einem dichten Menschenwald. Die Malerfreunde in Paris kannten bald jene «erste Welle» genannte Generation der Wiener Schule, und umgekehrt trafen die Wiener die Anhänger unserer Richtung in Paris.

Einer der ersten, die meinem Ruf folgten, war Raimund Gregor Ferra. Ein phantastischer Zeichner, dessen kryptische Themen in die kabbalistische Proportionslehre führten. Er war in allem, in der Kunst wie im Gespräch, äußerst originell. Sein Sinn für Logik schloß das Absurde ein. Wir hausten gemeinsam bei Charles Shoup in der Mansarde, und ich machte ihn bekannt mit Charles Orengo, dem Verleger, und Le Blanc in der Eremitage, meiner Kupfer-Druckerei. Der Mangel an Sprachkenntnissen verhinderte so manchen Entwicklungsgang. Auf Ferra folgten Matouschek, Leherb, Rainer, Lassnig. Sie und andere mehr schnupperten die scharfe Luft von Paris.

Nur Brauer und Hundertwasser fühlten wie ich: «Paris ist die Nabe des Rades.» Wenn ich auch nicht mehr so oft nach Paris fuhr, um einige Wochen im geliebten und gewohnten Freundeskreis des Quartier Latin zu leben, so war es doch immer noch mein Zentrum.

Was einst in der Akademie mir als «Heimat» galt, hatte in Paris seine Nachfolge gefunden. Nachdem ich in Paris die aus Jerusalem mitgebrachten Bilder, vor allem den «Engel über den Toten» und die «Pietà», hatte vollenden wollen, nahm ich sie auch nach Wien mit – wo ich ein neues «großes» Bild begann: Madonna mit Jesuskind auf einem Blattgoldgrund.

Die Fähigkeit, etwas «Schönes» darzustellen, wurde mir durch das Thema «Muttergottes» zuteil. «La belle» war schon erschienen – vor allem in Geris Porträt auf dem Bilde der «Hochzeit des Einhorns». Es war dies jedoch noch nicht jene makellose Schönheit, wie sie sich in der «Maria Prophetissa» im kalifornischen Sommer angekündigt hatte. Im Bemühen um handwerkliche Perfektion wandte ich mich erneut und verstärkt der altmeisterlichen Maltechnik zu.

Ich fing an, ein wenig seßhaft zu werden, meine Ölfarben selbst anzureiben. Fast alle Materialien für meine Arbeitstechnik stelle ich selbst her. Aus Neugier; denn überlieferte Rezepturen müssen erprobt werden. Bezeichnungen und Qualitäten ändern sich im Laufe der Jahrhunderte. Diese Facette meiner Kunst war es auch, die sehr viele Nachwuchstalente anzog. Die Gründung einer Galerie und einer Schule drängte sich allen Beteiligten als Anliegen ersten Ranges auf.

Eine langersehnte Bühne sollte sich sehr bald auftun, um eine Schneise zu schlagen, in den Wall der bildlosen Malerei. Diese Aufgabe ging ich mit großem Einsatz an und bin ihr Diener geblieben – bis heute. Jeden der Künstler, die ich ausstellte, stellte ich mit Geleitwort im Einladungs- und Katalogtext dem spärlichen, aber enthusiastisch Partei ergreifenden Publikum der Galerie vor. Für die damaligen Verhältnisse waren die Fuchsschen Vernissagen legendäre Ereignisse.

Unsere Fans standen dichtgedrängt in den Räumen; das «Schauen» war nun gefragt, und jede Vernissage wurde von einem Happening gekrönt. Dieses war ein stadtbewegendes Ereignis. Gespenstisch zerhackte Blaulichter ließen den Tanz als zerrissenen Bilderbogen erscheinen. Die Vorbereitungen für das jeweilige Happening dauerten Tage und wurden, weil es eben doch ein Happening war, zu einem uferlosen Ereignis des über seine Ufer tretenden Flusses namens «Lethe».

Meine Protegés verkauften auch ab und zu ein Bild – doch von den Einkünften des «Kunsthandels» hätten wir kein Jahr uns über die Runden gebracht. Meine Bühne ließ keine Spielzeit aus und war neun Jahre hindurch das einzige Forum der Phantastischen Kunst. Erst Peithner-Lichtenfels und Manfred Scheer kamen mir als meine Nachfolger mit ihren Galerien zu Hilfe.

Die Phantastische Kunst fand allen Verhinderern zum Trotz ein breites Echo, vor allem im deutschsprachigen Raum. Diese Welt, der ich entfliehen wollte, griff nach mir und warf mich auf jene Bretter, die die Welt bedeuten: Über dem Portal meines imaginären Forums stand «Symbolon Utopia» des Artifex. Und das war ich!

Diese kleine Galerie, die mich an Wien band, war die Kaderschmiede für viele der gleichzeitigen und nachfolgenden Künstler. Aber nicht nur sie, diese Bühne der Bildsprache hielt mich in der Wienstadt, es waren auch die Künstler und die Bemühungen, ihren Lebensunterhalt sowie ihre Bildung zu verbessern.

Eine nicht als «Kommune» deklarierte Großgemeinde tat vieles, um in dieser schweren Zeit das Narrenschiff über Wasser zu halten. Vornehmlich waren es auch in diesen Jahren meine Eltern, Else Stowasser und Manfred Mauthner-Markhof – der seine Unterstützung nie versagte. Gewiß, wenn man bedenkt, daß damals die geringen Summen für ein Auskommen genügten, kann man sich heute kaum ein Lächeln verkneifen.

Die Nachkriegswehen dauerten an, und nur langsam hob sich das materielle Niveau.

Eines Tages lag mein Vater in einem Spitalbett. Sitting Bull, der Held meiner frühen Kindheit, schwach, entmutigt: welch ein unerwarteter, völlig ungewohnter Zustand! Ungeduldig und zuweilen zornig nahm er seine Ohnmacht hin. Die Ärzte sahen ihn mit besorgten Gesichtern an und empfahlen ihm, nicht zu trinken wie gewohnt, nicht zu essen, was ihm schmeckte. Also keine Rossbacher Schnäpse zum Frühstück im Café Weidinger. Keine zwei Viertel Oggauer Weißwein zum unterspickten Beinfleisch. Fasten – gesund werden – all dies war kein Leben. Der lebensfrohe alte Krieger, der Autor der phantastischen Märchenerzählungen samstäglicher Faulenzerstunden, er, der nie resignierte, alles mutig und ohne viel zu klagen überwunden hatte, wollte nicht verzagen. Entschlossen sprach er sein Lebewohl: «Das ist kein Leben mehr», drehte sich zur Wand neben meiner Bettbank in der Kölblgasse im III. Bezirk und fiel in ein Koma, aus dem er nicht mehr erwachte. Er hatte sich bei vollem Bewußtsein vom Leben losgesagt – ohne Bedauern und mit einer Entschlossenheit, die des Sitting Bull wahrhaft würdig war.

Zunächst dachte ich – es war am frühen Nachmittag –, daß mein Vater plötzlich eingeschlafen war, und ich versuchte ihn zu wecken. Starr vor Schreck und hilflos weinend, versuchte ich alles mögliche, ihn aus seinem tiefen Schlaf zu wecken. Ich rief ihn: Papa, Papa, komm zurück! Vergeblich. Ich holte einen Arzt, jenen, der ihn schon wiederholt behandelt hatte. Cilli, seine Lebensgefährtin, wußte aber, was ich nicht wahrhaben wollte, daß mein Vater im Sterben lag.

Sie bat mich, meine Mutter zu verständigen, denn sie meinte, daß die Zeit auch für sie gekommen war, Abschied zu nehmen. Meine Mutter und Cilli wußten zwar voneinander, und es bestand ein stilles Übereinkommen zwischen beiden, daß sie einander zu akzeptieren hatten, aber ein Zusammentreffen (auch in dieser Stunde) sollte nicht stattfinden. Also ließ Cilli mich allein mit meinem sterbenden Vater.

Noch hatte ich die Hoffnung, durch Wiederbelebungsversuche in der Klinik meinen Vater aus dem Koma bringen zu können. Ich rief gemeinsam mit meiner Mutter die Rettung an. Der Wagen kam, wir begleiteten den Todgeweihten ins Krankenhaus, wo er in einen großen Saal kam, zusammen mit vielen anderen Patienten, die mehr oder weniger dem Tode nahe waren. Da lag er nun an Schläuchen und Tropfflaschen zur intravenösen Nahrungsaufnahme, wie aufgebahrt in seinem Bett, und wollte nicht erwachen. Ich hielt diesen Zustand nicht länger aus, lief zu Pater Focke ins Jesuitencolleg bei der Universitätskirche und bat ihn um Hilfe. Worin die bestehen sollte, wußte ich in meiner Panik nicht zu sagen. Mein Vater hatte mit seinem Leben abgeschlossen, mit geradezu biblischer Entschlossenheit.

Ich wollte und konnte seine letzten Worte nicht hören, denn der Tod hatte, seit meinem Erlebnis im kalifornischen Sommer, jede Realität verloren – es gab ihn nicht. Die Worte des heiligen Paulus waren in mir zur Wirklichkeit geworden: «Tod, wo ist dein Stachel?»

Ja, da war er, der Stachel, und hatte meinen geliebten Vater ermordet – während ich Unsterblichkeit kannte, mich unsterblich wähnte, während alles andere unwirklich zum Saum einer scheinbar wirklichen Welt geworden war – in der ich mich zwar zu befinden hatte, aber der ich nicht mehr angehörte.

In den Wochen, ja Monaten vor dem Kränkeln meines Vaters hatte ich oft seine Besorgnis um meine Zukunft wahrgenommen, und die Gründung unserer Galerie war eine Art ermunterndes Vermächtnis. Oft hatte ich ihm vom Fortschritt der Umbauarbeiten berichtet. Zum Zeichen, und um seine Besorgnis um meine materielle Existenz zu zerstreuen, hatte ich ihm bei meinen Besuchen Goldmünzen, Nachprägungen der Nationalbank mitgebracht: die Krone, den Gulden und den Maria-Theresien-Taler. Ich erzählte ihm, daß es mir gutginge, daß ich dieses und jenes Bild verkauft hätte, was reichlich übertrieben war, ihn aber mit

Stolz erfüllte. Diese bescheidenen Gaben verwahrte er in einem Holz-Schatullchen – welches er mir ab und zu zeigte mit dem Hinweis, daß das sein Schatzkästchen sei.

In Erwiderung seiner Freude über diese Münzen versprach ich, daß ich schon sehr bald in der Lage sein würde, ihn zu ernähren, und ihm auch einen schönen Lebensabend bereiten würde. All das selbstbeschwichtigende. märchenhafte, beschwörende Tun, dieses Bemühen, ein drohendes Schicksal abzuwenden, war nun plötzlich an ein Ende geraten.

Pater Focke kam und tat, worum ich ihn inständig gebeten hatte. Er taufte meinen Vater auf dem Totenbett – wahrscheinlich tat er damit etwas Absurdes. Aber er tat es im Glauben, daß er vereint mit meinen Kräften das Richtige tat. Er las eine heilige Messe für das Seelenheil meines Vater. Diese Taufe geschah geheim, indem er ein Fläschen mit Weihwasser aus seiner Manteltasche zog und unbeobachtet die heilige Handlung vollzog. Focke war mit mir gekommen, ohne die damals noch übliche Tracht (Chorhemd und Habit) des Priesters zu tragen. All mein Hoffen und Beten richtete sich auf den Erlöser, den ich unablässig bat, die Seele meines Vaters in das Himmelreich aufzunehmen. In der folgenden Nacht ging es mit Mordechai ben Jekutiel (sein hebräischer Name) zu Ende. Als ich am Morgen kam, war er entschlafen, lag auf dieser Ruhestätte leblos, friedlich und stumm. Das röchelnde Atmen des Komatiefs war nicht mehr zu hören.

Eine Krankenschwester betrat laut und forsch das Sterbezimmer und wollte wissen, ob ich einer Sezierung des Leichnams zustimmen wolle. Dabei riß sie das Bettlaken, auf dem er aufgelegen war, abrupt von seinem Rücken, so daß ein großes Stück seiner Haut vom Fleische gerissen ward. Ich wandte mich ab und fühlte, wie ein harter durchbohrender Schlag in der Gegend meiner Leber mir in die Seite fuhr. Es war mir, als hätte sein Scheiden von dieser Welt sich meinem Leibe mitgeteilt. So verweilte ich in sprachlosem Schmerz und im peinsamen Versuch, meine Tränen zu «verbeißen», konnte mich aber nicht halten und sagte bloß «Nein!». Um Gottes willen keinerlei postume Tortur. Es ist mir gleich, woran mein Vater starb. Was sollte das Wissen, die Neugier der Ärzte – ich wollte nur eine für ihn selige Ruhe.

Was sonst in diesen Tagen, die da folgten, geschah, habe ich verdrängt, denn es war zuviel und jeder Versuch, damit «fertig» zu werden, vergeblich. Ich tat so, als wäre er in den Armen meines Erlösers bestens aufgehoben. Es gab ja keinen Tod, ich hatte es doch erlebt. Nach außen hin tat ich, als wäre nichts geschehen. Besorgte alles, was in solchem Falle die Pflicht des Hinterbliebenen ist: Totenschein – Begräbniswünsche – Grabstein und Auswahl des Grabes auf dem jüdischen Teil des Zentralfriedhofs zu Wien.

Bei all diesen Handlungen war mir Pater Focke ein liebevoller, besorgter Beistand, der Anteil nahm an meiner quälenden Ratlosigkeit. So kam es denn auch zu einer gewiß einmaligen Bestattung meines Vater. Wie nach jüdischem Brauche üblich, wurde er in einem weißen Totenhemd in einer Kiste aus Tannenholz aufgebahrt. Der Kantor des Seitenstetter Tempels Schmuel Blumberg nahm die Zeremonie vor. Sang den Kaddisch – das Totengebet –, und von wenigen Menschen begleitet, Pater Focke an meiner Seite, fand ein jüdisch-katholisches Begräbnis statt. Letzteres vor allen Augen verborgen, nur mir bekannt. Ein kalter sonniger Tag war's, da man den Maximilian Fuchs – Mordechai ben Jekutiel in das Erdreich senkte. Einige Schritte bloß trennte diese Unterbringung ihn vom Grabe seiner Mutter Franziska geb. Fischer – (wie es auf ihrem, damals schon sehr verwitterten, Grabstein stand). So war er nach langer Fahrt in jenem Hafen gelandet, in dem noch alle Reisen ihr vorläufiges Ende fanden.

Die kleine Wohnung in der Kölblgasse wurde aufgelöst, die wenigen Möbel verteilt. Das Kästchen mit den Münzen war verschwunden, und ein Bild, das ich ihm geschenkt hatte, ebenfalls. Wohin? Das interessierte mich kaum noch. Mir war, als sei ich in den Armen meines Vaters – wie der Knabe in Goethes *Erlkönig* – gestorben. «Mein Vater, mein Vater, und siehst du nicht dort Erlkönigs Töchter am düstern Ort?» Wie oft hatte ich diesen Vers aus seinem Mund vernommen vor vielen, vielen Jahren, als er noch jung und ich ein Knirps war.

Kein Wunder, daß ich in der Gründung und Eröffnung der «Galerie Fuchs» sein Denkmal sah, in diesem Gemäuer sein Erbe antrat, um dadurch mein Leben ganz und gar in die Kunst zu transponieren.

Wenige Tage nach meines Vaters Begräbnis hatte ich einen sehr beeindruckenden, dramatischen Traum. Ich sah im Traum meinen Vater mit einem Monstrum ringen, das wie ein aufgebäumtes Pferd auf ihn zusprang. Mein Vater hob abwechselnd seinen linken Arm zum Schutz über seinen Kopf, und in diesem Augenblick löste sich das Monstrum in mehrere Teile auf, so daß ich vor allem rinderähnliche Gliedmaßen erkennen konnte. Im Traume dachte ich an koscheres und nichtkoscheres Fleisch – irgendeine Schuld, die ihn betraf und bedrohte. Danach saß ich neben ihm, mit anderen Angehörigen in einer schwarzen, eleganten Limousine, die er selbst chauffierte. Er lenkte geschickt dieses Fahrzeug entlang der Mauer jener Klinik, in der ich geboren wurde. Noch sehe ich in meiner Erinnerung den typischen kleinkarierten Bodenkachelstreifen, der das Gebäude auch heute noch umgibt, danach erwachte ich mit dem befreienden Gefühl: «Er hat das Steuer übernommen, er weiß, wohin die Reise geht.»

Nach diesem Traum sollten viele Jahre vergehen ohne Nachricht aus dem Jenseits. Und daran litt ich sehr. Wenngleich ich mir immer wieder die Worte des Evangeliums vorsagte, laßt die Toten, die Toten begraben – ich wollte meinen Vater wiedersehen; so wie viel später ich es wünschte und herbeisehnte, meiner verstorbenen Mutter zu begegnen.

Mit meinem Vater starb also auch ein Urwesen dieses habsburgischen Kaisertums, dessen Präsenz auch heute noch zu spüren ist und gleich einem Magneten alle Welt an sich zieht und fasziniert. Sosehr ich Paris liebe und diese Metropole zum offiziellen Ausgangspunkt meiner künstlerischen Unternehmungen machte, blieb Wien mein magisches Tor zur verborgenen Welt des irrationalen Geistes, die para doxa, das Wappenschild der Phantastischen Kunst. Über diesem Untergrund meiner geistigen Heimat erhebt sich gleichnishaft das Michaeler-Tor – eines der schönsten Baudenkmäler der Menschenwelt, und nur in Wien konnte noch um die Wende zum zwanzigsten Jahrhundert ein solches Symbol ungebrochenen Kaisertums entstehen.

Auch hierin, in diesen Seltsamkeiten, kommt zum Ausdruck, was ich zu fühlen bekam, indem ich meine kleine bescheidene Galerie ins Leben rief. Die «andere Seite» war es, deren Wirken aus dem Verborgenen in uns und aus der «unter uns» eingreifenden Jenseitigkeit, die mit unsichtbaren Händen, gleichsam angefeuert von meinem verstorbenen Vater, dieses erste Forum meines Wirkens als «Malerfürst» möglich machte und errichtete. So fühlte ich meines Vaters Gegenwart, als ich die Zeremonie der Eröffnung meiner Galerie zelebrierte, wußte mich von seinem Stolz begleitet und trug als Zeichen meiner dankbaren Verbundenheit den alten Lederrock, den er mir geschenkt hatte.

In diesem abgeschabten Kleidungsstück hatte ich ihn auf dem Viehwaggon erblickt, sofort den Vater erkennend, als der Zug langsam den Bahnsteig des Südbahnhofs heranrollte. Ja, ich sah in meinem Tun die Fortsetzung seiner Reise, seiner Sehnsüchte, und dies als wesentlicher Teil des Nomadentums, dessen Rast und Grabstätte Wien war und blieb.

So habe ich oft in meinen Schriften und Gesprächen, ein wenig tadelnd, Wien den Katafalk des Kaisers genannt, als Vergrößerung aus der Kapuzinergruft – in der fast alle Habsburger ihre vorläufig letzte Ruhestatt fanden.

Wien ist die unbezwungene Festung der romantischen Nostalgie. Hier wirkt die «andere Seite» kräftig auf das Diesseits ein und bringt so manches hervor, das andern Ortes nicht zu finden ist. Das Grübeln und Granteln ist des Wieners Lust. Solches und ähnliches, welches hier zur Sprache kommt, war damals, als das Beschriebene geschah, kaum ein bewußt erfaßter Vorgang. Wir alle handelten, bewegt von unsichtbaren Mächten, jenen, die hinter dem Breitschild des Doppeladlers wohnten. Diese aus der Tiefe der Katakomben und von der Höhe der Türme her wirkende Kraft ist es auch heute noch, die mich antreibt – das erste internationale, imperiale Museum der phantastischen und visionären Künste in den labyrinthischen Gängen und Hallen der Wiener Katakomben zu gründen. Die Galerie, meines Vaters Vermächtnis, ist bis zu diesem Tag der Grundstein meines Bauens und Wirkens im allgemeinen.

Allen Widerständen trotzend bin ich am Werk. So mystifizierte ich mein Tun und meine gesellschaftliche Stellung schon damals, und in diesem Sinne wurde Wien am Tore des Theaters an der Wien zur Bühne meines Tuns und der Tod meines Vaters zum Begründungsopfer.

Mein mythomanes Handeln ist ein grundsätzliches Charakteristikum meiner Person. Mir damals unbewußt, ist es heute zum Manifest geworden. Aus dem Kreis meiner Anhänger, Freunde und Künstler-Trabanten stammen auch meine ersten Gehilfen, meine Sekretäre und Sekretärinnen. Unter ihnen waren einige, die als Künstler hervorgetreten sind. Jeder Person dieses Kreises sollte ich ein ausführliches Memorandum widmen, doch würde dies den Umfang dieses Buches ins Maßlose dehnen – denn sie alle waren phänomenal.

Es ist gewiß kein Zufall, daß der junge, früh durch den Freitod von uns gegangene Konrad Bayer darunter ist. Aber auch der Vorarlberger Dichter Hermann Kopf und der Poet und Romancier Peter Rosei. Dann ist da Eugen Banauch, der damals schon hervorragende phantastische Theaterstücke schrieb. An eines dieser Stücke, *Der Tafelberg*, erinnere ich mich im besonderen. Sie alle waren meine Helfer und führten die Galerie, vor allem in den Perioden meiner Abwesenheit. Denn sehr oft und wochenlang nahm ich, wie gewohnt, meinen Aufenthalt in Paris oder London.

Die Sommermonate verbrachte ich, meinen nomadisierenden Gewohnheiten auch weiterhin folgend, an der Côte d'Azur. Auf dem Wege regelmäßiger Korrespondenz war ich über alle Vorgänge, die Wien und die Fuchs-Galerie betrafen, informiert. Während ich auf diese Weise zur personifizierten Berufsfigur wurde – mein Leben wurde von meiner schöpferischen Tätigkeit förmlich aufgefressen –, hielt ich unverdrossen an meiner gelobten Lebensform fest. Stets den Ratschlägen meines benediktinischen Abtes und Mentors vom Berg Zion folgend, kümmerte ich mich um die finanzielle Bereinigung meiner familiären Situation.

Durch Porträtaufträge, vor allem aber zufolge der regelmäßigen Einkünfte für die Aufträge, die drei Bilder für die Rosenkranzkirche zu schaffen, besserte sich meine Situation sehr rasch, und mein Bekanntheitsgrad nahm allerorts auch einen stets größer werdenden sympathischen Kreis ein. Da ich eine Gegenposition zur abstrakten Kunst sehr überzeugend vertrat, erwarb ich mir viel Aufmerksamkeit vom Publikum und den Medien, denn die Zeit des Fernsehens hatte begonnen, und ich erinnere mich gut daran, daß schon in den ersten Monaten nach der Eröffnung meiner Galerie das österreichische Fernsehen einen Bericht über meine Tätigkeit ausstrahlte.

3 — Die schwarzen Briefe

Die Bilder der Rosenkranzkirche waren von Anfang an heftig umstritten – vor allem schieden sich die Geister im Bereich des Klerus. Die daraus folgenden Verleumdungen und Verdächtigungen nahmen kein Ende. Selbst das Kloster am Zionsberg wurde damit belästigt. Da aber hatte der Verleumder wenig Erfolg. Abt und Mönche kannten meine aufrichtige Gesinnung und fanden den Brief, der vor Kardinal König und dem heiligen Vater selbst mit Verdächtigungen nicht haltmachte, verrückt und lächerlich. Man hielt diesen scheinbar an Verfolgungswahn leidenden Sektierer für ungefährlich und ignorierte dessen schädigendes Verhalten gegenüber der Kirche. Man hielt es für eine Sache, die man besser schweigend vorübergehen lassen sollte.

Doch dieses wenig wachsame Verhalten sollte böse Folgen haben. Ein fanatisierter Anhänger des schwarze Briefe schreibenden Pfarrers war von dessen bösartigen Unterstellungen derart fanatisiert worden, daß er eines Tages nach der Morgenmesse die drei Bildstandarten zu Boden riß und in wilder Wut mit einem Messer zerstückelte. Als er danach im Begriff war, die zerfetzten Pergamentstandarten mit Benzin zu übergießen, um sie in Flammen zu setzen, wurde er vom Kaplan, der eben aus der Sakristei kommend den Kirchenraum betrat, überrascht und überwältigt. So wurde die völlige Vernichtung dieser Bilder, an denen ich drei Jahre gearbeitet hatte, verhindert. Die Wiederherstellung dieser Werke, die heute noch zu den wichtigsten Hauptwerken meiner Kunst zählen, dauerte über zehn Jahre und verschlang eine Summe, die das Vielfache meines damaligen mageren Honorars ausmachte.

Durch dieses Ereignis und ähnliche Vorkommnisse wurde ich rasch berühmt. Nicht wie bisher im engsten Kreise meiner Anhänger, sondern in einer breiten Öffentlichkeit. Vorbei die Zeiten der Autostop-Exkursionen quer durch Europa. Vorbei die abenteuerliche Fahrt auf einem Damenfahrrad ohne Bremsen, von Bregenz nach Wien unterwegs, die Metamorphose des Fleisches auf dem Gepäckträger (unterwegs zu Mia, die ich in Innsbruck traf). Der Maler mit dem Käppi, das aus der Palmach-Mütze inzwischen geworden war – sein Inkognito war zu Ende.

Damals war ich achtundzwanzig bis neunundzwanzig Jahre alt und dachte keineswegs daran, meine zweifelhaften Erfolge als entscheidenden Durchbruch zu bewerten. Meine gesamte Situation veränderte sich aber mit ungeheurer Geschwindigkeit. Während ich das Jahr nach dem Begräbnis meines Vaters und der darauffolgenden Eröffnung der Galerie mit der Darstellung des «Glorreichen Rosenkranzes» verbrachte (nach dem Rosen-Bild des «Letzten Abendmahls» im Kloster am Zionsberg) und so ein großformatiges Auftragswerk schuf, hatte ich nie das Gefühl, ein großes, ja, gefährliches Wagnis eingegangen zu sein.

Meine Farbigkeit war feurigen Tönen zugetan – vom Blattgold des Untergrundes ausgehend (das das Gold der Krone symbolisierte), über Gelb, Orange, Rot bis Violett stufte ich die Farbe hin zu einem engelhaften Schild, das wie aus einem flüssigen Edelstein den Rücken des Lammes umgab – die Flügel des «Engels des Herrn»! Und schließlich war da das Blau eines Himmelhintergrundes, von jener Farbe, die das Gewand der Gottesmutter Maria hatte, die vor dem Auferstandenen wie eine Wolke gestaltet war. Die Arme ausgebreitet, schwebte sie und war die Mutter des Menschensohnes und Braut des Heiligen Geistes. In diesem Sinne las ich die Sprache der Bilder, die das Phantasma mich – im Sinne einer darstellenden Verhüllung – schauen ließ. Es war mir bewußt, daß dieses Bild eine Verhüllung meiner Gotteserfahrung war, und gerade dieses Wissen um die Unmöglichkeit der Abbildung meiner Erfahrung des lebendigen Gottes spornte mich an, die rätselhafte Schilderung in aller Schärfe auf die Spitze zu treiben.

Da ich nach Monaten unentwegter Arbeit an diesem Bilde einsehen mußte, daß meine neun Quadratmeter große Buchmalerei nie fertig werden könne, bat ich meine Mutter, deren handwerkliche Tüchtigkeit und Geduld und Ausdauer ich von Kindheit an kannte, mir bei der Ausführung des Granatapfel-Motives am Prunkmantel des Auferstandenen zu helfen. Jetzt erst, da ich ihre Hilfe verspüre, weiß ich, warum ich sie damals bat, mir bei dieser Mantelgestaltung zu helfen.

Eine Erzählung kommt mir in den Sinn, die detaillierte Schilderung eines Zustandes völliger Verzweiflung, der meine Mutter im letzten Kriegsjahr 1944 überwältigt hatte. Meiner Erinnerung nach hat sie mir dieses Erlebnis im Laufe der danach vergangenen Jahrzehnte wiederholt geschildert – immer mit denselben Worten. Sinngemäß – und scheinbar in keinem Zusammenhang zur Arbeit am Bilde des Auferstandenen – berichtete sie folgendes: Sie befand sich auf einer «Hamsterfahrt» in Richtung Strebersdorf / Stockerau. Die Aussicht, etwas Eßbares heimzubringen, war gleich null. Von robusteren «Hamsterern» wurde sie vom Autobus, mit dem sie ihre Reise in ertragreiche Bauerngegenden fortsetzen wollte, weggestoßen, so daß er ohne sie mitzunehmen davonfuhr. Da saß sie auf der Bank an der Bushaltestelle, von einem Weinkrampf geschüttelt. Alles vergebens, denn «hamstern» und Schleichhandel waren ein lebensgefährliches Unternehmen. Vom Volksgerichtshof als «Volksschädling» angeklagt zu werden, war ein nervenzermürbendes Wagnis. Man mußte auf der Hut sein und – bei aller Vorsicht – doch versuchen, unter den ersten zu sein, die das «rettende Land der Bauern» erreichten. Im Tausch gegen letzte Habe, wie Stoffe, Friedensware, Vorhänge, Leintücher, Bettzeug, aber auch Schmuck und kleine Antiquitäten, suchte jeder der erste zu sein, dessen Angebot angenommen wurde. Denn die Bauern hatten von all diesen Dingen, die sie eigentlich nicht gebrauchen konnten und von deren Wert die meisten nicht viel verstanden, schon mehr als genug – während wichtige

Lebensmittel auch ihnen fehlten, vor allem Zucker. Meine Mutter hatte – auf den Rat ihrer Mutter hin – Sacharin-Süßstoff, eine Menge davon, eingekauft, als es noch möglich war, und mit dieser Ware gute Tauschgeschäfte gemacht. Nur diesmal war sie weit vor dem Ziel auf der Strecke geblieben. Während sie nun tränenüberströmt auf der Bank saß, hatte sie plötzlich das Gefühl, einen schützenden Mantel um sich gebreitet zu wissen, und ein wohltuendes Erschauern löste ihren Weinkrampf in ein Glücksempfinden der Geborgenheit auf. «Das war mein Mammerl», sagte sie, hielt dann – in ihrer Schilderung nachdenklich werdend – inne und setzte mit den Worten «aber damals hat sie ja noch gelebt» fort. Dieser Wortlaut ihrer Erzählung ist mir klar in Erinnerung geblieben, denn meine Mutter hatte die Angewohnheit, bestimmte wichtige Erlebnisse in gleichbleibendem Wortlaut wiederzugeben.

Dieses Schutzmantel-Erlebnis, das tränenreiche Antlitz des Lammes, ist mitgezeichnet von den Erschütterungen einer höchst irdischen Begebenheit, die auf wunderbare Weise eine günstige Wendung nahm. Denn im Augenblick der Trost-Erfahrung wurde meine Mutter von einem Bauern, der, so wie sie, den nächsten Bus erwartete, angesprochen: «WeinenS' nicht, ich hab was für Sie. Ich bin der Bürgermeister der nächsten Ortschaft.» Und in der Tat gab er ihr allerlei Lebensmittel, ohne die mitgebrachten Süßstoffpillen anzunehmen, so daß sie es als «wahres Wunder» ansah.

Es muß ihr diese Begebenheit einen tiefen Eindruck gemacht haben. Wäre dem nicht so, hätte sie gewiß nicht so oft davon erzählt.

Die Bildsprache weist in die Tiefe, indem sie die Oberfläche zeigt: das Banale, das Schreckliche des alltäglichen Unglücks – eingewoben in das Granatapfel-Muster des hohepriesterlichen Kleides des mystischen Lammes. Wie damals, so auch heute, sind Wort und Bild die Beschaffenheit der Umhüllung des unschaubaren, unaussprechlichen Anderen in dieser Welt der Verdunkelung. Denn da heißt es doch bei Moses: «Niemand schaut mein Angesicht und lebt.» So weit reicht dieses uns bekannte Leben eben nicht. Nur die totale Verwandlung in ihm schließt den Tod aus. Nun ist mir, als hätte mich eben die Erinnerung in ihrem Fluß aus aller Zeit getragen, dahin, wo Erinnerung zum Dasein wird und im Jetzt Vergangenheit wie Zukunft zur Erinnerung gerinnen.

Aber zurück zum «Glorreichen Rosenkranz»: Um die zwölf säuberlich von Herrn Wachter, dem Spezialisten der Albertina und Nationalbibliothek, zusammengenähten Pergamenthäute zu bemalen, spannte ich diese drei mal drei Meter große Fläche auf einen eigens zu diesem Zwecke gezimmerten Rahmen. Dieser stand in der Freskoklasse Gütersloh. Täglich – wie berichtet – hatte ich zahlreiche Besuche, das Bild war eine «Sehenswürdigkeit».

Wir standen da, in der ungeheizten winterlichen Kahlheit der Rosenkranz-Kirche, froren und malten emsig, die kleinen Aquarellpinsel in klammen Fingern haltend. Stolz trug ich den wärmenden Lederrock meines Vaters, die Wollmütze des Palmachs auf dem Kopf – über die Ohren gezogen; meine Mutter mir zur Seite, und ein neuer Mitarbeiter half: Ferry Radax, den ich aus dem Strohkoffer-Treffpunkt des Art Club im Keller der Loosbar kannte. Ein besonders harter Winter machte unserem Fleiß schwer zu schaffen. Pfarrer Maier brachte heiße Getränke, lobte unsere Ausdauer – so waren wir in einer seltsamen Askese befangen. Zu dieser Zeit wurde mir klar, daß die Leistungsfähigkeit zu immer neuen Höhepunkten aus einer übernatürlichen Quelle gespeist wird. Gleich einem Athleten wächst die Kraft des Schaffens mit der Entsagung; die Parole lautete: «Entsage allem, um ins Grenzenlose zu gelangen.»

4 — Als wären es die zeitlosen Engel

Eine Form der Akro-Phatik wurde gefunden, der Weg zur Akro-Polis. Die Bilderwelt des «verschollenen Stils» tat sich vor mir auf. Während der Arbeit an den Rosenkranz-Bildern geriet ich in ein neues Panorama meiner Bildsprachen-Schau. Und ohne irgendeinem Vorsatz zu folgen, fing ich an, meine Gebete zu notieren. Bild wie Gedicht gab mir das Phantasma ein. Kein Zögern oder Überlegen hemmten diesen Influx. Alles, dieses im besonderen betreffend, habe ich in meinem Buch *Architectura Cælestis* ausführlich beschrieben; ebenso die Träume, Sprüche und Ideen. Die griechisch-orthodoxe Kirche von Theophil Hansen am Fleischmarkt in Wien war mir besonders lieb. Ähnlich den wunderbaren Meßfeiern der russisch-orthodoxen Kirche in Paris war das Schauspiel der Liturgie von Demut, Ernst und Würde geprägt. Ohne jede Sentimentalität feierlich, doch sachlich – geradezu unmenschlich magisch, formelhaft, als wäre man aller Nichtigkeit erhaben – «spielte sich das Mysterium ab». Das Charisma lag nicht auf den Zelebranten, sondern auf dem Amte, dem sie dienten. Jeden Sonntag fand ich mich ein, um in dieser Zeitlosigkeit zu erstarren. Da war jedes Wort der Liturgie gesungen – unüberhörbar die Treue zur selbstlosen Überlieferung, als wären es die zeitlosen Engel selbst, die da ihres göttlichen Amtes walteten, so spielte sich das himmlische Schauspiel vor meinen Augen (vor allem jenen meines Geistes) ab.

Jedem, der es nur hören wollte, schwärmte ich davon vor; auch der jungen Eva Postl, die ich um diese Zeit kennenlernte. Auf einem Puch-Roller hockend, durch die eisige Winterluft brausend, fuhr ich mit ihr zur Kirche und meinte, der Vermittler des Himmels zu sein.

Eine bodenlose Traurigkeit kam über mich, das Entsetzen über meinen Zusammenbruch. Was war es denn eigentlich gewesen, was meine vier Jahre währende Enthaltsamkeit ganz plötzlich zunichte machte? Kaum hatte ich den Mantel ausgezogen, war ich nackt, schutzlos und unglücklich! Unsagbar heimatlos im tiefsten Sinne des Wortes.

Noch war nichts geschehen – aber ich fühlte es, und wollte es nicht wahrhaben: ich war verliebt. Ich floh nach Paris.

Eine Flucht war's – ich dachte, ich hoffte, dieses peinigende Gefühl der Sehnsucht nach dem Eros des Fleisches würde vergehen – welken wie Unkraut. Aber ich fing an, von ihr zu träumen; schrieb Briefe «in aller Freundschaft», in der Hoffnung, diese Beziehung «platonisch» gestalten zu können. Und ich war festen Willens, nicht zu kapitulieren.

Aber es war passiert: das «alte» Leben war in mir aufgebrochen, das neue, völlig andere, war plötzlich fern und unerreichbar. Wie konnte das geschehen? Und warum sollte es geschehen? Der Damm war gebrochen, es drohte die Flut dem gewonnenen Land.

Ein schwerer Schatten war auf mich gefallen – eine Redensart, denn gewichtslos wie der Schatten ist der Umstand, daß man ihn selber wirft, sobald der Leib von starkem Lichte bestrahlt wird. Und heißt es nicht: «Wo viel Licht, da viel Schatten»? Ist am Ende die elende Ambivalenz alles Wesens gar ein Segen? Ist er damals als Zusammenbruch des Lebens nicht doch ein Aufbruch gewesen? Aufbruch wohin? Zurück in jenes alte Leben, in dem ich die Fesseln des Eros wie brennende Wunden empfand, wo jede Liebe enttäuschend in Eifersucht und Besitzgier verkam. Kaum entzündet, schon verbrannt – im Glosen noch einstiges Feuer ahnend, Wärme, Gewohnheit, Alltag und Liebestod in einem.

Die Liebe dieser Art wird nicht Gewohnheit, sondern Eifersucht und schließlich Hohn. Nicht selten ist dieser Verwandlungsvorgang der Ursprung rigorosen Moralisierens – eine puritanische Aversion gegen Heuchelei wird dann zum revolutionären Besser-Sein als alle anderen, indem man sie zum Guten zwingt.

Denn alle Revolution entspringt dem Unvermögen des Menschen, sich selbst zu bezwingen, um schließlich in der Aufgabe des Eigenwillens die Geschmeidigkeit der bedingungslosen Hingabe zu erfahren.

Die Rosenkranz-Bilder aber gediehen, wurden zu Standarten der Hoffnung und eines Lebens, als wäre nichts geschehen. Und es war ja auch nichts geschehen. Sehe ich es heute anders, oder jetzt so, wie es zu beurteilen ist, kann ich es nach Jahrzehnten besser verstehen. Hatte es und hat es wirklich jene übermäßige Bedeutung, die ich der Limbosphäre zumaß, war das alles, was ich als Bedrohung und ein Scheitern sah, so gravierend vor dem Hintergrund meiner Werke, die doch all den konfliktreichen Wertkram überragten? Was blieb denn, außer Werken, wenn überhaupt etwas verweilen könnte, als bedeutend in dieser Welt der Verhüllung (als prächtige, beredte Hülle) – was denn? Die Kinder, wenn du welche hast, die Werke, wenn du sie geschaffen. Aber dein Gut, dein einzig höchstes, hast du es festgehalten, indem du «die Hände voll zu tun hattest»?

5 — Mein Festhalten an der mystischen Kunst des Judao-Christlichen

Als meine Anhänger mein Festhalten an der mystischen Kunst des Judao-Christlichen sahen, nahmen sie auch meine Ehe – als erträgliche Trübung meiner Person – hin, ja, empfanden eine Beruhigung darüber, daß ich doch noch «normal» sein konnte.

Aber ich war in meinen Augen ein Zerrissener, der die Hybris seines Wesens nicht zu meistern verstand. Meiner Bildwelt ist gewiß viel vom Wesentlichen meines damaligen Seins zu entnehmen. Dies betrifft im besonderen die Deutung des Samson-Themas.

Von der wunderbaren Geburt des «sonnenhaften» Kindes bis zur Blendung desselben durch Delilas Verhältnis, Verrat und Gericht, bis zu seiner Verklärung im Tode war und ist Samson eine Schlüsselfigur, ein Symbolcharakter, mit dem ich mich, vor allem damals, identifizierte.

Ich hatte nicht die geringste Absicht, ein Liebesverhältnis anzubahnen, wie ich es in der Vergangenheit so oft schon getan hatte; dachte an eine rein geistige Verbindung, an einen auf Briefwechsel bauenden Austausch von Gedanken, denn es waren vor allem Schönheit und Geist, der Geist Delilas (Evas), welche mich faszinierten. Stundenlang führten wir seltsame, meist theologische Gespräche. Eva-Christina erzählte mir, daß sie meine Kunst seit langem kenne. Das war allerdings ein relativer Begriff bei ihren siebzehn Jahren. Sie hatte ein Altarbild von mir in der Hetzendorfer Kirche gesehen, als es noch in Arbeit war – also 1958, und hatte sich damals schon diese Bekanntschaft gewünscht. Auch Malerin zu werden, sei immer ihr Wunsch gewesen. Es war ein eigenartig aufregendes Einverständnis zwischen uns. Ganz Herrliches wollten wir schaffen, um es einander zeigen zu können. So saßen wir manchen Nachmittag und malten füreinander. Da sie noch zur Schule ging und kurz vor der Matura stand, waren unsere Zusammenkünfte selten. Zumindest schien mir jede Stunde, die ich nicht bei ihr war, eine Stunde peinigenden Wartens. Mein ungestümes Wesen, mein ausschließlich auf Kunst als Religion, also auf das Leben des Olymp gerichtetes Verlangen erschreckte sie und entzweite uns schließlich.

Ich ging 1960 nach Paris, da ich meiner Ausstellung wegen dorthin mußte, und wollte dieses Mädchen vergessen. Doch ich konnte es nicht, dachte immer an sie und schrieb endlich, da ich meine Hoffnungslosigkeit überwand, den Brief, den sie schon viel eher erwartet hatte. Nun liebten wir einander und wußten es beide, ehe wir uns wiedersahen. Nach Wien zurückgekehrt, nahmen wir, da sie maturiert hatte, das gewohnte Leben wieder auf. Unser gegenseitiges Verständnis war nun getragen von dem heimlichen Wissen um unsere Liebe. Nun sollte Eva-Christina mich immer begleiten.

Auf meine erste Reise, die mich kurz zum Besuch der Biennale 1960 nach Venedig führte, wo Hundertwassers Gesamtwerk im Österreich-Pavillon gezeigt wurde, durfte sie mich aber noch nicht begleiten. Ihre Eltern waren entsetzt über mein Ansinnen, und ich mußte allein fahren. Entsprechend kurz fiel mein Aufenthalt in Venedig aus. Nach ein paar Tagen war ich wieder bei meiner Eva-Christina und brachte die erste Samson-Platte ziemlich fertig mit. Diese Platte, die ich im Badehaus ihrer Eltern am Neufelder See kurz vor meiner Abreise nach Venedig begonnen hatte, zeigte die Gestalt des verkündenden Engels in ganz ähnlicher Form wie die Gestalt des Christus auf jenem Altarbild, das das erste Bild war, das Eva von meiner Hand gesehen hatte. Zu Füßen des Engels lag das Weib Manoachs, die zukünftige Mutter des Samson. Das Weib Manoachs sieht den Engel des Herrn, Samson wird ihr verheißen. Noch während der Arbeit an diesem Kupfer fuhr ich mit Eva nach Paris. In meiner «Eremitage» beendete ich wenige Tage nach unserer Ankunft diese Platte und grundierte noch am selben Tag die nächste.

Nicht jede Frau ist so wandelbar wie Delila. Nicht jedes Thema so vielschichtig wie diese vier Kapitel im Buche der Richter. Samson, das Einhorn in Menschengestalt, der Nasir schlechthin, ist auch der Künstler par excellence. Ohne es zu ahnen, bin ich dadurch wieder dem Einhorn begegnet, als dieses im Begriff war, seine zweite Natur zu offenbaren: das Pneumaruach ha Elohim. Daß ich Samson entdecken durfte, habe ich als ein Geschenk des Himmels betrachtet. Seinen vielen Aspekten gemäß, ist diese Gestalt auch in jeder Darstellung anders gefaßt. Vier Jahre hindurch arbeitete ich an den zwanzig Platten für dieses Buch, und zwei Jahre lang beschäftigte ich mich mit der Ornamentation seiner Schrift. In diesen sechs Jahren ist Samson bei mir gewesen und hat mir sein geheimnisvolles Schicksal offenbart. Wie wahrscheinlich jeder Text der Heiligen Schrift, so haben auch diese Samson-Kapitel einen auf etwa drei Ebenen deutbaren Sinn; und es war vor allem mein Leben in diesen Jahren, das mir den Schlüssel zu deren Erschließung vermittelte.

Noch während der Fortsetzung unserer Reise, in Saint-Tropez, Ramatuelle, Gassin und Nizza, habe ich an der mitgeführten zweiten Platte, dem «Dankesopfer der Eltern Samsons», gearbeitet. Manoach und sein Weib knien zu beiden Seiten eines Opfers, das sie dem Ewigen darbringen. Der Engel des Herrn berührt mit seinem Stab das Opfertier und entschwindet, durchsichtig werdend, in den Flammen des Altarfeuers. Die Haltung des Engels ist die gleiche wie in der vorherigen Darstellung. Doch seine Gestalt, die im ersten Bild durch den Prunkmantel, der wie ein juwelenbesetzter Schild gestaltet ist, bedeckt wird, ist nun sichtbar. Die quadratisch-adamistische Proportion, die Maße des Anfangs und der Vollendung, werden klar. Damit ist auch angezeigt, welch urtümlicher Wurzel Samson entstammt. Der Stab des transparent werdenden Engels aber ist, entsprechend der Hervorkehrung dieses Umstands und im Hinweis auf seine Verwandlung, aus durchsichtigem Kristall; sein Knauf ist geformt wie ein Baum in Blüte. Die Rechte hebt er zum Schwur: «Dieser wird sein Volk erretten» – ein Vorläufer des Erlösers wird hier dem Volke zugeschworen. Bald ging eine Sonne auf, ein helles, rotgoldenes Gestirn stand über dem Lager Dan und zwang die Schatten der Nacht zu weichen: Samson prophezeite im Lager Dan.

Wie ein Feuerrad rollt Samson zu Tal, und während ich mit Eva nach Korsika reise, begegnet er seiner ersten Frau. Korsika stach als sonnenentzündeter Dorn in den Himmel – eine unheimliche, grauenvolle Insel. In Nonze, einem kleinen Dorf über der Steilküste (messerscharf schneidet der schwarze Granit ins Meer), ließen wir uns nieder. Paradies und Hölle haben sich hier aneinandergeschmiegt. In einer Kabine unten am Meer unternahm ich meine ersten Malversuche unter dieser Sonne. Diese niedrige, fensterlose Fischerhütte war der einzig mögliche Ort, in dieser blendenden Schärfe der Sonne Farben zu sehen, ein Bildnis der Geliebten zu malen, das Bildnis «Eva-Christina».

Die Graphik sollte aber bald Oberhand gewinnen, denn schon nach wenigen Tagen erkannte ich, daß in dem Zimmer oben hoch über dem Meer, hinter zugelehnten Fensterläden, das Bild auf Kupfer besser gedieh. Der Sommer 1960 brachte einen neuen Anfang meiner Graphik. Eva verwandelte sich Tag für Tag in alle Gestalten meiner Mythologie – wie im Schlaf wandelnd, zog sie durch die Doppelböden meiner Lebensbühne; im Solarplexus ihres Wesens aber war sie immer Daphne, die im Moment, in dem ich sie fassen wollte, im Rauschen ihrer goldgrünen Krone verschwand, um dem trauernd vor dem Rätsel Hockenden in neuer Gestalt zu erscheinen, ihn von hinten an der Schulter zu fassen und zu trösten bis zur nächsten Verwandlung. Als die Herbststürme begannen und wir die Insel verlassen mußten, waren die Platten «Das Opfer der Eltern Samsons» und «Samson begegnet seiner ersten Frau» fertig, außerdem hatte ich das «Bildnis Eva-Christina» bei mir, das sehr paradiesisch zu werden versprach. Im folgenden Winter, 1960/61, malte ich am dritten Bild der Geheimnisse des heiligen Rosenkranzes, den «Freudenreichen Geheimnissen». Wir waren in Wien, immer wieder mußte ich die Kapitel über Samson lesen, bald kam ja ein Löwe, «und aus dem Grimmigen kam Süße ...»

Ein neuer Themenkreis war mit Samson, den ja die Kraft der Engel bewegte, in meine Malerei gekommen: die Cherubim. Diese Wesen des Anfangs und der Urkraft der Schöpfung, diese gottgefälligen, gottgehorsamen Diener seiner erschaffenden Hand waren, in den Farben des Spektrums leuchtend, mit Lichtschwestern aus dem Prisma der Malerei brechend, die tragender Säulen der Wege der Schöpfung Anbeginn. Ich hatte im Atelier von Jean Pierre Alaux in Paris, wo wir vor Beginn unserer Sommerreise einige Tage wohnten, eine Bilderreihe begonnen: Paradiesbäume und feurige Vögel, die – Löwe, Adler, Rind und Mensch zugleich – die Früchte des Paradieses harkten; sie aßen von der Speise der Götter, saßen im Lebensbaum, die Schwingen zum Feuerschirm gespreizt. Durch die Winterarbeit am Altarbild war nun dieser erste Einblick in eine neue Welt ein wenig unterbrochen. Doch als der Mai 1961 kam, fuhren wir nach Paris, alle angefangenen Bilder nahmen wir mit, und voll von Plänen war ich, den «Samson» weiter zu gestalten.

Unter dem Glasdach der Villa des Bilder sammelnden Pelzhändlers Salomon wurde die Arbeit an den Cherubim fortgesetzt, und die Platte «Samson ringt mit dem Löwen» entstand. Hier wollte ich das Paradies zeigen, das im Moment der Bezwingung des «Grimmigen» transparent wird, aus der uns gewohnten Gegend hervortritt in all seiner Pracht und Kraft. «Aus dem Grimmigen kam Süße und aus dem Fresser Fleisch.» Und da Samson den Kadaver des zerrissenen Löwen findet, ist dieser zur Wurzel des Paradiesbaumes geworden, der in Gestalt der Minora, des Lichterbaumes, die Lebensfrüchte trägt – und die cherubimschen Vögel hausen in ihm, denn im Aas des Löwen haben die Bienen, Bereiter der Götterspeise, ihr Reich errichtet. Hier begegnen wir auch dem Lindwurm in anderem Lichte. Am Fuße der Linde oder in der Höhle an ihrer Wurzel haust er, den Schatz hütend – den heiligen Baum. Im Samson war alles gesagt, alles versammelt, es mußte aber mit Kunst ergründet werden; eine herrliche, faszinierende Aufgabe, die mich mit jedem Tag mehr in ihren Bann zog. In den Jahren, in denen ich der Radierung untreu geworden war, in der Zeit meiner tödlichen Lähmung (aus dem bestatteten Horn, des Einhorns erster Gestalt, das jahrelang keine Furchen graben wollte, konnten einfach keine in Kupfer zu verewigenden Bilder kommen), hatte sich ein zum Seil gewundener Bild-Faden gesponnen und gespannt, den ich jetzt zum gordischen Knoten schlingen wollte. Die Gesamtheit der Bilderfolge, ihr Verlauf als dramatisches Geschehen, nahm auch für meinen Verstand Form an. Nun erhob sich der Doppeladler über die Sichel des Mondes im Zenit der Nacht und erfaßte mit seinen Krallen die Füchse. Mächtig wie der Schild seines Leibes, in das die zwölf Namen der Söhne Jakobs eingegraben sind, ist das Quadrat seiner Proportion, genauso wie auf Arons Brust der hohepriesterliche Schild. Seine Häupter sind mit Arons Mitra gekrönt.

Über dem Boden schwebend, gleichsam vom Adler angezogen, schwebt Samson und setzt die Füchse in Brand. Am Boden der verbrannten Ernte aber sind die Schädel der Feinde zum Berg geschichtet, aus dem die Viper nach dem Adler schnellt. Meine Adlerliebe, mein geliebter Doppeladler, König meiner Kindheit und Cherub dieser Erde, konnte in diesem Blatt ein Denkmal finden. Die Füchse sind angezündet, ja sie brennen gern in den Fängen dieses erhabenen Wesens. Wie war doch plötzlich mit der Arbeit am Samson meine früheste Kindheit wiedergekehrt und als Bilderbuch vor mir aufgeschlagen.

Meine Identifizierung mit Samson wurde immer heftiger, und jeder aufgeklärte Beobachter würde sie manisch genannt haben. Mein Haupthaar wuchs ungeschoren, seit meiner Rückkehr war es mir bis zum Gürtel gewachsen, ebenso mein Bart, und hinter den Ereignissen eines ruhigen Lebens mit meiner Eva-Christina in Wien oder Paris wurden alle Szenen des Samson-Textes in meinem Leben sichtbar. Das analoge Geschehen wurde, ohne von Außenstehenden beachtet zu werden, in meinen Alltag eingeschleust.

Nachdem ich mit Eva-Christina einige Wochen des Sommers 1961 auf Mali Loschin verbracht hatten, gingen wir wieder nach Paris. Samson war in den Schwingen des Adlers unantastbar auf dem Fels Etam und zog von dort in die große Schlacht gegen die Philister.

Neben meiner Arbeit an Samson suchte ich das Bild des Cherubs klarer und schärfer ins Auge zu fassen und arbeitete nach einem Zyklus von Kohlezeichnungen und Pastellen an der bei Salomon begonnenen Bilderreihe der Cherubsköpfe weiter.

6 — Das Konterfei meines Lebens durch Samson

Eva-Christina wurde im Spätsommer 1961 meine Frau und brachte, kaum daß das neue Jahr begonnen hatte, unseren Sohn Emanuel zur Welt. Wien sollte unser Hauptquartier werden. Wir zogen in ein großes Atelier und gründeten einen Hausstand. Mir war das so neu und unbegreiflich – zunächst konnte ich es kaum fassen. Seit meinem ersten Israelaufenthalt hatte ich mir jedes Jahr vorgenommen, wieder dahin zurückzukehren, und seit der Intensivierung meiner Arbeit am Samson wurde der Wunsch, dort, an den Stätten seines Wirkens, meine Arbeit, wenn möglich, zu vollenden, immer stärker. Da das neue Atelier noch nicht bewohnbar war und langwierige Umbauarbeiten geleistet werden mußten, entschlossen wir uns, über Paris und Venedig nach Israel zu fahren. Emanuel nahmen wir mit.

Durch die regelmäßige Honorierung der Samson-Platten war es mir jetzt möglich geworden, eine längere Reise zu unternehmen, ohne um das Wohl meiner Familie fürchten zu müssen. Gemeinsam mit Erich Brauer und seiner Familie fuhren wir auf einem griechischen Schiff in unser Heiliges Land. Wir freuten uns wie Kinder auf diesen Aufenthalt – denn in der Liebe zu diesem Land waren wir ein Herz und eine Seele.

In Israel angekommen, traf ich alles so, wie ich es erhofft hatte. Die Malerin Anna Tycho, deren Zeichnungen ich zu den besten der modernen Graphik zähle, erklärte sich sofort bereit, uns in ihrem Wagen nach Aschkalon und ins Tal Sorek zu fahren, um uns die wichtigsten Stätten der Geschichte Samsons zu zeigen. Diese kleine Reise war ein unvergeßliches Erlebnis. Die Gestalt Samsons als Richter, als Held Israels, zog ihre Konturen nun klar und königlich vor dem Sternenhimmel des Ewigen und reckte das Zepter der Gerechtigkeit über sein Volk. Wir wohnten an der Küste Dan in Nahariyah (in der Nähe sind altkanaanitische Ruinen), Meer und Sonne waren ein einziges Bad – da war gut arbeiten. Vier Monate blieben wir in Israel, die Hälfte der Zeit lebten wir in Jerusalem, hier wurde auch die Schlacht Samsons fertig.

An der Küste, in Nahariyah, wurde mir klar, daß Dagon ein Meeresgott war, verkündet dem Mond und der Nacht im Aspekt des Todes und der Unterwelt – halb Fisch, halb Mensch, umschlang er Lilith, den Geist der Delila. Das Gefährt des Dagon ist das Schiff des Todes, der Kahn der Mondsichel, in seinem Bauch sind die Geister der Toten und die Finsternis ihres Totenschlafs. Im Kreis seiner sonnenhaften Glorie schwebt Samson dem Philisterheer, das sich einmal in Gestalt eines Riesenfisches, das andere Mal in Gestalt eines Schiffes auf ihn stürzt, entgegen; und den Kieferknochen eines Esels schwingend, wirft er den Totengott am Pfeiler, der Tag und Nacht trennt, zurück. Als wir gegen Ende September Israel verließen, hatte ich zwei Platten fertig bei mir, «Samson der Richter» und «Samsons Schlacht gegen die Philister». Noch im selben Jahr schuf ich, hauptsächlich in der Eremitage und im «Hotel de Londres», meinem Pariser Hauptquartier, die «Tränkung Samsons» und die erste Begegnung Samsons mit Delila im Tal Sorek. In beiden Platten war es möglich, die Verbundenheit Samsons zur Engelwelt zu zeigen.

Die Sonne stand im Zenit, Samson, der Sieger, neigte sich dem Untergang zu. Der Horizont, die Pforte der Nacht, färbte sich und spielte mit dem rotgoldenen, lichten Gelock seines Haares, sog es ein – schon schimmerte matt die Sichel des Dagon am dunkel werdenden Himmel im Norden. Und da der Mond voll ist über Gaza, küßt Samson in seinem Spiegel die Hure. Noch aber ist er nicht in den Händen des Todes, hängt aus die Tore der Nacht (Gaza), stellt sie gegenüber der Stadt auf einen Berg und steigt am Horizont, ehe Gaza erwacht, empor, strahlender als je zuvor.

Erst durch die Begegnung mit Delila, der schönsten Tochter der Nacht, durch Lilith selbst, die Nymphe der Nymphen, wird das Gold seiner geweihten Locken dem Dagon zur Beute. Wie das Einhorn nur im Schoß einer Jungfrau Ruhe sucht und nur durch eine solche angezogen seine Verborgenheit verläßt, damit sein Geheimnis preisgibt und so erst von Jägern erlegt werden kann – denn so berichten es die alten Sagen –, wird auch Samson (das Einhorn), im Schoße Delilas schlafend, seine strahlenden Haare (sein Horn) verlieren und eine Beute der Nacht werden, nämlich sein Augenlicht verlieren. Vor dem Hause des Dagon offenbart er Delila sein Geheimnis, und das Haus neigt sich über sein Haupt.

Mit Samsons Blendung ist die Sonne im Westen versunken, vor den erblindeten Augen tun sich die Bilder des Totenreiches auf, sein Schädel ist kahlgeschoren, und die Hand Gottes weicht von ihm. Dort, wo die Lilithgeister schweben, an der Grenze zwischen Schlaf und Tod, trifft ihn der Stoß seiner Feinde. Jene vier Situationen, die in seinem Schicksal das Überschreiten von Grenzen, das Überwechseln von einer Seite zur anderen anzeigen, habe ich auch als Doppelplatten gestaltet. Bilder, die gleichsam zweiteilig zwei Welten zeigen. Erstens den Kampf mit dem Grimmigen, Welt und Paradies. Zweitens in der Schlacht gegen die Philister, die Entzweiung von Tag und Nacht. Drittens die Grenze von Schlaf und Tod, von Licht und Finsternis in «Samsons Blendung» und schließlich die Grenze von Leben und Tod, Selbstopfer und Auferstehung. Hier, in der «Zerstörung des Dagon-Tempels», dieses Tempels des Todes, verläuft die Faltung des Doppelbildes genau durch die Mitte des Leibes von Samson. Dies sind in Kürze die wichtigsten Hinweise zur Deutung (und Illustration ist ja Deutung) des Samson-Textes.

Die Analogien zu diesem gewaltigen Geschehen auf der Ebene meines «Personenzuges» zwischen Wien und Paris, in den Räumen einiger Druckereien, Ateliers und Hotels, kurz, die Ähnlichkeit, das Konterfei meines Lebens durch Samson und umgekehrt, all das war in Andeutungen nur und kaum merklichen Spuren des großen Urbildes allein mir selbst erkennbar.

Auch in meinem Leben wollte ich die Süße der Nacht bezwingen, wie Blake es sagt, und fühlte doch, daß sie mich einholte, um mit sanfter Hand mein Haupt zu erfassen, wußte, daß sie es an sich zog zu einem Kuß, nach dem mich verlangte und der doch eine Nacht bedeutete, die schreckliche Erfahrungen des Todes barg – eine Ahnung vom ewigen Grauen der Verdammnis.

Im Namen Gottes ist Jubel, allein sein Name ist Jubel, und die Lippen Samsons sind von den Zeichen seiner Schreibung geformt; wie kann es sein, daß sie da küssen, der Mund des Todes den Atem Delilas berührt? Und doch, es konnte sein, es mußte sein! Die Rätsel der Nacht – das Rätsel der Sphinx fiel wie ein riesiger Stein vom Himmel – und auf mein Gesicht.

7 — In memoriam Arnold Böcklin

Gewiß bin ich nicht der einzige, dessen erste Liebe zur Malerei mit dem Werk Arnold Böcklins zusammenhängt. In Gesprächen mit manchen Kollegen und Amateuren habe ich immer wieder Gelegenheit gehabt, eine Verknüpfung erwachender Faszination für Malerei im allgemeinen mit dem Werk Böcklins zu beobachten.

Nicht jede Jugendliebe hält allen umwälzenden Erschütterungen stand, die das Leben uns bringt, und so mancher Künstler, den wir in der frühen Jugend für einen der Größten gehalten haben, gerät in die Dunkelkammer des Vergessens, ohne je wieder belichtet zu werden. Meine ersten Heroen waren Böcklin, Khnopff, Toorop, Klimt, Klinger, Schwaiger und Meštrović. Diese Künstler kannte ich aus dem «Ver sacrum», der Hauszeitschrift der Wiener Secession, deren Jahrgänge im Wartezimmer meines Onkels Sjemov Fromowitsch lagen. Er war praktischer Arzt, und ich habe ihn in den ersten Jahren des Krieges oft besucht. Er beging 1942 Selbstmord.

Onkel Fromowitsch war der Mann meiner Tante Tschannerl, einer Schwester meines Vaters. Mit seinem Selbstmord entzog er sich einer Vorladung der Gestapo. Tante Tschannerl, die ich nach seinem Tode noch einige Male besuchte, kam im Konzentrationslager Theresienstadt um. Damals war ich zwölf Jahre alt. Onkel Fromowitsch und Tante Tschannerl waren die letzten jüdischen Verwandten, die Wien nicht verlassen konnten, die sich aber trotz ihrer offensichtlichen Niedergeschlagenheit und Depression viel mit Kunst beschäftigten. Onkel Fromowitsch sah meine Zeichnungen aufmerksam an. In den Räumen seiner Ordination und seiner Wohnung sah ich zum erstenmal Bilder und Gegenstände, die mein späteres Verhältnis zur Moderne nachhaltig beeinflußt haben. Als ich eines Tages ein Porträt meines Onkels anfertigte, brachte er mir bei, wie man richtig signiert: «Pinxit mußt du schreiben», sagte er, «danach Ernst Fuchs.» Er besaß viele Kunstzeitschriften und eine reichhaltige Bibliothek. In ihr saß ich oft, um Bilder zu betrachten oder zu zeichnen.

In dieser Atmosphäre bin ich den Bildern Böcklins begegnet. Als ich ein Jahr später bei Emy Steinböck Unterricht in Bildhauerei nahm, hatte ich, durch die Bekanntschaft mit den Werken Böcklins, ein antiklassizistisches Verhältnis zu den klassischen Vorlagen, die ich kopierte. Böcklins Bilder haben mir die Wirklichkeit der antiken Götterwelt bewußtgemacht, und ich sah das göttliche Fleisch und Blut durch die Gipsabgüsse schimmern, die ich zu kopieren hatte. Daß Böcklin zu meinen Vätern zählte, war in seinen Bildern zu sehen: Die Blüte des Löwenzahns hatte er so herrlich gelb gemalt, daß es dieselbe schien, die ich aus meiner Kindheit kannte. Sein «Frühling» ist das Zeitalter meiner Kindheit. Unendlich viele Erlebnisse, Eindrücke und Farbzusammenstellungen, die für meine Erinnerungen aus dieser Zeit typisch sind, habe ich in seiner Bildwelt wiedergefunden. Ein solches Wiedererkennen ist für mich das Resultat eines mythologischen Prozesses. Mythos ist für mich die erste und oberste Wirklichkeit.

Soweit meine Erinnerung zurückreicht, haben jene Motive, die Gegenstand meiner Bildwelt sind, die Inseln kindlicher Glückseligkeit im Meer des Alltags gebildet. Daher ist Böcklin für meine Malerei der bedeutendste Genius. Nicht Grünewald, nicht Bosch – vielleicht noch Dalí – haben sich aus meinem Selbst so vehement angemeldet und mein Werk gelenkt wie dieser Künstler. Da ich mein Leben ständig mythologisierend durchdringe, wurde Böcklin zur stets wachsenden und schließlich überragenden Schlüsselfigur meiner Imagination.

In einem Zyklus von 26 Zeichnungen und einer großen Radierung ist meine *Voyage imaginaire* dieser Schlüsselfigur festgehalten. Es ist mir ein Bedürfnis, Böcklins zentrale Stellung in meinem Urteil über die Malerei des neunzehnten und zwanzigsten Jahrhunderts, die ich besonders schätze, zu bekennen. Denn die Zeit ist gekommen, die Meisterschaft in den Künsten wieder zu suchen und die im Heer der vergessenen und bekannten Größen verborgenen Meister wieder zu entdecken. Böcklin ist ein solcher Meister, und über die Entdeckung seiner Bildwelt wird vieles Vergessene wieder erreichbar. Von seinem Standpunkt aus wird das neunzehnte und zwanzigste Jahrhundert sichtbar. Die ganze Problematik der Malerei, die Impression und das Surreale, haben sich bei ihm noch vor dem Art Nouveau zu einer Einheit verbunden.

Während ich am Zyklus «Auf der Toteninsel» arbeitete, habe ich auch versucht, über Böcklins Leben und seine Reisen Auskünfte einzuholen. Dabei hat mich am meisten eine topographische Fixierung der «Toteninsel» interessiert.

Obwohl ich sehr viele Menschen befragte, von denen ich annahm, daß sie es wissen müßten, fand ich zunächst niemanden, der mir Auskunft geben konnte. Leonor Fini gab mir den Rat, die Insel Korfu zu besuchen, denn dort habe Böcklin manches Motiv in seine Arbeit aufgenommen. Also plante ich für den Sommer 1970 eine Böcklin-Reise, eine Fahrt zur Toteninsel. Da meine Frau mich begleitete, wollte ich zunächst mit einer Rekonstruktion unserer Hochzeitsreise beginnen, um uns beiden eine Freude zu machen, und Saint-Tropez und Nonza am Cap Gorse besuchen, wo Leonor Fini in einem alten Kloster haust. Von dort wollten wir über Dubrovnik nach Korfu zu reisen, denn in diesem Bereich des Adriatischen Meeres vermutete ich die Toteninsel.

Nachdem wir Dubrovnik erreicht hatten, waren wir von seiner Unberührtheit und schlichten Monumentalität so beeindruckt, daß wir beschlossen, den Rest unserer Ferien dort zu verbringen. Als ich die Insel Locrum, die Dubrovnik vorgelagert ist, besichtigte, sah ich an mehreren Stellen unverkennbar Merkmale der Toteninsel. Hier mußte Böcklin sich aufgehalten haben.

Einen Tag darauf traf ich im Hotel einen alten Architekten, der noch zur Zeit der Donaumonarchie in Wien studiert hatte, sehr gut Deutsch sprach und über die Geschichte der dalmatinischen Küste alles, was mich interessierte, zu berichten wußte. Nachdem ich ihm die Toteninsel als Reiseziel genannt hatte und mit Begeisterung von Locrums Schönheit sprach, sagte er plötzlich: «Sie sind hier am rechten Ort, nur gibt es heute kaum noch Menschen, die sich daran erinnern können. Sonst wäre es möglich, Ihnen die Häuser, in denen Böcklin gelebt hat, und die Motive, die er gemalt hat, zu zeigen. Jedenfalls sind die Seeseite der Insel Locrum, die fjordartigen Schluchten dort, sowie die dem Meer zugewandte Seite der Festung Dubrovnik Modell für einige seiner Bilder geworden. Die Idee zur ‹Toteninsel› aber hat er in der Bucht von Kotor, auf der Insel St. Georg, geboren. In dieser Bucht werden Sie etwas ganz Ungewöhnliches sehen, eine Kloster- und Begräbnisinsel, und Santa Maria, eine künstliche, auf versenkten Schiffen errichtete Insel, die heute noch ein stark besuchter Wallfahrtsort ist.» Nun war ich endlich in der Lage, den irdischen Anlaß für soviel Überirdisches, Metaphysisches in Böcklins Werk zu erreichen und zu betrachten.

Als hätte ich geahnt, daß ich mich meinem Ziel näherte, war es mir einige Tage zuvor in den Sinn gekommen, Reisetagebuch-Aufzeichnungen zu machen. Sie beginnen mit einem Traum, der vom unbekannten Alterswerk Böcklins handelt und den ich noch auf Korsika vor der Abreise nach Dubrovnik hatte. Die Notizen schließen mit einer Beschreibung des Besuches der Insel St. Georg.

Während einer langen und schweren Grippeerkrankung, die mich den Winter vorher zwang, das Bett zu hüten, was immer eine gute Gelegenheit zum Träumen und Schreiben ist, hatte ich begonnen, eine imaginäre Reise zur Toteninsel zu beschreiben. Ich litt während meiner Krankheit zuweilen an Todesangst und meinte, daß meine Beschäftigung mit Jugenderinnerungen, mit Böcklin und der Toteninsel nichts anderes sei als chiffrierte Ahnung meines baldigen Todes. Nun aber, da die Wiederholung meiner Hochzeitsreise, die Schönheit der Landschaft und die Annehmlichkeiten des Klimas sehr bald Genesung und Fröhlichkeit mit sich brachten, vergaß ich meine Ängste, und die Beschäftigung mit der Toteninsel wurde zu einem angenehmen Traum.

Fast alle Zeichnungen des Zyklus waren bereits vollendet, und ich verbrachte die Zeit meiner Erholung damit, das schon Geschaffene zu ergründen.

8 — Ideen und Vorhaben endlich entfalten

In meinem Atelier in der Marokkanergasse konnte ich die Vielfalt meiner Ideen und Vorhaben endlich entfalten. Die Epoche der Rückkehr zur Plastik begann – im Zusammenhang mit Ausstattungsaufträgen für den Bühnenraum, auch das Entwerfen und Bauen von Möbeln. Das Dachatelier wurde der Familie zu klein. Die Kinder, inzwischen vier, sollten mehr Raum zum Spielen haben, denn mein Atelier war auch ihr Spielzimmer. Was mir nicht immer in den Kram paßte.

Eva, meine Frau, wollte eine eigene große Wohnung – den Verhältnissen der Familie angepaßt – beziehen, und so übersiedelten wir Anfang der siebziger Jahre in die Seilerstätte No. 17. Das Haus befand sich im Besitz ihrer Familie. Theo Gabler, der seine freundschaftlichen Dienste als Architekt schon für die Ausstattung meiner kleinen Galerie am Papageno-Tor unter Beweis gestellt hatte, wurde damit beauftragt, nach meinen Vorstellungen ans Werk zu gehen. Und so entstand eine sehr schöne bürgerlich-künstlerische Wohnung, die bis in diese Tage der Sitz eines Flügels des großen Fuchs-Clans ist.

Zu meinem Leben gehört das Gründen von Banden. Wo immer ich war, scharten sich Kunstjünger um mich und wollten von mir lernen. Meist waren meine Schüler beträchtlich älter als ich. So jung wie ich war in den fünfziger Jahren selten einer. Da ich nie eine Entlohnung oder ein Honorar forderte, gestaltete sich der Unterricht sporadisch in lockerer, beiläufiger Form. Er bestand vorwiegend in der Weitergabe einfacher Rezepte für Medium und Pigment, deren Aufbereitung und Verwendung im Bilde. Begabte Leute vom Kaliber eines Dieter Schwertberger hatten es in wenigen Wochen schon zur Meisterschaft gebracht. Andere wiederum gingen einen dornenreichen Weg der Plage. Aber unter diesen schwerfälligeren Nachfolgern gab es auch solche, die langsam, aber sicher ihren Weg fanden, wie zum Beispiel Ernst Haupt, der Anfang der siebziger Jahre in meinem Atelier in der Marokkanergasse erschien und die Mischtechnik erlernte – so nebenbei, denn er betrieb eine Werbeagentur.

Diese Ereignisse trugen sich zu, während ich am «Sphinx»-Zyklus arbeitete. Mein Lebensstil war in der noch jungen Ehe mit Eva bürgerlicher, wenn nicht feudal geworden. Eine Köchin, ein Kindermädchen, eine Sekretärin – später ein Chauffeur – bedienten das «Haus». Nach meiner Rückkehr aus Paris hatte la Bohème an mir keinen Freund mehr, denn ich genoß es sehr, der Armut endlich entwachsen zu sein, an großformatigen Bildern malen zu können, frei von drückenden Geld- und Raumsorgen. Daß ich an diesen Großformaten noch fünfzehn Jahre tätig sein würde, habe ich zwar geahnt, aber daß ich mit den meisten nach Monte Carlo übersiedeln würde, um sie fertigstellen zu können, das habe ich mir damals nicht träumen lassen.

Das Café Hawelka war auch eine Bühne seltsamer Zusammenkünfte; dort lernte man so manchen Kunstfreund kennen; einen zum Beispiel, der sich als Prinz zu Schwarzenberg entpuppte und «Kari» genannt wurde. Jung und der Kunst zugetan, verschaffte er mir einige Porträtaufträge, die meiner Kunst neue Freunde gewannen. Mein Atelier glich einem Taubenschlag, einem Umschlag der verschiedensten Interessen und Adressen. Hatte mein Paris-Aufenthalt mich stets mit einer Klausur des Einzelgängers umgeben, aus der ich austrat, indem ich die großen Treffs von «Dôme» bis «Les Deux Magots», «Café de Flore» oder «La Coupole» aufsuchte, so waren mein Atelier und die kleine Galerie schon einige Jahre zuvor ein Treffpunkt des Wiener Kunstlebens von quirliger Aktivität. Es störte mich nicht, Tag für Tag umgeben von Freunden, Besuchern und Schnorrern zu malen, Musik zu hören, Briefe zu diktieren. Es wurde mir vorgelesen, Tratsch zugetragen – ein nicht immer erfreulicher und darum erträglicher Rummel.

Um der dadurch enger werdenden Räumlichkeit meines Dachateliers zu entgehen, mietete ich im selben Haus die Räume im zweiten Stockwerk – da entstanden dann die großen Gemälde, deren Vollendung nur zum Teil schon erfolgt ist. In diesen Räumen konnte ich mich auch zurückziehen. Sie eigneten sich für Porträtstudien usw., vor allem aber entstand kein Chaos. Unordnung kann ich nicht vertragen, sie erzeugt in mir einen Selbsthaß. Eine Scheitelung meines ungezähmten Haarwuchses muß ich vornehmen können, sonst geht die Arbeit nicht voran. Das Schaffen in großen Räumen lernte ich hier erst richtig kennen. Mein Wunsch, bedrängender Enge zu entkommen, ging hier in Erfüllung.

Analog dazu bekam ich Aufträge zur Bühnen- und Kostümgestaltung, die meinem Wunsch, als Architekt des Gesamtkunstwerkes zu wirken, sehr entgegenkamen. Die «Vierzig Irrtümer des Herodes» war mein erster Wurf, dann kam das Ballett «Der Golem» Francis Burt. Alle diese Aufgaben löste ich im Hinblick auf Plastizität und Architektur, gleichzeitig entstanden die Texte und Bilder zur *Architectura Cælestis*.

9 — Die Villa Wagner wird zur Villa Fuchs

Als ob es gestern gewesen wäre, höre ich den euphorischen, ermunternden Zuspruch meiner Helfer und Ratgeber, als ich den Gedanken, die Villa Otto Wagners zu kaufen, nicht mehr für mich behalten konnte. Ich mußte es tun, obwohl ich nichts von Geldgeschäften verstand, die über den Verkauf eines Kunstwerkes hinausgingen.

«Eine großartige Idee, Sie sind der einzige, dem dieses Haus paßt. Es ist wie geschaffen für Sie, für Ihre Kunst und Ihren Status», sagte man mir. Ja, das wußte ich, zweifellos bestärkt von meinem Bankier, der auch fortan wußte, wie das Geschäft laufen müßte, und so auch alles in die Wege leitete. Im gleichen Maße sprach auch mein Kunsthändler in Wien, Manfred Scheer, von der besten Idee, die ich je hatte. Auch er sah keine Schwierigkeit, dieses Juwel, wie er die Villa nannte, zur Bühne meiner Kunst zu gestalten. «Das brauchen Sie, in diesen Räumen wird man begreifen, welcher Rang Ihren Werken zukommt. Erst dann haben Sie etwas Wesentliches erreicht.»

Über diese positive Aufnahme meines Kindheitswunsches freute ich mich: «Dieses Haus, Mama, schenk ich dir, wenn ich einmal groß bin.» Dieses Kinderwort wurde wahr und ist heute Legende. Der Vorgang des Kaufs und der daran gebundene Amtsweg wurde von Miriam Prosek kenntnisreich und liebevoll betrieben. Und schon nach wenigen Tagen bestand der Fortschritt darin, daß das Hervortreten des Malerfürsten als eine besonders freche Tat betrachtet wurde, die meinem Ansehen schadete.

Der Besitzer eines solchen Kulturdenkmals wird in den Rang des Hauses erhoben, und von den Räumlichkeiten und der Art ihrer Zusammenhänge strahlt das Charisma auf den Künstler zurück. Das Haus war noch so, wie es der Stararchitekt Otto Wagner 1888 (das Geburtsjahr meines Vaters) entworfen und erbaut hatte.

Dieses Charisma des Baues täglich auf sich wirken fühlend, habe ich die Veränderung meiner Kunst erlebt. Die großen Bilder, die ich Anfang der siebziger Jahre begonnen hatte, entstanden alle noch in den Räumen einer großen Wohnung im Bezirk Landstraße, im obersten Stock des Hauses Marokkanergasse 11. Es war notwendig geworden, in mehreren Zimmern die hohen, leinwandbespannten Bildtafeln zu bearbeiten. Es war auch praktisch, hier in diesen völlig leeren, großbürgerlichen Räumen zu malen. Aber eine Frage blieb offen: Wohin sollten die Bilder gebracht werden, wenn sie eines Tages vollendet sein würden?

Ende der sechziger Jahre, als ich an den Texten zur *Architectura Cælestis* schrieb, hatte ich mit Arnulf Rainer, Hundertwasser und unseren Frauen auf winterlich verschneiter Balustrade gegen den geplanten Abriß dieses Hauses demonstriert – erfolgreich. Zu dritt hatten wir nun geplant, in diesem Hause unser «Pintorarium» zu beheimaten. Wir führten ein Gespräch mit dem damaligen Bürgermeister Slavik. Dieser stellte fest: «Die Bude ist am Eingehen, feucht. Was wollt's da? Außerdem gehört der Kasten nicht der Gemeinde!»

Aus der Traum! Meine Kollegen vergaßen ihn sehr bald, nur ich verfolgte ihn weiter und fand den Weg zu seiner Realisierung: Herauszufinden, wem dieses Haus gehörte, war das erste und gar nicht so einfache Unternehmen. Der Besitzer war Herr Kommerzialrat Cernosik. Täglich residierte der korpulente, leutselige Kaufmann im Stil der guten alten Zeit im Café Rainer. Er war im Handel mit Sanitär-Einrichtungen groß geworden. Erfahren in Bankgeschäften, hatte er vom Vorbesitzer, der Volksbank Landstraße, das Haus und die Liegenschaft für einen geringen Preis erworben. Sein Plan – eine Katastrophe – sah vor, den Hügel des Grundstücks zu parzellieren und mit Bungalowbauten nutzbar zu machen. Dieses Stück Wienerwald sollte also – wie viele andere, damals und heute – vernichtet werden.

Cernosik war ein gemütlicher Mann, liebte die klassischen Wienerlieder und lud zu festlichen Abendveranstaltungen eine große Menschenmenge ein, Freunde und Bekannte. Dazu bat er den Czerwenka oder andere Größen des Gesangs, seine Lieblingslieder zum Besten zu geben. Das erinnerte mich gar sehr an die Neigungen meines Vaters und machte mir Cernosik, der sonst von Kunst keine Ahnung hatte, sehr sympathisch. Wenn die Rede – bei unseren wiederholten Gesprächen im Café Rainer – auf die Villa kam, öffnete er seinen Hemdkragen, lockerte die Krawatte und strich sich seufzend den mächtigen Hals. Stöhnend, als wollte er eine schwere Last abwerfen, sagte er des öfteren:

«Sie können's haben, Sie können's gut brauchen», und sprach somit genau dasselbe, was Händler und Ratgeber gesagt hatten. Er wollte aber aus steuerlichen Gründen das Haus erst nach Ablauf von fünf Jahren verkaufen. Diese gesetzliche Klausel sollte den Grundstücksspekulanten einen Riegel vorschieben – also mußte ich warten.

1972 war es dann soweit. Auf Patmos machte ich mit Eva und den Kindern einen Malurlaub. Nahe der Höhle, in der Johannes die Apokalypse geschrieben hat, waren wir in einem kleinen Strandhotel einquartiert. Die Ahnung quälte mich, daß während der letzten Urlaubstage auf dieser wundervollen Insel die Otto-Wagner-Villa verscherbelt werden sollte. Ich fühlte, die Villa war in Gefahr. Damals gab es auf dem kleinen Postamt des Ortes nur ein Telephon, und jedes Gespräch mußte Stunden vorher angemeldet werden, sonst war keine Verbindung möglich.

Eine Unruhe hatte sich meiner bemächtigt, denn ich fürchtete, daß Cernosik mein Angebot vergessen hatte. Ich mußte mit ihm reden, ihn daran erinnern – er stand bei mir im Wort. Schier endlos werkelte der Postbeamte an der Kurbel des Telephons (eine Antiquität), bis ich endlich die Stimme meines Wiener Originals Cernosik hörte. «Ja, ich bin am Verkaufen, ein Kollege von Ihnen möcht's haben, will aber, daß ich die Zinsen für seine Wechsel zahlen soll – und das kommt nicht in Frage». Er hätte mir auch noch gern die Details des Verkaufsgesprächs mitgeteilt, denn redselig war er, aber ich wollte davon gar nichts hören, sondern schrie immer wieder in den Sprachtrichter, den ich in der zitternden Hand hielt: «Ich kaufe! Ich kaufe, geben Sie mir nur die Villa!» Er war verdutzt, denn solch ein Kauf aufs Geratewohl überraschte ihn. Er war bedächtige, kritische Fallensteller gewohnt, Partner, die auf undurchschaubaren Winkelzügen sich einem Ankauf nähern.

Ich aber sprach kurz und bündig: «In drei Tagen bin ich in Wien, und wir schließen den Kaufvertrag ab.» Die Summe, die er wollte, war genannt, der telephonische Handschlag gegeben, die Sache besiegelt – ohne Geld. In Wien angekommen, hörte ich, wie schon beschrieben: «Heil dir! Du strahlender Malerfürst.» Und eh ich mich versah, war ich es auch geworden. Das Versprechen, das ich meiner Mutter im Kindesalter gab – «Wenn ich groß bin, schenke ich dir dieses Haus» –, wurde Wirklichkeit.

Mit dem Malerfürstentum hatte sich eine gewisse Ungeduld meiner bemächtigt. Nun mußte alles rascher gehen: Meine Mutter und ich wollten es doch noch ausgiebig erleben.

Die Zeit der Renovierung und Ausstattung als Atelier durfte nicht viel Zeit verschlingen. Hat man Hunger, gibt man's billig. So wurde die Zeit der Adaption der Villa zum Atelier und ihre Renovierung eine Periode ausschweifender Sparsamkeit. Baumeister Watschinger ging mir zur Hand – effizient und rasch brachte er zustande, was ich mir wünschte. Auch konnte ich manche seiner Leistungen mit Kunstwerken bezahlen. Mein kühner Gestaltungswille richtete sich vor allem auf die Realisation meines Wunsches, die Villa als Arbeitsstätte einsatzbereit zu machen. Da ich die Arbeitsgänge täglich beobachtete und das kleine Team von Maurern und sonstigen Handwerkern mit Lob und Tadel, mit Rat und Tat unterstützte, verbrachte ich weniger Zeit bei Frau und Kind in der Seilerstätte 17, wo ich eine sehr schöne, phantastisch bürgerliche Wohnung eingerichtet hatte. Für die Ausstattung dieser Wohnung hatte ich mir so manches einfallen lassen, was außergewöhnlich war – Selbstgemachtes, bei dessen Erstellung mir meine Erfahrung im Bereich der Bühnenbildnerei zugute kam. Im besonderen sei das Badezimmer erwähnt, welches als Grottenbad gestaltet wurde. Auch ließ ich Möbel bauen, die nur wenige Jahre später in die Wagner-Villa gebracht wurden und die in die Räume paßten, als hätte ich sie dafür entworfen: So das gelbe Riesenbett in Muschelform und die große intarsierte Sitzgarnitur. Alle diese Möbel, die ich für die Wohnung in der Seilerstätte hatte bauen lassen, paßten in hervorragender Weise in mein

Märchenschloß, so daß die Renovierung und Ausstattung der Villa im Grenzwald wie von Zauberhand in nur einem Jahr zustande kam.

Dieser Aufstieg erweckte enorme Bewunderung, aber auch Haß und Neid. Mit diesem Schritt in höchste Höhen (denn so sahen es die Neidgenossen) hatte ich mich endlich aus der Cliquenwirtschaft hinauskatapultiert. Die Zeitungen und Zeitschriften berichteten zwiespältig wie immer, aber reichlicher als je zuvor. Diese Steigerung meines Bekanntheitsgrades geschah in einer Epoche, in der die Feinde der Kunst, die einen Inhalt hat, schon meinten, sie hätten das Phänomen derselben endgültig verdrängt und aus dem Kunstbetrieb verbannt. Nun sahen sie zähneknirschend den Phönix über ihren Köpfen in den Himmel des Ruhmes steigen.

Wenn ich dies hier mit einem Augenzwinkern berichte, die Erinnerungen, die diese Geschehnisse begleiten, Revue passieren lasse, sind doch auch Momente nicht zu verschweigen, in denen ich Gefühle des Triumphs empfand. Denn den Jahrzehnten im Untergrund war ich entwachsen. Nicht zu leugnen aber war und ist die Tatsache, daß diese «Erhebung» auf einen einsamen Gipfel auch in besondere Formen der Vereinsamung führte. Als Freunde blieben nur der engste Kreis meiner Kollegen innerhalb der Wiener Schule des Phantastischen Realismus, die seltsamerweise sehr bald ähnliche Formen des Aufstieges erlebten.

Rudolf Hausner erwarb ein Haus mit wundervollem Park in der Nähe der Höldrichsmühle bei Baden. Anton Lehmden griff nach dem Schloß Deutschkreutz und gestaltete es, indem er diesen Riesenbau aus seinem Dahindämmern erweckte und zu einem Juwel des Burgenlandes erhob. Erich Brauer erwarb eine wundervolle Gründerzeit-Villa und entfaltete darin ein beispielhaftes Familien- und Gesellschaftsleben. Wolfgang Hutter baute im Kahlenberger Dörfl sein elegantes, weiträumiges Atelier-Haus-Museum. Die Wiener Schule hatte sich in eine Art Olymp erhoben.

Bedenkt man, daß dies in einer kunstfernen Zeit geschah, in der Karrieren wie die eines Lenbach, eines Franz von Stuck oder Makart nicht mehr im Bereich des Möglichen zu liegen schienen, ist es doch besonders bemerkenswert. Den Vogel abgeschossen hat dann schließlich Hundertwasser, indem er der erste war, der sein Gesamtkunstwerk, das Hundertwasserhaus, und danach zahlreiche andere Bauten im Sinne seiner ökologischen Ideen verwirklichen konnte – was bis heute viele Zeitgenossen in den Wiener Künstler-Cliquen nicht verkraftet haben.

Viel Feind, viel Ehr? Nun ja! Eines Tages, ich lebte schon einige Jahre in Monaco, meinem jetzigen Hauptwohnsitz, kamen in Wien im Zuge einer Steuerprüfung Beamte in die Villa Wagner, deren Umgangsformen mich an Verhörmethoden der Hitlerzeit erinnerten. Aus einem Gemisch von Mißtrauen, ungläubigem Staunen und Neidgefühlen entspann sich zwischen den beiden Kontrollorganen ein Gespräch, das ich nicht hören sollte. Mein Museumsgedanke wurde da zum eitlen Hobby zurechtgestutzt, mit Worten: «Der ist ja größenwahnsinnig. Wozu braucht der das? Ein Maler, na und?»

So gingen sie von Raum zu Raum, ohne das Wesen dieses Hauses auch nur zu bemerken. Ihnen wurde alles zur groben Materie, die sich ihnen in einem fiktiven Geldwert darstellte und eigentlich nicht die Bedeutung haben durfte, die mein Haus schon damals hatte. Ich sah mich gezwungen, dagegen zu intervenieren – und hatte Erfolg, denn nicht alle damit befaßten Organe waren mir feindlich gesinnt. Ich hatte schon zu viele Anhänger, und die Wirkung meines Museums war keineswegs als Hobby einzustufen.

Als Mama älter wurde und allein lebte, fing sie an, Patiencen zu legen und Bridge zu spielen. Sie liebte diese Spiele und war einige Male die Woche zu Jause und Karten bei meist gleichaltrigen Freundinnen eingeladen. Desgleichen lud auch sie ihr Kaffeekränzchen ein. Sie saßen da hinter der Villa unter den Bäumen und spielten an einem aufklappbaren Kartenspieltisch. Ich war immer, wenn ich sie so sitzen sah, stolz darauf, daß sie ihre Freundinnen in der Villa empfangen konnte, denn dann war es, wie ich es immer erträumt hatte, ihr Haus, und alle fühlten es auch, daß meine Mutter die Dame des Hauses war.

10 — Das Kunst-Zerreden ist kein Werk

Das Heruntermachen von Künstlern ist in Wien eine besondere Sportart. Dieser Umstand war mir immer ein Ansporn, kräftig fortzufahren in meinem «Gegen-den-Strom-Schwimmen» – meine Sportart der Erwiderung, die Muskel stählend, derer mein Weg bedurfte. Diesem Widerstand verdanke ich ein gutes Quentchen meiner Widerstandskraft und meinen sanguinischen Humor (der trotzdem lacht). So habe ich eine Art Kämpfernatur entwikkelt, die ich bis heute gut gebrauchen kann, denn das Leben des Künstlers ist und bleibt an Katastrophen gebunden – besonders in dieser Zeit der Jahrtausendwende, in der der Künstler allgemein an den fernsten Rand der westlichen Welt und Gesellschaft gedrängt wird.

Dein Motto sei wie immer: *Erhebe dich, deine Klage sei ein Scherz, denn dein Recht ist dein Werk!*

Nur die Werk-losen haben Grund, sich zu beklagen. Das Kunst-Zerreden ist kein Werk. Bewundernswert in seiner stets unverdrossenen Haltung, jedem Mißgeschick gelassen zu begegnen, mit beispielhafter Arbeitskraft und schaurigem Humor, ist – wie eh und je – Fritz Aigner, das verkannte und hochgeschätzte Genie des Untergrundes. Für die Kenner der hohen Kunst der Phantastik ist er gewiß ein Leuchtturm der richtigen Orientierung; vor allem gebührt ihm die Ehre, ein Vorbild aller Kunstberufenen zu sein. Oft denke ich in Bewunderung an seine Standhaftigkeit, die gewiß allein der Liebe und Treue zu seiner Berufung entspringt. Als er mich unlängst, so um die Zeit meines siebzigsten Geburtstages, anrief, fragte er in knappen Worten: «Wie geht's dir?» Als ich, wie es so meine skeptische Art ist, mit «ganz gut» antwortete, kam die Fortsetzung und Präzisierung seiner Frage: «Steht er dir noch?» Als ich dies nach einem Augenblick des Zögerns bejahte, sagte er bloß: «Dann ist noch alles in Ordnung», und das war's. – Gespräch beendet.

Ja, typisch, so etwas, für jene Künstler, die ich meine Freunde nennen darf. Sie alle sind keine «Raunzer». «Seid frisch, frank, fröhlich, frei», so hatte es der Pfarrer von Reichenau vor vielen Jahren bei einer Predigt im Rahmen einer Messe für die Freiwillige Feuerwehr als deren Wahlspruch zitiert – und bei mir ein Lachen provoziert, das ich aber unterdrücken mußte: «… in der Kirche wird nicht gelacht …!»

Reichenau, meine Sommerkurse, die vielen Studenten aus aller Welt kommen mir da in den Sinn. Das waren fröhliche Zeiten! Und mittels dieser sommerlichen Malkurse hat meine Jüngerschar sich über die ganze Welt verbreitet. Erst im Gasthof «Weisnix», wo Schnitzler und andere Größen wie Peter Altenberg noch um die Jahrhundertwende verkehrten, indem sie dort auf Sommerfrische (das alte richtige Wort für solche Ausflüge) hinreisten, konnte ich bis zu hundert junge Künstler um mich versammeln, um ihnen das richtige alte Handwerk des Bildermalens beizubringen.

Und meine Schüler haben mein Wissen und meine Lehre bis nach Japan, Thailand, Israel, Amerika verbreitet. Es waren – nach dem Wahlspruch der Reichenauer Freiwilligen Feuerwehr – frische, franke, fröhliche, freie Kurse. Nicht wenige tüchtige Begabungen sind daraus hervorgegangen und sind ihrerseits Lehrer geworden: Bridget Marlin aus London zum Beispiel, Onodera, der in Japan tätig ist, und viele andere Künstler haben Lehrmethoden weitergeführt und jene Bewegung, die man «Wiener Schule des Phantastischen Realismus» nennt, in die Welt hinausgetragen.

Der Phönix kreist über dem Himmel von Wien, über dem Grenzwald – Heimito von Doderer fand dort, wo meine Villa steht, den Mittelpunkt der Erde. Von hier aus wird die Bewegung zur Kunst des dritten Millenniums werden, denn die apokalyptischen Ereignisse werden darauf hinweisen, daß die Gemälde der Phantasten kein leerer Wahn sind, sondern klärende, deutende Bildsprache der «Seher und Denker» dieser Bewegung.

Man sollte ihnen allen die Hände küssen, die da unverdrossen liebevoll das vermeintlich verlorene, magische Handwerk des Beschwörens der Einheit von Bild und Wort hochhalten. Da muß ich mich selber loben, die Schüler tun es auch: Indem ich unter ihnen malte und dabei die Erläuterungen und Differenzierungen in die Arbeitsvorgänge einbrachte, habe ich das Erbe der alten Meister, der Ikonographen der Vision, fortgesetzt und als Vermächtnis der Alten in der Welt verbreitet. Die Saat geht auf. Mein Wirken erfüllt sich, das ich nie bloß mit erläuternden Worten betrieb, sondern durch das Beispiel als Schauspiel mitteilte.

So fand ich auch zu dem wichtigsten Punkt meines Credos: Werkstatt, nicht Akademie; Anwendung der Kunst. Gemeinsames Arbeiten an einem Auftrag, wenn möglich einem öffentlichen, denn Kunst kann nur wirken an öffentlichen Plätzen. Kunst muß Lebensraum für alle Menschen werden.

Einige Herren der Geduld gekannt zu haben und meine Lehrer im Geiste nennen zu dürfen, zählt zu den glücklichen Umständen in meinem Leben. Neben Gütersloh ist Louis Hardin, genannt Moondog, zu nennen, der blinde Komponist, Philosoph und Theoretiker kosmogonaler Systeme; mein Pythagoras. Mit seiner Betreuerin, Ilona Goebel-Sammer, tritt er aus der Schar all derer hervor, die mich begleiten. Wenn er auch vor einem Jahr von uns ging, ist er doch vom Jenseits her mein weiser Lotse geblieben.

Im Verstreichen der Jahre den Vorbildern zu begegnen, kommt prophetische Bedeutung zu. Für diese Metamorphose der Verwandlung des Lebens ist die Kunst – mit der es ähnliche Bewandtnis hat – mit dem vergorenen Saft der Traube vergleichbar, deren weltliche Süße zum herben, schweren Weine wird. Für solches Geschehen ist allemal Louis Hardin, alias Moondog, ein Denkmal, ein Schlüsselbewahrer, ein Erschließer, der aus dem Dunkel der Gesichtslosigkeit die höchste Form gestalteter Töne hervorbrachte, ähnlich dem Maler, der mit Raum und Farbe Wirklichkeit schafft in der vorgefundenen Welt als deren Apotheose.

11 — Erinnerungen an Arno Breker

Ich konnte nie in das Geheul der Arno-Breker-Fresser einstimmen und mochte auch niemals die Meinung teilen, daß Politik ein Talent zunichte macht. Meine Hochachtung vor Arno Brekers Kunst nahm ich zum Anlaß, seine Werke in einer Serie von Fernsehsendungen den Totenmasken-Übermalungen von Arnulf Rainer gegenüberzustellen. Ich wollte die Bandbreite des wichtigen Themas «Menschenbild und Schönheit» umreißen, was wiederum Gegenstand so manchen Gesprächs mit Salvador Dalí wurde.

In diesem Zusammenhang erklärte mir Dalí, daß er Breker für den besten Bildhauer des zwanzigsten Jahrhunderts halte, und er lobte besonders das Relief «Kameraden» – als treffendste Form, in der die Götterdämmerung des «Tausendjährigen Reiches» eines falschen Welterlösers ihren Ausdruck gefunden habe. Mir wiederum schien Brekers Erotismus in den hünenhaften Gestalten dieses Reliefs besonders auffällig hervorzutreten – und ich sah darin eine Auseinandersetzung mit einer homophilen Neigung, wie sie auch das Gesamtwerk Michelangelos kennzeichnet. Dalí wollte Brekers Relief in seinem damals noch im Bau befindlichen Museo Teatro Dalí an dominanter Stelle zeigen. Und er spielte mit den provokanten Aspekten einer solchen Tat, denn er kannte Brekers Ruf als Erz-Nazi und Liebling Hitlers. Dalí fand es lächerlich und beschämend, daß die Memoiren Albert Speers – eine Rehabilitierung seiner Rolle als Meisterarchitekt des Tausendjährigen Reiches – nun von allen Seiten belobigt wurden, während Arno Breker der ewige Sündenbock bleiben sollte.

Allerdings muß man in Rechnung stellen, daß Dalí eine fast zwanghafte Neigung zeigte, alles Verfemte als großartig hervorzuheben. Arno Brekers «Kameraden» allerdings waren dann doch eine Schuhnummer zu groß, auch was die Kosten anbelangte, und so ist Dalís Wunsch, sie auszustellen, unerfüllt geblieben. Damals schenkte ich Dalí meine monumentale Plastik «Königin Esther», denn er dachte daran, sie im Zentrum des Hofes seines Museums aufzustellen. Er fragte mich, ob ich es gestatten würde, das ausladende Gesäß der Esther als Kofferraum seiner Cadillac-Limousine zu gestalten. Er hatte die Idee, sie mit Scharnieren aufklappbar zu gestalten, mit dem Originalgriff des Kofferraumdeckels auf dem Gesäß angebracht. Ich war über dieses Ansinnen nicht wenig erschrocken – merkte aber bald, daß es sich bei dieser Dalínade um eine Provokation handelte. Der Meister fand allerdings eine andere, bessere Lösung dieser ihm so wichtigen Analogie von Gesäß und Kofferraumdeckel, indem er die Skulptur auf eine hohe Säule stellte, die den Cadillac überragte, und so den Vergleich der Formen möglich machte.

Voller Bewunderung sah ich, mit welch einmaligem Scharfsinn Dalí die Bilder- und Formensprache der Kunst zu verstehen wußte. In seiner Gesellschaft gab es immer etwas zu lernen. Niemand hat so wie er meine Fähigkeit, Bilder «zu lesen», erweckt und geformt. In diesem Sinne verdanke ich ihm viel.

Als ich seinen Wunsch vernahm, von Arno Breker porträtiert zu werden, teilte ich dies Breker sofort per Telephon mit; und sehr bald sollte ich die Früchte meiner Vermittlerrolle sehen: Brekers schönste Porträtbüste. Nun sind ja Brekers Porträts ohnehin das Beste in dieser Kunstform im zwanzigsten Jahrhundert – und immer wieder stehe ich bewundernd im Museum in Bonn vor den Büsten Gerhart Hauptmanns, Cocteaus, Liebermanns und Ezra Pounds. Bei allem Realismus, der sie auszeichnet, ist eine Überhöhung spürbar, die mich an die Porträtkunst der Antike und der Renaissance erinnert. Dieser Aspekt scheint mir das bedeutendste Merkmal Brekerscher Kunst zu sein.

Auf eine meiner nächsten Reise nach Barcelona und Cadaques, deren Höhepunkte stets der Besuch der Ateliers von Salvador Dalí waren, nahm ich Arno Breker mit. Wir traten die lange, für den um Jahrzehnte älteren Kollegen beschwerliche Reise von Wien aus an. Ich lernte bei dieser Gelegenheit das Wesen Brekers kennen – eine einmalige Mischung aus spekulativem Opportunismus und einer spontanen, fast kindlichen Begeisterungsfähigkeit.

Im Patio des Dalíschen Atelier begann Breker, den Hausherrn auf einigen großformatigen Bögen zu skizzieren. Ich wiederum hatte ein Kamerateam aus Wien mitgebracht, das diese Vorgänge und meine Interviews mit den beiden Künstlern für den ORF aufzeichnete. Das waren auf- und anregende Tage, und manches Ereignis ist mir unvergeßlich geblieben. So wollte Dalí unbedingt den ganzen Tag über im Fond meines Rolls-Royce sitzen und die «Jupiter-Sinfonie» von Mozart hören – von Karajan dirigiert, ertönte sie aus einer famosen HiFi-Anlage. Verzückt saß Dalí im Wagen und klopfte mit dem Spazierstock, den er immer bei sich trug, den Takt; dazu sang er mit brummig dröhnender Stimme – atonal begleitende Töne, die einen seltsamen Zusammenhang mit dieser Musik hatten. Dalí liebte berauschende Musik, vor allem von Richard Wagner, und es gehörte zu den verrückten Eigenheiten seiner Arbeitsmethode, daß er während des Zeichnens und Malens ständig sang. Meist waren es katalanische Volkslieder, aus seiner Kindheit, die von einer polternden Fröhlichkeit waren.

Arno Breker war begeistert; das Treffen mit Dalí hatte ihn zu neuem Leben erweckt, und neue Hoffnung auf seine Rehabilitierung erwachte in ihm. Er war wie verwandelt. Die Büste, die er von Dalí schuf, ist ein beredtes Zeugnis dieses neu erwachten Optimismus und gehört zum Schönsten, was Breker gemacht hat. Wohl als ein Zeichen der Dankbarkeit für meine Vermittlerrolle modellierte Breker auch eine Büste von mir. Zeichnungen nach einem Photo machten den Anfang. Danach saß ich ihm einige Tage in seinem Atelier Modell, nahe dem damaligen Düsseldorfer Flughafen. Er bot mir ein Gästezimmer in seinem Haus an. So bekam ich auch Einblick in sein bescheidenes, arbeitsreiches Leben. Seine Frau, eine ehemalige Krankenschwester, von der er immer wieder sagte, sie habe ihm das Leben gerettet, und zwei damals halbwüchsige Kinder saßen mit bei Tisch. Alles im Hause war gediegen, es gab keine auffälligen Antiquitäten. An den Wänden hingen die Bilder seiner Freunde Signac, Segonzac, Cocteau und so weiter. Es war eine friedliche, ja gemütliche Welt; ein Refugium, in das er sich aus den Wirren des Krieges geflüchtet hatte, und seine Familie, aber auch die Besuche seiner Bewunderer machten es ihm behaglich.

Mein Zahnarzt Frank Braun, der zu den Verehrern Brekers zählte, war ein Mann, dessen Kennerschaft ich sehr schätzte. Er sprach mich einige Male darauf an, ich möge ein Porträt von Arno Breker malen. Während der Sitzungen sollte ein Dokumentarfilm gedreht werden. Auf ähnliche Weise hatte ich bereits Edward Teller, den Erfinder der Wasserstoffbombe, und den deutschen Kaiserenkel Louis Ferdinand porträtiert. Ich malte Brekers Porträt mit größtem Vergnügen. Breker war alt geworden, sehr alt und gebrechlich. Er arbeitete damals an einem Denkmal Alexanders des Großen – seinem letzten großen Werk. Nicht lange, nachdem ich sein Porträt gemalt hatte, starb der Meister. Mein Bildnis zeugt von dem Gram, der sein Gesicht zerfurchte – infolge der unzähligen Beleidigungen, die er zu ertragen hatte.

Trotz aller Bemühungen und Richtigstellungen kompetenter Fachleute ist Breker der Sündenbock für die Verbrechen der Hitlerzeit geblieben, und alle, die sich für sein Werk einsetzten, wurden mit ihm verfemt. Daß gerade er der Erfinder des sportlichen Schönheitsideals (im Sinne der nationalsozialistischen Gesellschaft und ihrer Olympiade) sein sollte, ist sicher kein Zufall. Viel Feind, viel Ehr? In der Schmiede des Schicksals wird oft härter zugeschlagen, als es manch einer vertragen kann.

Sehr junge Menschen, selbst wenn sie begabt und den Künsten zugeneigt sind, wissen oft nichts von diesen verhängnisvollen Facetten des Schicksals. So sah ich, daß meine Frau Eva, die mich zu den meisten Treffen mit Dalí begleitete, wenig Verständnis für das exzentrische Wesen dieses Genies hatte und es eher als schrullenhaft empfand. Sie schüttelte den Kopf, wenn sie sah, wie Dalí ernsthaft alle Vorbereitungen zu einer Heißluftballonfahrt traf, die ihn über die Küste von Port Ligat erheben sollte.

12 — Die Neidgenossenschaft nicht auf der Pelle

Ich bin nicht so weit gereist wie fast alle in meinem Freundes- und Bekanntenkreis. Nicht daß es mich uninteressiert kaltließe. Im Gegenteil, lang ist die Wunschliste meiner Reiseziele. Gefangener der Zwänge meines Berufes, bin ich in Ketten gebundener Sklave meiner künstlerischen Ambitionen. Stärker noch als vor zwanzig Jahren fühle ich den Sog des Gesamtkunstwerkes, das mich an einen Ort binden will. Reisen und an einem Ort sein, das übe ich seit Jahrzehnten. Wien, Salzburg, Klagenfurt, Graz – in all diesen Städten war ich, – die Liste ließe sich ergänzen; aber auch in Deutschland. Ob in Verbindung mit einer Ausstellung oder Opernausstattung – immer waren und sind es die Städte Hamburg, Frankfurt, Berlin, München, die ich so oft besucht habe, daß eine Beschreibung mir unmöglich ist, aber auch selten von besonderem Interesse.

Wesentlich hingegen ist mir die Frage, ob die Wiederholungen der Besuche auch eine Vertiefung der Kunst und ihrer Wirkung mit sich gebracht haben. München war für mich – von Gurlitts Zeiten an – eine Stadt, die die heitere Note meiner Künste erweckte. Hier fühlte ich mich freier: die Neidgenossenschaft nicht auf der Pelle.

Richard Hartmann in München und am Starnberger See war Anlaufstelle im Zentrum meiner Deutschland-Reisen. Unzählig die Anregungen, Kunst und Wissenschaft betreffend, die ich ihm verdanke. Gern denke ich an die intensive Gesprächsatmosphäre, Tage und Nächte hindurch, die den Horizont der synthetischen Erfahrung erweiterte und auf die seelischen Brennpunkte schärfte. Wundervolles Verweilen am See. Ausflüge in die – von aller Thematik gelöste – Welt der Farbe, ihrer ohne jede Absicht geordneten Klänge. Die Landschaft, Blume, Erotik – hier hat sich mir nach Jahrzehnten des strengen Themenkreises von Religion und Mythos die bedenkenlose Freude am Malen erschlossen. Hartmann hat mir darin seinen kreativen Beistand geleistet, vor allem durch seine Begeisterung für meine Kunst und den spontanen Quantensprung. Bis heute gilt dies als oberstes Merkmal für unsere Freundschaft.

Das ist's, was ein Reiseziel zur Heimat macht. Katharina Hartmann ist eine Optimismus-Verkörperung, nicht zuletzt mittels einer positiven Küche und durch die Führung des Hauses, gut bestückt mit Literatur und Kunst. Hartmann wurde zum Wegbegleiter und Lotsen meines Weges: als Kritiker, Anreger, Verleger und Besänftiger im Streit.

Hartmann, der meine Aktstudien – ihrer Erotik wegen – besonders mochte, hatte die Idee, ich solle Körper bemalen, und veranstaltete in seiner Galerie in der Franz-Joseph-Straße ein Riesen-Happening. Stefan Moses hat all das in unzähligen Photos festgehalten.

Da er meine Freude am spontanen Skizzieren von Porträts und Akten kannte, veranstaltete Hartmann einen Wettbewerb «Die schöne Münchnerin». Da kamen gar nicht wenige schöne Münchnerinnen! Das Stiegenhaus, der Eingang zur Galerie, war gerammelt voll. Schön war das; wenngleich das Schöne selten ist. Hingegen das Seltene nicht immer schön. Lithographien und Pinselzeichnungen entstanden, eine Renaissance meiner Studienzeit begann und führte mich zu jenen vielen Pastellzeichnungen und Aquarellen, die zum Teil in meinem Buch *Planeta Cælestis* abgebildet sind.

Symbolfigur dieser Veranstaltung als Einleitung eines künstlerischen Abends ist das Aquarell «Nymphe Grammophon – His Master's Voice». Meine intensive Beschäftigung mit den Naturstudien hatte zur Folge, daß ich mich mit renovierten Kenntnissen der realitätsbezogenen Fundamente der Druckgraphik auf neuen Wegen des Ausdrucks nähern konnte.

13 — Der Obsession ausschließlich phantastischer Bildinhalte entkommen

Mit den Impulsen, die ich Hartmanns Anteilnahme verdankte, war ich auf bestem Weg, der Obsession ausschließlich phantastischer Bildinhalte zu entkommen – denn die Natur ist eine stets belehrende und die Phantasie bereichernde Quelle der Erfahrung. Schönheit zu entdecken und zu bekennen ist das Vakzinat, um dem Wuchern der Groteske den Antipoden zu bieten, dessen der obskure Untergrund der phantastischen Bildschrift bedarf.

Alles ist interpretierbar und wird interpretiert, denn die höchst individuelle Sicht des Künstlers erfährt durch die Beobachtung der Natur immer wieder eine heilsame Korrektur und Erneuerung. So sind Bildnisse und Akte, die ich von Julia Mighenes und Donna Sammer anfertigte, Beispiele dieser immer wieder erfolgenden Erneuerung. Von der sklavischen Akribie des Festhaltens selbst banalster Details bis zur expressiven Umschreibung eines flüchtigen Eindrucks reicht der vielgestaltige Bogen dieser Form der Naturbegegnung. Vertiefung persönlicher Beziehungen, die sich an dieses Studium knüpften, sind mit ein Teil des Schatzes, der mir durch Hartmanns umsichtiges Veranstaltungsprogramm eröffnet wurde.

Erfrischend ist die Wirkung der demaskierten Banalität, die gute Naturstudien immer wieder mit sich bringen.

München ist ein Ort der Begegnung. Irenäus Eibl-Eibesfeldt und die Komponisten, die ich im Hause Hartmann kennenlernte wie Olivier Messiaen oder Werner Egk, sind – am Rande bemerkt – für mich ein wichtiger Teil dessen, was München zu bieten hat. Vor allem aber August Everding verdanke ich, daß ich einiges für die Opernwelt schaffen konnte, das für meinen Weg zur Architekturgestaltung von größter Bedeutung war.

Die Person Messiaens hatte mich in besonderer Weise beeindruckt. Seine Erscheinung und Wirkung kannte ich aus Konzerten, die er dirigierte. Im Rahmen dieser Ereignisse hatte er mir den Eindruck eines mächtigen Vogels gemacht. Er breitete seine riesenhaften Flügel bald vorsichtig, bald hastig, bald zitternd aus, um sich dann zum Fluge aus dem Nest zu erheben. Bei den Verbeugungen am Schluß flog er über das Publikum hinweg, als wäre ihm diese «Welt des Konzertierens» viel zu klein. Ein gefangener Vogel also, der in das Jenseits des Käfigs entfliehen wollte und den Eindruck erweckte, daß er dazu auch imstande wäre. Im Kreise der Kollegen wirkte er in der Hartmannschen Wohnung, wo ihm zu Ehren ein privater Empfang stattfand, wie ein bescheidener Sperling.

Das Amt überragt die Person – die es aber braucht, um zu walten. Persönlichkeiten oder Originale wurden sie genannt, jene Exponenten von Kunst und Wissenschaft, denen zu begegnen ich das Glück hatte.

Salvador Dalís Auftreten war stets eine großartige Geste. Für Freunde und Kenner seiner Person blieb der gleißende Funke wissenstrunkener Selbstironie dabei jedoch immer sichtbar. Dieser schuf ihm den Respekt, den seine tiefe Bescheidenheit verdiente, die er schamhaft verbarg, wenn er siegesgewiß verkündete: «Ich bin ein Genie.» Zorn und Zerknirschung kannte er sowenig wie eine zur Schau getragene Bescheidenheit.

Dalí, den ich gut zu kennen glaubte, zeigte auch eine andere Seite seines skurrilen, theatralischen, dreisten Charakters. Einige Zeit nach meiner Ausstellung in der «Galerie Petit» am Boulevard Saint-Germain, in der Surrealisten, vor allem Dalí, stets präsent waren, ergab es sich, daß Salvador Dalí, eines seiner beliebten Spazierstöckchen schwingend, die Galerie betrat. Pierre Petit reichte ihm eine Mappe, in der sich eine Reihe von angeblichen Dalí-Zeichnungen aus den Jahren 1926 bis 1928 befand. Dalí verlor angesichts der hervorragend ausgeführten Fälschungen, für einige Sekunden, in denen er hastig diese Zeichnungen überflog, seinen stets zur Schau getragenen, grenzenlosen Übermut. Sein Gesicht schwoll zur zornigen Grimasse an – er zerriß kurzerhand das erste Blatt, erhob sich aus dem Sessel, in dem er zur Beurteilung der Fälschungen Platz genommen hatte –, um freudestrahlend zu verkünden: «Wie wunderbar sind doch diese frühen Arbeiten von mir, eine schöner als die andere, formidable, admirabile!»

Dann lobte er noch den Herrn Petit für seine Entdeckung, bestätigte die Echtheit der Blätter – von denen er in wiedergewonnener Größe meinte, sie seien würdig, als echte Dalís der Welt als kostbarer Schatz überlassen zu werden.

Wahre Größe und wahre Bescheidenheit sind hier vereint.

Haben denn die alten Meister in ihren riesigen Werkstätten, in denen zahlreiche Gehilfen beste Arbeit leisteten, anders gedacht und gewirkt? Salvador Dalí und Olivier Messiaen – konnten Gegensätze sich treffender personifizieren?

Hinter den Vorhang treten, im Halbdunkel ohne Publikum zu sein, ist sehr schwer. Diese großen Künstler haben einen nicht enden wollenden Kampf geführt: Gegen die Macht der Schizophrenie des Kleinen im Großen und des Großen im Kleinen.

14 — Zum «Triumph des Einhorns»

Seht her, seht her,
dies ist der Gral!
Des Einhorns Messer
ist von Stahl!

Sein wildes Strahlen bricht hervor,
getragen von der Schwerter Chor.

Unicorno, ave, ave!
Wilde Freiheit,
nie ein Sklave.

Alles stößt zu Schanden du,
Ewigkeit ist dir im Nu.

Ewigkeiten dir im Jetzt
jeden hast du tief verletzt.

Du kannst keinen Tod verspüren,
Lieb allein dein Herz kann rühren.

Ave, Ave, Cave Canem,
Gott, der eine spricht das Amen.

Bricht die Treue, bricht das Schwert,
keiner bleibt da unversehrt.

Und im Nu wirst du ersehen,
keiner kann vor ihm bestehen.

Wehe, wehe, falsche Götter!
Dreimal wehe,
falsche Ehe,
Missetäter!

Alle haben dich verraten,
wie mit Worten, so mit Taten.

Eine Krone glänzet rein, heller glänze
als der Sieger Lorbeerkränze.
Einhorns Krone, sie ist dein.

Ave, ave, Cave Canem,
meine Herren, meine Damen.

Staunend stehen sie davor,
hier das Einhorn im Tresor.

Heiße Wange, kalte Schauer,
ward Triumph, ob stummer Trauer.

Marktgeschrei, Verachtung folgt,
Neid, wie immer, hat's gewollt.

Castel Caramel, 12. Dezember 2000

Zeittafel

1930 Am 13. Februar wird Ernst Fuchs in Wien als einziges Kind von Leopoldine und Maximilian Fuchs geboren. Vater und Großvater sind jüdischen Glaubens.

1936 Umzug der Familie nach Wien-Ottakring.

1939 Nach der Besetzung Österreichs durch die Nationalsozialisten flieht Maximilian Fuchs nach Shanghai. Ernst Fuchs ist als «Mischling 1. Grades» zahlreichen Diskriminierungen ausgesetzt. Er sieht seinen Vater erst lange nach Kriegsende wieder.

1942 Der Zwölfjährige wird römisch-katholisch getauft.

1943/44 Unterricht in plastischer Gestaltung bei Emy Steinböck und in Freskotechnik bei Alois Schiemann. Besuch der Malschule St. Anna. Bei Professor Fröhlich Unterricht in Naturzeichnen und Komposition.

1945 Studienbeginn an der Wiener Akademie der Bildenden Künste bei Albert Paris Gütersloh in Landschaftsmalerei, Nebenfächer: Gobelin und Glasfenster. Zu seinen Mitstudenten zählen Erich (Arik) Brauer, Wolfgang Hutter und Anton Lehmden.

Im Trance-Zustand entstehen erste medial-phantastische Zeichnungen zu Apokalypse-Themen.

1946 Zeichnungen von «Monstern» und «Grotesken»; Bilder-Zyklus «Die Stadt».

Rudolf Hausner stößt zur Gruppe um Fuchs, Brauer, Hutter und Lehmden.

1947 Hochzeit mit Gertrude Baschnegger. Aus dieser Ehe gehen zwei Söhne hervor, Elias und Daniel Friedemann.

Ernst Fuchs wird Mitglied im Art Club und nimmt mit seinen Werken an der «Ersten Großen Österreichischen Kunstausstellung» teil.

1947/48 Erste Tafelbilder in der altmeisterlichen Öl-Eitempera-Mischtechnik und Gedichte.

1949 Beteiligung an internationalen Art-Club-Ausstellungen.

1950 Ernst Fuchs geht nach Paris.

1951 Aktion «Hundsgruppe» und Graphikmappe «Cave Canem». In Paris trifft Ernst Fuchs zum erstenmal Salvador Dalí.

Mia Williams bekommt von Ernst Fuchs die Tochter Lucretia.

1952 Ernst Fuchs' dritter Sohn Michael wird geboren, das erste Kind mit seiner zweiten Ehefrau Geri Krongold.

1954 In Paris entstehen Entwürfe zu Georg Büchners Dramen «Woyzeck» und «Leonce und Lena».

1955–57 Ernst Fuchs verbringt eineinhalb Jahre in New York und Los Angeles.
1957 Mehrmonatiger Aufenthalt im Jerusalemer Kloster «Dormitio». Fuchs beginnt mit der Gestaltung des monumentalen «Abendmahls» im Refektorium.
1958–1961 Arbeit an den Rosenkranz-Bildern.
1958 Ernst Fuchs eröffnet seine eigene Galerie in Wien.
1959 Ernst Fuchs, Arnulf Rainer und Friedensreich Hundertwasser gründen das «Pintorarium».
1960 Ausstellung von Engel-Bildern in der Galerie Fuchs.
1961 Hochzeit mit Eva-Christina Postl in Wien.
1962 Geburt des Sohnes Emanuel. Aus der Ehe mit Eva-Christina gehen noch drei weitere Kinder hervor: Angelika, Tillmann und Marie.
1963 Ausstellung in New York. Fuchs beendet die Arbeit am Graphikzyklus «Samson».
1964 2. Pintorarium mit der Aktion «Zebra» in der Galerie Fuchs, Wien.
1965 Ausstellung «Wiener Schule des Phantastischen Realismus» im Kestner Museum Hannover, anschließend in Frankfurt, Berlin und Wien.
1966 Im Salzburger Residenz-Verlag erscheint Ernst Fuchs' Buch «Architectura Cælestis».
1967 Pintorarium München: Fotoaktion mit Arnulf Rainer und Friedensreich Hundertwasser.
Nach zehn Jahren schließt die Galerie Fuchs.
1968 Ernst Fuchs realisiert am Akademietheater der Stadt Wien seine erste eigene Theaterarbeit und stattet für das Stadttheater Klagenfurt eine «Carmen»-Inszenierung aus. Einzelausstellung Ernst Fuchs in der Graphischen Sammlung Albertina, Wien.
ab 1968 Entwürfe für Möbel.
1969 Die ersten Monumentalskulpturen entstehen: «Esther» und «Christophorus».
Für das Theater an der Wien stattet Ernst Fuchs eine Inszenierung des Balletts «Der Golem» aus. Diese Tätigkeit inspiriert ihn zu intensiver bildhauerischer Arbeit.
1972 Ernst Fuchs kauft die Villa Wagner in Wien und beginnt mit umfangreichen Restaurierungsarbeiten.
ab 1975 verstärkte schriftstellerische Arbeit.
1976–78 Arbeit für Film und Musiktheater. Ausstattung der Opern «Parsifal» und «Zauberflöte» in Hamburg, «Lohengrin» in München und des Balletts «Josephslegende» von Richard Strauss in Wien.
1977 Geburt des Sohnes Michael, Ernst Fuchs' erstem Sohn mit Stefanie Messner. Aus dieser Verbindung gehen vier weitere Kinder hervor: Georg (*1979), Baruch (*1982), Adam (*1988) und Deborah (*1989). Im Draeger-Verlag, Paris, erscheint die großformatige Monographie «Fuchs über Fuchs».

ab 1980 Übersetzung früherer Graphiken und Zeichnungen in großformatige, farbkräftige Bilder.
1980–82 Tonträger von Ernst Fuchs' Gesängen: «Rising Star», «Von Jahwe» und «Via Dolorosa».
1982 Die österreichische Post ehrt Ernst Fuchs mit einer Sondermarke.
ab 1983 Entstehung von Blumen- und Landschaftspastellen. In den folgenden Jahren gestaltet Ernst Fuchs rund 300 solcher Werke.
1986–96 Arbeit am «Nymphæum Omega», dem Brunnenhaus der Villa Wagner.
1987 Erscheinen des Prachtbandes «Planeta Cælestis» mit Blumenpastellen.
1988 Die restaurierte Villa Wagner wird als Privatmuseum der Sammlung Ernst Fuchs eröffnet.
1989 Geburt von Moritz, dem ersten Sohn mit Uta Saabel. Aus dieser Verbindung geht später auch der Sohn Julian hervor.
Erscheinen des Bandes «Der Feuerfuchs» mit den starkfarbigen Paraphrasen-Bildern der gleichnamigen Periode.
Aufnahme der Arbeit an der Apokalypse-Kapelle in Klagenfurt.
1990–92 Arbeit am Architektur-Modell des «Guardian Palace».
1993 Ernst-Fuchs-Retrospektive im Russischen Nationalmuseum St. Petersburg.
1993–97 «Apokalypse-Zyklus»: 12 großformatige Ölbilder.
1994 Einweihung der von Ernst Fuchs gestalteten St. Jakobuskirche in Thal bei Graz.
Das Museum Schloss Gruyère (Schweiz) zeigt eine Ernst-Fuchs-Retrospektive.
In Venedig initiiert Ernst Fuchs die internationale Großausstellung «Du Fantastique au Visionaire», deren Präsident er wird.
1996 Für den Münchner Pattloch-Verlag gestaltet Ernst Fuchs eine bibliophile Bibelausgabe.
Weltpremiere der von Ernst Fuchs ausgestatteten «Zauberflöte» in Wien, anschließend Tournee der Inszenierung nach München, Zürich, Frankfurt, Oslo und Bremen.
1997 Herausgabe der CD «Mystische Gesänge».
«Mosesbrunnen» in der Wiener Neustadt.
1998 In St. Veit (Österreich) wird das Fuchs-Zodiac-Palasthotel eröffnet.
Der Bildband «Paradiso» über Ernst Fuchs' Architekturprojekte erscheint.
2001 Ernst-Fuchs-Retrospektiven in der Staatlichen Tretjakov-Galerie, Moskau, und im Palais Harrach des Kunsthistorischen Museums Wien.

Namenregister

Abate, Nicolò dell' 90 f.
Abraham (Stammvater) 317f., 320, 322, 338, 367
Adlmüller, Fred 344f., 347f.
Ahrenstein, Miss 288f.
Aigner, Fritz 424f.
Alaux, Jean Pierre 338, 404
Alawakien, George 316
Albaret, Céleste 217, 281
Altenberg, Peter 425
Andersen, Robin C. 108, 109, 112, 116, 246
d'Anjou, René 81
Anouilh, Jean 194
Armstrong, Louis 200
Aron 406
Artmann, Hans Carl 252–255, 257
Aschheim 370

Baker, Josephine 271
Baldwin, James 220
Banauch, Eugen 391
Baschnegger, Gertrude 42, 128, 130, 144, 160, 192, 210, 241, 318, 345
Basil, Otto 43
Bath Abraham, Esther 366f.
Baudelaire, Charles 43
Bayer, Konrad 254, 391
Beardsley, Aubrey V. 113
Bechet, Sidney 295, 302
Beck, Julian 334
Beethoven, Ludwig van 55
Bellmer, Hans 261f.
Berger, Samuel 309, 312
Berman, Waly 307

Bermand, Eugen 286
Bernard, Serge 166, 214–217
Bertoni, Wander 181
Bilger, Maria 24f.
Bitterlich, Roswitha 89
Blumberg, Schmuel 388
Blüml, Frieda 62
Böcklin, Arnold 106, 159, 410–414
Boeckl, Herbert 16, 43f., 116–118, 247, 250, 275f.
Bosch, Hieronymus 412
Brauer, Arik (Erich) 49f., 85, 141, 168, 174, 193, 220, 254, 258, 260, 263, 265, 276, 303, 370f., 374f., 381, 407, 422
Brauer, Neomi 258, 374f.
Brault, Anne 152
Brault, Michelline 152
Braun, Frank 430
Brauner, Victor 262, 339
Brecht, Bertolt 352
Breker, Arno 55, 427–431
Breniza, Frau (Nachbarin) 31
Breniza, Herr (Nachbar) 61
Brentano, Clemens von 366
Breton, André 43, 262
Brô, René (Brault, René) 152, 220, 283
Brubeck, Dave 295, 316f., 334
Brueghel d. Ä., Pieter 115
Bruzek, Ernst 381
Buber, Martin 360f.
Büchner, Georg 194
Buffalo Bill 49
Buñuel, Luis 135
Busch, Wilhelm 45, 222
Busin, Max 363, 372

Cadet, Jean 142
Canetti, Elias 141, 180
Cardinal, Le 166
Carluzzio, Carlo 160–162
Caruso, Enrico 200
Casorati, Felice 158–160
Castelli, Leo 339
Celan, Paul 107, 141, 181f.
Celan, Sylvie 182
Cernosik, Kommerzialrat 419–421
Cézanne, Paul 117f., 250
Chagall, Marc 362f.
Chaimowicz, Georg 232
Chaplin, Charles 199
Charles, Ray 105
Chirico, Giorgio de 106, 113, 158, 160, 162, 213
Cilli (Freundin des Vaters) 385
Clair, René 135
Clark, Mark Wayne 247f.
Cleo (Freundin Rod Ushers) 297
Cocteau, Jean 135, 429f.
Cogan, Jacky 102
Cordier, Raymond (Galerie) 290
Corso («Der Türke») 283
Corso, Gregory 176
Cranach, Lukas 81
Corwley, Alister 307f.
Czerwenka, Oskar 419

Dalí, Salvador 81, 113, 135, 176, 213, 262, 339, 412, 427–431, 435f.
Damas, Jacques 208f.
Dante Alighieri 15
David (König) 83, 259, 364
Davis, Miles 295
Dobrowski, Josef 43f.
Doderer, Heimito von 425
Doerner, Max 81
Domingo, Placido 49
Dorsch, Käthe 125
Dos Passos, John 248
Doxat, Robert 263

Duchamp, Marcel 118
Dürer, Albrecht 106, 176, 257

Eckert, Marta 200
Eckhart, Meister 193, 208
Edelmann, Pfarrer 225–227
Egk, Werner 434
Eibl-Eibesfeldt, Irenäus 434
Eisenstein, Sergej 131
El Greco 117
Elias, Prophet 102, 370
Elizabeth II., Königin von England 238f.
Ellington, Duke 200, 295
Elsken, Ed van der 218f.
Eluard, Paul 43
Emmerich, Katharina 366
Engel, Herr (Barpianist) 335, 344
Enoch 102
Ensor, James 30
Ernst, Max 106, 113, 135, 262, 339
Evi (Freundin von Franz Schwarz) 147–149
Eyck, Jan van 91

Farman, Pierre 283, 286, 340
Fellini, Federico 159
Ferra, Raimund Gregor 222, 264, 345, 382
Ferrera, Aida 322, 329
Ferrera, Dinorah 322, 329
Ferrera, Gus 324
Ferrera, Mrs. 392f.
Feuillette, Pierre 154, 218f.
Fini, Leonor 262, 338f., 413
Fischer, Abraham (Urgroßvater) 80, 203
Fischer, Fritzl (Nachbarsjunge) 79
Fischer, Leopold «Poidl» (Onkel) 80f.
Fischhof, Georg 266
Flavius Josephus 355
Flo (Tante von Michael Fuchs) 303
Flusser, Abraham 360f.
Focke S. J., Pater 386–388

Fouquet, Jean 81
Franz Joseph I., Kaiser von Österreich, König von Ungarn 27, 67
Freist, Greta 134–136
Frieberger, Padhi 381
Fröhlich (Mal-Lehrer) 86, 116
Fromowitsch, Sjemov (Onkel) 67, 411
Fromowitsch, Tschannerl (Tante) 67, 411
Fruehauf, Rueland 81
Fuchs, Daniel (Sohn) 128, 192
Fuchs, Elias (Sohn) 108, 128, 192
Fuchs, Emanuel (Sohn) 407
Fuchs, Eva-Christina (Ehefrau) s. u. Postl, Eva-Christina
Fuchs, Franziska (Großmutter väterlicherseits) 202 f., 388
Fuchs, Geri (Ehefrau) s. u. Krongold, Geri
Fuchs, Gertrude (Ehefrau) s. u. Baschnegger, Gertrude
Fuchs, Leopoldine (Mutter) 19, 21 f., 24, 30–34, 36, 38 f., 47–49, 62, 64, 70–72, 74, 80, 85, 89, 92–98, 101 f., 105, 108 f., 122, 130, 132 f., 144, 204–206, 227 f., 235 f., 239 f., 285, 341, 343, 384 f., 389, 395–397, 418, 421, 423 f.
Fuchs, Lucretia (Tochter) 143 f.
Fuchs, Maximilian (Vater) 26, 28 f., 30 f., 34 f., 37, 39, 49, 70–76, 79, 82, 84, 97, 101, 104 f., 108, 130, 132 f., 144, 162 f., 193, 197–205, 235 f., 251, 257, 263, 266, 275, 285, 343 f., 380, 382, 384–390
Fuchs, Michael, genannt «DouDou» (Sohn) 280 f., 283 f., 288, 290 f., 294, 296, 298–305, 316 f., 325 f., 332
Fuchs, Moritz (Sohn) 225 f.

Fuchs, Sigmund (Großvater väterlicherseits) 49, 67, 75 f., 83 f., 144, 197 f., 200, 202

Gabler, Theo 266, 415
Gall, Franziska 62
Gandhi, Mahatma 110
Garbo, Greta 271
Genet, Jean 216
Gerstl, Elfriede 254
Getty, Paul 283
Ginsberg, Allen 176, 334
Godet, Robert 286
Goebel, Gottfried 134 f.
Goebel-Sammer, Ilona 426
Goes, Hugo van der 81, 91
Goethe, Johann Wolfgang von 389
Gogh, Vincent van 82, 222, 250
Grass, Günter 156
Graves, Robert 259
Greco, Juliette 295
Green, Julien 133, 255
Gregorowich, Boris 286, 288–290, 298
Gros, Fred le 281
Gruberova, Edita 49
Grünewald, Matthias 81, 106, 412
Gurley, Jimmy 166
Gurlitt, Wolfgang 432
Gütersloh, Albert Paris 40 f., 54, 56, 113, 116 f., 125–127, 144, 190, 247, 255 f., 264, 276, 344, 381, 426

Hajek, Herr (Schuster) 123
Halfa, Helga 43
Hansen, Theophil 112, 398
Hardin, Louis, genannt «Moondog» 426 f.
Hartmann, Katharina 432
Hartmann, Richard 267, 432–434
Haug, Paul Otto 276
Hauptmann, Gerhart 429
Hausner, Rudolf 53, 107, 265, 422
Hawelka, Josefine 240

Namenregister — 443

Hawelka, Leopold 240
Heesters, Johannes 275
Hegel, G. F. W. 43
Heine, Heinrich 15 f.
Helfenstein 366
Hemingway, Ernest 156
Herzl, Theodor 374
Herzmanovsky-Orlando, Fritz von 247
Herzog, Ernst (Onkel) 65 f., 197
Herzog, Liesl (Tante) 67, 197
Hewitt, Edwyn L. 286
Higgins, Sally 285
Hitler, Adolf 39–41, 74, 99, 206, 254, 273, 428
Hoffmann, E. T. A. 41, 60
Hoffmann, Heinrich 206
Holbein d. Ä., Hans 115
Hollegha, Wolfgang 174
Hrdlicka, Alfred 113
Hundertwasser, Friedensreich (Fritz Stowasser) 113, 127–131, 141, 152, 220, 283, 382, 402, 419, 423
Hunt, Barbara 309
Hutter, Traudl 253
Hutter, Wolfgang 253, 265, 422
Hutter-Dedowich, Milena 256

Jakob 406
Jakowitsch 249
Janschka, Fritz 45, 127, 247
Jené, Edgar 43 f.
Jesus Christus 17, 40, 68, 102, 137, 152, 160, 172, 225, 227, 258, 304, 310, 313 f., 318, 319, 330, 348, 360 f., 394 f.
Jolson, Al 102
Jordaens, Jacob 242

Karajan, Herbert von 429
Khnopff, Fernand 411
Kiess, Helmut 345
Kipura, Jan 200 f.
Kirstein, Lincoln 286

Klarwein, Mati 166, 220, 259, 351
Klarwein, Ossip 363
Klein, Yves 338 f.
Klemmer, Robert 345
Kleopatra 297
Klimt, Gustav 16, 44, 54, 113, 117, 153
Klinger, Max 411
Kogelnik, Kiki 380
Kolik, Anton 44
Kollo, René 49
Kolrab, Karl 347
Kolumbian, Bruder 358, 365, 369
König, Franz, Kardinal 393
Kopf, Hermann 264, 391
Kraupa, Charly 18
Krongold, Geri 152 f., 155, 157, 166–168, 183–186, 194, 213, 241, 279–292, 294–297, 299–306, 310, 317, 319, 325 f., 331 f., 383
Krongold, Herbert (Schwiegervater) 286 f., 289
Krongold, Mrs. (Schwiegermutter) 286 f.
Kubin, Alfred 60
Kudrnofsky, Wolfgang 174

Laotse 78, 252
Laske, Oskar 44
Lassnig, Maria 174, 382
Laughton, Charles 199
Lauterbach (Druckerei) 35
Lautréamont, Comte de 43
Leander, Zarah 274
Lechner, Frau 238
Lechner, Herr (Portier vom Hotel Sacher) 237–240
Leherb, Maître (Leherbauer, Helmut) 222, 347, 382
Lehmden, Anton 51, 53, 129, 159, 174, 193, 265, 276, 380, 422
Lelarge, Monsieur 168
Lenbach, Franz von 423
Leonardo da Vinci 55, 242 f.

Liebermann, Max 429
Lindloff, Abt Leo von 354–359, 366, 369
Lingen, Theo 239, 275
Lochner, Stephan 82
Loeb, Pierre 128
Loibl, Cordula 381
Lonka, Frau (Nachbarin) 62
Loos, Adolf 125
Louis Ferdinand, Prinz von Preußen 430

Maeterlinck, Maurice 42
Maier, Egon 129
Maier, Pfarrer 397
Makart, Hans 423
Malewitsch, Kasimir 118
Maréchal, Jacques le 166, 220, 263, 295, 382
Maria 394
Marlin, Bridget 425
Mathieu, Georges 129, 212
Matouschek, Richard 222, 263, 382
Mauer, Msg. Otto 126, 141, 144, 264, 380
Maulpertsch, Franz Anton 18
Mauthner-Markhof, Manfred 384
McGuire, George 267
Meeske, Harold 290, 382
Meeske, Marilyn 217, 290, 333, 382
Meisel, Frau 376
Meisel, Herr 376
Meriadec, M. de 331, 333, 340f.
Meriadec, Mme. de 331, 333, 340–342
Messiaen, Olivier 434–436
Meštrović, Ivan 55, 411
Metzger, Mme. 331, 333, 340
Meyer, Conny Hannes 85
Meyers, Vali 166–168, 183, 217f., 220, 303
Meyrink, Gustav 41
Michael 358

Michelangelo Buonarroti 45, 55, 81, 89f., 122, 242f., 333, 427
Mighenes, Julia 434
Mikl, Josef 174
Miller, Henry 156
Miller, Victor 279
Moldovan, Kurt 44
Morand, Dan 307
Morgenstern, Christian 42
Moser, Hans 275
Moses 227, 258, 319, 397
Moses, Stefan 433
Moyano, Louis 220
Mozart, Wolfgang Amadé 119, 266, 320f., 352
Müllersen 136
Munthe, Axel 187
Muschik, Johann 43, 54, 176

Nagy, Frau 152–154
Napoleon Bonaparte, Kaiser der Franzosen 27
Nasi, Umberta 160
Nebukadnezar 103
Neuffer, Hans 217, 333, 382
Nietzsche, Friedrich 158, 160, 200, 305
Nikolaus 16
Nitsch, Hermann 239, 263
Noah 203
Nußbaum, Manja 134f.

Onodera 425
Orengo, Charles 382
Osen, Dom 44

Pace, Baron 18f.
Pace, Inge 15–22, 24, 144, 241
Pack, Claus 117, 247f.
Parker, Charly 295
Parmenides 132
Pascha, Frau (Greislerin) 231
Patschol, Hilde 62
Paul VI., Papst 393
Paulus (Apostel) 352, 386

Pauser, Sergius 44, 232
Peithner-Lichtenfels, Bernhard 384
Petermann (Bäckerei) 77
Petit, Pierre 435
Petrus 308, 310
Pez, Brüder 38
Pfaundler, Wolfgang 154
Picasso, Pablo 117f., 125, 135, 212, 222, 276
Picauld, Fernand 242–244, 246
Piccio (Domenico Gnoli) 259
Pilcz, Karlheinz 263
Pio, Padre 349f.
Pius XII., Papst 171
Poe, Edgar Allan 289
Pollock, Jackson 129
Pontecorvo 160
Postl, Eva-Christina 398, 401–407, 413, 415, 420, 431
Pound, Ezra 429
Prager, Hansi 33
Prager, Herr (Nachbar) 32f.
Prosek, Miriam 418
Proust, Marcel 214f., 217, 261

Radax, Ferry 397
Raimund, Ferdinand 346
Rainer, Arnulf 129, 174f., 380, 382, 419, 427
Redon, Odilon 137f.
Reinhardt, Django 294f.
Rembrandt Harmensz. van Rijn 45, 117, 245, 257
Retzeg, Gerti (Cousine) 93
Retzeg, Hansi (Cousin) 98f.
Retzeg, Hermine (Großmutter mütterlicherseits) 35, 37–39, 46f., 70, 93, 98, 100, 121f., 144, 343
Retzeg, Reinhard «Hartl» 97–100
Riemerschmidt, Werner 43
Rilke, Rainer Maria 43
Rimbaud, Arthur 43
Riopelle, Jean Paul 128f., 221
Rochowansky (Galerie) 44

Rojko, Frau (Nachbarin) 121
Rökk, Marika 274
Rose, Norman 291
Rosei, Peter 391
Rouvier, Jean de 100f., 141
Rubens, Peter Paul 242f.
Rustin, Daniela 141, 174
Rysanek, Leonie 49

Sade, Donatien Alphonse Marquis de 214
Saint-Germain, Graf von 367
Salem, Bucki 381
Salomon (Pelzhändler) 405
Sapper, Theo 264
Sartre, Jean-Paul 45, 157, 200
Savinio, Alberto 162
Schaffler, Wolfgang 255
Schaljapin, Fjodor 200
Scheer, Manfred 267, 384, 418
Schiele, Egon 16, 81, 113, 117
Schiemann, Alois 86, 116
Schikaneder, Emanuel 266
Schirach, Baldur von 273
Schnitzler, Arthur 425
Scholem, Gershom 361
Schubert, Franz 200
Schwaiger 411
Schwarz, Franz 148–150, 210f.
Schwarzenberg, Hans Karl «Kari» Erbprinz, später Fürst zu 416
Schwertberger, Dieter 345, 415
Schwitters, Kurt 118
Scroppo, Felipe 159
Sebastian 188
Sedlmayr, Gerti 145, 208f., 280, 332
Segonzac, Dunoyer de 430
Shoup, Charles 282f., 286, 338, 340, 382
Signac, Paul 430
Sima, Oskar 275
Simon 279
Sitting Bull 71, 385
Sitwell, Edith 286

Sitwell, Osbert 286
Slavik, Felix 419
Spanier, Paul 227f.
Spazzapan, Luigi 159
Speer, Albert 428
Stalin, Josef 40
Stangl, Heinz 263
Stark, Karl 276
Steiger, Dominik 264
Steinböck, Emy 85f., 116, 243, 411
Steiner, Ernst 347
Steinwendner, Frau 22–24
Steinwendner, Kurt s. Stenvert, Curt
Stenvert, Curt (Steinwendner, Kurt) 16, 22–24, 141, 276
Stowasser, Else 127–130, 384
Stowasser, Fritz s. Hundertwasser, Friedensreich
Strauß, Johann 107
Stuck, Franz von 423
Summer, Donna 434
Swossil, Herr (Lehrer) 233
Sydow-Zirkwitz, Heinrich von 267
Szyszkowitz, Rudolf 16

Tacker, George 286
Tasquil, Herbert 247
Tauber, Richard 200f.
Teller, Edward 344
Temple, Shirley 62
Theo (Ober im Café Hawelka) 240
Thomas von Aquin 56
Toorop 411
Torroba, Carlos 220
Tracy, Spencer 199
Tycho, Anna 362, 407
Tycho, Dr. 362

Usher, Rod 297, 299, 301f., 316

Vallora, Franco 160
Veit Stoß 81
Vian, Boris 157
Vian, Michelle 141, 157
Vieillhomme, Paulette 154f.
Vogler, Leonore 381

Wachter, Herr (Chefrestaurator der Österreichischen Nationalbibliothek) 381, 397
Wagner, Otto 417f.
Wagner, Richard 45, 321, 429
Warrel (Fachlehrer) 175
Watschinger, Baumeister 421
Weber, Pierre 218f.
Weidinger (Café) 141, 344, 385
Weigel, Hans 125
Weißmandl, Erika 62
Welitsch, Ljuba 200
Welles, Orson 239
Werfel, Franz 296, 361
Wessely, Paula 62
Wiener, Oswald 254
Wieternik, Peppino 174
Wilde, Oscar 260
Wilhelm II., Deutscher Kaiser 27, 356
Williams, Mia, geb. Löblich 134–140, 142–144, 146, 152, 155, 157, 160, 171, 187f., 213, 279, 302, 332
Winkelmaier, Helmut 129, 160, 212–214
Wipplinger, Fridolin 246f.
Witz, Konrad 81
Wochinz, Herbert 141
Wohlbrück, Adolf 62
Wols (d.i. Alfred Otto Wolfgang Schulze) 221
Wotruba, Fritz 44, 173, 181
Würthle (Galerie) 137, 346

Abbildungsnachweis

Die Bildauswahl für den vorliegenden Band besorgte Elias Fuchs, Wien. Sämtliche Bildvorlagen stammen aus der Ernst-Fuchs-Privatstiftung – mit Ausnahme der Bilder auf den Seiten 39 und 46 der Tafelteile, die das Bildarchiv der Deutschen Presse-Agentur Hamburg zur Verfügung stellte. Bei den Fotos der Ernst-Fuchs-Privatstiftung sind im einzelnen die Rechte der folgenden Fotografen zu berücksichtigen: B. Kolb (S. 3 oben), Ed van der Elsken (S. 9), Pressefoto Horowitz (S. 12 oben, 16 oben, 34, 35 unten), Margot Pilz-ter Heege (S. 12 unten, 13), Gert Chesi (S. 14 unten), Gabriela Brandenstein (S. 15 unten), Amsüss (36 oben), Walter Ehmann (36 unten), Marco-Edition (S. 37 oben links, 37 unten), B. L. Szilárdi (S. 38), Ferdinand Neumüller (S. 42 oben), Stefan Wagner (S. 47, 48). Das Foto der Fuchs-Villa auf S. 32 der Tafelteile stammt von Stefan Kalmar, Wien.